Hans-Werner Sinn

# DER SCHWARZE JUNI

Hans-Werner Sinn

# DER SCHWARZE JUNI

Brexit, Flüchtlingswelle, Euro-Desaster –
Wie die Neugründung Europas gelingt

HERDER

FREIBURG · BASEL · WIEN

3. korrigierte Auflage

© Verlag Herder GmbH, Freiburg im Breisgau 2016
Alle Rechte vorbehalten
www.herder.de

Satz: Daniel Förster
Herstellung: GGP Media GmbH, Pößneck

Printed in Germany
ISBN 978-3-451-37745-7

*Den Bürgern Europas*

# Die Geschichte hinter
# diesem Buch – Und Dank

Die Idee zu diesem Buch entstand bei einem Gespräch mit Jens Schadendorf, meinem langjährigen Lektor, nun Programmleiter im Herder-Verlag.·

Wir hatten uns an einem sonnigen Nachmittag in meinem Büro getroffen und wollten eigentlich an etwas ganz anderem arbeiten. Schnell jedoch driftete unsere Diskussion zu jenen bahnbrechenden Ereignissen des Schwarzen Juni, die diesem Buch seinen Namen gaben. Je länger wir sprachen, desto klarer wurde, dass mit der Brexit-Entscheidung vom 23. Juni 2016 und der OMT-Entscheidung des deutschen Verfassungsgerichts vom 21. Juni innerhalb von nur zwei Tagen eine für Europa und Deutschland äußerst bedrohliche Gefährdungslage entstanden war.

Ich empfand die Ereignisse als eine Zeitenwende, die die Zukunft der EU, des Euro und Deutschlands maßgeblich verändern – falls den von ihnen ausgehenden Wirkungen nicht sofort gegengesteuert wird. Und mir war klar: Dieses Thema muss sofort bearbeitet und in die Öffentlichkeit getragen werden, damit es nicht wie sonst so oft im Nebel der Beschwichtigungsrhetorik der Politiker entschwindet.

Ich danke Jens Schadendorf und dem Herder-Verlag, dass sie sofort bereit waren, schon im Herbst diesen nun vorliegenden Debattenbeitrag herauszubringen. Die Idee war freilich das eine, die Umsetzung ein anderes. Meine Frau und ich warfen kurzerhand alle Urlaubspläne über den Haufen und ließen eine schon bezahlte Reise in die Mongolei verfallen, um Zeit für dieses Buch zu gewinnen. Ich danke ihr sehr für die Bestärkung und Toleranz, mit der sie seine Entstehung begleitet hat – so wie sie es in der Vergangenheit bei wichtigen Veröffentlichungen stets getan hat. Ihr Rat als Fachökonomin ist mir darüber hinaus auch diesmal wieder von allergrößtem Wert gewesen.

So ist nun in Tag- und Nachtarbeit innerhalb kürzester Zeit ein Buch entstanden, das zu meiner eigenen Überraschung sehr viel länger wurde, als es ursprünglich geplant war und nun auch schon wegen der hohen Nachfrage in der zweiten Auflage herauskommt. Dank eines Büros und personeller Unterstützung, die ich nach meiner Pensionierung im ifo Institut behalten durfte, gelang es, die notwendigen technischen Arbeiten, was die harten Daten betrifft, in dieser kurzen Zeit zu bewerkstelligen. Ich danke vor allem Florian Dorn, der das Manuskript von Anfang an mit betreut hat. Er hat nicht nur die in den Fußnoten genannten Quellen vervollständigt. Vielmehr hat er auch den gesamten Text gelesen und mich mit klugem Verstand stets kritisch unterstützt. Für die präzise Gestaltung der Abbildungen, die in einem vielfachen Iterationsprozess zwischen ihm und mir entstanden, danke ich Christoph Zeiner. Für die Bereitstellung der dafür und auch sonst nötigen präzisen Daten sowie für die sorgfältige Endlektüre geht mein Dank zudem an Wolfgang Meister.

Während des gesamten Entstehungsprozesses schließlich hat mir Jens Schadendorf als Sparringpartner zur Seite gestanden. Er hat das Manuskript mehrmals sorgfältig redigiert und mich immer wieder gedrängt, meine Gedanken einfacher und plastischer auszudrücken. Auch hat er dafür gesorgt, dass logische Brüche vermieden und dem Leser keine Gedankensprünge zugemutet wurden. Er hat mich zudem veranlasst, Farbe zu bekennen und mit einer konkreten Reformagenda für Europa zu enden.

Das war gut so, denn ich bin überzeugt, dass Europa mit dem am Ende des Buches abgedruckten Reformprogramm eine echte Chance hat, zu neuer Prosperität und einer nachhaltigen Entwicklung zurückzukehren, die hilft, seinen Frieden auch weiterhin zu sichern.

Auch deswegen widme ich dieses Buch den Bürgern Europas.

Hans-Werner Sinn
München, September 2016

# Inhalt

## Kapitel 5
## Euro-Desaster, Flüchtlingswelle, Brexit –
## Und ein 15-Punkte-Plan zur Neugründung Europas . . . . . 281

# Abbildungsverzeichnis

# Tabellenverzeichnis

# Scheitert Europa?

Brexit, Flüchtlingswelle, Euro-Desaster – scheitert Europa? Kein Zweifel: Angesichts einer Vielzahl von eskalierenden Krisen könnte das nun passieren. Es geschah zur Sonnenwende des Jahres 2016. Das sind eigentlich die hellsten Tage des Jahres, tatsächlich aber waren es die schwärzesten. Am 23. Juni gab Großbritannien sein Misstrauensvotum gegen die EU ab und entschied sich für den Austritt aus der EU. Statt des Grexit, den man noch im Jahr 2015 befürchtet hatte – und den man im Interesse der Griechen und Europas besser hätte geschehen lassen sollen –, wird nun tatsächlich der Brexit vorbereitet. Und das geschieht auch deshalb, weil die Briten angesichts der großen Flüchtlingswelle, die Europa kurz vorher überschwemmt hatte, zu der Auffassung gekommen waren, dass die EU die Lage nicht mehr im Griff hat.

Kaum zu glauben eigentlich: Um Griechenland hatte die Bundeskanzlerin gekämpft und dabei sogar ihren Finanzminister Wolfgang Schäuble, der den Grexit ermöglichen wollte, zurückgerufen. Den Austritt des Vereinigten Königreichs, der in wirtschaftlicher Hinsicht gleichbedeutend ist mit dem Austritt der zwanzig kleinsten der 28 EU-Länder, nimmt sie dagegen hin, als ginge er Deutschland nichts an. Nun sitzt sie da mit ihren Migranten und hofft vergebens darauf, dass wenigstens die anderen Länder, die noch bei Kasse sind, sich an deren Finanzierung beteiligen und noch ein paar von ihnen aufnehmen. Ihr Glück, dass der mazedonische Zaun die Welle zunächst einmal gestoppt hat.

Und nur zwei Tage vor dem Brexit-Entscheid, am 21. Juni, ist etwas passiert, das für die Zukunft Deutschlands ebenfalls sehr problematisch sein wird: Das deutsche Bundesverfassungsgericht unterwarf sich mit seinem sogenannten OMT-Urteil zur ausufernden Rettungspolitik der Europäischen Zentralbank (EZB) dem Europäischen Gerichtshof (EuGH), der diese Politik vollauf unterstützte. Auch dieses Votum und seine Wirkungen nahm die deutsche Politik kaum kommentiert hin. Es schien, als wolle sie es in Schweigen hüllen. Dabei gaben die Karlsruher mit ihrem Urteil der EZB nichts weniger als einen Freifahrtschein für eine Politik der Vergemeinschaftung der Haftung für Staatsschulden, denn das bedeutet das *whatever it takes,* das EZB-Chef Mario Draghi im Jahr 2012 unter dem technischen Kürzel *Outright Monetary Transaction* (OMT) verkündet hatte. Nutznießer dieser Politik sind vor allem die kriselnden Südländer Europas und Frankreich, Zahlmeister die noch einigermaßen gesunden Nordländer, allen voran Deutschland.

Zwar warf das Bundesverfassungsgericht zwei Jahre nach dem OMT-Beschluss den europäischen Währungshütern eine Mandatsüberschreitung vor und sprach in diesem Zusammenhang gar von »Machtusurpation«. In einem beispiellosen Schwenk jedoch schreibt das Gericht in seinem Urteil nun, man könne auch die Auslegung des EuGH, wonach die OMT-Politik der EZB mit europäischem Recht vereinbar sei, »noch hinnehmen«.

Beide Mittsommer-Entscheidungen sind von historischer, ja epochaler Bedeutung für die Zukunft Europas und Deutschlands. Sie stellen eine Zeitenwende dar. Vor allem aus deutscher Sicht machen sie den Juni zu einem pechrabenschwarzen Monat. Das ist das Thema dieses Buches.

Der anstehende Brexit bedeutet, dass Deutschland nun in der EU seinen wichtigsten Verbündeten für eine weltoffene und dem Freihandel verpflichtete EU-Politik verliert, ohne die die deutsche Exportwirtschaft nicht mehr funktionsfähig wäre. Ganz konkret verliert Deutschland, wie im ersten Kapitel dieses Buches ausführlich erläutert wird, zusammen mit anderen freihandelsorientierten Ländern die Sperrminorität bei Entscheidungen des EU-Ministerrates. Im Verbund mit Großbritannien und den Ländern des ehemaligen sogenannten D-Mark-Blocks Niederlande, Österreich und Finnland hatte Deutschland bislang sein Interesse an einer weltoffenen Handelspolitik in der EU verfolgen und auch durchsetzen können. Damit wird nun bald Schluss sein. Die mediterranen Länder, allen voran Frankreich, die eine eher protektionistische Handelspolitik verfolgen und die mehr auf Staatseingriffe vertrauen möchten als auf das freie Spiel der Marktkräfte, werden alles daransetzen, dass Europa wirtschafts- und handelspolitisch umsteuert. Wenn sich die Protektionisten durchsetzen, wird das exportorientierte Wohlstandsmodell Deutschlands massiv geschädigt.

Zudem wird sich die Eurozone ohne die britische Gegenkraft immer rascher zu einer Fiskalunion entwickeln, so wie sich das die Länder Südeuropas und Frankreich wünschen, um ihre schwindende Wettbewerbsfähigkeit mit Transfers aus dem Norden zu kompensieren. Eine Fiskalunion bedeutet nicht nur, dass es ein gemeinsames Euro-Budget und womöglich einen gemeinsamen Euro-Finanzminister gibt. Sie bedeutet auch, dass allerlei Umverteilungsmechanismen festgelegt werden – von einer Versicherung der Bankkonten bei den angeschlagenen Finanzinstituten bis hin zu einer europaweiten Arbeitslosenversicherung –, die permanente Einkommenshilfen für die nicht mehr wettbewerbsfähigen Länder Südeuropas als festen Rechtsanspruch installieren.

Die Eurozone in eine Fiskalunion zu verwandeln wird nicht nur teuer für Deutschland. Dieser Schritt ist auch insofern problematisch, als er impliziert, dass es immer unwahrscheinlicher wird, dass die osteuropäischen Länder oder Schweden den Euro als Währung übernehmen.

Wenn aber künftig keine nicht-mediterranen Länder mehr der Eurozone beitreten, dann wird das Eurosystem eine neue »lateinische Münzunion« mit Deutschland als Goldesel, die an der Ostseite Deutschlands einen tiefen Graben quer durch Mitteleuropa zieht und damit den historisch gewachsenen Kulturkreis durchschneidet. Die Parallelen zur echten lateinischen Münzunion sind verblüffend. Diese Währungsunion war unter Führung Frankreichs und unter Beteiligung vieler mediterraner Länder in der zweiten Hälfte des 19. Jahrhunderts gegründet worden und zerbrach, weil sich Italien und Griechenland zu viel des Gemeinschaftsgeldes gedruckt hatten.

Heute stellt sich die Situation nicht viel anders dar. Heute sind die Krisenländer der Eurozone, vor allem jene in Südeuropa, ebenfalls wieder dabei, sich in großem Stil das benötigte Geld zu drucken, anstatt es sich am

Kapitalmarkt zu leihen oder selbst zu verdienen. Die sogenannten Target-Salden in den Bilanzen von EZB und nationalen Notenbanken, die diesen Extra-Druck messen, wachsen seit zwei Jahren wiederum nahezu beständig an und haben mittlerweile einen Wert von fast 750 Milliarden Euro erreicht. Eine Trendwende ist nicht in Sicht.

Das Gefährliche daran ist: Das von den Euro-Krisenländern selbst gedruckte Geld wird derzeit vor allem dafür verwendet, im Ausland die eigenen Staatspapiere zurückzukaufen. Auf diese Weise tauschen diese Länder eine verbriefte, verzinsliche Schuld gegenüber privaten ausländischen Gläubigern gegen eine bloße Buchschuld bei den Notenbanken des Nordens, allen voran der Bundesbank, deren Zins der EZB-Rat mit den Stimmen derselben Länder auf null gesetzt hat und die nie fällig gestellt werden kann. Diese Schuld und die entsprechende Forderung bei der Bundesbank würden sich großenteils in Luft auflösen, wenn die Banken Südeuropas in Konkurs gingen und die südlichen Länder aus der Eurozone austräten.

Dass dieses Szenario alles andere als unmöglich ist, konnte man Anfang September 2016 erahnen, als sich die mediterranen Krisenländer und Frankreich in Griechenland überaus medienwirksam zum EU-Med-Gipfel trafen. Wenn nicht als konkrete Vorbereitung eines Austritts aus der Eurozone, so kann man diesen Gipfel doch zumindest als eine Vorbereitung für den Plan B deuten. Gemeint ist damit der Aufbau einer Drohkulisse für die demnächst wieder anstehenden Verhandlungen über immer mehr Schuldenerleichterungen, immer mehr Gemeinschaftskredite und immer mehr Transfers in die Krisenländer. Frankreich selbst will sicherlich nicht austreten. Doch hält es seine schützende Hand über die mediterranen Länder, weil es mit ihnen kulturell eng verbunden ist und enge Wirtschaftsbeziehungen unterhält, sowohl was den Absatz der französischen Waren als auch die Finanzierung der südlichen Volkswirtschaften durch die französischen Banken betrifft.

Vor diesem Hintergrund ist die OMT-Entscheidung von EuGH und Bundesverfassungsgericht verheerend, weil sie ein für allemal klarmacht, dass der EZB mit rechtlichen Mitteln nicht beizukommen ist. Die EZB kann fortan die Staatspapiere der Krisenländer unbegrenzt kaufen, wenn es darauf ankommt. Auf diese Weise kann sie diese Länder und deren Gläubiger so schützen, als hätte man sich bereits in gemeinschaftlicher Haftung mittels Eurobonds verschuldet. Das drückt die Zinsen und nimmt den Sparern ihre Erträge, obwohl diese Sparer in ihrer Eigenschaft als Steuerzahler und implizite Eigentümer der EZB zugleich weiterhin für die Ausfälle haften müssen. So gehen viele Euroländer immer weiter auf ihrem Weg in den Schuldensumpf, ohne dass ihnen juristische Schuldenschranken Einhalt gebieten könnten.

Wenn Deutschland angesichts all dieser falschen Weichenstellungen nicht schnellstens die Notbremse zieht, könnte es mit den Ländern der Eurozone ähnlich enden wie mit den USA, die in den ersten Jahrzehnten ihres Bestehens unter dem Einfluss einer Schuldensozialisierung in eine verhängnisvolle Schuldenspirale gerieten. In der Zeit von 1835 bis 1842 trieb diese Spirale ein Drittel der Staaten und staatsähnlichen Territorien in den Konkurs und schuf nichts als Unfrieden. Der britische Historiker Harold James von der Universität Princeton führte sogar einen Teil der Spannungen, die zwanzig Jahre später in den USA zum Bürgerkrieg führten, auf das Schuldendebakel zurück, das durch die Vergemeinschaftung der Schulden entstanden war.

So weit muss es mit Europa nicht kommen. Die Gefahren aber sind schon deutlich erkennbar. Mindestens werden die Deutschen in fünfzehn Jahren, wenn die Babyboomer ins Rentenalter kommen, erhebliche Probleme mit ihrer Altersvorsorge bekommen. Die Haftungsversprechen aus der Rettung Südeuropas könnten dann mit den nur noch schwer erfüllbaren Forderungen der Rentner gegen den deutschen Staat zusammenfallen und eine kaum noch beherrschbare wirtschaftliche Gemengelage erzeugen.

Natürlich ist es für den Frieden und die Einigung Europas gerechtfertigt, einen hohen Preis zu zahlen. Und auch der Freihandel, den die EU den Ländern Europas gebracht hat, ist seinen Preis wert, weil er allen Beteiligten wirtschaftlich nützt. Deutschland, das ebenfalls von diesem Freihandel profitiert, kann deshalb Maßnahmen der EU, die ihm zunächst finanziell zum Nachteil gereichen, ein ganzes Stück weit mittragen – nicht nur aus ökonomischen Gründen, sondern auch, wenn sie die europäische Einigung voranbringen. Dass Deutschland der größte Nettozahler der EU ist, kann man zum Beispiel als einen solch vertretbaren Preis interpretieren.

Doch erstens haben die Beiträge zum EU-Budget längst nicht die Dimension dessen, worum es bei einer Vergemeinschaftung der Haftung für Staatsschulden geht, und zweitens führt eine solche Vergemeinschaftung nicht nach Europa, sondern an einen anderen, gefährlichen Ort. Schon der

Euro und die mit ihm bis heute verbundenen politischen Maßnahmen haben sich nicht als Friedens- und Integrationswerk, sondern als Krisentreiber und Herd des Unfriedens gezeigt.

Vor allem führte der Euro Südeuropa in eine kaum noch zu lösende Wirtschaftskrise mit einer gefährlichen Massenarbeitslosigkeit, die die Nerven der Bevölkerung nun schon seit mehr als acht Jahren strapaziert. Und er zwang die Staaten Nordeuropas, mit fiskalischen Rettungskrediten einzuspringen, die den privaten Gläubigern die Möglichkeit gaben, sich aus dem Staube zu machen, und sie selbst an deren Stelle setzte. Der deutsche Staat ist jetzt der hässliche Gläubiger, auf den sich der Zorn der Schuldner entlädt, und nicht mehr die französischen und deutschen Banken, nicht mehr die *Wall Street* und nicht mehr die *City of London*. »Bürge nicht für deinen Freund und leihe ihm kein Geld, denn wenn du das tust, ist er dein Freund gewesen«: Diese alte Volksweisheit hat die deutsche Politik in den vielen Krisen rund um den Euro sträflich missachtet. Den Preis dafür zahlen wir heute – und noch stärker in der Zukunft.

Das ist ja das Problem. Nicht alles, was gut gemeint war, wirkt auch am Ende gut. Die Politiker in Europa – ob in Brüssel oder den Hauptstädten – treffen Entscheidungen, von denen sie glauben oder glauben machen möchten, sie würden den Einigungsprozess voranbringen. Das Gegenteil aber tritt ein. Und doch korrigiert kaum jemand den beschrittenen Weg. Fast will es scheinen, als könne niemand mehr dazulernen.

Bei nüchterner Betrachtung ist das fast verständlich. Das politische Führungspersonal investiert gewissermaßen sein politisches Schicksal in seine Entscheidungen. Es baut dabei Partei- und Bürokratieapparate auf, die Abertausenden von Menschen lukrative Berufskarrieren eröffnen. Auf diese Weise entstehen strukturelle Abhängigkeiten, die bewirken, dass sich kaum noch etwas Einschneidendes ändern lässt, weil zu viele in den Apparaten etwas zu verlieren haben. Die Folge ist, dass alles bleibt, wie es war, dass die immer gleichen rhetorischen Formeln zu hören sind und dass stur die immer gleichen Meinungen vertreten werden.

Kein Zweifel: Wenn die EU-Verträge die *ever closer union*, also die immer enger zusammenwachsende Union, proklamieren, wenn die Kanzlerin einen einmal eingeschlagenen Weg als »alternativlos« bezeichnet, wenn EU-Politiker das Beispiel des Fahrrads bemühen, das umkippt, wenn es nicht weiterfährt, dann schwingt darin schon viel von jenem gefährlichen

Starrsinn mit, der in der Menschheitsgeschichte Systeme immer wieder untergehen ließ. »Vorwärts immer, rückwärts nimmer«, erklärte der Staatsratsvorsitzende Erich Honecker bei seiner Festrede aus Anlass des 40. Jahrestages der DDR noch am 7. Oktober 1989. Das war nur zwei Tage vor der entscheidenden Montagsdemonstration am 9. Oktober, die den Untergang der DDR besiegelte, und einen Monat vor dem Fall der Mauer.

Wut und Frust über »die Politiker« und »die Eurokraten« nehmen in den europäischen Ländern zu – auch in Deutschland. Vielen Bürgern reicht es mittlerweile. Auch vielen, die gewohnt sind, in komplexen Zusammenhängen unterwegs zu sein. Sie wollen sich nicht mehr mit rhetorischen Floskeln oder Durchhalteparolen abspeisen lassen. Das gilt für den Euro und Europa insgesamt. Es gilt besonders für den Umgang mit den Flüchtlingen und Wirtschaftsmigranten. Zu Recht verlangen die Bürger, dass man sie ernst nimmt mit ihren Sorgen um die Zukunft Deutschlands und Europas. Zu Recht verlangen sie, dass jetzt umgesteuert wird.

In der Tat, statt auf dem falschen Weg noch schneller voranzuschreiten und die britische Brexit-Entscheidung einfach abzuhaken, sollten die Europäer nun innehalten und die Marschrichtung verändern. Sie sollten auf die in diesem Votum zum Ausdruck kommende britische Kritik an der EU mit ernsthaften Reformen antworten.

Die Reaktion der EU-Kommission und der Spitze des Europaparlaments, die Großbritannien nun zum schnellen Austritt drängt, um wieder zur Tagesordnung übergehen zu können, ist in diesem Zusammenhang anmaßend und vollständig unakzeptabel. Großbritannien ist und bleibt eine der großen Nationen Europas, mit denen wir auch weiterhin gutnachbarschaftlich und in regem wirtschaftlichen Austausch zusammenarbeiten müssen. Auch die Bundesregierung kritisiert die Brüsseler Bürokraten, die die Zeichen der Zeit offenkundig nicht erkennen. Aber sie ist auch sehr zaghaft, weil sie offenbar die bestehenden EU-Verträge nicht in Frage stellen möchte.

Dabei waren es doch gerade auch die Implikationen dieser Verträge, die den Unwillen der Briten hervorriefen. Man störte sich zum einen an der ausufernden Bürokratie, die dazu führte, dass sich eine Flut von größtenteils überflüssigen Richtlinien und Verordnungen über die Länder der EU ergoss, die dem im Maastrichter Vertrag formulierten Subsidiaritätsprinzip Hohn spricht. Nach diesem, damals von Deutschland durchgesetzten Prinzip darf die EU nur dort tätig werden, wo es echte grenzüberschreitende Aufgaben gibt, wie zum Beispiel bei der Verteidigung, grenzüberschreitenden Verkehrs- und Datennetzen oder im Bereich der Standardisierung von technischen Normen für handelbare Güter. Doch ansonsten darf sie – eigentlich – keine Gesetze, Verordnungen oder Normen erlassen.

Zum anderen war die britische Entscheidung durch die Angst vor einer nicht mehr kontrollierbaren Migration in die gut entwickelten Sozialstaaten Europas getrieben, zu denen auch Großbritannien gehört. Ja, die Migration wurde durch die Entscheidungen der Bundesregierung im Jahr 2015, Flüchtlingen aus Kriegsgebieten pauschal die Einreise zu erlauben, was Hunderttausende von Menschen in Bewegung setzte, zum alles beherrschenden Thema im britischen Wahlkampf. Großbritannien hatte schon in den 1950er- und 1960er-Jahren eine Massenimmigration aus den ehemaligen Commonwealth-Staaten erlebt und kämpft bis heute mit deren augenfälligen Folgen in den Ghettos der Großstädte. Dann hatte es nach der Osterweiterung der EU viele Menschen aus den ost- und südosteuropäischen Ländern angezogen, nicht zuletzt auch deshalb, weil die Magnetwirkung des britischen Wohlfahrtsstaats dazu beitrug. Und nun kamen auch noch die Kriegsflüchtlinge und Wirtschaftsmigranten unkontrolliert in die EU. Das brachte das Fass zum Überlaufen.

Eine Reform der EU mit Blick auf die entschiedene Steuerung der Migration von innen und von außen müsste zum einen bei der Magnetwirkung der raschen Inklusion in den Sozialstaat ansetzen, zum anderen aber auch weiter greifen, etwa bis zur Grenzsicherung. Wie diese Steuerung konkret geschehen kann, wird im letzten Kapitel dieses Buches diskutiert.

Doch müsste die Reform der EU noch sehr viel mehr leisten, wie gleichfalls im Detail im letzten Kapitel gezeigt wird. Vor allem müssten die Regeln, die Deutschland seinerzeit in den Maastrichter Vertrag als Bedingungen dafür schrieb, dass es die D-Mark aufgab, nun endlich so formuliert werden, dass sie nicht mehr umgangen werden können. Das betrifft das Verbot der Monetisierung der Staatsschulden, das Verbot der Rettung von Gläubigern eines konkursreifen Staates mit Steuermitteln, das Subsidiaritätsprinzip und vieles mehr. Vor allem muss man der EZB klarere und härtere Schranken auferlegen, um deren dauernde Mandatsüberschreitungen zu beenden und sie auf den Pfad der traditionellen Geldpolitik zurückbringen, wie sie von der Bundesbank betrieben wurde. Es ist nicht Aufgabe einer Zentralbank, fast wie früher das Politbüro in den Zentralverwaltungswirtschaften, die Kapitalströme in ihrem Hoheitsgebiet gezielt irgendwo hinzulenken, schon gar nicht in Länder, in die das private Kapital mangels echter Renditen gar nicht will. Die Steuerung des Kapitals ist in der Marktwirtschaft Sache der Sparer und ihrer Institutionen. Auch deswegen müssen die EZB und die Bundesbank aufhören, Südeuropa andauernd mit Krediten zu stützen, die unterhalb der Marktkonditionen zur Verfügung gestellt werden und für die am Ende der deutsche Steuerzahler einzustehen hat. Wenn überhaupt, so sind solche Kredite von den Parlamenten zu genehmigen, und von niemandem sonst.

Nach Lage der Dinge hat es wenig Sinn, wenn Deutschland versuchen sollte, im Rahmen der bestehenden EU-Verträge eine Kursänderung zu versuchen. Das würde ohnehin nie gelingen und bei jeder Einzelfrage neuen Streit hervorrufen. Der Streit würde Europa weiter zerrütten, ähnlich, wie es der Euro schon getan hat.

Besser ist es, wenn Deutschland jetzt – im Rahmen der ohnehin anstehenden Austrittsverhandlungen mit dem Vereinigten Königreich – eine Änderung der EU-Verträge verlangt und notfalls auch nicht vor einer Änderungskündigung zurückschreckt. Der richtige Zeitpunkt für das Änderungsverlangen ist so gesehen jetzt gekommen. Solange Großbritannien über die Konditionen des Austritts verhandelt, am besten noch vor dem formellen Austrittsantrag, bietet sich für Deutschland und gleichgesinnte Länder wie die Niederlande, Österreich, Finnland, die baltischen Staaten, Tschechien, Polen, die Slowakei, Dänemark und Schweden die einmalige Chance, die notwendigen Reformen herbeizuführen. In jedem Fall darf man mit Neuverhandlungen und Reformen nicht noch zehn Jahre warten, denn dann ist Großbritannien draußen und das Geld weg. Und Europa ist dann zu einem noch größeren Krisenfall geworden.

Versucht man Politikern diese Logik klarzumachen, pflegen sie nicht selten zu antworten, sie glaubten nicht, dass es zu neuen Vertragsverhandlungen kommen werde. Der Zug fahre in eine andere Richtung. Das mag sein. Viele Politiker sind, so scheint es, grundsätzlich nicht in der Lage, zwischen dem, was sein soll, und dem, was sein wird, zu unterscheiden, und auch echte Verantwortung zu übernehmen. Die Folge ist eine Schere im Kopf, die bewirkt, dass niemand wagt, von vornherein Forderungen zu erheben, von denen er befürchtet, dass er mit ihnen nicht durchkommt.

Wirkliche, verantwortungsbewusste Politik hingegen wird von Staats-
männern und -frauen gemacht, die sich nicht selbst beschränken, sondern
langfristige Visionen strategisch und beharrlich über viele Jahre hinweg verfolgen und im historisch richtigen Moment ihre Chance zu nutzen wagen.
Man denke an Margret Thatcher, die die englische Wirtschaftsgesellschaft
mit eiserner Hand revolutioniert hat. Oder an Willy Brandts Ostpolitik
mit ihrem Credo »Wandel durch Annäherung«. Oder an Helmut Kohls
10-Punkte-Plan vom Herbst 1989, der zur deutschen Vereinigung führte.
Oder auch an Gerhard Schröders Agenda 2010, mit der die Massenarbeitslosigkeit überwunden wurde. Begleitende, anpassende, bestenfalls margi-
nal modifizierende Politik wird von Standardpolitikern gemacht, die aus-
tauschbar, beliebig und orientierungslos sind. Sie begleiten alles und jedes,
wenn es denn nur mit Macht und scheinbar alternativlos daherkommt.

Ein Volkswirt jedenfalls, wie der Autor dieser Zeilen, darf seine Emp-
fehlungen nicht schon im Hinblick auf das Machbare formulieren, sondern
muss vom Grundsätzlichen her argumentieren. Er muss aufklärerisch und
kompromisslos sein, er darf sich nicht verbiegen und darf nicht kapitulie-
ren vor dem scheinbar Unumstößlichen, Wahrscheinlichen, das vermeintlich ohnehin passieren wird. Es gibt seltene Augenblicke in der Geschichte mit eruptiven Umbrüchen, in denen das Grundsätzliche in der Lage ist,
die Welt zu verändern. Darauf muss er die Öffentlichkeit vorbereiten, den
Diskurs öffnen und vorantreiben. Womöglich ist jetzt so ein Augenblick
gekommen. Mancur Olson, einer der großen Ökonomen des letzten Jahrhunderts, hat einmal geschrieben, jedes politische System brauche nach einem halben Jahrhundert eine grundlegende kulturelle Umbruchphase, um
sich von den verfilzten Interessen zu lösen, die es erlahmen lassen. Es ist
an der Zeit, dass auch die EU einen solchen Umbruch erlebt. Lange genug
existiert sie ja, und genug Filz gibt es allemal.

Kein Zweifel, Europa befindet sich in der größten Krise seit dem Zweiten
Weltkrieg. Die Herausforderungen, vor denen es steht, sind gewaltig, allen
voran Euro-Desaster, Flüchtlingswelle und Brexit. Die Gefühle von Unbehagen, Unmut, Aggression und Angst wachsen angesichts dieser Herausforderungen in ganz Europa. Natürlich sind sie keine guten Ratgeber. Und doch
lässt der steigende Zuspruch zu extrem orientierten Parteien mit ihren maß-
losen Programmen und Parolen überall auf dem Kontinent erahnen, wie
schnell vertraute Dinge wie Frieden und Wohlstand verschwinden könnten.

Kritische Phasen wie diese hat es immer wieder in der deutschen Geschichte gegeben. Man denke nur an den Vormärz in der Zeit vor 1848 oder das Erstarken der sozialistischen Bewegungen im letzten Viertel des 19. Jahrhunderts. Damals hatte Bismarck auf Anraten der Volkswirtschaftsprofessoren, die den Verein für Socialpolitik – den heute noch bestehenden Fachverband der deutschen Ökonomen – gründeten und die ihre Gegner verächtlich »Katheder-Sozialisten« nannten, seine Sozialreformen auf den Weg gebracht und der Revolution auf diese Weise den Wind aus den Segeln genommen. Natürlich wäre es im höchsten Grade anmaßend, jene 15 Reformvorschläge, die am Ende dieses Buches ausführlich zusammengestellt sind, auf die gleiche Stufe mit den Bismarckschen Reformen zu stellen. Doch sie sind als Versuch eines heute lebenden Volkswirts zu verstehen, Reformen zu definieren, die, wenn sie beherzt durchgeführt werden, dazu beitragen können, das derzeit stark gefährdete europäische Einigungswerk auf neue, stabilere Füße zu stellen. Die Neugründung Europas muss gelingen. Wir haben keine Wahl.

## KAPITEL 1

# Der Brexit und die Spaltung Mitteleuropas

*Eine klare Entscheidung* ● *Bürokratie, Wirtschaft, Überfremdungsangst – Misstrauensvotum gegen die EU* ● *Ein kaum zu ermessener Verlust für Europa* ● *Was die Entscheidung für das Vereinigte Königreich bedeutet* ● *Unzufriedene Franzosen, genervte Italiener – Wer geht als nächstes?* ● *Verlust der Sperrminorität – Warum Deutschland besonders viel verlieren wird* ● *Wo war die Politik?* ● *Jetzt droht die Spaltung Mitteleuropas*

# Eine klare Entscheidung

Das Ergebnis des britischen Referendums versetzte Europa und der Welt einen Schock, denn die Möglichkeit eines Votums für den Brexit hatte kaum jemand in den politischen und wirtschaftlichen Führungsetagen wirklich auf dem Schirm. Die Buchmacher boten Quoten von 5:2 für jene, die es wagten, auf eine Mehrheit der Befürworter eines EU-Austritts zu wetten. Auch meinten nicht wenige, dass sich die vielen Unentschlossenen, die man bei den Umfragen vor dem Referendum feststellte, mehrheitlich für den Status quo aussprechen würden. So war es schließlich bei der Abstimmung über die Unabhängigkeit Schottlands im Jahr 2014 gewesen oder auch früher bei anderen Referenden, so jenen zur Abspaltung Quebecs von Kanada.

In gewisser Weise stellte sich die Situation diesmal nicht wirklich anders dar. Auch am 23. Juni wählten die Unentschlossenen den Status quo. Nur bestand der Status quo in den Augen der Mehrheit nicht in der EU-Mitgliedschaft, sondern in der *Splendid Isolation,* also in der Unabhängigkeit von den Kontinentalmächten, wie sie seit Königin Victoria und ihrem Premierminister Benjamin Disraeli die britische Politik bestimmt hatte. Nicht der Brexit, sondern die EU war in den Augen vieler Briten das unkalkulierbare Experiment, dessen Ausgang man skeptisch beurteilte.

So kam es, dass sich beim Referendum eine Mehrheit von 51,9 % zu 48,1 % für jene ergab, die aus der EU austreten wollen. Bei einer Umfrage des Instituts ICM vom 29. Mai hatte der Vorsprung der Austrittsbefürworter bei 3 Prozentpunkten gelegen, während zugleich 13 % der Befragten unentschlossen waren.[1] Andere Umfrageinstitute prognostizierten einen annähernden Gleichstand beider Gruppen.[2] Beim Referendum betrug der Vorsprung dann schließlich deutliche 3,8 Prozentpunkte.

Nicht überall im Vereinigten Königreich ergab sich freilich ein ähnliches Meinungsbild. Wie Abbildung 1.1 zeigt, fanden sich die Austrittsbefürworter vor allem in den britischen Kernländern England und Wales, während die Schotten und Nordiren mehrheitlich für den Verbleib in der EU votierten. Eine Ausnahme unter den Engländern stellten die Akteure des Finanzplatzes London dar, der *City of London* also, die bei einem Brexit für ihr Finanzgewerbe zu Recht erhebliche wirtschaftliche Nachteile befürchten. Doch auf dem Lande und in den alten Industriegebieten überwogen die Austrittsbefürworter.

Auch zwischen Jung und Alt gingen die Meinungen auseinander. Während 71 % der jungen Briten zwischen 18 und 24 Jahren für den Verbleib in der EU stimmten, präferierten 64 % der älteren Bürger ab 65 Jahren den Austritt.

Abbildung 1.1: Die regionale Aufteilung des Wahlergebnisses vom 23. Juni 2016

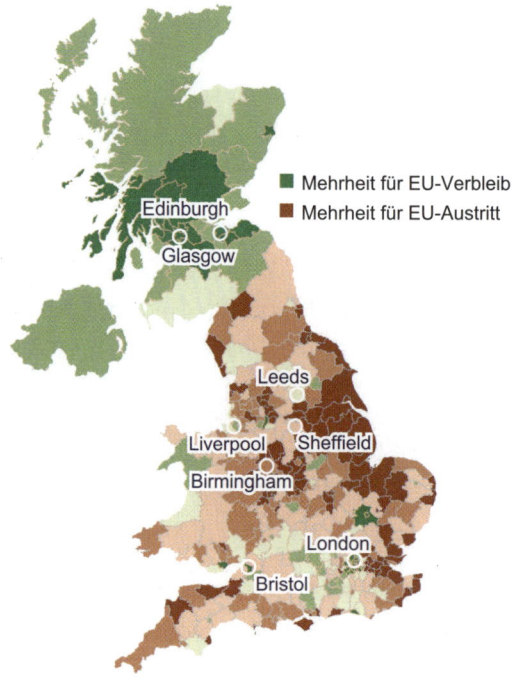

Quelle: Eigene Darstellung; The Electoral Commission, Elections & Referendums, Upcoming Elections & Referendums, EU Referendum, EU Referendum Results, <http://www.electoralcommission.org.uk/find-information-by-subject/elections-and-referendums/upcoming-elections-and-referendums/eu-referendum/electorate-and-count-information>.

Es war schon erstaunlich, aber unmittelbar nach dem Referendum haben nicht wenige Wahlverlierer den Eindruck zu erwecken versucht, die Wahl sei außerordentlich knapp ausgefallen und das Ergebnis einer augenblicklichen Stimmung der Bevölkerung, die sich nur aufgrund der verantwortungslosen Hetze von Populisten ergeben habe. Das schöne Wetter habe zudem einen Teil der Wähler von den Urnen ferngehalten. Inzwischen bereue die Bevölkerung ihre Entscheidung bereits. Da das britische Parlament formal nicht daran gebunden sei, solle Großbritannien trotz des Votums in der EU bleiben. An dem Umstand, dass sich die beiden hauptsächlichen Protagonisten im Kampf für den Brexit, der ehemalige Londoner Bürgermeister Boris Johnson von den Konservativen sowie Nigel Farage von der *United Kingdom Independence Party* (UKIP), um es salopp auszudrücken, »vom Acker gemacht« hätten, sehe man, dass die Entscheidung gar nicht ernsthaft zustande gekommen sei.

Diese Argumente hören sich zunächst plausibel an. In Wirklichkeit aber greifen sie zu kurz. Zum einen hatte Nigel Farage, der direkt nach der Umfrage seinen Rückzug bekannt gab, wohl gesundheitliche Probleme, und Boris Johnson hatte nur erklärt, dass er für das Amt des Premierministers nicht zur Verfügung stehe, weil er sah, dass er die nötige Mehrheit der Konservativen nicht würde hinter sich bringen können. In der Tat suchte die Partei nach der klaren Entscheidung, die auch ein Votum gegen den amtierenden Partei- und Regierungschef David Cameron darstellte, zügig nach einem die Spaltung vermeidenden Kompromisskandidaten für Parteivorsitz und Amt des Premierministers. Der Polarisierer Boris Johnson kam dafür nicht in Frage, wohl aber Theresa May, die bisherige Innenministerin, die bereits am 13. Juli zur Nachfolgerin Camerons ernannt wurde.

Theresa May galt stets als EU-Skeptikerin, hatte sich aber vor dem Referendum dem Lager der EU-Befürworter angeschlossen. Kaum im Amt, teilte sie unmissverständlich mit, dass sie das Ergebnis des Referendums respektieren und den Austrittswunsch umsetzen werde. Und in der Folge schuf sie ebenfalls umgehend in ihrem Kabinett ein Ministerium zur Organisation des Austritts unter Leitung des Hardliners David Davis und machte Boris Johnson zu ihrem Außenminister.

Zum anderen war die Wahlentscheidung alles andere als knapp ausgefallen. Die Daten der Tabelle 1.1 zeigen das. Man erkennt, dass die Wahlbeteiligung sehr viel höher lag als bei den vergangenen drei Unterhauswahlen. Und man erkennt ebenfalls, dass eine sehr viel höhere Zahl von Bürgern für den Brexit votierte, als im Rahmen von Wahlen zuvor für die jeweils siegreiche Partei gestimmt hatte. So sprachen sich über 17 Millionen Briten für den Austritt aus, während die siegreichen Parteien bei den Unterhauswahlen normalerweise nur auf etwa 10–12 Millionen Stimmen kamen.

Tabelle 1.1: Das Referendum vom 23. Juni 2016 im Vergleich zu Parlamentswahlen

|  | Wahlbeteiligung | Stimmenanzahl der siegreichen Gruppe (Millionen) |
|---|---|---|
| Referendum | 72,2% | 17,411 |
| Parlamentswahl 2015 | 66,2% | 11,300 |
| Parlamentswahl 2010 | 65,1% | 10,704 |
| Parlamentswahl 2005 | 61,4% | 9,552 |

Quelle: Electoral Commission, *EU referendum results,* <http://www.electoralcommission.org.uk/find-information-by-subject/elections-and-referendums/past-elections-and-referendums/eu-referendum/electorate-and-count-information>; House of Commons Library, General Elections Online, *Election Results,* <http://geo.digiminster.com/election/2015-05-07/Results>, bzw. <http://geo.digiminster.com/election/2010-05-06/Results>; A. Mellows-Facer, »General Election 2005«, *House of Commons Library Research Paper* 05/33, 2006, <http://researchbriefings.parliament.uk/ResearchBriefing/Summary/RP05-33>.

# Bürokratie, Wirtschaft, Überfremdungsangst – Misstrauensvotum gegen die EU

Wie aber kam es zu der Entscheidung der Briten? Sie ist keineswegs aus einer Laune des Augenblicks erwachsen. Vielmehr drückt sie eine in den vergangenen Jahren beständig gewachsene Skepsis gegenüber der EU aus. Mehr noch: Im Wesentlichen stellt sie ein deutliches Misstrauensvotum gegen die Europäische Union und ihre Führung dar.

Lange schon hatten sich die Briten darüber geärgert, dass sie sich den Mehrheitsentscheidungen in Brüssel unterwerfen mussten. Wie viele andere EU-Bürger auch fühlten sie sich vielen kleinkrämerischen Detailentscheidungen aus Brüssel ausgeliefert. Man denke nur an das Verbot der Glühbirne im Jahr 2009 oder die Begrenzung der Saugkraft der Staubsauger, die seit 2014 greift und 2017 weiter verschärft wird. Oder man denke an die heute nicht mehr so gut wie früher funktionierenden Geschirrspüler, die – wenn man sie vollmacht – das Geschirr nass und klebrig zurücklassen, damit sie die Energie- und Wassereinsparvorschriften einhalten können. Als Ergebnis der Energieeinsparvorschriften spült man heute halt häufiger. Die Richtlinie zur Definition des Krümmungsgrades der Gurke, über die sich die Kabaretts jahrelang lustig gemacht hatten, wurde von der EU-Kommission inzwischen zwar wieder zurückgezogen. Doch die Dicke und Länge der Banane ist nach wie vor vorgeschrieben.

Der Unsinn aus Brüssel mag nicht selten ideologische Ursachen haben, vor allem aber ist er auf handfeste wirtschaftliche Interessen zurückzuführen. Oft wollen sich die Hersteller der EU gegen Importprodukte schützen – und setzen ihre Lobbyisten auf die Brüsseler Gesetzgeber an, die später dann oft abstrus erscheinende Regelungen verabschieden. Nicht selten auch streben große Firmen, die in Brüssel viel Geld für die Lobbyarbeit ausgeben, danach, kleinere Hersteller an die Wand zu drücken. Wenn Unternehmen die Herstellung eines Gutes exzellent beherrschen – etwa den Anbau von großen, dann aber wässrigen Äpfeln, die Herstellung besonderer Leuchtmittel, die Produktion besonderer Isolierstoffe oder die Herstellung von Elektroautos, die mit Atomstrom fahren –, dann zeigt sich stets irgendwann ein ähnliches Muster: Die Unternehmen entfalten Aktivitäten, damit das, was sie gut beherrschen, zur Norm gemacht wird, um sich auf diese Weise zusätzliche Nachfrage für ihre Produkte zu sichern. Das gilt im Übrigen nicht nur für Normen, die aus Brüssel kommen, sondern etwa auch für solche, die, wie die deutschen DIN-Normen, in Berlin gemacht werden. Natürlich haben solche Normen zur Vereinheitlichung grundsätzlich ihre Berechtigung, wenn es darum geht, Mindestqualitäten zu sichern, die die Verbraucher beim Kauf nicht beachten können.[3] Doch nutzen die privaten Hersteller ihre Gestaltungsmacht in den Normausschüssen regelmäßig auch für die nachdrückliche Verfolgung ihrer eigenen Interessen. Tabelle 1.2 zeigt einige Beispiele des versuchten oder realisierten Missbrauchs der Regulierungskompetenzen des Brüsseler Apparats, die – man kann es kaum verhehlen – bei näherer Betrachtung wie Schildbürgerstreiche anmuten.

Aber es ging beim Brexit-Votum nicht nur um das starke Unbehagen an der Gängelung der Verbraucher durch die Brüsseler Politik. Es ging vielmehr auch um handfeste Gefahren aufgrund der destabilisierenden Wirkungen, die das fehlkonstruierte Eurosystem in Europa ausgelöst hat, sowie um offenkundige finanzielle Nachteile Großbritanniens infolge der gemeinsamen Agrarmarktordnung. Angesehene Ökonomen im Umfeld von Patrick Minford von der Universität Cardiff haben das immer wieder hervorgehoben.[4]

## Tabelle 1.2: Schildbürgerstreiche aus Brüssel

| Gegenstand | Art der Regulierung | Vermutliche Gründe und ökonomische Bewertung | Nachweis |
|---|---|---|---|
| Äpfel | Mindestfärbung, Mindestdurchmesser und Mindestgewicht von Äpfeln | Protektionismus. Schutz vor Konkurrenz aus nördlichen Regionen zu Lasten der Verbraucher. | Durchführungsverordnung (EU) Nr. 543/2011 Der Kommission - Vermarktungsnorm für Äpfel |
| Bananen | Mindestlänge, Mindestdicke, Reife- und Beschädigungsgrad der Bananen | Protektionismus. Nur EU-Bananen dürfen dank Sonderregelungen die Normgrößen unterschreiten. Handelsvorteil für Bananen aus EU-Ländern und überseeischen EU-Territorien zu Lasten der Verbraucher. | Verordnung (EG) Nr. 2257/94 Der Kommission zur Festsetzung von Qualitätsnormen für Bananen |
| Glühbirnen | Herstellungs- und Vertriebsverbote durch Mindestanforderungen an Energieeffizienz | Ideologischer Paternalismus, umweltökonomisch unsinnig, weil $CO_2$-Preis schon im Emissionshandel festgelegt. | Verordnung (EG) Nr. 244/2009 Der Kommission zur Durchführung der Ökodesign-Richtlinie 2005/32/EG ... umweltgerechte Gestaltung von Haushaltslampen ... |
| Gurken (gültig bis 2009)[a] | Vorgabe des maximalen Krümmungsgrads der Gurke | Protektionismus. Handelsvorteile sowie Abschottung gegenüber Importgurken aus Ländern mit kleinbäuerlichen Strukturen zu Lasten der Verbraucher. | Verordnung (EWG) Nr. 1677/88 Der Kommission zur Festsetzung von Qualitätsnormen für Gurken |
| Haushaltsgeschirrspüler | Beschränkung des Energie- und Wasserverbrauchs | Ideologischer Paternalismus, umweltökonomisch unsinnig, weil $CO_2$-Preis schon im Emissionshandel festgelegt. Leute waschen von Hand oder zweimal. | Verordnung (EU) Nr. 1016/2010 Der Kommission zur Durchführung der Richtlinie 2009/125/EG ... umweltgerechte Gestaltung von Haushaltsgeschirrspülern |
| Olivenölkännchen[b] | Geplantes Verbot umgefüllter Kännchen. Nur versiegelte und nicht nachfüllbare Olivenölflaschen in Gastronomie zulässig. | Dominantes Produzenteninteresse. Große Produzenten forderten das Verbot, um kleinere und deshalb teurere Ölflaschen verkaufen zu können. | Vgl. A. Reuter, „Kampf den Karaffen. „EU verbietet Olivenöl-Kännchen in Restaurants", Tagesschau.de, 17. Mai 2013; C. Kontino, „Drinnen doch wieder Olivenöl-Kännchen", Handelsblatt online, 23. Mai 2013. |
| PKW | Beschränkung des $CO_2$-Flottenverbrauchs pro Fahrzeug | Vorteile für die auf Kleinwagen und Atomstrom spezialisierten Hersteller aus Frankreich und Südeuropa zu Lasten der (überwiegend deutschen) Premiumhersteller. Umweltökonomisch wäre $CO_2$-Preis besser. | Verordnung (EG) Nr. 715/2007 Des Europäischen Parlaments und des Rates ... Emissionen von leichten Personenkraftwagen .... |
| Saatgutverordnung[c] | Harmonisierung und Reglementierung der Zulassung von Saatgut; Hohe Zulassungshürden und -kosten | Lobbyinteressen zum Ausbau der Marktmacht großer Saatguthersteller. Einschränkung der Artenvielfalt (z.B. viele alte Kartoffelsorten) zu Lasten der Verbraucher. | Vorschlag 013/0137 (COD) für eine Verordnung des Europäischen Parlaments und des Rates ... Pflanzenvermehrungsmaterial ... |
| Staubsauger | Begrenzung der Saugkraft; max. Energieverbrauch | Ideologischer Paternalismus, umweltökonomisch unsinnig, weil $CO_2$-Preis schon im Emissionshandel festgelegt. | Verordnung (EU) Nr. 666/2013 Der Kommission zur Durchführung der Ökodesign-Richtlinie 2009/125/EG ... umweltgerechte Gestaltung von Staubsaugern |

a   Im zuständigen Ausschuss stimmten insbesondere südeuropäische Länder – u.a. etwa Frankreich, Griechenland, Italien und Spanien – gegen den eingebrachten Vorschlag der Abschaffung des Krümmungsgrades, um die eigenen Erzeuger zu schützen. Sie wurden von großen Bauern- und Handelsverbänden in der EU unterstützt. Für die Abschaffung waren u.a. Deutschland, Großbritannien und die nordischen Länder. Detaillierte Vorgaben blieben allerdings für die am häufigsten verkauften Produkte wie Äpfel, Birnen, Zitrusfrüchte, Kiwis, Erdbeeren, Pfirsiche, Nektarinen, Weintrauben, Salatköpfe, Paprika und Tomaten bestehen, die den überwiegenden Anteil des EU-Handels an Obst und Gemüse ausmachen.

b   Die Kommission deklarierte die Reform als Verbraucherschutzmaßnahme, doch der Protest der Verbraucher zwang sie, die Maßnahme im Mai 2013 wieder zurückzunehmen.

c   Derzeit gibt es mehrere separate EU-Richtlinien für verschiedene Arten von Saatgut wie etwa Futterpflanzensaatgut, Getreidesaatgut oder Gemüsesaatgut. Die Vorschläge der EU-Kommission für eine neue Richtlinie wurden vom Europäischen Parlament im März 2014 mit 650 zu 15 Stimmen abgelehnt.

Großbritannien wollte dem Euro nie beitreten und hatte bei der Beschlussfassung für den Maastrichter Vertrag (ebenso wie Dänemark) das Sonderrecht ausgehandelt, es im Gegensatz zu den anderen EU-Ländern auch niemals zu müssen. Die Skepsis gegenüber der gemeinsamen Währung sah man durch die Verwerfungen, die der Euro zwischen den nördlichen und südlichen Ländern der Eurozone vor allem in den letzten Jahren herbeiführte, bestätigt. Und in der Nähe der riesigen Haftungsspirale, die sich nun zu Gunsten der Südländer und zu Lasten der Nordländer immer schneller dreht, wollte man sich dabei nicht aufhalten. »Wenn ihr Deutschen euch zum Zahlmeister der Eurozone machen wollt, dann tut es halt, aber lasst uns damit zufrieden«, war die Devise, die man von britischen Kollegen immer wieder zu hören bekam. Zu den Skeptikern gehörte auch der langjährige Präsident der britischen Zentralbank Mervyn King, der seine Kritik am Euro kürzlich in einem umfassenden Buch zusammengeführt hat.[5]

Wichtig für die Kritik der britischen Ökonomen an der EU war zudem die Landwirtschaftspolitik. So beklagt Großbritannien seit jeher seinen hohen Nettobeitrag zum EU-Budget. Trotz der Nachverhandlungen von Margret Thatcher im Jahr 1984, in der sie einen bis heute geltenden Rabatt für die britischen Beiträge zum EU-Haushalt erwirkte, trägt das Land stets mehr zur Finanzierung der Gemeinschaftsaufgaben bei, als es zurückerhält. Abbildung 1.2 zeigt, dass es nach Deutschland und Frankreich absolut gesehen den dritthöchsten Nettobeitrag leistet. Es ist sehr wahrscheinlich, dass auf Deutschland nach dem Austritt der Briten die Forderung zukommen wird, den bisherigen Beitrag der Briten großenteils zu übernehmen. Auf die Idee, stattdessen das EU-Budget inklusive ihrer Gehälter zu verringern, werden die Damen und Herren in Brüssel bestimmt nicht kommen.

Die Zahlungen Großbritanniens an die EU lassen sich natürlich nicht über Nacht auf null zurückführen, denn vielfach ist die EU unter britischer Mitverantwortung bereits zukünftige Zahlungsverpflichtungen eingegangen, aus denen sie fürs Erste nicht mehr herauskommt. Und sie hat lange laufende Ausgabenprogramme begonnen, die sie nicht einfach mal so abbrechen kann. Die EU-Kommission hat Großbritannien daher bereits eine Rechnung von 25 Milliarden Euro gestellt, um solcherlei Verpflichtungen abzudecken. Man braucht nicht viel Fantasie, sich den anstehenden Rosenkrieg auszumalen.[6]

Das Geld, das vor allem Länder wie Großbritannien und Deutschland an die EU überweisen, wird zu einem großen Teil verwendet, um Subventionen an die Landwirte auszuzahlen, denn die Ausgaben für die Landwirtschaft machen ca. 42 % des gesamten EU-Budgets aus. Während früher Frankreich der größte Nutznießer der EU-Agrarzuschüsse war (und auch heute noch stark von ihnen profitiert), sind es nach der Osterweiterung vor allem Ungarn, Rumänien und Polen, jene Länder also, die über relativ große Landwirtschaftssektoren verfügen.[7]

Abbildung 1.2: Nettozahlungen an die EU (2014)

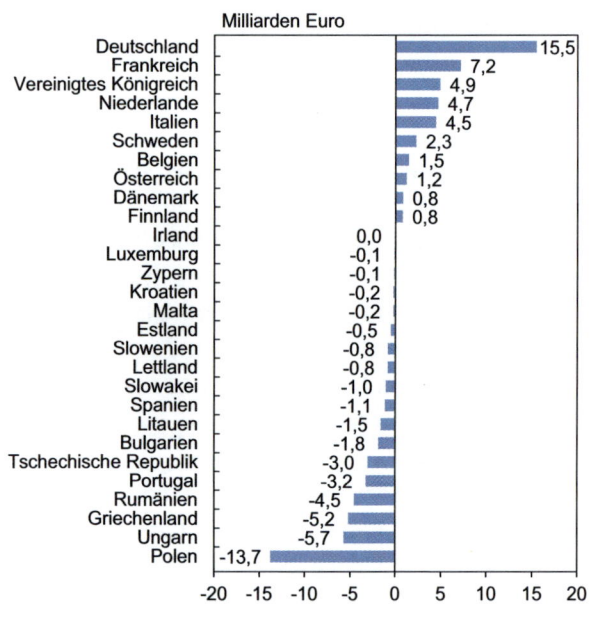

Quelle: European Commission, *EU Budget 2014,* Financial Report, Publications Office of the European Union, Luxemburg 2015, S. 145.

Großbritannien leidet unter der EU-Landwirtschaftspolitik nicht nur wegen der hohen Subventionen für andere Länder, sondern auch, weil Brüssel dem Land viele traditionelle Handelsverbindungen in die Commonwealth-Gebiete erschwert, wenn nicht abgeschnitten hat. Der Handel wird insbesondere durch variable Zölle behindert, sogenannte Einfuhrausgleichsabgaben, die die Importe aus Nicht-EU-Ländern so verteuern, dass sie nicht mehr billiger als EU-Ware sind. Derzeit werden Zölle auf gut zwei Drittel der Agrargüter (über 2.000 Arten) erhoben.[8] Während die Zolltarife für Agrarprodukte wie Kaffee oder Tee, die nicht in der EU produziert werden, vergleichsweise niedrig sind, werden zum Schutz heimischer Produzenten beispielsweise auf Milcherzeugnisse sehr hohe Zölle verlangt. Im Jahr 2013 lag der Netto-Importwert aller Agrargüter in der Europäischen Union bei 129 Mrd. Euro, wobei 54 % dieses Importwerts Agrarzöllen unterlagen.[9]

Den Nachteil dieser Politik erleiden die Verbraucher der EU in ihrer Gesamtheit in Form überhöhter Preise für Nahrungsmittel. Nach Schätzungen der OECD kosteten die EU-Agrarzölle die europäischen Verbraucher zwischen 2013 und 2015 jährlich knapp 18,6 Mrd. Euro.[10] Eine andere Schätzung von Patrick Minford kommt zu dem Schluss, dass die Handelsschranken der EU in ihrer Gesamtheit die europäischen Agrarpreise um bis zu 20 % gegenüber den Weltmarktpreisen angehoben haben.[11] Der Vorteil der höheren Preise liegt bei den Bauern bzw. konkreter bei den Landbesitzern, die höhere Pachtraten durchsetzen können, als es bei freiem Wettbewerb der Fall wäre. Davon profitieren die genannten Länder mit viel Landwirtschaft, doch keinesfalls Großbritannien als Nettoimporteur landwirtschaftlicher Erzeugnisse. Es wird geschätzt, dass Großbritannien allein aufgrund der Handelsbarrieren und Transfers im Agrarsektor jährlich Nettoverluste von etwa 0,5 % bis 1,1 % seines BIP verzeichnet.[12]

Haben also vor allem der Frust über die Brüsseler Bürokratie und die skizzierten ökonomischen Argumente den Ausschlag für das Brexit-Votum gegeben? Umfragen in der Bevölkerung zu den Beweggründen für einen Austritt aus der EU zeigen etwas andere Schwerpunkte bei den Motiven für die Wahlentscheidung. Danach kam nach der Bevormundung durch den Brüsseler Apparat – zu verstehen als ein Wunsch nach Unabhängigkeit an sich – der Migrationspolitik der EU eine entscheidende Bedeutung zu. Wie Abbildung 1.3 zeigt, maßen diesem Thema mehr als fünfmal so viele Austrittsbefürworter eine wichtige Bedeutung zu wie z.B. Themen wie Arbeitsplatz und Investitionen oder Familie. Es verwundert daher nicht, dass UKIP und die EU-skeptischen Wortführer das Migrationsthema in der Brexit-Debatte immer wieder betonten.

Abbildung 1.3: Themen, die die Austrittsbefürworter als wichtig empfanden

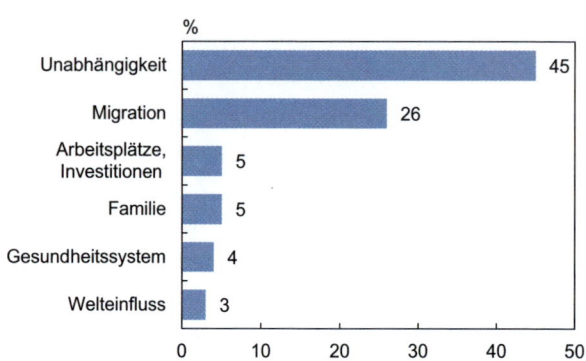

Quelle: YouGov, *YouGov Survey Results*, 23. Juni 2016, <https://d25d2506sfb94s.cloudfront.net/ cumulus_uploads/document/640yx5m0rx/On_the_Day_FINAL_poll_forwebsite.pdf>.

Hinweis: Die Umfrage wurde am 23. Juni 2016, also am Tag des Referendums, durchgeführt. Die Abbildung zeigt, welche Themen die Austrittsbefürworter als wichtig empfanden. Die fehlenden 12 % verteilen sich hauptsächlich auf die Antwort, dass etwas anderes relevant war.

Großbritannien kennt sich aus mit Migrationsströmen. Das Vereinigte Königreich hatte schon in den 1950er- und 1960er-Jahren eine erhebliche Immigrationswelle aus den Ländern des Commonwealth erfahren. Die dort lebenden Menschen galten ursprünglich als Bürger des Vereinigten Königreichs und seiner Kolonien *(Citizens of the United Kingdom and Colonies, CUKC)* und hatten insofern das uneingeschränkte Aufenthalts- und Arbeitsrecht im Vereinigten Königreich selbst. Die Freizügigkeit wurde zwar in den 1960er-Jahren etwas eingeschränkt, doch erst mit dem EU-Beitritt im Jahr 1973 behandelte man die EU-Ausländer so restriktiv wie es die anderen EU-Länder auch taten. Diese ältere Immigration hat bis zum heutigen Tage sichtbare Spuren in Großbritannien hinterlassen, vor allem mit Blick auf die Beanspruchung der Leistungen des Sozialstaates und die Herausbildung von ghettoähnlichen Stadtbezirken mit ethnischem und sozialem Sprengstoff. Deswegen haben sich gerade die älteren Briten, die die Geschichte überschauen, als so EU-skeptisch erwiesen.

Nach dem Beitritt der osteuropäischen Staaten Mitte der 2000er-Jahre kam es zu einer weiteren großen Migrationswelle. Sie kam diesmal aus Osteuropa und war unter anderem deswegen so heftig, weil Großbritannien nicht – wie Deutschland es tat – von der Möglichkeit Gebrauch machte, die Freizügigkeit für EU-Arbeitnehmer aus Osteuropa während einer Übergangszeit zunächst zu beschränken.

Und dann kam das Jahr 2015 mit einer unkontrollierten Massenimmigration von weit über einer Million Menschen, die von außen in die EU hineindrängten. Das war aus der Sicht der Briten nun schon die dritte Migrationswelle seit dem Zweiten Weltkrieg. Zwar wanderte nur ein kleiner Teil der Menschen wirklich nach Großbritannien. Doch waren es die Medienberichte über die chaotischen Verhältnisse beim Ansturm der Massen, auch über die Camps vor dem Eisenbahntunnel von Calais, die für die Briten jener Tropfen waren, der das Fass zum Überlaufen brachte. »Wehret den Anfängen!«, so ihre Devise. Und so votierten sie, als sie für den Brexit stimmten, vorrangig auch für die Schließung der britischen Grenzen. Nicht von ungefähr hat die neue britische Premierministerin deshalb auch sofort nach ihrem Amtsantritt klar gemacht, dass Großbritannien bei den Verhandlungen über die zukünftige Zusammenarbeit zwischen der EU und dem Vereinigten Königreich die Freizügigkeit für EU-Bürger und für Einwohner von Drittstaaten unter keinen Umständen akzeptieren werde.[13]

Vor Calais, noch auf französischem Territorium, baut Großbritannien nun übrigens eine hohe Mauer um die Einfahrt zum Tunnel, um die vielen Menschen, die dort in einer provisorischen Zeltstadt hausen, davon abzuhalten, auf die Züge oder Lastwagen zu springen und nach Großbritannien zu reisen. Im Sommer 2016 kampierten noch ca. 9.000 Personen vor dem Eingang des Tunnels im sogenannten *Dschungel von Calais*.[14]

Kapitel 2 dieses Buches wird sich dem Thema der Migration ausführlich widmen, denn auch der Rest Europas muss seine Migrationspolitik grundlegend verändern, will es seine besser ausgebauten Sozialstaaten unter dem Druck der Armutsflüchtlinge aus anderen EU-Ländern und aus Drittländern nicht zusammenbrechen lassen.

# Ein kaum zu ermessener Verlust für Europa

Im Weltmaßstab betrachtet wird der Austritt Großbritanniens eine erhebliche ökonomische und politische Schwächung der EU zur Folge haben, weil das Vereinigte Königreich ein in jeder Hinsicht großes Land ist. In Großbritannien leben mit 13 % der EU-Bevölkerung etwa genauso viele Menschen wie in Frankreich, wenn auch nicht ganz so viele wie in Deutschland (16 %). Wie Abbildung 1.4 zeigt, ist die britische Volkswirtschaft nach Deutschland die größte in der Europäischen Union, mit deutlichem Abstand vor Frankreich. Sie erbrachte im Jahr 2015 eine Wirtschaftsleistung, die 18 % größer als die Frankreichs war, und sie steuerte 17,6 % zum Bruttoinlandsprodukt (BIP) aller EU-Länder bei.

Um die Bedeutung des Verlustes von Großbritannien für die EU zu verstehen, ist es nützlich sich klarzumachen, dass das Land nahezu so viel Wirtschaftsleistung auf sich vereint, wie die 20 der Wirtschaftskraft nach kleinsten Länder der EU zusammengenommen. Das zeigt das obere der beiden Schaubilder in Abbildung 1.4. So gesehen ist der Austritt Großbritanniens wirtschaftlich in etwa dasselbe, als würden nun diese 20 von 28 Ländern gleichzeitig die EU verlassen. Zieht man das Bevölkerungskriterium zum Vergleich heran, kommt eine etwas weniger krasse Relation zustande. Doch auch dann ist der Austritt immer noch mit dem Austritt der gemessen an ihrer Einwohnerzahl 15 kleinsten Länder der EU zu vergleichen.

Natürlich hinkt dieser Vergleich insofern, als in der EU nicht alle Bürger gleich sind. *One man, one vote* ist zwar das Grundprinzip der Demokratie, das in Großbritannien, den USA und überall auf der Welt hochgehalten wird – aber eben nicht in der EU. Pro Einwohner betrachtet haben in fast allen Entscheidungsgremien, sei es nun der Ministerrat, das Parlament oder auch der EZB-Rat, die kleinen Länder wesentlich mehr Stimmengewicht als die großen. Auch in der EU-Verwaltung oder in der EZB bekleiden die kleinen Länder überproportional viele Posten. Dieses Demokratiedefizit könnte einer der Gründe dafür sein, warum sich die Briten in der EU nicht gut aufgehoben fühlten. Obwohl sie genauso viele Menschen wie die 15 der Bevölkerungszahl nach kleinsten Länder der EU auf sich vereinen, konnten sie nicht im Entferntesten einen ähnlichen Einfluss auf die EU-Politik ausüben wie diese Länder. Das gilt in ähnlicher Form übrigens für die Bundesrepublik Deutschland, die bevölkerungsmäßig den 17 kleinsten Ländern der EU und im Hinblick auf ihre Wirtschaftsleistung den 21 kleinsten der 28 EU-Länder entspricht.

Außen- und sicherheitspolitisch wird Großbritannien nun bald seinen eigenen Weg gehen. Zwar bleibt es Mitglied der NATO. Doch die Hoffnung vieler Europäer, eines Tages eine gemeinsame Streitmacht zu erhalten und eine gemeinsame Außen- und Sicherheitspolitik durchführen zu kön-

Abbildung 1.4: Die wirtschaftliche Bedeutung des Vereinigten Königreichs in der EU, gemessen in BIP- und Bevölkerungsanteilen (2015)

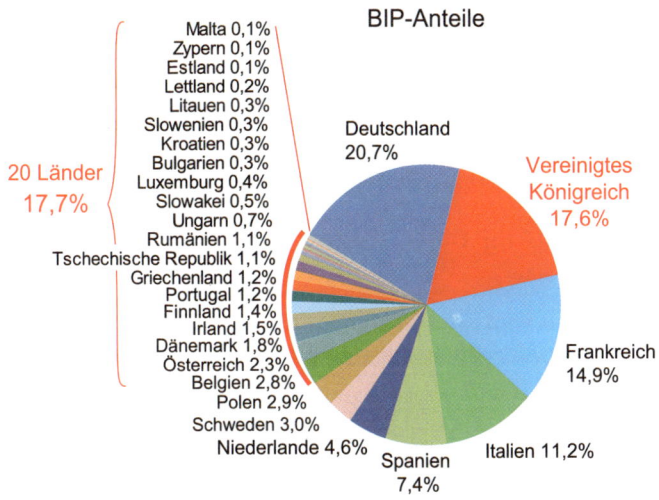

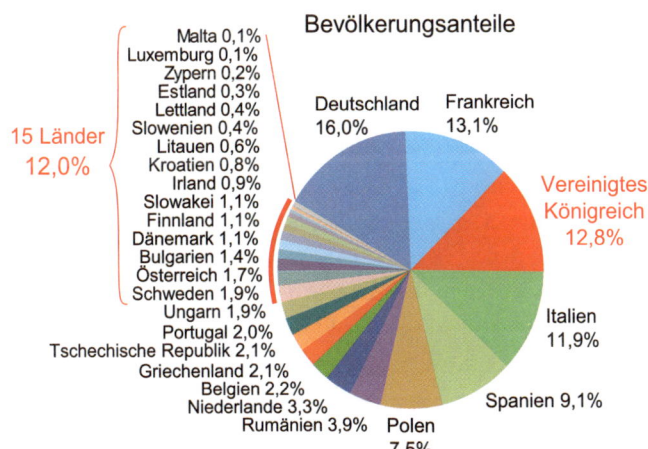

Quelle: Eurostat, Datenbank Wirtschaft und Finanzen, Volkswirtschaftliche Gesamtrechnungen (ESVG 2010), Jährliche Volkswirtschaftliche Gesamtrechnungen, Hauptaggregate des BIP; dieselbe, Datenbank Bevölkerung und soziale Bedingungen, Demographie und Migration, Demographische Veränderung – absoluter und relativer Bevölkerungsstand auf nationaler Ebene.

Hinweis: Die BIP-Anteile der nicht zum Euro gehörenden Länder wurden nach den jeweils jahres-durchschnittlichen Wechselkursen zum Euro umgerechnet.

nen, um auf diese Weise auch eine neue, sinnvolle Integrationsstufe zu erreichen, hat mit der Entscheidung im EU-Referendum einen großen Dämpfer bekommen. Großbritannien ist eine Atomstreitmacht, und es ist eines von fünf ständigen Mitgliedern im Sicherheitsrat der Vereinten Nationen. Beides geht der EU mit dem Schwarzen Juni des Jahres 2016 verloren.

# Was die Entscheidung für das Vereinigte Königreich bedeutet

Davon unberührt wird sich Großbritannien nun vom Kontinent erneut in die *Splendid Isolation* zurückziehen, im Ausgleich seinen Welthandel mit dem alten Commonwealth wieder ausbauen und zudem ein besonders enges Verhältnis zu den USA suchen. Schon jetzt ist das Land im Begriff, spezielle Handelsabkommen mit Australien und Kanada zu vereinbaren, wobei das von der EU mit Kanada bereits ausgehandelte CETA-Abkommen – bei aller Unsicherheit, ob es überhaupt in allen EU-Mitgliedsländern ratifiziert wird – dafür die Basis sein kann. Das Vereinigte Königreich wird ebenfalls versuchen, ein TTIP-ähnliches Abkommen mit den USA zu schließen. Da es angesichts der überall in Europa wachsenden Vorbehalte gegen die Liberalisierung des Agrarhandels mit den USA derzeit nicht sehr wahrscheinlich erscheint, dass TTIP mit der EU überhaupt abgeschlossen wird, ist zu vermuten, dass die britischen Inseln sehr viel mehr Handelsliberalisierung mit den USA erreichen können als die EU.

Gleichwohl wird all dies aber nicht verhindern können, dass Großbritannien durch den Austritt aus der EU einen erheblichen wirtschaftlichen Schaden erleidet, weil wohl neue Handelsbarrieren zwischen der EU und Großbritannien errichtet werden. Die dabei zu erwartenden Effekte sind indes so komplex und vielschichtig, dass allzu schnelle Schlüsse, wie sie nun vielerorts formuliert werden, fehl am Platz sind.

Als unmittelbare Reaktion auf die Wahlentscheidung kam es in jedem Fall bereits zu einer massiven Flucht von Finanzkapital. Das britische Pfund verlor dadurch innerhalb weniger Tage um 10 % und mehr gegenüber dem Euro und wertete vor allem gegenüber dem Dollar ab – wobei die *Bank of England* wohl durch den Verkauf von Devisen aus ihren Beständen interveniert hat, um noch stärkere Ausschläge abzufedern. Auch die Börse reagierte nervös. Der Börsenindex der *Financial Times* für die 100 größten Unternehmen stabilisierte sich dann aber sogar auf einem etwas höheren Niveau, weil sich die Neubewertung der Aktienkurse in den internationalen Portfolios der Anleger bereits durch den Pfundkurs erledigt hatte.

Davon unberührt steht in den ersten Jahren nach dem Referendum in jedem Fall zu erwarten, dass es zu einer konjunkturellen Flaute kommt, weil die durch das Brexit-Votum entstandene Unsicherheit die Investoren zurückhaltender werden lässt. Insbesondere in London dürften viele Bauprojekte auf Eis gelegt werden, weil die Investoren erst einmal abwarten wollen, wie sich die Lage entwickelt. In der Folge wird es dann zu einem Verlust an gesamtwirtschaftlicher Nachfrage kommen, der selbst wiederum einen negativen Konjunkturimpuls mit einer wachsenden Arbeitslosigkeit auslöst. Die Regierung könnte daraufhin gezwungen werden, eine kreditfinanzierte Nachfragepolitik zu betreiben, um so den Einbruch der Wirtschaft aufzuhalten. Auch wird die britische Notenbank vermutlich zu weiteren Zinssenkungen und anderen stimulierenden Maßnahmen gezwungen werden.

Mittelfristig wird der Flucht des Finanzkapitals zudem eine Umlenkung von Direktinvestitionsströmen folgen, denn viele Firmen werden ihre Zentralen nun in die Nähe ihrer Absatzmärkte in die EU-Länder verlegen, um sich nicht eines Tages vor verschlossenen Türen wiederzufinden. So wurde bereits bekannt, dass renommierte Firmen wie Vodafone, easy-Jet, Samsung, die Bank of America, Ford und sogar die HSBC *(Hongkong & Shanghai Banking Corporation),* die 2015 gemessen an ihrer Bilanzsumme die größte Bank Europas war, eine Verlegung ihrer Europa-Zentralen in die EU erwägen.[15] Die Frankfurter Börse, die mit der britischen Börse fusionieren will, überlegt nun, statt wie eigentlich geplant nach London umzuziehen, ihre Zentrale in Frankfurt zu belassen. Und auch von der Deutschen Bank hört man, sie prüfe, ganze Geschäftsfelder wie etwa den Handel mit Euro-Staatsanleihen aus London abzuziehen.[16]

Langfristig wird man Handelsbarrieren seitens der EU erwarten müssen, die Großbritannien erheblich treffen könnten. Wie Abbildung 1.5 zeigt, liefert das Land einen erheblichen Teil (44%) seiner Exportwaren in die EU und bezieht auch umgekehrt die meisten der importierten Waren von dort (53%), wobei Deutschland bei den Importen und die USA bei den Exporten sein wichtigster Handelspartner ist.

Abbildung 1.5: Die Warenexporte und -importe des Vereinigten Königreichs (2015)

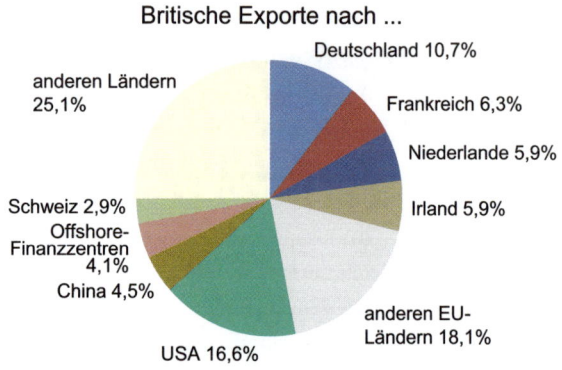

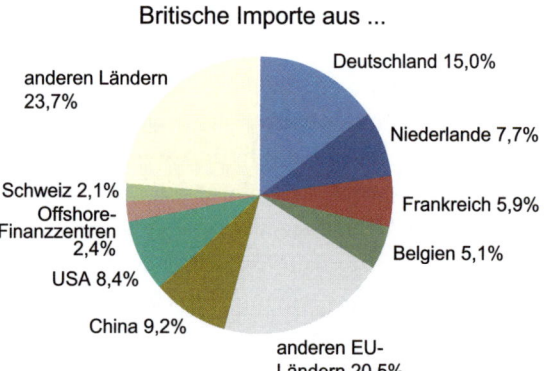

Quelle: Eurostat, Datenbank Wirtschaft und Finanzen, Zahlungsbilanz – Internationale Transaktionen (BPM6), Zahlungsbilanzstatistiken nach Land – vierteljährliche Daten (BPM6).

Handelsbeschränkungen liegen zwar nicht im Interesse der Rest-EU, denn Handel ist grundsätzlich für Länder vorteilhaft, weil sie sich alle auf das spezialisieren, was sie am besten können, und die Verbraucher die Möglichkeit haben, jeweils dort zu kaufen, wo es am billigsten ist. Insofern mag man sich fragen, warum die EU Handelsbarrieren errichten sollte. Die Antwort auf diese Frage liegt darin, dass die Regierungen der Länder sich häufig von den Partikularinteressen alter und politisch mächtiger Industrien beeinflussen lassen und das gesamtwirtschaftliche Interesse aus dem Auge verlieren. So scharren die Lobbyisten jener Wirtschaftszweige, die sich gerne vor unliebsamer Importkonkurrenz schützen lassen möchten, in Brüssel schon mit den Hufen und sehen nun eine Chance, Schutzzölle und regulatorische Handelsbarrieren von der Art, wie sie in Tabelle 1 dargestellt wurden, durchzusetzen. Gesamtwirtschaftlich betrachtet können Länder wie Deutschland, Österreich, die Niederlande und Finnland, die für ihren Wohlstand auf eine liberale und weltoffene Handelspolitik angewiesen sind, daran kein Interesse haben. Es ist aber leider wahrscheinlich, dass sich die protektionistisch ausgerichteten Lobbyisten zumindest teilweise durchsetzen werden – zumal sie Frankreich und manche andere Länder fest im Griff zu haben scheinen.

Wie Abbildung 1.6 zeigt, ist Großbritannien in einer Reihe von Gütergruppen Nettolieferant von Waren und Dienstleistungen an die EU. Dabei stehen Finanzdienstleistungen, Erdöl oder Unternehmensdienstleistungen vorn auf der Liste.

Für einige dieser Gütergruppen, insbesondere jene, bei denen es konkurrierende Firmen in der EU gibt, wird die Europäische Union unter dem Druck der Lobbys vermutlich Handelsbarrieren einführen. So ist zu erwarten, dass die EU-Finanzzentren in Paris, Luxemburg, Mailand und Frankfurt darauf drängen werden, größere Teile der Finanzgeschäfte in Zukunft selbst zu machen. Umgekehrt werden die entsprechenden Lobbys im Vereinigten Königreich versuchen, sich ebenfalls durch protektionistische Maßnahmen zu schützen. Das wird unter anderen die deutsche Automobilindustrie treffen, für die Großbritannien nach den USA der wichtigste Absatzmarkt ist und die 2015 doppelt so viel in Großbritannien wie in Frankreich absetzte.[17]

Es ist zu befürchten, dass die EU und Großbritannien für Gütergruppen, bei denen sie jeweils Netto-Importeur sind, obwohl sie selbst über Lieferkapazitäten verfügen, Zölle und nicht-tarifäre Handelshemmnisse aufbauen werden, um ihre heimischen Unternehmen zu bevorzugen. Dadurch werden Lieferbeziehungen eingeschränkt, und die Menschen aller beteiligten Länder haben das Nachsehen, weil sie statt der billigeren Exportware nun jeweils die teureren heimischen Produkte kaufen müssen. Das wird die Politik aber nicht davon abhalten, die Handelsbeschränkungen mit fadenscheinigen Argumenten zu verteidigen, wie man aus jahrelangen und vergeblichen Verhandlungen um eine weltweite Liberalisierung des Handels weiß. Die aus Brüssel und leider auch Berlin immer wieder zu hörende Aussage, man werde Großbritannien kein »Rosinenpicken« erlauben und die von Großbritannien gewünsch-

## Abbildung 1.6: Nettoexporte des Vereinigten Königreichs in die EU nach Gütergruppen (2014)

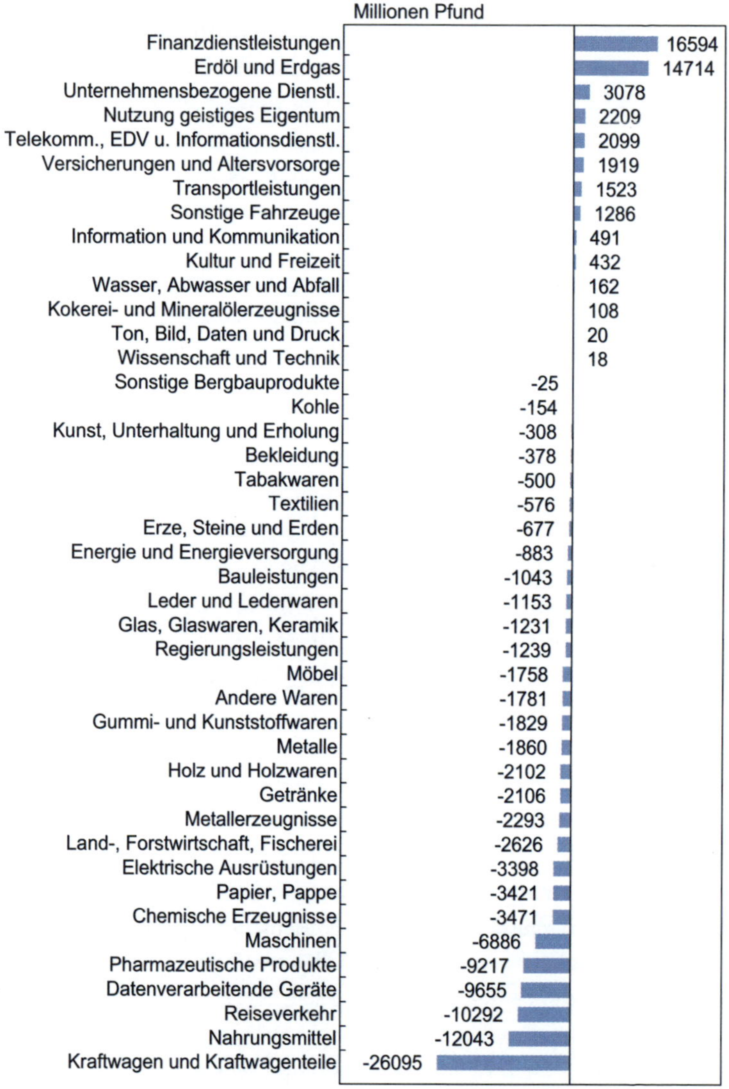

Millionen Pfund

|  |  |
|---|---|
| Finanzdienstleistungen | 16594 |
| Erdöl und Erdgas | 14714 |
| Unternehmensbezogene Dienstl. | 3078 |
| Nutzung geistiges Eigentum | 2209 |
| Telekomm., EDV u. Informationsdienstl. | 2099 |
| Versicherungen und Altersvorsorge | 1919 |
| Transportleistungen | 1523 |
| Sonstige Fahrzeuge | 1286 |
| Information und Kommunikation | 491 |
| Kultur und Freizeit | 432 |
| Wasser, Abwasser und Abfall | 162 |
| Kokerei- und Mineralölerzeugnisse | 108 |
| Ton, Bild, Daten und Druck | 20 |
| Wissenschaft und Technik | 18 |
| Sonstige Bergbauprodukte | -25 |
| Kohle | -154 |
| Kunst, Unterhaltung und Erholung | -308 |
| Bekleidung | -378 |
| Tabakwaren | -500 |
| Textilien | -576 |
| Erze, Steine und Erden | -677 |
| Energie und Energieversorgung | -883 |
| Bauleistungen | -1043 |
| Leder und Lederwaren | -1153 |
| Glas, Glaswaren, Keramik | -1231 |
| Regierungsleistungen | -1239 |
| Möbel | -1758 |
| Andere Waren | -1781 |
| Gummi- und Kunststoffwaren | -1829 |
| Metalle | -1860 |
| Holz und Holzwaren | -2102 |
| Getränke | -2106 |
| Metallerzeugnisse | -2293 |
| Land-, Forstwirtschaft, Fischerei | -2626 |
| Elektrische Ausrüstungen | -3398 |
| Papier, Pappe | -3421 |
| Chemische Erzeugnisse | -3471 |
| Maschinen | -6886 |
| Pharmazeutische Produkte | -9217 |
| Datenverarbeitende Geräte | -9655 |
| Reiseverkehr | -10292 |
| Nahrungsmittel | -12043 |
| Kraftwagen und Kraftwagenteile | -26095 |

Hinweis: Eigene Rechnung unter Verwendung der folgenden Quellen: Office for National Statistics, UK Trade in goods by classification of product by activity, time series dataset; Office for National Statistics, United Kingdom Balance of Payments – The Pink Book.

te Beschränkung der Freizügigkeit für die Wohnsitzwahl durch Beschränkung in anderen Sektoren kompensieren, zeugt zwar von einer großen wirtschaftlichen Unvernunft, ist aber eine ernst zu nehmende Prognose bezüglich der Fehlentwicklungen, mit denen die Bürger Europas nun rechnen müssen.

Es gibt verschiedene Studien zu den negativen Wohlfahrtswirkungen der möglichen Handelsbeschränkungen. Eine besonders aktuelle und gründliche stammt von Rahel Aichele und Gabriel Felbermayr vom ifo Institut sowie Ulrich Schoof und Thieß Petersen vom Programm »Nachhaltig Wirtschaften«.[18] Die Autoren untersuchen alternative Szenarien bezüglich der Schwere der Handelsbeschränkungen und kommen dabei zu dauerhaften Realeinkommensverlusten für die Briten in Höhe von 2 % bis 14 % im Vergleich zum EU-Verbleib. Dabei sind mögliche Gewinne und Verluste aus der Neuverteilung der Lasten aus der Finanzierung des EU-Budgets noch nicht enthalten.

Obwohl zu vermuten ist, dass alle Länder aufgrund des Brexit langfristige Realeinkommensverluste erleiden werden, gilt das aus den genannten Gründen nicht für alle Sektoren und Bürger dieser Länder zugleich. So könnten sich erhebliche Effekte über eine veränderte Rolle der Finanzdienstleister in der *City of London* ergeben. Während Deutschland im Bereich des verarbeitenden Gewerbes und Frankreich im Staatssektor überdurchschnittlich hohe Einkommen ausweist, gilt das für Großbritannien im Finanzsektor.

Wie Abbildung 1.6 zeigt, ist der Finanzsektor auch der größte Netto-Exportsektor der Briten. Im Jahr 2014 lag der Anteil der dort erzeugten Wertschöpfung bei 7,3 % des BIP, während Frankreich und Deutschland nur auf 4,0 % bzw. 3,7 % kamen. In der Vergangenheit hat die hohe Wertschöpfung dieses Sektors zu einer erheblichen Steigerung der Lohneinkommen und der zum Wechselkurs umgerechneten Preise der britischen Güter beigetragen. Ökonomen sprechen von einer realen Aufwertung, um diesen Effekt zu beschreiben. Die reale Aufwertung hat die britischen Einkommen im internationalen Vergleich und auch die tatsächliche Kaufkraft der Briten sowie die binnenwirtschaftliche Nachfrage nach Serviceleistungen gesteigert, doch hat sie dem verarbeitenden Gewerbe das Leben schwer gemacht. Dessen Anteil am BIP sank von 20,9 % im Jahr 1979 auf zuletzt (2014) nur noch 9,5 %. Entsprechend fiel der Anteil der dort Beschäftigten von 23,9 % auf 8,1 %. Im Vergleich dazu hat Deutschland noch 17,5 % der Beschäftigten in diesem Gewerbe und erzeugt dort 20,4 % seines Bruttoinlandsprodukts.[19]

Die britische Abkehr vom verarbeitenden Gewerbe könnte nun rückgängig gemacht werden, wenn die EU den Briten durch restriktive Regularien die Möglichkeit nimmt, die Finanzdienstleistungen weiter in die EU zu verkaufen. Dann käme es nämlich zu einer nachhaltigen realen Abwertung durch Lohn- und Preiszurückhaltung, verbunden mit einem dauerhaft niedrigeren Pfundkurs. Wie erläutert hatte eine solche Abwertung aufgrund einer unmittelbar nach dem Referendum einsetzenden Kapitalflucht aus Großbritannien ohnehin bereits stattgefunden. Aber das waren kurzfristige Effekte anderer Art. Wichtiger ist langfristig, dass die geringeren Chancen der *City of London* auf den europäischen Finanzmärkten Großbritannien auch mittel- und langfristig billig halten werden. Das wird im Inneren des Vereinigten Königreichs zu einer strukturellen Verschiebung der Wachstumskräfte von London in die alten Industriegebiete führen, also gerade in jene Gebiete, in denen die Austrittsbefürworter starke Mehrheiten hatten (vgl. bereits Abbildung 1.1). Insofern war deren Wahlentscheidung alles andere als »populistisch verzerrt«, wie manche schnellen Kommentare glauben machen wollten. Vielmehr lag sie vermutlich – bewusst oder unbewusst – im eigenen wirtschaftlichen Interesse der Wähler, die für den Austritt stimmten. In jedem Fall hat Großbritannien durch den anstehenden Austritt aus der EU nun die reale Chance einer Re-Industrialisierung. Die strukturellen Fehlentwicklungen der vergangenen Jahrzehnte könnten dadurch teilweise rückgängig gemacht werden.

Der ökonomische Effekt, der aufgrund des anfänglichen Wachstums und der anschließenden Schrumpfung der Finanzbranche stattfindet, ist eine Variante der sogenannten »Holländischen Krankheit«, einer strukturellen Verwerfung, wie sie viele ressourcenexportierende Länder erleben. Die Niederlande hatten in der Nachkriegszeit Gas gefunden und in den 1960er-Jahren aus dem Verkauf des Gases hohe Einnahmen erzielt, durch deren Verausgabung im Inland die Löhne und Preise in den lokalen Dienstleistungssektoren hochgetrieben wurden. Das führte zur Schrumpfung der Exportsektoren, weil sie bei den Löhnen mithalten mussten, ohne international in der Lage zu sein, die Preise im gleichen Ausmaß zu erhöhen. Erst als die Gaspreise zusammen mit den Ölpreisen in den 1980er-Jahren wieder fielen und die Tarifpartner 1982 im Wassenaar-Abkommen ein Lohnmoratorium vereinbart hatten, entspannte sich die Situation, und allmählich erholten sich die Exportsektoren wieder.

Was der Gassektor für Holland war, ist der Finanzsektor für das Vereinigte Königreich. Maßnahmen, die der *City* die Luft abschneiden, führen zwar zu einem Realeinkommensverlust der Briten, doch schaffen sie genau deshalb neue Arbeitsplätze in der verarbeitenden Industrie. Die mit deutscher und chinesischer Hilfe gerade wieder neu entstandene Automobilindustrie könnte auf diese Weise erhebliche Vorteile erzielen. Die in Abbildung 1.6 deutlich werdende Importlastigkeit der Automobilindustrie würde sich auch zu Lasten der deutschen Industrie deutlich verringern.

Für Deutschland sind das wahrlich keine guten Nachrichten. Aber man sollte nicht in Panik geraten. Solche strukturellen Veränderungen sind nicht die Sache von Jahren, sondern von Jahrzehnten. Kurzfristig, d.h. über die nächsten Jahre gesehen, wird die britische Konkurrenz noch schwach bleiben. Im Übrigen wird Großbritannien nun erst einmal durch eine Anpassungsflaute gehen, weil zunächst die Zurückhaltung der Investoren in London dominiert. Erst danach werden neue Investitionen in den alten Industriegebieten zu einem Bauboom führen, dem dann, wiederum mit einer erheblichen Verzögerung, der Aufbau neuer Kapazitäten folgt.

Auch politisch ist das Vereinigte Königreich erheblichen Risiken ausgesetzt. Wie beschrieben (Abbildung 1.1), konzentrieren sich die EU-skeptischen Stimmen vor allem in England und Wales, während sich die Nordiren und Schotten mehrheitlich für den Verbleib in der EU aussprachen. Angesichts des Umstands, dass Schottland bereits im Jahr 2014 ein fehlgeschlagenes Referendum über den Austritt aus dem Vereinigten Königreich durchgeführt hatte, besteht die Gefahr, dass eine radikale Abkehr Großbritanniens von der EU ein erneutes Referendum über die schottische Unabhängigkeit provoziert, das dann zu einem anderen Ergebnis führen könnte. Im Endeffekt könnte Britannien mit England und Wales aus der EU austreten, und Schottland könnte ihr als selbständiges Land wieder beitreten. Wenn aber Schottland austritt, dann könnten sich die Nordiren daran ein Beispiel nehmen, das Vereinigte Königreich verlassen und sich wieder mit Südirland vereinen, das ja unter dem Namen Republik Irland Teil der EU ist.[20]

Dass ein solches Szenario auf der Insel viele Spannungen hervorrufen würde, liegt auf der Hand. Ja, sogar die Gefahr eines erneuten Aufflammens des nordirischen Bürgerkriegs ist nicht von der Hand zu weisen, und genau weil jedem diese Gefahr bewusst ist, äußern sich alle Politiker in dieser Hinsicht sehr zurückhaltend. Tatsächlich sind die Stimmen, die auf eine Unabhängigkeit Schottlands drängen, nach dem Brexit-Referendum eher leiser geworden. Vermutlich wird es genau wegen dieser Gefahr letztlich nicht zur Auflösung

Großbritanniens kommen. Die britische Regierung ist bei ihren Austrittsverhandlungen in jedem Fall in einer extrem schwierigen Situation. Sie muss das Referendum über den EU-Austritt umsetzen und doch zugleich viele Zugeständnisse an die Schotten und Nordiren machen.

## Unzufriedene Franzosen, genervte Italiener – Wer geht als nächstes?

Der Austritt des Vereinigten Königreiches aus der EU ist also keine Marginalie der europäischen Geschichte. Er ist eine Zeitenwende, der auch die EU zu Reformen zwingen wird, wenn sie nicht im Trubel der Ereignisse untergehen will. Schließlich werden die Defizite der EU-Politik ja nicht nur in Großbritannien gesehen, sondern stoßen vielerorts auf.

Die Unzufriedenheit hat in hohem Maße mit der globalen Finanz- und Wirtschaftskrise zu tun, die mit der Subprime-Krise, also dem Zusammenbruch des Marktes für ungesicherte Immobilienfinanzierungen in den USA, begann und sich seit dem Jahr 2007 über die Welt verbreitet hat. Die strukturellen Schwächen des Euro und der EU brachen in dieser Krise auf und haben an vielen Orten Europas zu einer brodelnden politischen Gemengelage geführt, die in den nächsten Jahren zu weiteren politischen Umwälzungen führen könnte.

Die europäische Elite in Brüssel – und auch in so manchen europäischen Hauptstädten – ist nun allerdings bestrebt, die zum Brexit führenden Probleme herunterzuspielen. Viele wollen den eingeschlagenen Kurs zu einer »immer engeren Union«, wie es im Vertrag von Amsterdam formuliert wurde,[21] halten und den Tritt sogar noch beschleunigen. So soll zum Beispiel jetzt die Bankenunion durch eine gegenseitige Haftung der Steuerzahler aller Euro-Länder für die Bankkonten selbst bei den vielen Zombie-Banken der EU vervollkommnet werden, und die Eurozone soll in Form einer Fiskalunion mit einem einheitlichen Budget und einem Finanzminister zu mehr Staatlichkeit entwickelt werden. Im Zuge dieser Entwicklung soll zudem eine europäische Arbeitslosenversicherung geschaffen werden, die zu Dauertransfers von Nord- nach Südeuropa führen und die dortige Massenarbeitslosigkeit zementieren würde. Die Pläne dafür, die allesamt aus Paris kommen, liegen auf dem Tisch, und sie wurden im Sommer 2015 durch eine gemeinsame Erklärung von fünf Präsidenten von EU-Organen bekräftigt.[22] Paris und Brüssel sind wild entschlossen, voranzugehen, und Deutschland versucht, wie so häufig in der Eurokrise, zu bremsen soweit es noch geht. Auch das Bremsen wird nun, da Großbritannien sich aus der EU verabschiedet, deutlich schwieriger.

Die Frage ist bei diesen Vorschlägen natürlich, ob sie wirklich die richtigen sind, und auch, ob die Europäer ihrem politischen Führungspersonal nach all den Desastern und unerfüllten Versprechungen der letzten Jahre noch einmal folgen werden. Abbildung 1.7 gibt einen Überblick über Meinungsumfragen in verschiedenen Ländern Europas, die auf ein erhebliches Protestpotenzial schließen lassen, insbesondere in Frankreich und Italien, zwei Ländern, die in erheblichem Maße unter der Eurokrise leiden. In Italien sind demnach 58 % der Menschen für ein Referendum über den EU-Austritt, und 48 % würden dann für den Austritt votieren. In Frankreich sehen die Zahlen nicht viel anders aus. 55 % wollen dort über den EU-Verbleib abstimmen, und 41 % wollen austreten.

Abbildung 1.7: Meinungsumfragen zur Zufriedenheit mit der EU

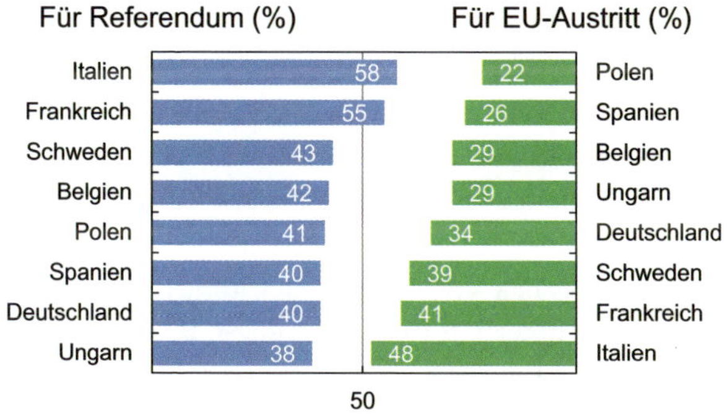

| Für Referendum (%) | | Für EU-Austritt (%) |
|---|---|---|
| Italien | 58 | 22 | Polen |
| Frankreich | 55 | 26 | Spanien |
| Schweden | 43 | 29 | Belgien |
| Belgien | 42 | 29 | Ungarn |
| Polen | 41 | 34 | Deutschland |
| Spanien | 40 | 39 | Schweden |
| Deutschland | 40 | 41 | Frankreich |
| Ungarn | 38 | 48 | Italien |

50

Quelle: Ipsos MORI, *Ipsos Brexit poll*, Mai 2016, S. 8, <https://www.ipsos-mori.com/Assets/Docs/Polls/ipsos-brexit-poll-2016-charts.pdf>.

Die skeptische Haltung der italienischen und französischen Bevölkerung zur EU hat ganz erheblich mit der derzeitigen Wirtschaftskrise zu tun. Beide Länder hatten im Sommer 2016, neun Jahre nach Ausbruch der Weltwirtschaftskrise (im Sommer 2007), eine Arbeitslosenquote, die mehr als doppelt so hoch war wie die deutsche.[23] Und während die französische Industrieproduktion zuletzt noch um 13 % unter dem Vorkrisenniveau lag (drittes Quartal 2007), verharrte die italienische mit nur geringer Aufwärtstendenz auf einem um 22 % niedrigeren Niveau.[24] Beide Länder müssten eigentlich schnellstmöglich abwerten, um wieder wettbewerbsfähig zu werden. Die Zugehörigkeit zur Eurozone macht das aber unmöglich, ein Thema, das in Kapitel 5 diskutiert wird. Die Nerven in Paris und Rom liegen auch deswegen blank, und nicht wenige Euroländer suchen noch radikalere Lösungen – bis hin zum Austritt aus der Währungsunion.

Der frühere italienische Regierungschef Silvio Berlusconi hatte einen solchen Austritt bereits im Jahr 2011 erwogen, als Italien nicht wusste, wie es der Kapitalflucht Herr werden sollte. Er hatte damals Geheimverhandlungen über den Austritt des Landes aus dem Euro geführt, wie das ehemalige EZB-Direktoriumsmitglied Lorenzo Bini Smaghi berichtet.[25] Schon damals erörterten auch die Spitzenkräfte der italienischen Wirtschaft die Möglichkeit eines Austritts aus der Eurozone. Im Jahr 2016, fünf Jahre später also und nach dem Konkurs von weiteren Hunderttausenden von Firmen, hat sich die Stimmung nicht verbessert.[26] Im Gegenteil, etwa die Hälfte der Befragten scheint der Meinung zu sein, dass es für Italien im Euro keine Hoffnung auf nachhaltige ökonomische Verbesserungen mehr gibt.

Aber nicht nur in Italien und Frankreich brodelt es. Auch in Schweden, Belgien und Polen wollen mehr als 40 % der Befragten ein Referendum über die EU-Mitgliedschaft. Selbst in Spanien, Deutschland und Ungarn findet sich eine erstaunlich hohe Zahl von Menschen, die ein Referendum verlangen. Tatsächlich austreten wollen naturgemäß deutlich weniger, doch liegen die Prozentsätze der Austrittswilligen selbst in Schweden und Deutschland mit 39 % bzw. 34 % erstaunlich hoch.

Die EU-kritische Haltung drückt sich auch in der zuletzt stark gewachsenen Zustimmung zu europaskeptischen Parteien aus, wie Abbildung 1.8 zeigt. In Italien will zwar die Koalition um den jetzigen Ministerpräsidenten Matteo Renzi im Euro verbleiben, obwohl Renzi, wie in Kapitel 4 dargelegt wird, wohl daran arbeitet, die Austrittsoption als Drohpotenzial für die Durchsetzung weiterer Schuldenprogramme zu entwickeln. Doch die erst seit 2009 existierende Partei *MoVimento 5 Stelle* (zu

Deutsch: Fünf-Sterne-Bewegung) unter ihrem Vorsitzenden Beppe Grillo steht schon Gewehr bei Fuß, um dem allmählich unpopulärer werdenden Premier Renzi die Macht abzunehmen. Grillo hat mehrfach erklärt, er wolle Italien aus dem Euro herausführen. Auf seine Partei entfielen nach den Umfragen etwa 27 % der Stimmen. Koalierte er mit den anderen euroskeptischen Parteien, nämlich der *Lega Nord* (die auch noch von einer Abspaltung Norditaliens träumt) und der *Forza Italia* (gegründet durch den früheren Ministerpräsidenten Silvio Berlusconi), die zusammen etwa 25 % der Stimmen auf sich vereinen, sowie der nationalkonservativen Partei *Fratelli d'Italia* mit etwa fünf Prozent, so käme eine komfortable Mehrheit von 57 % für den Austritt Italiens aus der Eurozone zustande.

In Frankreich steht schon seit Jahren Marine Le Pen mit ihrer Partei *Front National* bereit, um die Macht zu übernehmen. Nach der Umfrage kommt sie zwar nur auf einen Wert von 33 % der Stimmen, doch ist das mehr, als jede andere Partei auf sich vereinen kann. So gesehen hat Le Pen sogar eine realistische Chance, bei den Präsidentschaftswahlen im Jahr 2017 im ersten Wahlgang die meisten Stimmen auf sich zu vereinen. Im zweiten Wahlgang, bei dem die relative Mehrheit zur Wahl reicht, werden sich dann aber vermutlich die beiden unterlegenen Parteien zusammentun und ihren Wählern einen einheitlichen Kandidaten empfehlen, um Marine Le Pen zu verhindern.

Abbildung 1.8: Stimmenanteil der europaskeptischen Parteien

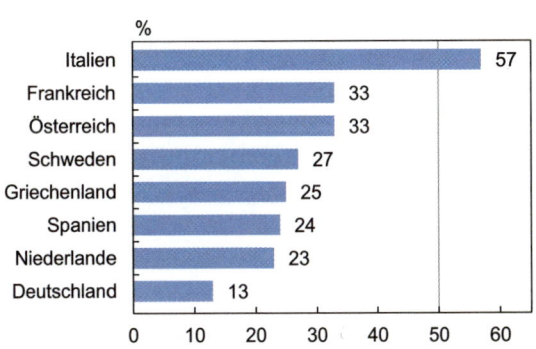

Quelle: W. Mussler und M. Theurer, »Reformen nach Brexit-Votum: Die Schockreaktion«, *Frankfurter Allgemeine Zeitung, FAZ.NET*, 25. Juni 2016, <http://www.faz.net/aktuell/wirtschaft/wirtschaftspolitik/eu-will-mit-reformen-auf-brexit-votum-reagieren-14307020.html?printPagedArticle=true#pageIndex_2>.

Le Pen ist allerdings bislang von Wahl zu Wahl stärker geworden. Sollte sich ihr Trend fortsetzen, weil die französische Wirtschaft auch in den kommenden Jahren nicht auf die Beine kommt, dann hat sie bei der darauffolgenden Präsidentenwahl im Jahr 2022 eine realistische Chance, zur neuen Staatspräsidentin Frankreichs gekürt zu werden. Das könnte das Ende des Euro bedeuten, denn Le Pen hat schon erklärt, dass sie Frankreich aus dem Euro herausführen will.[27]

Ähnlich groß wie die Zustimmung zum Front National in Frankreich ist die Zustimmung zur FPÖ, der *Freiheitlichen Partei Österreichs*. Es erscheint alles andere als unwahrscheinlich, dass ihr aktueller Chef Heinz-Christian Strache in absehbarer Zeit Mitglied der Regierung, womöglich sogar Bundeskanzler wird. Auch er gilt als euroskeptisch. Der von der FPÖ nominierte Präsidentschaftskandidat Norbert Hofer war seinem Konkurrenten Alexander van der Bellen von den Grünen bei der Wahl im Mai 2016 sehr knapp unterlegen. Da die Wahl wegen einer großen Zahl von Formfehlern wiederholt werden muss, hat er sogar noch immer eine sehr gute Chance auf das höchste Amt im Staate.

In Schweden, Griechenland, Spanien und den Niederlanden liegt der Anteil der EU-skeptischen Parteien bei etwa einem Viertel. Das ist zwar noch keine wirkliche Gefahr für den Zusammenhalt in der EU, doch zeigt es immerhin ein hohes Potenzial an Unzufriedenen auf. In Deutschland gibt es mit der *Alternative für Deutschland* (AfD) neuerdings eine eurokritische Oppositionspartei, die allerdings nicht müde wird, den Wert der EU als solcher zu betonen. Ihr Stimmanteil war nach der Gründung ungewöhnlich rasch hochgeschnellt, stagnierte dann aber bei etwa 13%, weil es unter anderem wegen des Einflusses rechtsradikaler Tendenzen zu inneren Zerwürfnissen kam. Die Flüchtlingswelle und die von ihr ausgelösten Sorgen der Bevölkerung haben ihr nun aber in den Landtagswahlen wieder massive Zugewinne beschert.

Ungeachtet der zunehmenden Störgefühle bezüglich der EU, die selbst in Deutschland aufkommen, halten die deutschen Eliten an der EU und am Euro fest, weil beide Teile der Nachkriegsordnung sind, die dem Land einen nun schon über siebzigjährigen Frieden gewährt haben. Auch hat sich die deutsche Wirtschaft nach anfänglichen Schwierigkeiten mit dem Euro arrangiert. Zwar ist das deutsche Bruttoinlandsprodukt je Kopf von der Ankündigung des Euro im Jahr 1995 bis heute vom zweiten auf den siebten Platz der jetzigen Euroländer abgerutscht. Doch ist die Wettbewerbsfähigkeit Deutschlands hoch und die Arbeitslosigkeit im internationalen Vergleich gering, während man die versteckten Lasten aus den umfangreichen Haftungsversprechen, die Deutschland in der Eurokrise fortwährend abgegeben hat und von denen in den Kapiteln 3 und 4 noch ausführlich die Rede sein wird, noch nicht konkret am eigenen Leibe spürt.

# Verlust der Sperrminorität – Warum Deutschland besonders viel verlieren wird

Der Austritt Großbritanniens wird in den kommenden Jahren allerdings auch die Ruhe in Deutschland stören, weil Deutschland mit dem Brexit in Großbritannien seinen natürlichen Verbündeten für eine weltoffene Handelspolitik und für eine eher zurückhaltende Rolle des Staates in der Wirtschaft verloren hat. Auch von daher steht zu erwarten, dass die Bundesrepublik beim Kampf um den Kurs der EU und letztlich beim Kampf um das gemeinschaftlich verwaltete Geld zunehmend in die Defensive gerät und schwierige, die Nerven strapazierende Verhandlungen mit den mediterranen Ländern der Eurozone wird führen müssen.

Diese Befürchtungen haben eine konkrete Basis in der Verteilung der Stimmrechte im Ministerrat der EU. Mit dem Brexit wird Deutschland dort die Sperrminorität verlieren, über die es bislang zusammen mit Großbritannien und den Ländern des ehemaligen D-Mark-Blocks, also den Niederlanden, Österreich und Finnland, verfügte. Obwohl die letztgenannten Länder die D-Mark niemals eingeführt hatten, spricht man vom D-Mark-Block, weil sie früher ihre Währungen fest an die D-Mark gekoppelt hatten (ähnlich wie heute Dänemark an den Euro) und alle Zinsschritte der Bundesbank übernahmen.

Der Ministerrat – oder präziser: der Rat der Europäischen Union – ist neben dem EU-Parlament gleichberechtigt das gesetzgebende Organ der EU. Er besteht aus einer Versammlung der jeweiligen Fachminister, hat also insofern je nach Gegenstand unterschiedliche Erscheinungsformen mit einem jeweils anderen Personenkreis. Der wichtigste Rat ist der Eco-Fin-Rat, denn dort treffen sich die Wirtschafts- und Finanzminister der EU. Der Vorsitz des Rates (oder genauer: aller fachspezifischen Untergruppierungen des Rates) wechselt halbjährlich zwischen den Ländern der EU. So hat z.b. Malta den Vorsitz genauso häufig inne wie die gemessen an der Bevölkerung 189-mal so große Bundesrepublik Deutschland.

Der Ministerrat fällt seit 2014, je nach Thema,[28]

- einstimmige Beschlüsse,
- Beschlüsse mit einfacher Mehrheit der Stimmen, die selbst wiederum den Ländern nach einem willkürlichen, nur grob an der Bevölkerungsgröße orientierten Schlüssel zustehen, und
- Beschlüsse mit qualifizierter Mehrheit im Sinne von mindestens 55 % der Länder und 65 % der dahinterstehenden Bevölkerung.

Einstimmig müssen jene Beschlüsse gefasst werden, die unmittelbar in die Budgethoheit eines Landes eingreifen, also zum Beispiel Beschlüsse über die Erhebung von Steuern. Mit einfacher Mehrheit werden dagegen Verfahrensfragen entschieden. Das Gros der Entscheidungen wird indes mit qualifizierter Mehrheit getroffen.

Wichtig für das Verständnis der Entscheidungsmacht in einem Gremium ist die aus den Abstimmungsregeln folgende Sperrminorität, denn Kompromisse werden stets so gefunden, dass keine Sperrminoritätsrechte in Anspruch genommen werden können. Nach den dargelegten Regeln liegt die Sperrminorität für Entscheidungen mit qualifizierter Mehrheit bei 45 % der Zahl der EU-Staaten und 35 % der zugehörigen Bevölkerung. Zudem müssen mindestens vier Länder für eine Sperrminorität zusammenkommen.[29]

Zusammen mit Großbritannien entfallen auf den ehemaligen D-Mark-Block, also wie erwähnt auf Deutschland, die Niederlande, Finnland und Österreich, gerade 35 % der Einwohner. Jene fünf Länder verfügen also nach Maßgabe der dahinterstehenden Bevölkerung just über eine Sperrminorität im Ministerrat. Nun aber, nach dem anstehenden Austritt Großbritanniens aus der EU, steht der alte D-Mark-Block allein da und verfügt nur noch über einen Stimmanteil von 25 %, was weit unter der Sperrminorität liegt. Diese Arithmetik wird in Abbildung 1.9 verdeutlicht.

Bemerkenswert ist, dass bis zum anstehenden Austritt Großbritanniens aus der EU auch die drei großen mediterranen Länder Frankreich, Italien und Spanien praktisch über genauso viele Stimmen im Ministerrat verfügen wie der D-Mark-Block und Großbritannien zusammen. Sie vereinten

34% der Bevölkerung auf sich. Nimmt man noch Griechenland als das nächste Land in der Reihenfolge der Größe hinzu, kommt man auf 36%. Diese vier Länder, oder auch Italien, Spanien, Frankreich und Portugal, verfügen mithin heute ebenfalls über eine Sperrminorität.

Abbildung 1.9: Bevölkerungsanteile für potenzielle
Sperrminorität im Ministerrat (35%)

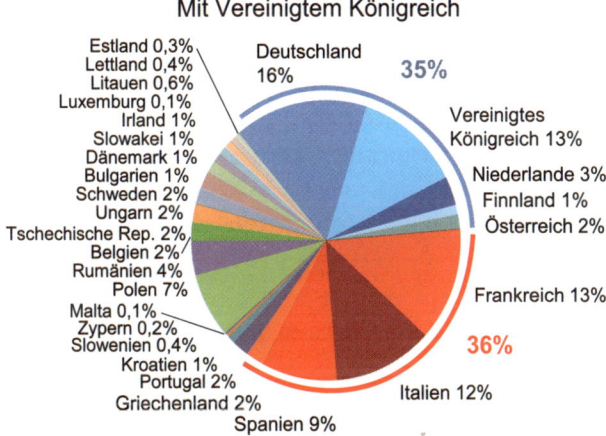

**Mit Vereinigtem Königreich**

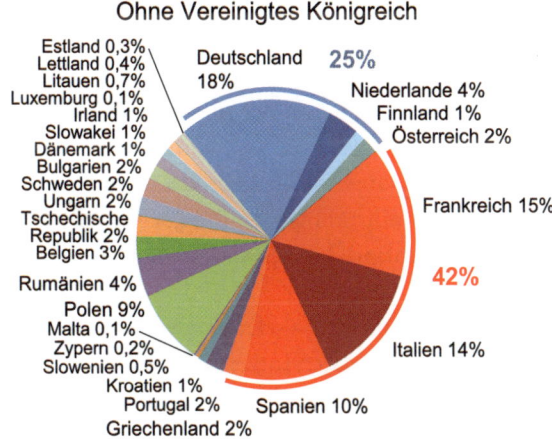

**Ohne Vereinigtes Königreich**

Quelle: Eurostat, Datenbank Bevölkerung und soziale Bedingungen, Demographie und Migration, Bevölkerungsstand.

Es ist plausibel davon auszugehen, dass man beim Verfassen der EU-Verträge eine Machtbalance zwischen den mediterranen Ländern und dem weltoffener orientierten D-Mark-Block mit Großbritannien konstituieren wollte. Diese Machtbalance geht nun mit dem anstehenden Austritt Großbritanniens verloren. Während der D-Mark-Block wie erwähnt nur noch 25 % der EU-Bevölkerung auf sich vereint, kommen die vier genannten mediterranen Länder nun sogar auf 42 %. Angesichts der desolaten Lage der Wirtschaft und Staatsfinanzen in den mediterranen Ländern könnten die Konsequenzen für Deutschland verheerend sein, denn Frankreich kann zusammen mit diesen Ländern nun praktisch durchregieren und alle Entscheidungen, die mit qualifizierter Mehrheit getroffen werden können, dominieren, und das sind die allermeisten der getroffenen Beschlüsse.

Wenn es um die Verteilung der Posten geht, um Handelspolitik, um Regulierungsmaßnahmen zu Lasten oder zu Gunsten von Industrien, um Verbraucherschutz, Energiepolitik und Umweltpolitik und vieles mehr, wird Deutschland das Nachsehen haben. Möglicherweise wird es auch Versuche geben, die lange geforderten Vergemeinschaftungsaktionen im Bereich der Sicherung der Bankeinlagen und der Arbeitslosenversicherung bis hin zu einer Fiskalunion mit einem gemeinsamen Euro-Finanzministerium vorzubereiten. Deutschland kann dann zwar versuchen, sich dem mit dem Argument zu widersetzen, dass dies budgetrelevante Entscheidungen sind, die der Einstimmigkeit bedürfen. Doch es ist zu befürchten, dass man im mediterranen Block die Maßnahmen schon so zu verpacken weiß, dass die Adäquanz einer Entscheidung mit qualifizierter Mehrheit als begründet erscheint. Sollte Deutschland in einem solchen Fall dann vor den Europäischen Gerichtshof ziehen, wird es auch dort ebenfalls keine guten Karten haben. Dort nämlich stellt jedes Land, ob groß oder klein, einen gleichberechtigt mitstimmenden Richter. Gemessen an der Bevölkerungsgröße ist Deutschland dort schwächer als jedes andere Land der EU repräsentiert.

Sicher, man könnte meinen – oder sich wünschen –, dass sich Richter bei ihren Urteilen nicht von den Interessen ihres Heimatlandes leiten lassen. Doch zeigt die Lebenswirklichkeit und nicht zuletzt die OMT-Entscheidung des EuGH (über die in Kapitel 3 ausführlich berichtet wird), dass man sich in diesem Punkt keine allzu großen Illusionen machen sollte.

Einen Trick zur Vermeidung der Einstimmigkeitsnotwendigkeit hat der ehemalige französische Wirtschaftsminister Emmanuel Macron schon verraten. So schlug er allen Ernstes vor, ein von Paris geplantes Euro-Finanzministerium zunächst nur durch gemeinsam begebene Staatspapiere, also auf Pump, zu finanzieren.[30] Der Hintergrund ist klar: Man kann dann schon einmal Geld ausgeben, ohne die für eine Steuererhebung erforderliche Einstimmigkeit im Ministerrat zu benötigen. Zu einem späteren Zeitpunkt würde dann die Macht des Faktischen wirken und eine Steuererhöhung zur Bedienung der Schulden erzwingen. Ein sehr verführerischer Gedanke – der, wenn er umgesetzt würde, wieder zu Lasten des D-Mark-Blocks und zu Gunsten der mediterranen Länder ausginge.

Die veränderten Machtverhältnisse werden sich vermutlich nicht im offenen Konflikt entladen, denn die beteiligten Politiker wissen genau, wie ein solcher Konflikt im Gesetzesgefüge der EU ausgehen würde. Vielmehr wird man sich wie üblich hinter verschlossenen Türen auf Kompromisse einigen, die die neuen Machtstrukturen widerspiegeln und dies nach außen hin als Politik verkaufen, die im allseitigen Interesse Europas und Deutschlands oder auch Österreichs liegt. Die Kommunikationsabteilungen der Regierungen werden clevere und semantisch plausible Floskeln erfinden, um die zu Lasten Deutschlands gehenden Umverteilungsaktionen als sinnvolle Schritte zur Festigung der europäischen Integration darzustellen, während diese Schritte, wie in Kapitel 3 bis 4 noch erläutert wird, in Wahrheit den Weg in die Schulden- und Transferunion mit sehr viel Streit zwischen den europäischen Völkern bedeuten.

Einen gewissen Hoffnungsschimmer für einen Ausweg aus dem Dilemma bietet die Ankündigung des deutschen Finanzministers Wolfgang Schäuble, in Zukunft stärker auf intergouvernementale Vereinbarungen zwischen den EU-Ländern zu setzen, anstatt die EU-Gremien in die Beschlussfassung einzubinden. Ähnlich war man bereits im Jahr 2012 bei der Gründung des europäischen Rettungsschirms ESM vorgegangen. Das wäre eine Strategie, die weitere Konzentration von Macht bei Gremien zu verhindern, die letztlich nicht demokratisch agieren und mit Mehrheitsbeschlüssen eine immer weiter gehende Umverteilung von Ressourcen zu Lasten der steuerkräftigen, aber nicht notwendigerweise reicheren Staaten der EU realisieren. Ob Schäubles Strategie gelingt, bleibt abzuwarten, denn formal liegen bereits weitgehende Entscheidungsrechte bei den EU-Gremien selbst, und die Staaten Südeuropas wissen natürlich, dass sie bei einem intergouvernementalen Ansatz letztendlich weniger Umverteilungsgewinne werden realisieren können.

Abgesehen von der für Deutschland problematischen Verschiebung der Machtbalance, die mit dem EU-Austritt Großbritanniens unweigerlich verbunden ist, wird Deutschland auch insofern durch den Brexit Nachteile erleiden, als Großbritannien ein extrem wichtiger Handelspartner ist. Wie Abbildung 1.5 bereits zeigte, kaufte Großbritannien im Jahr 2015 in keinem Land der Welt so viele Waren und Dienstleistungen wie in Deutschland. Deutschland allein lieferte 13 % der britischen Importe (Waren und Dienstleistungen). Umgekehrt ist aber auch Großbritannien für Deutschland der drittgrößte Markt für Exportwaren nach den USA und Frankreich. Es ist allerdings nur der neuntwichtigste Lieferant der deutschen Importe. Das wird in Abbildung 1.10 gezeigt.

Wie hoch die Verluste Deutschlands aus möglichen Handelsbeschränkungen zwischen der EU und Großbritannien werden, lässt sich naturgemäß nur schwierig abschätzen, weil man gar nicht weiß, wie diese Beschränkungen ausgestaltet sein werden. In der schon erwähnten ifo-Studie von Rahel Aichele und Georg Felbermayr wird gezeigt, dass Deutschland je nach Intensität der Handelsbeschränkungen mit einem permanenten Realeinkommensverlust zwischen 0,3 % und 2 % rechnen muss. Die deutsche Politik tut deshalb gut daran, sich für eine sehr entgegenkommende und liberale Haltung gegenüber Großbritannien stark zu machen und lieber die EU zu ändern und weltoffener zu gestalten als Großbritannien auszugrenzen. Das aus ökonomischer Sicht völlig falsche Säbelrasseln in Brüssel liegt nicht im Interesse von Europa und schon gar nicht von Deutschland.

Wie wichtig für Deutschland eine weltoffene Handelspolitik ist, sieht man an der nachrichtlich unter den beiden Kuchendiagrammen angeführten Information über die Handelsanteile mit Nicht-EU-Ländern. Während Deutschland 58 % seiner Warenexporte in EU-Länder liefert, fließen immerhin 42 % in Nicht-EU-Länder. Genauso sieht es bei den Warenimporten aus, denn 58 % davon stammen aus EU-Ländern und 42 % aus dem Rest der Welt. Wenn das Vereinigte Königreich aus der EU austritt, werden unter sonst gleichen Bedingungen noch 51 % der deutschen Exporte in EU-Länder fließen, und 54 % der Importe werden dorther kommen.

Abbildung 1.10: Deutschlands Außenhandel mit Waren (2014)

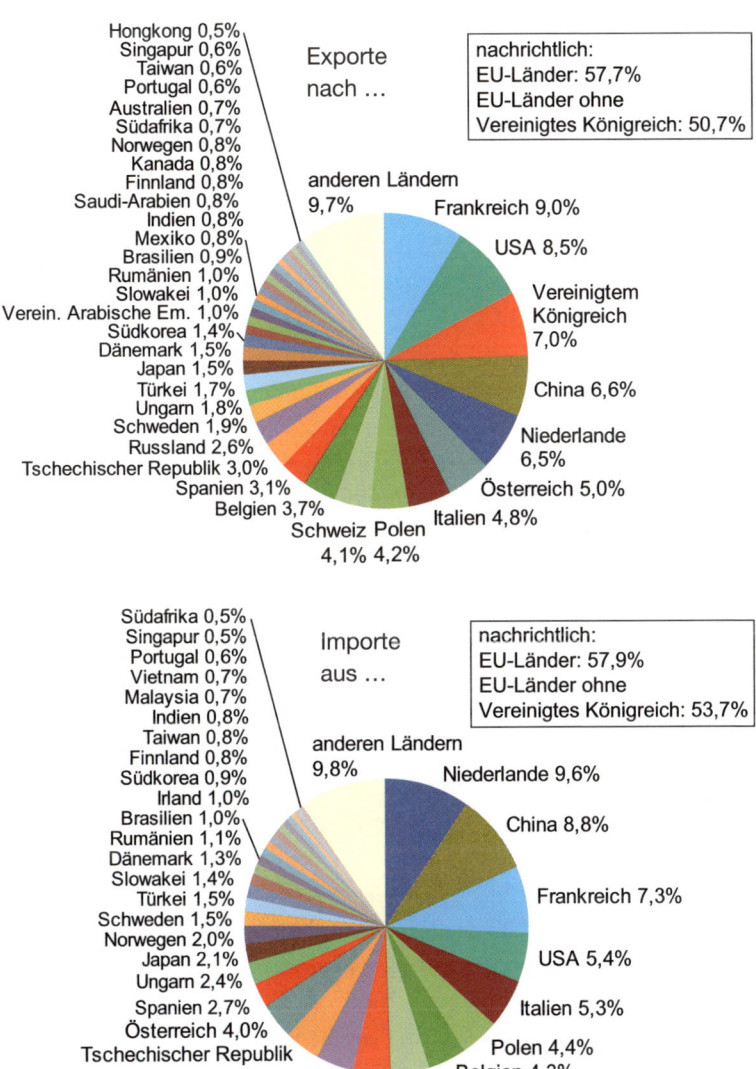

Quelle: Statistisches Bundesamt, *Zusammenfassende Übersichten für den Außenhandel (Endgültige Ergebnisse)* Fachserie 7, Reihe 1, 2014.

Das zeigt einmal mehr, dass Deutschland seinen Wohlstand zu großen Teilen einer weltoffenen und liberalen Handelspolitik verdankt, die den Freihandel mit der ganzen Welt braucht. Die deutsche Regierung wird das bei den nun anstehenden Verhandlungen zwischen der EU und Großbritannien bedenken müssen. Es ist ein Grund, das neue Handelsabkommen mit Großbritannien nicht von den EU-Gremien verhandeln zu lassen, sondern durch die Regierungen der EU selbst, die dazu untereinander intergouvernementale Vereinbarungen treffen sollten.

## Wo war die Politik?

Angesichts des Desasters, das der Austritt Großbritanniens für die EU und speziell für Deutschland bedeutet, fragt man sich, warum EU-Politiker und vor allem die deutsche Regierung nicht proaktiv versucht haben, das drohende Unglück abzuwenden. Dafür gibt es drei Erklärungen, die sämtlich – auch im Verbund – eine gewisse Stichhaltigkeit aufweisen.

Die erste ist, dass die politische Klasse den Austritt Großbritanniens aus der EU als äußerst unwahrscheinlich ansah. Man hielt den britischen Premier David Cameron für einen bloßen Pokerspieler, der mit etwas drohte, an das er selbst nicht glaubte, und machte deshalb auch keine Anstalten, ihm in besonderer Weise entgegenzukommen.

Die zweite ist, dass einigen EU-Protagonisten der Austritt gar nicht ungelegen kommt. Endlich würde man die britischen Querulanten, die sich immer wieder einem Ausbau der Machtstrukturen in Brüssel und einer politischen sowie wirtschaftlichen Vertiefung der EU widersetzten, loswerden.

Die dritte ist die Unfähigkeit vieler politischer Entscheidungsträger, kurzfristige (Karriere-)Überlegungen nach hinten zu rücken und stattdessen in großen Linien zu denken, den historischen Moment zu erkennen und eine mutige Entscheidung zu fällen.

Bemerkenswert ist jedenfalls, mit welchem stoischen Gleichmut die politische Klasse in Brüssel und vielen europäischen Hauptstädten die Briten ihrer Wahl entgegengehen ließ, ohne auch nur den Versuch zu machen, um ihre Zuneigung zu kämpfen. Weder die EU-Spitzen noch die deutsche Kanzlerin wurden bei öffentlichen Veranstaltungen in Großbritannien gesichtet. Wo waren die flammenden Appelle der Regierungschefs der EU an das britische Volk, um den Zusammenhalt Europas zu beschwören? Warum hat es niemand dem französischen Staatspräsidenten Charles de Gaulle gleichgetan, der 1962 eine Tournee durch Deutschland antrat und auch im deutschen Fernsehen erschien, um den Deutschen in pathetischen Reden die Freundschaft seines Landes anzubieten? Warum hat nicht die deutsche Bundeskanzlerin Angela Merkel die Forderungen Camerons aufgegriffen, um mit seiner Hilfe die EU an Haupt und Gliedern zu reformieren? Das jedenfalls hätte auch im deutschen Interesse gelegen.

Sicher, bloße deutsche Interessenbekundungen, die als Einmischung in die inneren Angelegenheiten interpretiert worden wären, hätten kontraproduktiv sein können. Aber darum ging es nicht. Es ging vielmehr um das Angebot einer echten, den britischen Wünschen entgegenkommenden Kooperation bei einer grundlegenden Reform der EU, das von einer ehrlichen Freundschaftserklärung hätte begleitet werden können. Ein solches Angebot hätte das britische Establishment und die Wahlbevölkerung sehr wohl beeindruckt und ein anderes Ergebnis des Referendums hervorrufen können. Es wäre im Übrigen auch im deutschen Interesse gewesen, weil viele der von britischer Seite vorgebrachten Wünsche zu einer Verbesserung der Funktionsweise der EU geführt hätten.

Dass Kanzlerin Merkel stattdessen das Angebot an David Cameron, den im Ausland verbliebenen Kindern von EU-Migranten zukünftig ein reduziertes, an die örtlichen Verhältnisse angepasstes Kindergeld zu zahlen, einige Zeit vor dem Referendum im Fernsehen als großes Entgegenkommen gegenüber Großbritannien darstellte, war nachgerade peinlich. Dieses Angebot wurde der historischen Dimension des Geschehens in keiner Weise gerecht. Die Art, wie man mit dem anstehenden Brexit-Votum umging, wirkte so, als sei der Austritt Großbritanniens aus der EU im Grunde egal. Statt Kampfeslust und Leidenschaft mit Blick auf ein lohnendes Ziel dominierten in Berlin, Brüssel und Paris Gleichmut und Gleichgültigkeit.

Wie anders war das noch im Falle Griechenlands gewesen. Da hatte man im ersten Halbjahr 2015 monatelang verhandelt, und als es Spitz auf Knopf stand, als die Griechen in einem Referendum das Angebot der EU-Staaten abgelehnt hatten, und als Finanzminister Schäuble bereits 15 Länder im Eco-Fin-Rat auf seine Seite gebracht hatte, um Griechenland nun endlich aus der Eurozone ziehen zu lassen, da ließ sich die Kanzlerin zur Überraschung aller vom französischen Staatspräsidenten bewegen, nochmals auf Griechenland zuzugehen und die Finanzierung eines dritten Hilfsprogramms zu verhandeln. Der Konkurs des Landes, der schon formell am 3. Juli 2015 vom Direktorium des Rettungsschirms EFSF festgestellt worden war,[31] wurde rückgängig gemacht, und Griechenland verblieb im Euro, wo es nun wohl dauerhaft von anderen Ländern finanziert werden muss.

Nichts dergleichen im Falle Großbritanniens. Keinen Finger machte Europas politische Elite krumm, um das Land in der Europäischen Union zu halten. Griechenland hielt man aus strategischen Gründen, »weil die Russen sonst durch die Dardanellen kommen« (die sie nicht mehr brauchen, nachdem sie sich in Syrien eingenistet haben), doch den Nettozahler Großbritannien, den Verbündeten beim Versuch, die EU weltoffen zu halten, den lässt man gehen.

Sicher, das Verhandlungsergebnis mit David Cameron beinhaltete mehr als nur Zugeständnisse im Hinblick auf die zuhause gebliebenen Kinder der EU-Migranten.[32] Man kam Cameron auch insofern entgegen, als Großbritannien erlaubt wurde, das Inklusionsprinzip bei nicht beitragsfinanzierten Sozialleistungen für einen Zeitraum von sieben Jahren insofern einzuschränken, als diese Leistungen nicht gleich nach der Ankunft eines EU-Migranten im Gastland, sondern erst allmählich anwachsend im Verlauf von vier Jahren nach einer Arbeitsaufnahme zur Verfügung stehen würden. Auch sicherte man Großbritannien zu, es müsse sich an weiteren Integrationsschritten der EU nicht beteiligen, und gewährte ihm sogar Schutz gegen eine Mitbeteiligung an Rettungsmaßnahmen der EU-Kommission für Euro-Länder (was nicht weiter ins Gewicht fiel, weil die EU-Kommission ohnehin nur mit 54 Milliarden Euro beigestanden hatte, während die öffentlichen Rettungskredite aller Instanzen inklusive der EZB in der Spitze bei 1.342 Milliarden Euro gelegen hatten, vgl. später Kapitel 4).

Im Ganzen aber waren das unbedeutende Zugeständnisse angesichts der Dimension des Problems und der Schäden, die ein Austritt Großbritanniens aus der EU hervorrufen würde – und nun tatsächlich hervorrufen wird. Die fundamentale Fehlfunktion des EU-Systems, die im Bereich der Binnen- und Außenmigration sichtbar wurde, hatte eine ganz andere Bedeutung für die Bürger als die paar »Kröten«, die man den Briten erließ. Wenn das Angebot der EU überhaupt einen Einfluss auf das Referendum hatte, dann war er negativ, denn es gab den Protagonisten des Brexit die Möglichkeit, es als beleidigend zurückzuweisen.[33]

Die deutsche Bundeskanzlerin muss sich bereits mit dem Vorwurf auseinandersetzen, dass sie selbst durch ihr unprofessionelles Agieren in der Flüchtlingskrise beim britischen Referendum das Zünglein an der Waage Richtung Austritt verschoben habe. Ohne ihre Aussagen zur »Willkommenskultur«, so der Vorwurf, hätte sich die Migrationslawine gar nicht in Bewegung gesetzt, die Fernsehbilder der neuen Völkerwanderung hätte es nicht gegeben, und die Migration wäre nicht zum beherrschenden Thema in der Brexit-Debatte geworden. Diesen Vorwurf haben ihr viele gemacht, so der Großinvestor und Philanthrop George Soros[34] oder der der FDP angehörende stellvertretende Präsident des EU-Parlaments Alexander Graf Lambsdorff.[35] Ob dieser Vorwurf gerechtfertigt ist, müssen später die Historiker beurteilen.

Auf jeden Fall aber muss sich die Kanzlerin ein asymmetrisches Agieren bei der Griechenland-Rettung und beim Erhalt der EU-Mitgliedschaft Großbritanniens vorwerfen lassen. Diese offenkundige Asymmetrie lässt sich nicht mit deutschen Interessen begründen. Eher lässt sie auf eine starke Orientierung an französischen Interessen schließen. Aber ist die deutsch-französische Freundschaft so viel wert, dass man dafür die eigenen Interessen in solch fundamentalem Umfang missachtet?

Zum Hintergrund: Großbritannien hatte dreimal mit deutscher Unterstützung versucht, Mitglied in der EU zu werden: 1963, 1967 und 1973. Die ersten beiden Male scheiterte es am Widerstand des französischen Ministerpräsidenten Charles de Gaulle. Erst beim dritten Mal, als de Gaulle nicht mehr im Amt war, gelang der Beitritt. Die Entscheidung kam auch dank der intensiven Mithilfe der deutschen Diplomatie zustande.

Deutschland war schon immer an der Beteiligung Großbritanniens im Rahmen der europäischen Integrationsprozesse interessiert, weil es ein Gegengewicht zu Frankreich suchte. Frankreich indes wollte genau dies verhindern, weil es Angst davor hatte, dass die USA auf dem Wege über die Briten zu viel Macht in Europa ausüben würden. De Gaulle bereitete mit Adenauer deshalb den Elysée-Vertrag vor, der auch als deutsch-französischer Freundschaftsvertrag bekannt ist. Nach diesem im Jahr 1963 abgeschlossenen Vertrag sollte die Politik Deutschlands und Frankreichs eng miteinander koordiniert werden, was unter anderem regelmäßige Treffen der Kabinette vorsah. Er begründet bis zum heutigen Tage eine enge Verbindung der beiden Länder, die sich zum Rückgrat der EU entwickelt hat.

Die »Atlantiker« in der deutschen Regierung, unter anderen der damalige Außenminister Gerhard Schröder und auch Ludwig Erhard, sahen jedoch die einseitige Bindung an Frankreich als Problem und erreichten deshalb sehr zum Ärger von de Gaulle, dass der Bundestag dem Vertrag eine Präambel voranstellte, die auch die Freundschaft mit den Vereinigten Staaten von Amerika betonte und den Wunsch Deutschlands bekräftigte, dass Großbritannien der EU beitreten möge.[36] Deutschland wollte Großbritannien in die EU bringen, um eine Machtbalance in Europa zu erhalten – unter anderem, damit die Interessen der deutschen Wirtschaft an einer weltoffenen Handelspolitik gewahrt blieben. Diese Balance hat 43 Jahre lang gehalten. Seit dem Schwarzen Juni des Jahres 2016, während der dritten Amtsperiode von Angela Merkel, ist ihr Ende in Sicht.

## Jetzt droht die Spaltung Mitteleuropas

Nach dem britischen Misstrauensvotum intensivierten sich die Bemühungen in Brüssel, die schon des Längeren bestehenden Vorstellungen eines weiteren Ausbaus der Eurozone zu einer Fiskalunion voranzutreiben, wie sie unter Leitung Frankreichs von den mediterranen Ländern, vor allem auch von Italien, verlangt wird.[37] Gefordert wird ein gemeinsames Budget, das von einem Finanzminister der Eurozone verwaltet wird und eine Art EU-Finanzausgleich ermöglicht, ähnlich wie er zwischen den deutschen Bundesländern praktiziert wird. Wie es aussieht, wird Deutschland bestenfalls die Chance haben, diese Kräfte in einen intergouvernementalen Kontrakt der Euro-Länder zu kanalisieren, aber es wird sich schwertun, sie vollends abzublocken.

Zugleich werden die stabilen Länder Ost- und Nordeuropas, die noch nicht Mitglied der Eurozone sind, alles vermeiden, ihr beizutreten. Dazu sind die damit verbundenen Probleme zu deutlich geworden. Allenfalls die Balkan-Länder wie Kroatien und Serbien, die allesamt wegen einer Verschuldung in Auslandswährung in eine ähnliche inflationäre Kreditblase gerieten wie die südeuropäischen Länder, könnten Interesse an einem Beitritt bekunden, weil damit frisches Geld hereinkommt. Theoretisch haben zwar alle Länder die Pflicht, dem Euro beizutreten, wenn sie die formellen Beitrittskriterien erfüllen. Dazu müssen sie in den letzten zwei Jahren vor dem Beitritt einen stabilen Wechselkurs gegenüber dem Euro aufgewiesen sowie eine Inflationsrate und Nominalzinsen in der Nähe der entsprechenden EU-Werte gehabt haben. Außerdem darf ihr Budgetdefizit 3 % des BIP nicht überschreiten, und ihre Schuldenquote muss sinken, wenn sie über 60 % des BIP liegt. Praktisch jedoch ist diese Pflicht bedeutungslos, wie das Beispiel Schweden beweist. Es hat die Bedingungen erfüllt und macht doch keinerlei Anstalten, Teil der Eurozone zu werden. Auch Polen, Tschechien und Ungarn hätten nach Maßgabe der Erfüllung der Kriterien realistische Chancen, dem Euro bald beizutreten, wollen es aber dezidiert nicht. Ganz im Gegenteil regen sich auch dort erste Stimmen, die sogar einen EU-Austritt erwägen.[38]

Was aber bedeutet das alles? Indem nun die Eurozone mit der vor allem von Frankreich angestrebten Fiskalunion ein gutes Stück Staatlichkeit erhalten könnte, entsteht die Gefahr, dass sie sich nicht nach Norden und Osten ausdehnen wird. Auf diese Weise aber entsteht eine neue Grenze längs durch Mitteleuropa. Wie Abbildung 1.11 verdeutlicht, fällt diese Grenze mit der Ostgrenze Deutschlands, der Slowakei, Österreichs und Sloweniens zusammen. Damit aber wird ein Kulturkreis, der sich seit dem Mittelalter zu einem einheitlichen Gebilde entwickelt hat und mit dem Fall des Eisernen Vorhangs die Chance erhielt, wieder zusammenzufinden, in der Mitte entzweigeschnitten. Berlin und Wien liegen dann erneut ganz außen in Grenznähe, während der Schwerpunkt des Gebildes sowohl physisch als auch kulturell in Frankreich liegt.

Es handelt sich dann zwar nicht um eine Grenze durch Mitteleuropa, die eine ähnliche Bedeutung hat wie einst der Eiserne Vorhang, aber eben doch um eine stärker ausgebildete Grenze, als es heute der Fall ist. Die Geschichte geht, wie es scheint, wieder einen Schritt zurück.

Der neue »Euro-Staat«, der sich hier quasi perspektivisch abzeichnet, erinnert stark an die lateinische Münzunion, die im 19. Jahrhundert unter französischer Führung gegründet wurde, bis zum Ersten Weltkrieg hielt und viele Länder des Mittelmeerraums umschloss – nur dass mit Deutschland und den Niederlanden nun zwei leistungsfähige Länder dabei sind, die auf solidere Finanzen für diese Union hoffen lassen. Die lateinische Münzunion hatte sich auf einen Standard-Satz von Münzen mit wohldefiniertem Edelmetallgehalt geeinigt, die jeder ausgeben durfte und die auch jeweils in den anderen Ländern als Währung akzeptiert wurden. Sie zerbrach, als

Griechenland und Italien begonnen hatten, im Übermaß Papiergeld, das angeblich mit solchen Münzen gedeckt war, zu drucken und sich mangels entsprechender Vereinbarungen auch nicht stoppen ließen, die Staatskassen auf diese Weise zu füllen. Das ist im ökonomischen Kern ein ähnlicher Vorgang, wie er heute schon in der Eurozone abläuft und durch die sogenannten Target-Salden gemessen wird, nur dass es dabei nicht mehr um Papiergeld, sondern um elektronisches Geld geht (vgl. dazu ausführlich Kapitel 4). So gesehen scheint sich die Geschichte zu wiederholen. Und das nicht zum Guten.

Abbildung 1.11: Der neue Euro-Staat?

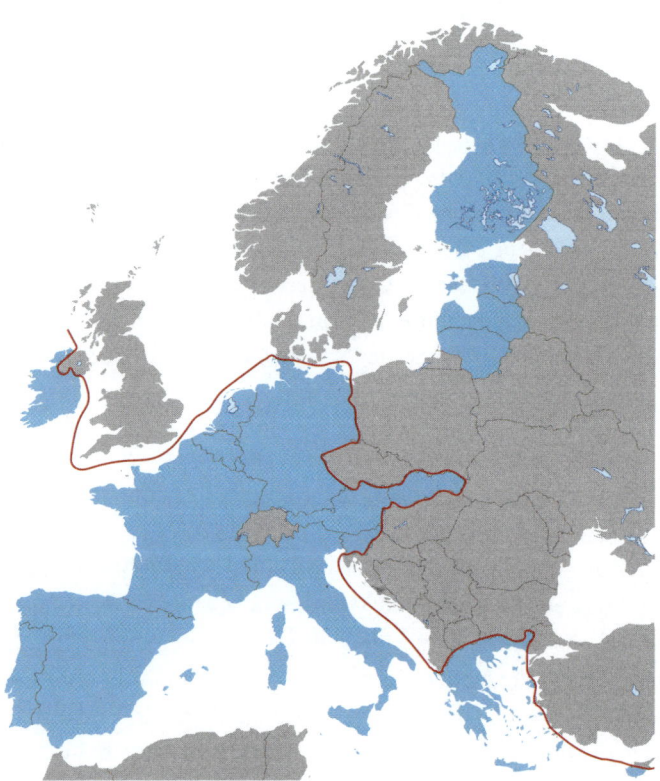

# Anmerkungen

1. ICM Unlimited, EU referendum tracker, 31st May 2016, telephone poll, <https://www.icmunlimited.com/polls/>.

2. Vgl. Financial Times, »UK's EU Referendum: Brexit Poll Tracker«, Abschnitt: *Full list of individual polls*, <https://ig.ft.com/sites/brexit-polling/>. Z.B. war das Ergebnis einer You-Gov-Umfrage 51 % für Verbleib, 49 % für Austritt, TNS ermittelte 41 % für Verbleib, 43 % für Austritt und Opinium 44 % für Verbleib und 45 % für Austritt (alle Umfragen vom 22. Juni 2016).

3. Vgl. H.-W. Sinn, »Verbraucherschutz als Staatsaufgabe«, *Perspektiven der Wirtschaftspolitik* 4(2), 2003, S. 281-294.

4. Verschiedene Schriften dazu findet der Leser unter <http://www.economistsforbrexit.co.uk/>.

5. M. King, *The End of Alchemy – Money, Banking, and the Future of the Global Economy*, W. W. Norton & Company, New York 2016.

6. »Vor dem Brexit ein Rosenkrieg ums Geld«, *Frankfurter Allgemeine Zeitung*, Nr. 187, 12. August 2016, S. 19.

7. Frankreich ist nach wie vor der größte Empfänger europäischer Agrarsubventionen, leistet jedoch auch hohe Beitragszahlungen an den EU-Haushalt. Deshalb ist es nicht mehr der größte Nettoempfänger.

8. 2.000 Arten entsprechen knapp 68 % der gelisteten Agrargüter im Jahr 2014. Siehe WTO, ITC und UNCTAD, *World Tariff Profiles* 2015, S. 12f. Die Statistik basiert auf 6-stelligen Güternummern der standardisierten HS-Nomenklatur. Ebenfalls über 2.000 Agrargüter mit Zolltarifposten beziffert die TARIC-Datenbank der Europäischen Kommission auf Basis 8-stelliger Güternummern, siehe <http://ec.europa.eu/taxation_customs/customs/customs_duties/tariff_aspects/customs_tariff/index_de.htm>, vgl. auch S. Jean, T. Josling und D. Laborde, *The Consequences for the European Union of the WTO Revised Draft Modalities for Agriculture*, International Centre for Trade and Sustainable Development (ICTSD), Genf 2008, S. 32.

9. Siehe WTO, ITC und UNCTAD, *World Tariff Profiles* 2015, S. 75.

10. OECD, *Agricultural Policy Monitoring and Evaluation 2016*, OECD Publishing, Paris 2016, S.84ff. Werden den erhöhten indirekten Verbraucherkosten die steuerfinanzierten Agrarsubventionen hinzugerechnet, kosten die jährlichen Brutto-Transfers der gemeinsamen Agrarpolitik zusammen etwa 97,4 Mrd. Euro und somit 0,7 % des BIP der Europäischen Union.

11. Laut Minford und Kollegen sind dabei die europäischen Nahrungsmittelpreise im Durchschnitt etwa 17 % über den Weltmarktpreisen, wobei zusätzlich die Preise Großbritanniens über dem EU-Schnitt liegen. Europäische Landwirte erhalten dabei schätzungsweise durchschnittliche Produzentenpreise, die aufgrund der EU-Agrarpolitik 20 % über dem Weltmarktpreis liegen. US-Landwirte, zum Vergleich, bekommen nur knapp 7 % über Weltmarktpreis. Vgl. P. Minford, S. Gupta, V.P.M. Le, V. Mahambare und Y. Xu, *Should Britain Leave the EU? An Economic Analysis of a Troubled Relationship*, second edition, Edward Elgar, Celtenham 2015, bes. S. 105f. und S. 110; sowie P. Minford, »Brexit and Trade: What are the Options?«, in: *Economists for Brexit, The Economy after Brexit*, 2016, <https://static1.squarespace.com/static/570a10a460b5e93378a26ac5/t/5722f8f6a3360ce7508c2acd/1461909779956/Economists+for+Brexit+-+The+Economy+after+Brexit.pdf>; weitere Informationen verfügbar auf <www.economistsforbrexit.co.uk>.

12. Bereits vor der EU-Osterweiterung und den jüngsten Agrarreformen wurden die statischen Nettogewinne Großbritanniens durch die Abschaffung der gemeinsamen EU-Agrarpolitik (CAP) auf knapp 0,5-0,8 % des BIP geschätzt, vgl. B. Borrell und L. Hubbard, »Global Economic Effects of the EU Common Agricultural Policy«, *Economic Affairs* 20(2), 2000, S. 18-26; G. Philippidis und L. Hubbard, »The Economic Cost of the CAP Revisited«, *Agricultural Economics* 25(2), 2001, S. 375–385. Unter Verwendung von Multiplikatoreffekten gehen die Berechnungen des Think Tank Open Europe von einem volkswirtschaftlichen Effekt in Europa in Höhe von 1,1 % des BIP durch eine Abschaffung der europäischen Handelsbarrieren und Transfers im Agrarsektor aus, wobei der Effekt für Großbritannien noch höher ausfallen könnte, vgl. C. Howarth, A. Kullmann und P. Swidlicki, *More for Less: Making the EU's Farm Policy Work for Growth and the Environment*, Open Europe, London 2012. Das Centre for Economic Performance (CEP) beziffert auf Basis eines Gravitationsmodells den statischen Wohlfahrtsgewinn Großbritanniens allein durch eine einseitige Abschaffung aller Importzölle für Einfuhren außerhalb der EU auf insgesamt 0,3 % des BIP, vgl. S. Dhingra, G. Ottaviano, T. Sampson und J. Van Reenen, »The Consequences of Brexit for UK Trade and Living Standards«, *CEP BREXIT Analysis* No.2, CEP, London 2016. Der gesamte Wohlfahrtsverlust für Großbritannien aufgrund von Handelsschranken der EU im Agrar- und Industriesektor summiert sich laut Minford und Kollegen schließlich auf ca. 4 % des BIP. Siehe P. Minford, S. Gupta, V.P.M. Le, V. Mahambare und Y. Xu, *Should Britain Leave the EU? An Economic Analysis of a Troubled Relationship*, second edition, Edward Elgar, Celtenham 2015, bes. S. 66ff.

13. »Großbritannien nach dem Brexit: Keine Freizügigkeit für EU-Bürger«, *Handelsblatt online*, 9. Juli 2016, <http://www.handelsblatt.com/politik/international/grossbritannien-nach-dem-brexit-keine-freizuegigkeit-fuer-eu-buerger/13852822.html>.

14. Siehe A. Travis und A. Chrisafis, »UK Immigration Minister Confirms Work to Start on £1.9m Calais Wall«, *The Guardian online*, 7. September 2016, <https://www.theguardian.com/world/2016/sep/06/uk-immigration-minister-confirms-work-will-begin-on-big-new-wall-in-calais>; vgl. unter anderem auch »Eine Betonmauer gegen Flüchtlinge – Bauwerk soll Hafen von Calais abschirmen«, *Tagesschau.de*, 7. September 2016, <http://www.tagesschau.de/ausland/calais-fluechtlinge-117.html

15. So eine Information des Peterson Institute for International Economics, siehe C.P. Bown, *A Quick Brexit or a Delayed Departure? Here's Where It Gets Tricky for Businesses*, Peterson Institute for International Economics (PIIE), 7. Juli 2016, <https://piie.com/commentary/op-eds/quick-brexit-or-delayed-departure-heres-where-it-gets-tricky-businesses>, auch veröffentlicht in *The Washington Post online*, 7. Juli 2016, <https://www.washingtonpost.com/news/monkey-cage/wp/2016/07/07/delaying-brexit-will-be-costly-heres-why-britain-should-cut-the-cord-now/>.

16. »Deutsche-Bank-Chef: Brexit ist für alle Seiten negativ«, *Reuters online*, 24. Juni 2016, <http://de.reuters.com/article/brexit-deutsche-bank-idDEKCN0ZA0XV>.

17. Zu den Absatzzahlen, vgl. Statistisches Bundesamt, *Außenhandelsstatistik* 2015.
    Auf Grundlage der Exportstatistik des Verbands der Automobilindustrie VDA wurden in Großbritannien dabei 2015 sogar dreimal so viele PKW verkauft wie in den nächstwichtigsten Märkten Italien und Frankreich, vgl. <https://www.vda.de/de/services/zahlen-und-daten/jahreszahlen/export.html>.

18. Vgl. R. Aichele, G. Felbermayr, T. Petersen und U. Schoof, »Brexit – Mögliche wirtschaftliche Folgen eines britischen EU-Austritts«, *Zukunft Soziale Marktwirtschaft Policy Brief*

2015/05, Bertelsmann Stiftung, 2015, bes. S. 4 f. Ihre Schätzungen beziehen sich auf Studien von Freyer sowie Felbermayr und Gröschl, die den Einfluss der sinkenden Handelsoffenheit auf das langfristige reale BIP schätzen, Vgl. G. Felbermayr und J. Gröschl, «Natural Disasters and the Effect of Trade on Income: A New Panel IV Approach«, *European Economic Review* 58, 2013, S. 18–30; J. Freyer, »Trade and Income – Exploiting Time Series in Geography«, *NBER Working Paper 14910*, Cambridge, MA, 2009. Eine Studie des Centre for Economic Performance (CEP) kommt mit Werten von 6,3 % bis 9,5 % auf ähnlich hohe langfristige Einkommenseinbußen. Vgl. S. Dhingra, G. Ottaviano, T. Sampson und J. Van Reenen, »The Consequences of Brexit for UK Trade and Living Standards«, *CEP BREXIT Analysis* No.2, CEP, London 2016.

19. Vgl. European Commission, Economic and Financial Affairs, Databases and indicators, AMECO – The annual macro-economic database, <http://ec.europa.eu/economy_finance/db_indicators/ameco/index_en.htm>.

20. Nord-Irland ist Teil des Vereinigten Königreichs, aber nicht Großbritanniens, das Britannien und Schottland umfasst.

21. Vgl. »Vertrag von Amsterdam zur Änderung des Vertrags über die Europäische Union, der Verträge zur Gründung der Europäischen Gemeinschaften sowie einiger damit zusammenhängender Rechtsakte«, *Amtsblatt der Europäischen Union* 97/C 340/01. Dort heißt es in Artikel 1, Absatz 4: »Artikel A Absatz 2 erhält folgende Fassung: ›Dieser Vertrag stellt eine neue Stufe bei der Verwirklichung einer immer engeren Union der Völker Europas dar, in der die Entscheidungen möglichst offen und möglichst bürgernah getroffen werden.‹«

22. Vgl. Europäische Kommission, »Die Wirtschafts- und Währungsunion Europas vollenden«, *Bericht der fünf Präsidenten*, 22. Juni 2015, <https://ec.europa.eu/priorities/publications/five-presidents-report-completing-europes-economic-and-monetary-union_de>. Der Bericht wurde vorgelegt von Jean-Claude Juncker (Präsident der Europäischen Kommission), Donald Tusk (Präsident des Europäischen Rates), Jeroen Dijsselbloem (Vorsitzender der Euro-Gruppe), Mario Draghi (Präsident der Europäischen Zentralbank) und Martin Schulz (Präsident des Europäischen Parlaments).

23. Vgl. Eurostat, »Mai 2016, Arbeitslosenquote im Euroraum bei 10,1 % – In der EU28 bei 8,6 %«, *Pressemitteilung* 129/2016, 1. Juli 2016.

24. Vgl. Eurostat, Datenbank Industrie, Handel und Dienstleistungen, Konjunkturstatistik, Industrie, Produktion der Industrie. Um kurzfristige Schwankungen auszugleichen, wurden Durchschnittswerte über fünf Monate errechnet. Die genannten Werte beziehen sich auf den Durchschnitt der saison- und kalenderbereinigten Daten der Monate Januar 2016 bis Mai 2016 der Produktion im Verarbeitenden Gewerbe, die mit den entsprechenden Durchschnittswerten im vierten Quartal 2007 verglichen wurden.

25. Vgl. L. Bini Smaghi, *Morire di austerità: Democrazie europee con le spalle al muro*, Il Mulino, Bologna 2013, insbesondere Kapitel 3: *Indietro no si torna*; Englische Übersetzung: *Austerity: European Democracies against the Wall*, Centre for European Policy Studies (CEPS), Brüssel 2013, Kapitel 3: *No Turning Back*, S. 29.

26. In den Jahren 2011 bis 2013 (aktuellste Daten) gab es 117.751 Insolvenzfälle und 39.654 eröffnete Konkursverfahren, vgl. Istituto nazionale di statistica, *Annuario statistica italiano*, Jahrgänge 2013, 2014 und 2015, jeweils Tabelle 6.4.

27. »Ultimately, quitting the euro is the only solution«, sagte Marine Le Pen in einem Interview mit der Financial Times, vgl. «Marine Le Pen Lays out Radical Vision to Govern France«, *Financial Times, ft.com,* 5. März 2015, <http://www.ft.com/cms/s/0/21c43558-c32e-11e4-ac3d-00144feab7de.html#axzz4Ew7PMv2K>.

28. Vor dem Jahr 2014 galten andere Abstimmungsregeln. Diese Regeln können auf Antrag eines Mitgliedslandes noch bis 31. März 2017 angewendet werden.

29. Da bereits drei bevölkerungsreiche Mitgliedsstaaten die Sperrminorität von 35 % der Bevölkerung erreichen können, wurde eine so genannte Annahmefiktion in den Vertrag aufgenommen (siehe Art. 16 Abs. 4 UAbs. 2 EUV). Demnach kommt die Sperrminorität aufgrund mangelnder Bevölkerungsrepräsentanz nur zustande, wenn ihr mindestens vier Mitgliedsstaaten angehören.

30. So äußerte sich Emmanuel Macron wörtlich, dass »wir die Eurozone ermächtigen (sollten), am Markt Geld aufzunehmen«, da »kurzfristig … keine neue Euro-Steuer« erhoben werden könne. Zur politischen Neugestaltung der Euro-Zone müssten die Verträge natürlich geändert werden, jedoch sei dieser juristische Schritt nur Mittel zum Zweck, so Macron. E. Macron, »Wollen wir die Totengräber sein?«, Interview mit L. Klimm und C. Wernicke, *Süddeutsche Zeitung,* 31. August 2015, S. 2.

31. Vgl. European Stability Mechanism, »EFSF Board of Directors Reserves its Rights to Act upon Greece's Default«, *Pressemitteilung,* 3. Juli 2015, <http://www.esm.europa.eu/press/releases/efsf-board-of-directors-reserves-its-rights-to-act-upon-greeces-default.htm>.

32. Vgl. European Council, *European Council Meeting – 18 and 19 February 2016 – conclusions,* Brüssel, 19. Februar 2016.

33. So nannte etwa Nigel Farage, Chef der europakritischen UKIP-Partei, den ausgehandelten Deal von Premierminister Cameron »wahrhaft erbärmlich«. Der Kompromiss sei nicht einmal das Papier wert, auf dem es stehe, so Farage. Auch nach Sichtweise des damaligen Londoner Bürgermeisters Boris Johnson, der aufgrund seiner Popularität als Schlüsselfigur galt, haben die Verhandlungen nicht zur gewünschten »fundamentalen Reform« geführt und deswegen schlug er sich nach Bekanntwerden des Kompromissvorschlags auf die Seite der Brexit-Befürworter. Vgl. S. Bolzen und A. Tauber »Brexit-Deal: Bei diesen Punkten musste Cameron nachgeben«, *Welt online,* 20. Februar 2016, <http://www.welt.de/politik/ausland/article152446765/Bei-diesen-Punkten-musste-Cameron-nachgeben.html>; »EU-Referendum: Johnson stellt sich gegen Cameron und fordert EU-Austritt«, *Welt online,* 22. Februar 2016, <http://www.welt.de/politik/ausland/article152480831/Johnson-stellt-sich-gegen-Cameron-und-fordert-EU-Austritt.html>.

34. George Soros, »Brexit and the Future of Europe«, *Project Syndicate,* 25. Juni 2016, <http://www.georgesoros.com/essays/brexit-and-the-future-of-europe/>.

35. A. Lambsdorff, »Der Brexit geht auch auf Merkels Konto«, Interview mit A. Reimann, *Spiegel online,* 5. Juli 2016, <http://www.spiegel.de/politik/ausland/brexit-alexander-graf-lambsdorff-attackiert-angela-merkel-a-1101334.html>.

36. Vgl. »Gesetz zu der Gemeinsamen Erklärung und zu dem Vertrag vom 22. Januar 1963 zwischen der Bundesrepublik Deutschland und der Französischen Republik über die deutsch-französische Zusammenarbeit«, *Bundesgesetzblatt* Teil 2, Nr. 19, 26. Juni 1963, S. 705. In der Präambel dieses Gesetzes heißt es: »… mit dem Willen, durch die Anwendung dieses Vertrages die großen Ziele zu fördern, die die Bundesrepublik Deutschland in Gemeinschaft mit den ande-

ren ihr verbündeten Staaten seit Jahren anstrebt und die ihre Politik bestimmen, nämlich die Einhaltung und Festigung des Zusammenschlusses der freien Völker, insbesondere einer engen Partnerschaft zwischen Europa und den Vereinigten Staaten von Amerika, ... die Einigung Europas auf dem durch die Schaffung der Europäischen Gemeinschaften begonnenen Wege unter Einbeziehung Großbritanniens ... den Abbau der Handelsschranken durch Verhandlungen zwischen der Europäischen Wirtschaftsgemeinschaft, Großbritannien und den Vereinigten Staaten von Amerika sowie anderen Staaten im Rahmen des ›Allgemeinen Zoll- und Handelsabkommens‹; ... hat der Bundestag das folgende Gesetz beschlossen: ...«

37. So machte sich der französische Präsident François Hollande bereits in einem Fernseh-Interview zum französischen Nationalfeiertag am 14. Juli 2015 für die Bildung einer »europäischen Wirtschaftsregierung« mit einem »Parlament der Eurozone« stark, für die er auch von Frankreichs damaligem Wirtschaftsminister Emmanuel Macron lautstark Unterstützung bekam. Italiens Ministerpräsident Matteo Renzi forderte jüngst etwa gemeinsame Eurobonds für die Bewältigung der Flüchtlingskrise sowie einen europäischen Investitionsfonds. Zudem erarbeitete seine Regierung bereits ein Konzept zu einer gemeinsamen europäischen Arbeitslosenversicherung.
Vgl. M. Wiegel, »Appell des Präsidenten: Hollande will eine ›Wirtschaftsregierung‹ für Europa«, *Frankfurter Allgemeine Zeitung, FAZ.NET*, 14. Juli 2015, <http://www.faz.net/aktuell/politik/europaeische-union/francois-hollande-will-waehrungsunion-vertiefen-13702609.html>; E. Macron, »Wir wollen eine Neugründung Europas«, Interview von L. Klimm und C. Wernicke, *Süddeutsche Zeitung, SZ.de*, 31. August 2015, <http://www.sueddeutsche.de/politik/emmanuel-macron-im-interview-wir-wollen-eine-neugruendung-europas-1.2628139>; »Renzi will mit Eurobonds Kosten der Flüchtlingskrise bezahlen«, *Frankfurter Allgemeine Zeitung, FAZ.NET*, 18. April 2016 <http://www.faz.net/aktuell/wirtschaft/wirtschaftspolitik/renzi-will-eurobonds-zur-finanzierung-der-fluechtlingskrise-14185333.html>; Ministerio dell'Economia e delle Finanze, *European Unemployment Insurance Scheme*, Rom, Oktober 2015, siehe <http://www.mef.gov.it/documenti-allegati/2015/note_unemployment/note_uncmployment_insurance_2015_5OCT.pdf>.
Als unmittelbare Reaktion auf den Brexit veröffentlichten am 27. Juni 2016 schließlich auch die Außenminister Frankreichs und Deutschlands, Jean-Marc Ayrault und Frank-Walter Steinmeier, einen gemeinsamen Appell zur Vollendung der Wirtschafts- und Währungsunion, siehe J.-M. Ayrault und F.-W. Steinmeier, *Ein starkes Europa in einer unsicheren Welt*, Auswärtiges Amt, Berlin 27. Juni 2016, <https://www.auswaertiges-amt.de/cae/servlet/contentblob/736264/publicationFile/217574/160624-BM-AM-FRA-DL.pdf>.

38. So kritisierte etwa Polens Außenminister Witold Waszczykowski die Forderungen einiger EU-Politiker, nach dem Brexit auf noch stärkere Integration setzen zu wollen. Er sagte: »Ich hoffe, dass wir nicht durch unüberlegte Handlungen der ›europäischen Reformer‹ zu drastischen Maßnahmen gezwungen werden.« Polens mit absoluter Mehrheit regierende Partei *Recht und Gerechtigkeit* (PiS) gehört im EU-Parlament zur Fraktion der *Europäischen Konservativen und Reformer*, die die EU zwar nicht abschaffen, aber grundlegend reformieren wollen. Dabei verlieren sie mit Großbritannien einen ihrer wichtigsten Verbündeten in der EU. Der ungarische Ministerpräsident Victor Orbán warb in britischen Zeitungen für den Verbleib Großbritanniens und verliert nun ebenfalls einen Verbündeten gegen ein »mehr Europa«. Laut Orbán wolle Ungarn ein starkes Europa, das sich jedoch nicht weiter selbst durch Masseneinwanderung schwäche. Ungarn hält zwar noch kein EU-Referendum ab, wird jedoch im Oktober 2016 immerhin schon eine Volksabstimmung über die von der EU beschlossenen europäischen Flüchtlingsquoten durchführen.
Für Tschechiens Ex-Präsident Vaclav Klaus ist das Nein der Briten hingegen ein Vorbild. Er versucht seit längerem die Parteien in Tschechien von einem EU-Austrittsreferendum zu

überzeugen und findet dabei immer mehr Zuspruch. So würde ein Referendum zur EU-Mitgliedschaft inzwischen auch Tschechiens derzeitiger Präsident Milos Zeman begrüßen. Vgl. J. Winterbauer, »Polens Deutschland-Kritik: Das ist das Rezept für eine Katastrophe«, *Welt online,* 14. Juli 2016, <http://www.welt.de/politik/ausland/article157044655/Das-ist-das-Rezept-fuer-eine-Katastrophe.html>; »Milos Zeman für ein EU Referendum in Tschechien«, *RP online,* 01. Juli 2016, <http://www.rp-online.de/politik/eu/tschechiens-praesident-milos-zeman-fuer-ein-eu-referendum-aid-1.6089206>; S. Heinlein, »EU-Gegner in Tschechien formieren sich«, *Tagesschau.de,* 29. Juni 2016, <https://www.tagesschau.de/ausland/tschechien-czexit-101.html>; H. Steuer, M. Meister, B. Kálnoky, J. Winterbauer, H.-J. Schmidt und S.M. Brech »Domino-Effekt: Diese Länder könnten die nächsten Exit-Kandidaten sein«, *Welt online,* 26. Juni 2016, <http://www.welt.de/politik/ausland/article156551217/Diese-Laender-koennten-die-naechsten-Exit-Kandidaten-sein.html>; »Referendum in Ungarn: Ungarn stimmt über EU-Flüchtlingspolitik ab«, *Handelsblatt online,* 5. Juli 2016, <http://www.handelsblatt.com/politik/international/referendum-in-ungarn-ungarn-stimmt-ueber-eu-fluechtlingspolitik-ab/13832220.html>.

# Alle wollen nach Deutschland, doch so geht es nicht

*Die Flüchtlingswelle* • *Schleusen öffnen sich – Wolfgang Schäuble und der unbedachte Skifahrer* • *Der mazedonische Zaun und andere Gegenmaßnahmen mit Kollateralschäden* • *Gesinnungsethik, Verantwortungsethik – Und vom Vorteil der spanischen Methode* • *Grundgesetz, Flüchtlingskonvention & Co – Die eigentlich eindeutige Rechtslage* • *Über Eigentumsrechte, Klubgüter und die Nützlichkeit von Zäunen* • *Die Arbeitsmarkteffekte: Eine etwas zynische Kalkulation der Ökonomen* • *Integrationsbremse Mindestlohn* • *Das Rentensystem: Der potenzielle Beitrag der Migranten* • *Wovon der Nettoeffekt der Migration auf das Staatsbudget abhängt* • *Nur Chefärzte aus Aleppo?* • *Starke Beanspruchung des Sozialstaates* • *Erfolgreiche Integration in den Arbeitsmarkt?* • *Prognose der Nettokosten* • *Das unmögliche Migrationsdreieck: Warum die EU-Verträge falsch gestrickt sind*

# Die Flüchtlingswelle

Wie im vorigen Kapitel bereits dargelegt, dominierte in Großbritannien bei denjenigen, die für den Brexit gestimmt hatten, das Flüchtlingsthema alle anderen Fragen. Doch auch in Deutschland, Österreich und vielen anderen europäischen Ländern beherrscht dieses Thema seit dem Sommer 2015 die öffentliche Aufmerksamkeit. Die Griechenland-Krise erscheint wie weggeblasen, und auch die Ukraine interessiert kaum jemanden mehr. Stattdessen vermischen sich Immigranten-Trecks, Massenmigration, Kopftücher, brennende Asylantenheime, Neonazis, Kanzlerin-Selfies, Silvester-Übergriffe, Grapscher, Eigentumsdelikte, IS-Kämpfer und Terroranschläge in den Köpfen der Menschen zu einem unwirklichen, verwirrenden und beängstigenden Stakkato.

Bei näherer Betrachtung ist die Dominanz dieses Themas nicht verwunderlich. Im Herbst letzten Jahres kamen an nicht wenigen Tagen jeweils mehr als 12.000 Menschen nach Deutschland, das mit großem Abstand noch vor Schweden das hauptsächliche Zielland der Migranten war. Insgesamt überschritten wohl, wie weiter unten noch ausführlicher erläutert wird, weit mehr als eine Million Flüchtlinge die Grenzen. 442.000 von ihnen stellten noch im vergangenen Jahr erstmalig Asylanträge in Deutschland.[1] Weitere 469.000 folgten bereits in den ersten sieben Monaten des neuen Jahres.[2]

Auch andere Länder blieben nicht verschont. Die österreichischen Behörden etwa registrierten im Jahr 2015 fast 86.000 Asylanträge. Das waren mehr als in dem wesentlich größeren Italien, wo man 83.000 Anträge zählte. Pro Tausend Einwohner verzeichnete Österreich damit 9,9 Asylanträge, während es in Italien nur 1,4 Anträge waren. Die Alpenrepublik liegt damit sogar noch vor Deutschland, das auf 5,5 Anträge pro 1.000 Einwohner kam.[3] Es ist so gesehen verständlich, dass Österreich mittlerweile reagiert und alles vorbereitet hat, um den Brenner und andere Grenzen bei Bedarf sofort schließen zu können – auch wenn das Italien, das nach wie vor viele Migranten einfach nach Norden durchwinkt, nicht besonders gefällt. Die weitaus meisten Asylanträge pro Tausend Einwohner verzeichneten freilich Schweden (15,9) und Ungarn (17,7).

Kein Zweifel: Das sind beeindruckende und teilweise beängstigende Zahlen. Allerdings ist bei ihrer Bewertung auch zu berücksichtigen, dass nicht wenige Menschen nach ihren Erstanträgen in einem europäischen Land in ein oder gar mehrere Länder weiterwanderten und dort womöglich nochmals Anträge stellten, die abermals als Erstanträge gezählt wurden.

Auch in der Schweiz stieg die Anzahl der Asylbewerber sehr stark an und erreichte 2015 dort einen Wert von etwa 39.500. Mit 4,9 Anträgen pro Tausend Einwohnern liegt die Eidgenossenschaft knapp hinter Deutschland und bei etwa der Hälfte der Anträge, die man in Österreich registrierte.[4] Die Schweiz ist insbesondere für Personen, die über die zentrale Mittelmeerroute nach Italien gelangten, eines der primären Ziele. Knapp ein Viertel der eingehenden Asylanträge stammte hier zum Beispiel allein von Personen aus Eritrea.

Es ist unübersehbar, dass die Immigration nach Deutschland im Jahr 2015 historische Dimensionen hatte. Sie überstieg alles, was das Land seit der erzwungenen Wanderung der Heimatvertriebenen am Ende des Zweiten Weltkriegs erlebt hatte, auch die Massenimmigration aus der Sowjetunion und Osteuropa nach dem Fall des Eisernen Vorhangs. Abbildung 2.1 zeigt das eindrucksvoll. Sie unterscheidet zwischen der Nettomigration von Deutschen und Ausländern, und sie gibt außerdem die Entwicklung der Asylanträge in Deutschland an.

Bemerkenswert ist, dass mit dem Untergang der Sowjetunion um das Jahr 1990 sehr viele Deutsche nach Deutschland wanderten. Es handelte sich dabei großenteils um Russland-Deutsche, die nach der Auflösung der Deutschen Wolgarepublik von Stalin in alle Winde verstreut worden waren, ihre deutsche Nationalität im Vielvölkerreich der Sowjets aber formell behalten hatten. Viele von ihnen hatte man nach Kasachstan, andere nach Sibirien umgesiedelt, wo sie in großer Armut lebten. Gut 2 Millionen[5] ergriffen seit dem Mauerfall die Chance, in die Bundesrepublik umzusiedeln. Auch kamen je etwa 200.000 Deutsche aus Rumänien, großenteils Siebenbürger Sachsen und Banater Schwaben, sowie Spätaussiedler aus den nun polnischen Gebieten des Deutschen Reichs in die Bundesrepublik Deutschland. Die Immigration der Deutschen kulminierte im ersten Jahrzehnt nach dem Mauerfall, ebbte in den nachfolgenden eineinhalb Jahrzehnten jedoch ab und wandelte sich ab 2005 in eine Nettoemigration, die vornehmlich in die Schweiz, doch auch in die USA und anderswohin führte.

Abbildung 2.1: Wanderungssaldo Deutschland (1975-2015)

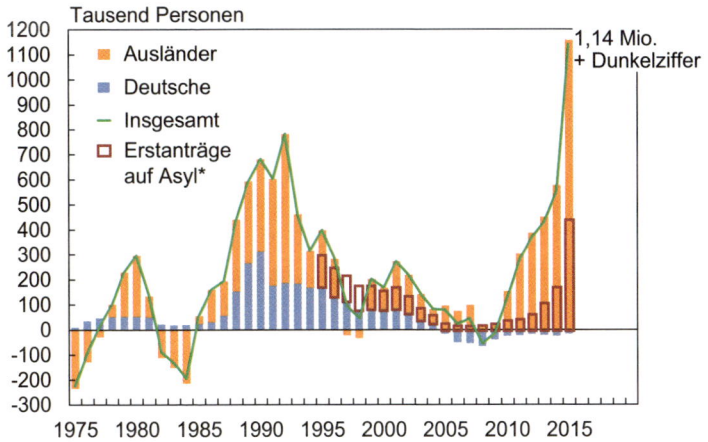

\* Daten ab dem Jahr 1995 verfügbar.

Quelle: Statistisches Bundesamt, *Wanderungen,* Fachserie 1, Reihe 1.2, 2014; dasselbe, Vorläufige Wanderungsergebnisse, 2015; Bundesamt für Migration und Flüchtlinge, Aktuelle Zahlen zu Asyl, Juni 2016.

Mit dem Untergang der Sowjetunion und der Öffnung der Grenzen nach Osteuropa kamen auch sehr viele Ausländer aus den verschiedensten Kulturkreisen, so vor allem aus den Balkan-Ländern, wo der Bosnien-Krieg wütete.

Zugleich setzte sich die Immigration der Türken, die schon in den 1960er- und 1970er-Jahren begonnen hatte, bis etwa 2005 fort. Danach allerdings kam diese Immigration zum Stillstand. Auch die Immigration aus anderen Ländern ließ nach. Der Grund war, dass Deutschland bis zur Mitte der 2000er-Jahre zunehmende Schwierigkeiten hatte, seine Wettbewerbsfähigkeit im Euro-Verbund zu halten, und unter einer Massenarbeitslosigkeit von fast 5 Millionen Menschen oder 12 % der zivilen Erwerbspersonen litt. Zwar hat sich der Arbeitsmarkt nach den Schröderschen Reformen der Jahre 2003 und 2004, die als Agenda 2010 bekannt wurden, allmählich wieder erholt. Doch verhinderte die weltweite Finanzkrise, die 2007 ausbrach und sich 2008 in einen Flächenbrand entwickelte, dass für Migranten genug Arbeitsplätze zur Verfügung standen.

Erst ab etwa 2010 nahmen die Migrationszahlen dann wieder deutlich zu und erreichten Werte, die weit über den Spitzenwerten lagen, die nach dem Fall des Eisernen Vorhangs erreicht worden waren. Das hat vor allem drei Ursachen.

*Erstens* erholte sich die deutsche Wirtschaft sehr rasch von der Finanz- und Wirtschaftskrise, während die Euro-Länder Südeuropas aus Gründen, die in Kapitel 3 und 4 ausführlicher diskutiert werden, den Wiederaufschwung nicht schafften und unter einer hartnäckigen Massenarbeitslosigkeit litten. Deutschland hingegen kam schnell wieder auf die Beine, weil die deutsche Exportindustrie an der Erholung der Weltkonjunktur in den Jahren ab 2009 partizipierte und weil die finanzielle Unsicherheit über die Bonität der Schuldner im Süden und jenseits des Atlantiks zu einer Art Rückflucht der deutschen Anleger in deutsche Immobilien führte, was die Baukonjunktur erheblich belebte und im Handwerk viele neue Stellen entstehen ließ.[6] Der Verlust von Arbeitsplätzen in Südeuropa und die Schaffung neuer Stellen in Deutschland erzeugten eine quasi natürliche Ausgleichsmigration nach Deutschland.

*Zweitens* erhielten die Arbeitnehmer aus osteuropäischen EU-Ländern nun das Recht, nach Deutschland zu kommen, nachdem es ihnen in den ersten Jahren ihrer EU-Mitgliedschaft noch verwehrt worden war, während andere Personen wie z.B. Selbständige von vornherein hatten kommen dürfen. Seit Mai 2011 genießen die Arbeitnehmer aus Polen, Ungarn, der Tschechischen Republik, der Slowakei, Slowenien und den baltischen Staaten die uneingeschränkte Freizügigkeit in Deutschland. Und seit Januar 2014 gilt das Gleiche für die Arbeitnehmer aus Bulgarien und Rumänien, seit Juli 2015 zudem für die Kroaten, die zwei Jahre zuvor der EU beigetreten waren. Die Beseitigung der Einwanderungsbarrieren ließ die Migrationszahlen im Verbund mit dem Bauboom am Ende so stark anschwellen, dass Deutschland bereits im Jahr 2011 eine Nettoimmigration von 303.000 Ausländern verzeichnete und der Verfasser dieser Zeilen für die folgenden Jahre einen »Migrationssturm« prognostizierte.[7]

*Drittens* – und das gab dem Ganzen noch mehr Dramatik – kamen immer mehr Flüchtlinge aus den Kriegsgebieten des Nahen Ostens und Afghanistans. Insbesondere setzte der Syrienkrieg, der ab etwa 2013 beständig an Intensität gewann, große Flüchtlingsströme in Bewegung. Die Flüchtlinge gingen zunächst in die noch sicheren Gebiete ihrer jeweiligen Länder, dann sammelten sie sich in Flüchtlingslagern, die unter der Kontrolle der Vereinten Nationen in Jordanien, dem Libanon und vor allem der Türkei errichtet wurden, und schließlich setzten sie sich von dort nach Deutschland in Bewegung.

Wie Abbildung 2.1 zeigt, wurde im Jahr 2015 mit 1,14 Millionen Einwanderern ein vorläufiger Höhepunkt der jährlichen Nettoimmigration nach Deutschland erreicht. Bei der genannten Zahl handelt es sich um die Summe der Salden der normalen EU-Migranten (ca. 341.000 Personen), der deutschen Migranten (-18.000), der Migranten aus anderen europäischen Ländern (130.000) sowie der Migranten aus Afrika (81.000), aus Süd- und Nordamerika (11.000), aus Asien (574.000), aus Australien und Ozeanien (1.000) und weiteren Ländern der Welt (18.000).

Wie diese Zahlen zur Zahl der Flüchtlinge passen, die Deutschland erreicht haben, ist leider unklar. Die Zahl der nach dem sogenannten EASY-Verfahren[8] direkt nach der Einreise erfassten Personen liegt für das Jahr 2015 bereits bei 1,09 Millionen Personen, was zusammen mit den EU-Migranten eine Gesamtsumme von über 1,4 Millionen Personen ergibt. Man weiß aber nicht, wie viele Flüchtlinge Deutschland wieder verlassen haben.[9] Außerdem gibt es eine erhebliche Dunkelziffer von Personen, die die deutsche Grenze ohne Kontrolle überschritten. Nach einem Bericht der *Bild*-Zeitung leben bis zu einer halben Million Flüchtlinge ohne Registrierung in Deutschland. Bundesinnenminister Thomas de Maizière wies diesen Bericht zwar zurück.[10] Nach einer Schätzung des bayerischen Innenministers Joachim Herrmann, die auf Angaben der bayerischen Polizei basiert, wird jedoch eine hohe Dunkelziffer bestätigt. So sind, wie Herrmann berichtet, im September 2015 zwischen 270.000 und 280.000 Migranten in die Bundesrepublik eingereist,[11] während die Zahl der im EASY-Verfahren erfassten Flüchtlinge nur 164.000 betrug. Zur Zahl der registrierten Flüchtlinge kamen also nach dieser Schätzung noch einmal zwei Drittel nichtregistrierte Personen hinzu. Aber das war vielleicht nur der Spitzenwert eines Monats, in dem man die Lage überhaupt nicht im Griff hatte. Auch bei einer sehr vorsichtigen Hochrechnung auf das ganze Jahr 2015 kommt man indes auf eine immens große Zahl, die sogar noch größer ist als jene, die der Bundesinnenminister bestritt.

Dass die deutschen Behörden nicht wissen, wie viele Menschen im Jahr 2015 einwanderten, dass vermutlich Hunderttausende ohne jegliche

Registrierung ins Land kamen, ist schon für sich genommen bemerkenswert – und natürlich auch beunruhigend. Es zeigt, dass sich die Immigration chaotisch entwickelte und dass weder die deutsche Grenzpolizei noch die deutsche Regierung die Lage unter Kontrolle hatte. Das Chaos an den deutschen Grenzen und verschiedene Anschläge von muslimischen Tätern in Bayern im Sommer 2016 haben weltweit viele Sorgen um die Stabilität der Bundesrepublik Deutschland ausgelöst.

## Schleusen öffnen sich – Wolfgang Schäuble und der unbedachte Skifahrer

Die Beschleunigung der Migration im Jahr 2015 lag nicht nur daran, dass der Krieg in Syrien immer schlimmer wütete, sondern sie ist vor allem auch darauf zurückzuführen, dass Deutschland seine Tore immer weiter öffnete. Es ließ ganz offiziell Personen ins Land, die sich nicht ausweisen konnten, wenn sie nur von sich behaupteten, aus Kriegsgebieten zu stammen und verfolgt zu sein. Da eine Überprüfung der angegebenen Gründe bei der Einreise nicht stattfand, konnten Hunderttausende erst einmal ins Land kommen. Dort wurden sie versorgt und sollten anschließend beim Bundesamt für Migration und Flüchtlinge Schutzanträge stellen, damit über das Bleiberecht oder die Rückführung entschieden werden konnte.

Beschleunigend wirkte auch, dass das Bundesamt für Migration und Flüchtlinge die Anerkennung erleichterte, indem es von der im Gesetz vorgesehenen Einzelfallentscheidung immer stärker zu einer pauschalisierten Anerkennung nach Aktenlage überging, weil es das Personal für die Einzelfallentscheidungen gar nicht hatte. Den entscheidenden Schritt tat das Amt mit einer Anordnung vom 21. August 2015[12], durch die das Dublin-Verfahren für syrische Staatsangehörige ausgesetzt wurde. Zuvor waren aber auch schon erhebliche Verfahrensvereinfachungen für Syrer, für religiöse Minderheiten aus dem Irak und Eritrea sowie für Flüchtlinge aus Afghanistan beschlossen worden, die einen Aufenthalt nach der Genfer Flüchtlingskonvention statt nach dem deutschen Asylrecht ermöglichten. Diese Konvention gewährleistet den besseren Rechtsstatus für die Flüchtlinge, weil sie dann ihre Familien nachziehen lassen dürfen. Die Dokumente über diesen Verwaltungsakt wurden der internationalen Presse zugespielt, und ProAsyl übermittelte sie umgehend in die Flüchtlingslager in der Türkei.

Nur zwei Wochen nach dieser, sicherlich mit der Bundesregierung abgestimmten Verwaltungsvereinfachung entschied die Bundeskanzlerin in der Nacht vom 4. auf den 5. September, in Ungarn gestrandete Flüchtlinge im großen Stil nach Deutschland zu holen.[13] Ohne den Bundestag zu fragen oder sich mit den EU-Partnern abzustimmen, erklärte sie vor der internationalen Presse, dass die Flüchtlinge in Deutschland willkommen seien, und bekannte sich zur Politik der offenen Tür. Sie erklärte, dass es ihr darum gegangen sei, andere Bilder von Deutschland um die Welt zu senden.[14] Das ist ihr gelungen.

Viele europäische Regierungen haderten zwar mit dieser Entscheidung, unter ihnen die britische und französische Regierung sowie die Regierungen Osteuropas. Österreich hatte anfangs sehr viel Verständnis für die deutsche Politik gezeigt, doch machte die Regierung bei ihrer Einschätzung eine Kehrtwende um 180 Grad, als klar wurde, dass man sich bei der Zahl der ankommenden Migranten verschätzt und die Übersicht über die Lage verloren hatte. Doch fanden sich in der deutschen und zum Teil auch internationalen Presse viele positiven Stellungnahmen. Gerade auch in der US-amerikanischen Presse wurde Deutschlands humanitäre Leistung gewürdigt. Die USA selbst haben freilich so gut wie keine Flüchtlinge aufgenommen, obwohl ihre Aktionen im Nahen Osten und Afghanistan erheblich zu der Eskalation beigetragen hatten, die die Migrationswellen auslöste.[15]

Unterdessen blieb die Reaktion der Migranten auf die proklamierte Willkommenskultur nicht aus. In Windeseile verbreiteten sich die neuen Nachrichten, und Massen von Kriegsflüchtlingen aus den UN-Lagern und anderen Orten, wo man zunächst Zuflucht gesucht hatte, setzten sich nach Deutschland in Bewegung. Häufig sandten die Familien minderjährige junge Männer oder solche, die sich mangels geeigneter Dokumente als minderjährig erklären konnten, weil deren Bleibechancen zu Recht als groß angesehen wurden und man auf den Familiennachzug hoffte. Als die ersten Migranten per Handy nach Hause meldeten, dass sie es geschafft hatten, gab es kein Halten mehr, und Hunderttausende überrannten die Grenzen.

Der Sturm der Flüchtlinge verstärkte sich in der zweiten Jahreshälfte 2015 zu einem Orkan. Während die Fallzahl der erfassten Flüchtlinge zu

Jahresbeginn bei ca. 35.000 Personen pro Monat gelegen hatte, erreichte sie im Oktober einen Wert von 181.000 und im November von 206.000 Personen. Und während der Anteil der Flüchtlinge aus Syrien, dem Irak und Afghanistan in den ersten acht Monaten des Jahres 2015 bei 42 % gelegen hatte, war er in den verbleibenden vier Monaten des Jahres, also nach Bekanntgabe der Einreisemöglichkeit, auf 78 % hochgeschnellt.[16]

Wolfgang Schäuble sagte zu dieser Entwicklung, ein unbedachter Skifahrer habe eine Lawine losgetreten. Als er gefragt wurde, ob es sich bei diesem Skifahrer um die Kanzlerin gehandelt habe, erwiderte er spitz, wie er es manchmal zu tun pflegt, er würde Frau Merkel vieles zutrauen, nur das nicht. Skifahren könne sie seiner Kenntnis nach nicht.

Die Flüchtlinge ließen sich in der Regel von Schleppern in einfache und wenig seetüchtige Schlauchboote setzen, mit denen sie allein zu den zum Teil in Sichtweite gelegenen griechischen Inseln fahren konnten. Von dort brachten sie die griechischen Behörden in der Regel ohne jegliche Registrierung mit Fähren nach Athen, von wo aus die Reise mit Bussen und Zügen zur mazedonischen Grenze weiterging, die leicht zu überqueren war. Die Reise ging dann weiter über Serbien, Kroatien und Slowenien nach Österreich und Deutschland. Anfangs kamen viele auch über Ungarn nach Österreich, doch schloss Ungarn seine Grenzen, weil es der Massen nicht mehr Herr wurde. Ein Teil der Flüchtlinge schlug sich weiter nach Norden Richtung Dänemark und Schweden durch, doch blieben die meisten in Deutschland, zumal Dänemark seine Grenzen schon am 9. September schloss.[17]

Die Flüchtlinge bedienten sich dabei aller verfügbaren Verkehrsmittel vom Bus über Taxis bis zur Eisenbahn, gingen aber auch zu Fuß, wenn es nötig war oder das Geld fehlte. Abbildung 2.2 zeigt die Aufnahme eines Trecks, der gerade von der slowenischen Polizei nach Österreich weitergeleitet wird.

Da der Weg über Griechenland funktionierte, nutzten ihn auch viele Personen aus den nordafrikanischen Staaten. Wer es sich leisten konnte, flog als Tourist nach Izmir in der Türkei, vertraute sich dort den Schleppern an und spielte dann den Syrer. So zeigte sich bei einer Überprüfung der Identität der eingereisten Marokkaner durch Frontex, die europäische Grenzschutzbehörde, dass 40 % von ihnen sich als Syrer ausgegeben hatten.[18]

Abbildung 2.2: Immigranten-Treck beim Weg durch Slowenien im Oktober 2015

Quelle: REUTERS/Srdjan Zivulovic.

Auch von den 153 Personen, gegen die nach der Silvesternacht von Köln (noch im März) als Tatverdächtige ermittelt wurde, hatten sich zwar zunächst mehrere als Syrer ausgegeben, doch hatte am Ende tatsächlich nur einer wirklich die syrische Nationalität. Von den genannten 153 verdächtigten Personen erwiesen sich 149 als Ausländer, darunter allein 103 als Marokkaner und Algerier.[19] Auch stellte sich heraus, dass 70 % der von der Polizei verdächtigten Ausländer im Jahr 2015 im Zuge der Flüchtlingswelle eingereist waren. Sie hatten also offenbar die Gunst der Stunde genutzt, um über die offene Balkan-Route nach Deutschland zu gelangen.[20]

Viele Flüchtlinge aus den afrikanischen Staaten wagten aber auch den direkten Weg von Libyen zur italienischen Insel Lampedusa. Sie fuhren in wenig seetüchtigen Schiffen ohne Begleitung der Schlepper, die ihnen die Reisen verkauft hatten, und mussten einen viel weiteren Weg als die Flüchtlinge auf sich nehmen, die die Griechenland-Route wählten. Während der geringste Abstand zwischen der türkischen Küste und der griechischen Insel Lesbos etwa neun Kilometer beträgt, mussten die Flüchtlinge auf der Route von Libyen nach Lampedusa ca. 275 Kilometer zurücklegen. Sie gerieten häufig in Seenot und wurden dann von der italienischen Marine aufgenommen, die sie nach Lampedusa in Sicherheit brachte. Viele ertranken.

Von Lampedusa aus wurden die Flüchtlinge ebenfalls in aller Regel ohne eine Registrierung durch die italienischen Behörden nach Norden weitertransportiert. Sie erhielten Fahrkarten nach Deutschland, »weil sie dort ja hinwollten«, so die in Italien häufig zu hörende Aussage zu diesem Sachverhalt.

Bis zum Sommer 2016 reduzierten sich die Flüchtlingsströme über die Balkan-Route wieder stark, sodass in etwa wieder so viele Flüchtlinge in Deutschland anlandeten wie im ersten Halbjahr 2015. Zum Vergleich: Damals waren pro Monat durchschnittlich 37.700 Migranten nach Deutschland gekommen. Im ersten Halbjahr 2016 zählte man dann im Durchschnitt 37.000 monatlich – wobei die Zahlen rückgängig waren und sich im Sommer bei ca. 16.000 zu stabilisieren schienen. Verglichen mit jenen 144.300 Migranten pro Monat, die noch im zweiten Halbjahr 2015 gekommen waren, erscheint das auf den ersten Blick als Normalisierung. Tatsächlich jedoch handelt es sich immer noch um wesentlich mehr Flüchtlinge, als in den Jahren vor 2014 monatlich die Grenze überschritten hatten.

Praktisch keine Änderungen ergaben sich im Übrigen bei der Route nach Italien. Während im ersten Halbjahr 2016 genau 70.222 Personen registriert wurden, waren es im Vorjahreszeitraum 70.354.[21] Zum Vergleich: Im gesamten Jahr 2015 zählten die italienischen Behörden 153.946 illegale Grenzübertritte.[22] Der Migrationsdruck aus Afrika ist also ungebrochen. Zuletzt hieß es, dass allein in Libyen 200.000 Afrikaner auf die Überfahrt nach Europa warteten.[23] Ihr Zwischenziel bleibt Italien.

# Der mazedonische Zaun und andere Gegenmaßnahmen mit Kollateralschäden

Die Flüchtlingszahlen auf der Balkan-Route gingen nicht zufällig zurück. Der Rückgang ist im Wesentlichen darauf zurückzuführen, dass immer mehr Zäune aufgebaut wurden. Zuerst sicherte Ungarn seine Grenze nach Serbien und mit Verzögerung auch jene nach Kroatien. Es folgten Slowenien mit einem Zaun nach Kroatien und Österreich mit einer teilweise befestigten Grenze nach Slowenien und Ungarn. Später folgten österreichische Grenzanlagen am Brenner, die so angelegt sind, dass sie bei Bedarf aktiviert werden können. Entscheidend aber war der Grenzzaun, den Mazedonien im Februar 2016 an der griechischen Grenze errichtete, wobei Mazedonien von den anderen Ländern der Balkan-Route, vor allem von Österreich und Ungarn, mit Finanzmitteln und Personal unterstützt wurde.

Der Zaun hielt die Flüchtlinge nicht nur physisch zurück, sondern hatte eine unmittelbare Abschreckungswirkung für weitere Migranten. So berichtet die europäische Grenzschutzagentur Frontex, dass die Zahl der mit Booten auf den griechischen Inseln ankommenden Flüchtlinge unmittelbar nach der Mitteilung von der Errichtung des Zauns stark zurückging.[24] Das ist im Grunde nicht weiter verwunderlich, weil die Nachricht von der Blockade des Fluchtweges sich in Windeseile über Handys an die noch in der Türkei wartenden Flüchtlinge verbreitete. Die Bereitschaft, teure Schlepper für den gefährlichen Weg in eine Sackgasse zu bezahlen, war naturgemäß nicht vorhanden. Dennoch kamen auch nach der Zaunerrichtung weiterhin Flüchtlinge in Griechenland an und stauten sich dort. Im Sommer 2016 dürfte der Stau etwa 57.000 Personen betragen haben.[25] Die Zahlen stiegen dann aber nicht mehr, weil nur noch etwa 1.500 Personen im Monat die griechische Grenze passierten.[26]

Der Zaun war darüber hinaus insofern wichtig, als er die Bereitschaft der anderen europäischen Länder, nicht zuletzt Griechenlands, stimulierte, nun endlich auch an einer gemeinsamen politischen Lösung mitzuwirken. So kam es nur kurze Zeit nach der Errichtung des Zauns, im März 2016, unter maßgeblicher Beteiligung der deutschen Bundeskanzlerin zu einem Abkommen der EU mit der Türkei. In dem Pakt verpflichtete sich die Türkei, den Flüchtlingszuzug nach Europa zu kontrollieren und versprach dabei u.a., den Schleppern das Handwerk zu legen.[27] Nato-Schiffe aus Deutschland kontrollieren seitdem vor Ort, ob dieses Versprechen eingehalten wird. Außerdem erklärte sich die Türkei in dem Pakt bereit, Flüchtlinge aus Griechenland zurückzunehmen, wenn sie dafür die gleiche Zahl anderer Flüchtlinge an EU-Staaten übergeben könnte. Bis Mitte Juni 2016, also nach zweieinhalb Monaten, waren auf diese Weise aber nur 584 Flüchtlinge ausgetauscht worden.[28] Davon kam genau die Hälfte nach Deutschland.

Die Türkei zieht aus dem Abkommen mit der EU hohen Nutzen. So wurde zum einen vereinbart, dass Türken schon bald ohne Visum nach Deutschland und die übrigen EU-Länder würden einreisen dürfen. Und zum anderen initiierte das Abkommen die sofortige Wiederaufnahme der Verhandlungen zum EU-Beitritt. Grundsätzlich betreffen EU-Verhandlungen zur Aufnahme neuer Mitgliedsländer vor allem den Zeitplan und die Bedingungen für die Einführung aller europarechtlichen Vorschriften. Für die Verhandlungen selbst gibt es 35 sogenannte Kapitel, die eine breite Palette von Themen abdecken, vom freien Warenverkehr über Sicherheit, Freiheit und Recht bis zu institutionellen Fragen.

Das Abkommen mit der Türkei sieht vor, dass das Kapitel 33 (Finanz- und Haushaltsregelungen) für die weitere Angleichung der institutionellen Verhältnisse der Türkei an die EU aufgeschlagen wird. In der Summe wurden damit im Rahmen der Beitrittssondierungen bislang insgesamt 15 der abzuarbeitenden 35 Konvergenzkapitel eröffnet. Eines (zu Wissenschaft und Forschung) ist mittlerweile sogar vorläufig abgeschlossen, also abgearbeitet.[29] Ob die sich seit dem Putsch in der Türkei im Sommer 2016 abzeichnende Gängelung der türkischen Universitäten dazu führen wird, dass dieses Kapitel wieder geöffnet wird, bleibt abzuwarten.

Davon unberührt gilt: Sobald alle Konvergenzkapitel abgearbeitet sind, steht einem EU-Beitritt der Türkei kaum noch etwas im Wege. Dann genießen 78 Millionen Türken in der EU Freizügigkeit und können sich dort ansiedeln, wo sie es möchten. Da solche Ansiedlungsentscheidungen stets in der Nähe von bereits vorhandenen Siedlungen stattfinden und etwa 70 % der in Westeuropa lebenden Türken in Deutschland sind (vgl. Abbildung 2.3), fällt es nicht schwer, sich den wichtigsten Zielort der neuen türkischen Migration vorzustellen.

Mit dem im Juli 2016 in der Türkei niedergeschlagenen Putsch und der danach folgenden Säuberungswelle durch Präsident Erdogan hat sich inzwischen eine unklare Situation ergeben, die es als völlig offen erscheinen lässt, ob und wann die Visumsfreiheit wirklich eingeführt wird. Wie viele Türken werden nach Deutschland fliehen, wenn sie, wie im EU-Türkei-Flüchtlingspakt vorgesehen, noch im Jahr 2016 eingeführt wird? Und wie wird die Türkei reagieren, falls dies nicht gleich und auch später nicht geschieht? Kein Zweifel, das sind unangenehme Fragen, auf deren Antworten man gespannt sein kann.

Abbildung 2.3: Türken in Westeuropa (ohne eingebürgerte Personen)

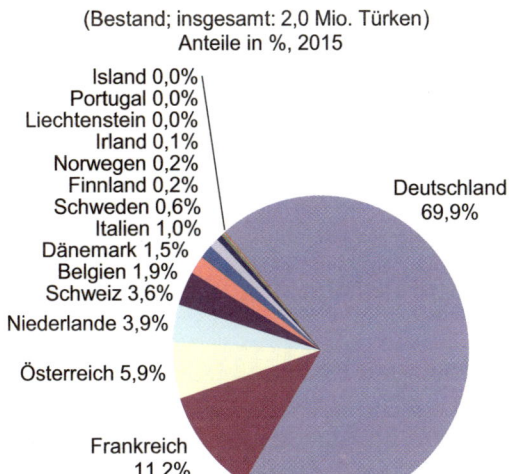

(Bestand; insgesamt: 2,0 Mio. Türken)
Anteile in %, 2015

Island 0,0%
Portugal 0,0%
Liechtenstein 0,0%
Irland 0,1%
Norwegen 0,2%
Finnland 0,2%
Schweden 0,6%
Italien 1,0%
Dänemark 1,5%
Belgien 1,9%
Schweiz 3,6%
Niederlande 3,9%
Österreich 5,9%
Frankreich 11,2%
Deutschland 69,9%

Quelle: Daten für Frankreich: OECD, *International Migration Outlook* 2015; Daten für die anderen Länder: Eurostat, Datenbank Bevölkerung und soziale Bedingungen, Demographie und Migration, Bevölkerungsstand, Bevölkerung am 1. Januar nach Alter, Geschlecht und Staatsangehörigkeit.

Hinweis: Daten liegen nur für eine Auswahl an Ländern vor. Diese Länder sind: Belgien, Dänemark, Deutschland, Irland, Frankreich (Daten für 2010 dargestellt), Italien, Niederlande, Österreich, Portugal, Finnland, Schweden, Island, Liechtenstein, Norwegen und Schweiz.

In jedem Fall steht schon jetzt fest, dass sich die EU und speziell Deutschland mit dem Türkei-Abkommen in eine schier ausweglos erscheinende Ecke manövriert und erpressbar gemacht hat. Schon jetzt nämlich ist absehbar, dass immer dann, wenn die Verhandlungen zu Visumsfreiheit und/oder EU-Beitritt nach türkischer Auffassung nicht schnell genug laufen, die türkische Regierung damit drohen kann, die Schleusen für syrische und andere Migranten in Richtung Europa wieder zu öffnen. Dieses Drohpotenzial wird die Beitrittsverhandlungen vermutlich über das Maß hinaus beschleunigen, das Deutschland ohne die Flüchtlingskrise für richtig gehalten hätte, und es wird der Türkei Repressionen gegenüber Minderheiten und Regimegegnern ermöglichen, die sie sonst nicht gewagt hätte. Im Übrigen könnte es auch um viel Geld gehen. Die Türkei könnte bald sehr viel mehr als jene drei Milliarden Euro fordern, die ihr der EU-Türkei-Flüchtlingsdeal ohnehin zugesteht.[30] Im Endeffekt könnte Deutschland durch das Abkommen zusätzlich zu den Wirkungen des mazedonischen Zauns ein paar Tausend Syrer im Austausch für Millionen türkischer Neumigranten von der Wanderung nach Deutschland abgehalten haben.

## Gesinnungsethik, Verantwortungsethik – Und vom Vorteil der spanischen Methode

Das Leid der Flüchtlinge, die vor den Kriegen in ihrer Heimat flohen und ihr Leben bei der Überfahrt riskierten, ist unermesslich. Tragödien, wie sie viele Menschen bei ihrer Flucht während und am Ende des Zweiten Weltkrieges erlebten, wiederholten sich und weckten schmerzliche Erinnerungen. In einer beispiellosen Hilfsaktion haben deutsche Bürger geholfen, das Leid zu mildern, indem sie die Konsequenzen der Grenzöffnung ertrugen und durch ihren persönlichen Einsatz vor Ort dafür sorgten, dass die Flüchtlinge versorgt wurden. Tausende von Bürgern stellten sich für lokale Hilfsdienste zur Verfügung. Sie halfen bei der Erstversorgung mit Nahrungsmitteln, gaben Deutsch-Unterricht, halfen bei Behördengängen, sammelten Kleidung und verschenkten Geld, Fahrräder, Kühlschränke, Sanitätsmittel und nicht zuletzt ihre Zeit. Wenn die Kanzlerin sagen konnte: »Wir schaffen das«, so wegen der unentgeltlichen und aufopfernden Hilfe der sozial engagierten Bürger. Das Land, das sich mit seinen Gräueltaten vor einem Dreivierteljahrhundert mit unermesslicher Schuld beladen hat, zeigte der Welt ein anderes, freundliches Gesicht. Das ist der große Beitrag, den angestoßen zu haben, sich auch die Kanzlerin zugutehalten kann.

Auch andere Länder haben einen erheblichen humanitären Beitrag zur Lösung der Krise geleistet. So hat Italien nicht nur Flüchtlinge nach Norden durchgewunken, sondern sie teilweise auch integriert – von der Schein-Integration der von der Mafia kontrollierten Lager, die die Flüchtlinge häufig schleunigst wieder verließen, einmal abgesehen. Auch mussten die Länder der Balkan-Route, denen es wirtschaftlich ohnehin nicht gut geht, erhebliche Lasten tragen, vor allem in Form der Versorgung der Flüchtlinge mit Nahrungsmitteln und medizinischen Leistungen, aber auch in Gestalt vielfältiger Belästigungen der einheimischen Bevölkerung. Auch das von deutscher Seite häufig kritisierte Ungarn musste sein Scherflein tragen. Wie schon erwähnt hatte Ungarn relativ zu seiner Bevölkerungsgröße besonders viele Asylanträge zu verkraften.

Doch so beeindruckend die Leistungen der Retter und Helfer ausfielen, so unbefriedigend sind auch die Implikationen, die sie nach sich zogen, wenn man bedenkt, wie die Hilfen und Willkommensgesten das Verhalten der Flüchtlinge beeinflusst haben. Die häufig auch christlich motivierte Gesinnungsethik trug leider insofern nicht sehr weit, als sie viele zusätzliche Menschen auf eine waghalsige Seereise gelockt hat, von denen dann ein Teil im Meer umkam. Ein Vergleich der Todesfälle vor der spanischen Küste auf der einen und den italienisch-maltesischen und griechischen Küstengewässern auf der anderen Seite illustriert dies in grausamer Deutlichkeit.

Mancher Leser wird sich erinnern, dass es im Jahr 2014 zu einer Flüchtlingswelle nach Spanien kam. Die Boote fuhren aus dem Westsahara-Gebiet und Mauretanien zu den zu Spanien gehörenden Kanarischen Inseln, und viele versuchten die Meerenge von Gibraltar zu überwinden, über die man mit bloßem Auge hinübersehen kann, weil sie nur 14 Kilometer breit ist. Andere wollten die auf dem afrikanischen Kontinent liegenden spanischen Enklaven Ceuta und Melilla erreichen. Allein vor Gibraltar zählte man an einem einzigen Tag im August bald 700 Migranten, die auf 70 Booten in See gestochen waren.[31] Abbildung 2.4 zeigt eines der Flüchtlingsboote.

Umso verblüffender ist es, wenn man erfährt, dass man nach den Informationen der *International Organization for Migration* im Jahr 2015 vor der spanischen Küste »nur« 106 Todesfälle registrierte, während vor der griechischen Küste 805 und vor der maltesisch-italienischen Küste gar 2.892 Todesfälle beklagt wurden. Der offenkundige Grund für diese Differenz liegt in den Unterschieden des Umgangs mit den Flüchtlingen. Während sowohl Griechenland als auch Italien die Flüchtlinge aufgriffen und auf dem eigenen Territorium in Sicherheit brachten, wies Spanien seine Marine an, die Flüchtlinge zu retten und dann nach Afrika zurückzubringen. Spanien schloss aus diesem Grund ein Abkommen mit Marokko und scheint sich ansonsten in den Häfen der westlichen Sahara auch unkonventionellerer Methoden zu bedienen, indem es von Fall zu Fall auch eine Übereinkunft mit den örtlichen Hafenbehörden findet. Dass dabei auch Geld fließt, kann man unterstellen. Die spanische Polizei ist im Übrigen in Afrika unterwegs und jagt dort die Schlepperbanden.

Abbildung 2.4: Ertrunkene Flüchtlinge vor Europas Küsten – Gesinnungsethik versus Verantwortungsethik

| | |
|---|---|
| Westliche Mittelmeerroute und Westafrikaroute (Spanien) | 106 |
| Östliche Mittelmeerroute (Griechenland) | 805 |
| Zentrale Mittelmeerroute (Italien, Malta) | 2.892 |

Quelle: International Organization for Migration, »IOM Counts 3,771 Migrant Fatalities in Mediterranean in 2015«, *Pressemitteilung*, 5. Januar 2016, <https://www.iom.int/news/iom-counts-3771-migrant-fatalities-mediterranean-2015>; picture alliance/AP Photo.

Hinweis: Die Differenz von 32 Personen zwischen den in der Abbildung genannten Todesfällen und den 3.771, die die IOM meldet, ergibt sich aus den Todesfällen im Atlantik auf der Flucht zwischen dem afrikanischen Festland und den Kanarischen Inseln.

Dieser bedrückende Sachverhalt zwingt, sich an die Unterscheidung zwischen der Gesinnungsethik und der Verantwortungsethik zu erinnern, die Max Weber, einer der Begründer der modernen Soziologie, bei einer seiner letzten öffentlichen Reden getroffen hatte.[32] Gesinnungsethik ist für ihn eine spontane, eine Handlung selbst bewertende Ethik, die häufig auch religiös motiviert ist. Verantwortungsethik hingegen ist eine Ethik, die die Konsequenzen einer Handlung bedenkt und diese Handlung danach bewertet und auswählt.

Für Volkswirte, wie den Autor, ist diese Unterscheidung fundamental, denn es ist das A und O ihrer Arbeit, sorgfältig zwischen den Instrumenten und Zielen der Politik zu unterscheiden. Die Ziele muss die Politik aufgrund ihrer ethischen und moralischen Präferenzen vorgeben. Doch ist es dann eine Sachfrage, die sich objektiv diskutieren lässt, mit welchen Instrumenten diese Ziele zu erreichen sind, und für diese Diskussion muss man bisweilen komplexe ökonomische Wirkungsketten durchdenken. Das setzt Fachwissen voraus, zumindest aber die sorgfältige Beschäftigung mit diesen Wirkungsketten. Natürlich gibt es Ausnahmefälle, in denen auch die Instrumente einer Bewertung unterliegen. Der Zweck heiligt nicht alle Mittel. Doch machen es sich viele, die sich öffentlich zu Wort melden, in dieser Hinsicht viel zu leicht, weil sie sich einseitig auf die moralische Bewertung der Instrumente der Politik konzentrieren. Je weniger jemand von einem Sachverhalt versteht, umso eher neigt er dazu, bereits die Instrumente der Politik einer moralischen Bewertung zu unterziehen und desto größer ist die Gefahr, dass er auf diese Weise Ergebnisse politischer Handlungen provoziert, die nicht dem entsprechen, was er gewollt hat, ja manchmal sogar das Gegenteil davon sind.

Beim Vergleich der italienisch-griechischen und der spanischen Politik ist jedenfalls ein klares Urteil möglich, sofern man das Ziel akzeptiert, möglichst viele Menschenleben zu retten. Dann muss man die Menschen dorthin zurückbringen, von wo sie kamen, anstatt sie, wenn auch ungewollt, mit der Aussicht auf ein besseres Leben in »Germany« auf eine gefährliche Seereise zu locken. Allein mit der spanischen Methode lässt sich den Schleppern das Handwerk legen, denn wer gibt schon sein Vermögen für eine Reise aus, bei der er Leib und Leben riskiert, nur um im Endeffekt doch wieder dort zu landen, wo er die Reise antrat.

Das heißt nicht, dass man den armen Menschen, die aus ihrem Elend fliehen, nicht helfen soll. Doch dafür gibt es andere Möglichkeiten. Man kann zum Beispiel Handelserleichterungen gewähren, um die Fluchtursachen zu bekämpfen. Oder man kann auf ausländischem Territorium geordnete Asylverfahren durchführen. Mehr zu diesen und anderen Vorschlägen findet sich im letzten Kapitel dieses Buches.

## Grundgesetz, Flüchtlingskonvention & Co –
## Die eigentlich eindeutige Rechtslage

Die Rückweisung der Flüchtlinge, wenn auch nicht notwendigerweise nach Afrika, so doch in das letzte sichere Herkunftsland, ist ein integraler Bestandteil des Grundgesetzes und verschiedener Abkommen, denen sich die Bundesrepublik Deutschland unterworfen hat. So besagen das Dublin-III-Abkommen,[33] das die EU-Länder im Jahr 2013 abgeschlossen haben, und auch das deutsche Grundgesetz in § 16a, dass niemand in Deutschland Asyl verlangen kann, der über einen sicheren Drittstaat einreist. Ausnahmen sind nur erlaubt, wenn die betroffene Person, so das Grundgesetz, »Tatsachen vorträgt«, die eine Verfolgung in diesem Staat begründen. Die Regelungen waren vor der Osterweiterung der EU vereinbart worden, als es noch nicht klar war, wie sicher manche osteuropäischen Länder sein würden. Heute, nachdem Deutschland nur noch von sicheren EU-Staaten umgeben ist, schließen sie aus, dass Personen auf dem Landweg nach Deutschland reisen und mit einem Asylbegehren Eintritt verlangen können.

Möglich ist eine solche Antragstellung faktisch nur für Personen, die auf dem See- und Luftweg von Nicht-EU-Ländern angereist sind. Personen, die auf dem Luftweg ankommen, dürfen den Flughafen aber nicht oder allenfalls für eine Krankenhausbehandlung verlassen, und es muss in jedem Fall erst ein Asylverfahren durchgeführt werden, bevor eine Einreise nach Deutschland erlaubt werden kann. Da die Kosten des Aufenthalts von den Fluggesellschaften zu tragen sind, befördern diese Gesellschaften keine Personen ohne gültige Ausweisdokumente und ein Visum, das ihnen die Einreise erlaubt. Daher kommen keine nennenswerten Fallzahlen zustande.

Die Bundesregierung beruft sich bei ihrer Entscheidung, Bürgerkriegsflüchtlinge aufzunehmen, auf die Genfer Flüchtlingskonvention, der sie im Jahr 1953 beigetreten ist.[34] In der Tat regelt diese Konvention die Rechte von Bürgerkriegsflüchtlingen im jeweiligen Gastland. Die Konvention begründet aber kein Recht der Einreise in einen anderen Staat zum Zweck der Schutzsuche, sondern nur das Recht derer, die sich bereits dort befinden, wie auch immer sie dorthin kamen. Das ist ein wichtiger Unterschied, den viele nicht sehen. Die Flüchtlingskonvention relativiert die klaren Regeln des deutschen Grundgesetzes und des Asylrechts zur Einreise nach Deutschland eigentlich nicht.

Uneigentlich tut sie es freilich doch. Der Migrant hat zwar nicht das Recht der Einreise, um in Deutschland Schutz zu suchen, doch wenn er es geschafft hat, illegal einzureisen und sich im Landesinneren befindet, dann kann er Schutz nach der Genfer Flüchtlingskonvention verlangen. Das ist der Grund dafür, warum die SPD im Herbst 2015 so eisern dabei blieb, dass die Aufnahmezentren im Landesinneren angesiedelt sind, während die CSU sie lieber an der Grenze haben wollte.

Das deutsche Asylrecht, das die internationalen Abkommen und das Grundgesetz berücksichtigt, ist äußerst strikt und schließt die Flüchtlingswelle, die Deutschland 2015 erlebte, eigentlich vollständig aus. »Dem Ausländer ist die Einreise zu verweigern, wenn er aus einem sicheren Drittstaat einreist«, heißt es völlig unmissverständlich in § 18 Absatz 2 des Asylgesetzes in einer Vorschrift für das Verhalten des deutschen Grenzschutzes. Und wenn ein Ausländer sich an den Grenzschützern vorbeimogelt und erst hinter der Grenze aufgegriffen wird, ist er ebenfalls sofort zurückzuschieben, heißt es in einem anderen Absatz desselben Paragraphen. Dabei gilt die Voraussetzung, dass ein anderer Staat, aus dem die betroffene Person eingereist ist, für ein Asylverfahren zuständig ist. Diese Voraussetzung ist nach Kapitel III des Dublin-III-Abkommens gegeben, weil in der Regel jeweils das erste EU-Land, in das ein Migrant aus einem unsicheren Drittland einreist, das EU-Verfahren durchführen muss.

Es gibt im Asylgesetz mit § 18, Absatz 4 allerdings eine Ausnahmeregelung, die dem Bundesinnenministerium das Recht einräumt, einem Migranten, der aus einem sicheren Drittstaat kommt, aus »humanitären Gründen oder zur Wahrung politischer Interessen der Bundesrepublik Deutschland« die Einreise zu erlauben. Darauf beruft sich die Bundesregierung.

Nach übereinstimmender Interpretation der ehemaligen Verfassungsrichter Udo Di Fabio und Hans-Jürgen Papier kann eine solche Ausnahmeregelung jedoch die Grenzöffnung der Bundesrepublik für die Flüchtlinge nicht rechtfertigen.[35] Die Ausnahmeregelung gilt nur für einzelne Fälle und nicht für Hunderttausende von Flüchtlingen, und sie kann auch nur für eine sehr begrenzte Zeitspanne von wenigen Tagen, nicht aber für Monate in Anspruch genommen werden. Im Übrigen würde sie eine Rechtsverordnung der Bundesregierung zur Anweisung der Behörden verlangen, die

aber gar nicht zu existieren scheint.[36] Beide Richter kritisieren die Bundesregierung deshalb scharf und fordern sie nachdrücklich auf, zum deutschen
Recht zurückzukehren. Das ist eine plausible Position, denn es passt nicht
zum üblichen Verständnis eines demokratischen Staatswesens, dass die Regierung das Recht haben sollte, die Bevölkerungsstruktur des Landes zu ändern, ohne zunächst das Volk oder wenigstens das Parlament zu befragen.

Obwohl die Rechtswidrigkeit des Verhaltens der Bundesregierung
kaum bestreitbar ist, hat der einzelne Bürger nicht die Möglichkeit, die
Bundesregierung vor dem Verfassungsgericht zu verklagen. Eine solche
Klage kann nur von bestimmten öffentlichen Körperschaften wie einer
im Bundestag vertretenen Partei oder einem Bundesland erhoben werden.
Genau das ist wohl der Grund dafür, dass die Bundesregierung mit ihrer
Rechtsbeugung bislang durchkam.

Es regte sich allerdings vor allem in Bayern dann doch sehr viel Widerstand gegen die Entscheidungen. Und der bayerische Ministerpräsident
Horst Seehofer ging in der Folge in der Tat so weit, mit einer solchen Klage
zu drohen. Seine Drohung blieb nicht ohne Wirkung, denn die Bundesregierung hat, um das Gesicht wahren zu können, ihre grundsätzliche Position in dieser Frage zwar nicht offiziell revidiert, doch hat sie ihre öffentliche
Kommunikation und ihr faktisches Verhalten verändert. Insbesondere wie-
derholte sie ihre Einladung an die Flüchtlinge nicht, und sie machte auch
keine Anstalten, die sich bei Idomeni in Griechenland vor dem mazedonischen Zaun aufstauenden Flüchtlinge nach Deutschland zu holen. Darüber hinaus stellte sie ihre Kritik an den Zäunen auf dem Balkan ein und
handelte mit der Türkei ein Abkommen zur Begrenzung der Seeflucht aus.

Das Hauptproblem der deutschen Flüchtlingspolitik liegt darin, dass
das Grundgesetz ein Individualrecht auf Asyl vorsieht, das die Verfolgung
einzelner Bürger durch einen ausländischen Staat im Auge hatte, während aktuell in Wahrheit Bürgerkriegsflüchtlinge und vor allem Wirtschaftsmigranten einreisen, die den miserablen Verhältnissen in ihren Hei-
matländern zu entgehen versuchen. In der Tat kommen letztlich fast nur
Wirtschaftsmigranten. Auch die Bürgerkriegsflüchtlinge werden ja im Allgemeinen auf der Flucht zu Wirtschaftsmigranten in dem Sinne, dass sie
ihr Zielland nach wirtschaftlichen Gegebenheiten aussuchen. Sie bleiben
nicht im Nachbarland, wo sie vor dem Krieg Schutz fanden, sondern sie
brechen in einem zweiten Schritt aus diesem Nachbarland in das Land auf,

von dem sie die größten wirtschaftlichen Vorteile erwarten oder glauben, Volksgenossen zu treffen, die früher wegen solcher Vorteile dorthin gewandert waren.

Abbildung 2.5 gibt einen Überblick über die 282.726 im Jahr 2015 in Deutschland abgeschlossenen Asylverfahren. Danach kam es nur in 0,7 % aller Fälle zu einer Anerkennung der politischen Verfolgung nach § 16a des Grundgesetzes, während in 47,8 % der Fälle eine Anerkennung als Bürgerkriegsflüchtling ausgesprochen wurde.[37]

Abbildung 2.5: Entscheidungen über 282.726 Asylanträge im Jahr 2015

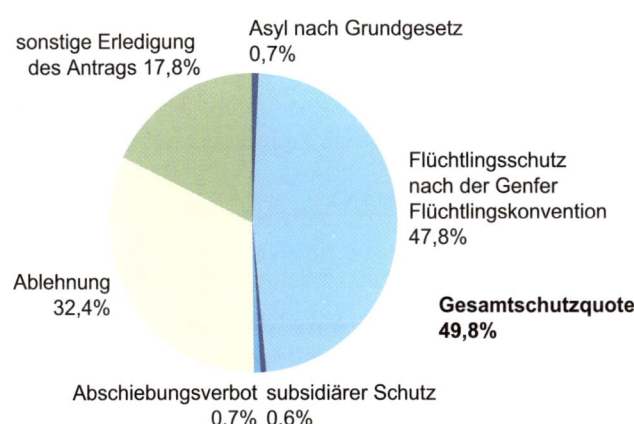

Quelle: Bundesamt für Migration und Flüchtlinge, *Asylgeschäftsstatistik für den Monat Dezember 2015*.

Der recht hohe Prozentsatz der als Bürgerkriegsflüchtlinge anerkannten Personen ist vermutlich auf die beschriebene Pauschalierung des Anerkennungsverfahrens zurückzuführen, ohne die das Bundesamt für Migration und Flüchtlinge gar nicht in der Lage gewesen wäre, die riesigen Fallzahlen technisch zu bewerkstelligen. Im Jahr 2014 hatte der Prozentsatz der mit der Anerkennung als Bürgerkriegsflüchtling abgeschlossenen Verfahren erst bei 24,1 % gelegen, während der Prozentsatz der nach dem Grundgesetz anerkannten Personen damals auch nur bei 1,8 % lag.[38] Trotz der Pauschalisierung schob das Bundesamt für Migration und Flüchtlinge noch im Juli 2016 mehr als eine halbe Million (526.000) unerledigter Asylanträge vor sich her.[39]

Die Pauschalisierung hat sehr viel mehr Menschen, die ursprünglich aus den Bürgerkriegsgebieten stammten, ermutigt, die Reise nach Deutschland anzutreten. Außerdem hat sie vermutlich dazu geführt, dass viele Menschen anerkannt wurden, obwohl sie bei einer genaueren Prüfung gar nicht hätten anerkannt werden können. Lange Zeit hat das Bundesamt für Migration und Flüchtlinge, wie der bayerische Ministerpräsident mitteilte,[40] nur aufgrund von Formblättern entschieden, wo der Flüchtling oder ein kundiger Helfer Häkchen bei der Nationalität machen musste, ohne dass das Amt den Flüchtling jemals persönlich in Augenschein nahm. Dass sich Flüchtlinge als Syrer ausgeben und sich auf diese Weise einschleichen, wird in der Regel erst dann bekannt, wenn sie straffällig werden und sich dann Probleme mit dem syrischen Dolmetscher herausstellen, der die Sprache nicht übersetzen kann.

Abbildung 2.5 zeigt auch, dass ein kleiner Teil der Asylbewerber zwar nicht anerkannt wurde, doch nicht abgeschoben werden konnte. Die Ursache lag zumeist in gesundheitlichen Problemen, die von Ärzten attestiert worden waren.

Abgelehnt wurde nur etwa ein Drittel der Antragsteller (32,4 %), und 17,8 % der Fälle erledigten sich von allein, z.B. durch Heirat oder dadurch, dass die betreffenden Personen verschwanden. Sehr häufig sind Bewerber, wenn sie die Aussichtslosigkeit ihres Verfahrens erkannten, untergetaucht oder in ein anderes Land gegangen sind, um es mit einer neuen Identität dort abermals zu probieren, was wegen der mangelhaften Kontrollmöglichkeiten der Polizei und der Grenzschutzbehörden möglich war.

Zwar gibt es das gemeinsame Verfahren Eurodac *(European Dactyloscopy)* für den Vergleich von Fingerabdrücken.[41] Doch stößt dieses Verfahren in der praktischen Umsetzung auf vielerlei Probleme, die die Feststellung von Mehrfachanträgen erschweren. So haben einige Staaten aufgrund der großen Anzahl von Flüchtlingen darauf verzichtet, von den registrierten Flüchtlingen Fingerabdrücke zu nehmen. Das betrifft keinesfalls nur Länder an den Außengrenzen wie Italien, die das Dublin-Abkommen umgehen wollten. Auch Deutschland war während der Massenimmigration des Jahres 2015 nicht in der Lage, die Fingerabdrücke aller aufgegriffenen Flüchtlinge zu speichern, von der Dunkelziffer der unerkannt Eingereisten ganz zu schweigen.[42] Auch der Datenabgleich zwischen den deutschen Behörden funktionierte lange Zeit nicht, wie Bundesinnenminister de Maizière mitteilte.[43] So konnten sich zahlreiche Asylbewerber mehrere Identitäten zulegen und unerkannt in Europa herumreisen, an verschiedenen Orten Asylanträge stellen und mehrfach die für die Flüchtlinge vorgesehenen Geldleistungen kassieren.[44]

Auch die nicht untergetauchten, formal abgelehnten Bewerber kann man nur schwer wieder loswerden. Sie müssen Deutschland im Prinzip zwar wieder verlassen, doch ist die Abschiebung schwierig bis unmöglich, weil sie häufig keine zutreffenden Angaben über ihre Herkunft machen und ihre Pässe vernichten. Häufig ist wegen der fehlenden Registrierung an der Grenze noch nicht einmal das letzte sichere Drittland bekannt, aus dem sie eingereist sind. In solchen Fällen werden sie weiter in Deutschland geduldet. Sehr häufig verhindern auch die betroffenen Personen mit ärztlichen Attesten die Abschiebung. Im Jahr 2015 wurden 20.888 Personen abgeschoben und 37.220 Personen haben Deutschland freiwillig verlassen,[45] während bei 91.514 Personen der Asylantrag abgelehnt worden war. Auch der Attentäter von Ansbach, der ein islamistisches Motiv für seinen im Juli 2016 verübten Selbstmordanschlag angab, war ein abgelehnter, aber nicht abgeschobener Asylbewerber.[46]

# Über Eigentumsrechte, Klubgüter und die Nützlichkeit von Zäunen

Die von den Gesetzen der Bundesrepublik Deutschland nicht gedeckte Vorgehensweise der deutschen Behörden darf nicht fortgesetzt werden. Selbst wenn man das Asylgesetz ändern würde, um die Immigration von Bürgerkriegsflüchtlingen zu erlauben, kann der deutsche Ansatz nicht ernsthaft in seiner vollen Konsequenz fortgesetzt werden, weil es viel zu viele Menschen auf der Welt gibt, die in Staaten mit Bürgerkriegen leben. Allein in Nigeria, wo seit Jahren ein Bürgerkrieg zwischen der Regierung in Lagos und der Boko Haram im Norden tobt, leben 180 Millionen Menschen. Und in den muslimischen Ländern des Mittelmeerraumes, die mehr oder weniger stark bürgerkriegsgefährdet sind, leben 285 Millionen Menschen, so viel wie in ganz Westeuropa. Weltweit gibt es zudem viele Hunderte von Millionen Menschen in Ländern, die sich im Bürgerkrieg befinden oder einer hohen Bürgerkriegsgefahr ausgesetzt sind. Es ist schlechterdings unmöglich, dass Deutschland allen bedrängten Menschen dieser Länder so hilft wie im letzten Jahr den Flüchtlingen aus dem Irak, aus Afghanistan und vor allem aus Syrien.

Die Lawine, von der Wolfgang Schäuble sprach, ist durch den Zaun in Mazedonien vorläufig gestoppt worden. Aber sie würde jederzeit wieder und dann mit nicht mehr beherrschbarer Wucht über Deutschland und Westeuropa hinwegfegen, wenn Deutschland sein humanitäres Experiment aus dem Jahr 2015 wiederholen wollte. Utopisch, irrational, gefährlich und unverantwortlich wäre ein solcher Denkansatz.

Die Befürworter dieses Denkansatzes in der deutschen Politik weisen häufig darauf hin, dass eine offene Gesellschaft offene Grenzen brauche. Sie sehen Zäune als Zeichen der Illiberalität, das nicht zu einer modernen, humanitären Gesellschaft passe. Einige meinen sogar, die freie Wahl des Wohnortes sei ein Menschenrecht.

Leider halten solche zunächst vielleicht plausibel klingenden Auffassungen einer genaueren Prüfung nicht stand, weil sie übersehen, dass Staaten sogenannte Klubgüter besitzen bzw. produzieren und zur Verfügung stellen, deren Qualität mit der Zahl der Nutzer fällt. Die freie Natur, die öffentliche Infrastruktur in Form von Straßen, Schienennetzen, Brücken, öffentlichen Plätzen und Parks, aber auch die Polizei, der Justizapparat, die öffentliche Verwaltung, die Schulen und Universitäten und viele weitere Einrichtungen der öffentlichen Daseinsvorsorge fallen in diese Kategorie der Klubgüter, ja auch der Sozialstaat mit seinen Geld- und Sachleistungen. Je mehr Menschen diese Einrichtungen nutzen, desto geringer ist bei gleichen Kosten im öffentlichen Budget die Qualität der Leistungen, und wenn man die Qualität trotz der größeren Zahl der Nutzer durch Kapazitätserweiterungen halten will, steigen die Kosten. Insofern kann man den freien Zugang zu einem Staatsgebiet nicht jedermann erlauben, ohne dass die Staatsbürger zuvor die Bedingungen einer Beteiligung der Zuwandernden aushandeln und dann zu einer Übereinkunft im beiderseitigen Einvernehmen kommen.

Es ist ähnlich wie im Fitness-Klub. Wenn man am Morgen geht, wenn nur wenige kommen, dann sind die Geräte frei, alles ist sauber und man kommt sich nicht in die Quere. Wie anders ist es da, wenn man sich nach Feierabend mit vielen anderen Gleichgesinnten trifft. Klubgüter bedürfen des Eigentumsschutzes und eines Ausschlussmechanismus zur Abwehr von jenen, die nicht zum Klub gehören, und zwar in Form einer verschließbaren Tür oder eines Zauns, der Polizei und des Rechtssystems. Nur so lässt sich ein ordentlicher Betrieb sicherstellen.

Der Übergang zwischen Klubgütern und privaten Gütern ist fließend, denn auch ein Haus mit einem Garten oder eine Wohnung ist ein Klubgut, wobei der Klub die Familie ist. Es kann niemand kommen und ein Zimmer beanspruchen, bloß weil er es schön findet. Vielmehr muss er mit dem Eigentümer eine Übereinkunft treffen und die begehrten Räumlichkeiten mieten oder kaufen. Die Notwendigkeit, mit dem Eigentümer einen für beide Seiten akzeptablen Vertrag mit einer Gegenleistung zu schließen, ist die Grundvoraussetzung für Frieden und Wohlstand. Gesellschaftssysteme, in denen man sich das Gewünschte aneignen kann, weil Eigentumsrechte nicht garantiert sind, sind Wild-West-Gesellschaften, in denen die Gewalt über die Ressourcenverteilung entscheidet. Die Verhaltensweisen der Menschen in solchen Gesellschaften sind zwar bis zum heutigen Tage Stoff für spannende Filme, doch glücklich waren diese Menschen erst, als Eigentumsrechte am Land etabliert, staatlich anerkannt sowie vom Sheriff und von Zäunen geschützt werden konnten. Erst mit der Sicherung der Eigentumsrechte wurde eine funktionierende Landwirtschaft und Viehhaltung ermöglicht, die die Versorgung der Bevölkerung sicherstellte.

Und wenn mangels privater Eigentumsrechte keine Wild-West-Gesellschaft entsteht, dann doch bestenfalls eine kommunistische Gesellschaft, in der allen alles gehört und doch wiederum niemandem. Wie die Geschichte gelehrt hat, sind solche Systeme ohne Privateigentum wirtschaftlich höchst ineffizient, weil jeglicher Anreiz erlischt, wertvolle und knappe Güter zu erhalten und überhaupt erst einmal zu erstellen. Das griechische Recht, das römische Recht und alle funktionierenden Rechtsordnungen dieser Welt, die Frieden und Wohlstand ermöglicht haben, basieren auf der Idee des Eigentums und des freien Markttausches der im Eigentum befindlichen Güter.

Für die Erkenntnis, dass eine liberale Gesellschaft ohne Eigentumsrechte und Zäune nicht funktionieren kann, hat Ronald Coase von der Universität Chicago im Jahr 1991 den Nobelpreis für Volkswirtschaftslehre erhalten.[47] Und ein anderer, 1986 geehrter Nobelpreisträger, James Buchanan von der George Mason University in Fairfax (Virginia), hat maßgeblich zur Entwicklung der Theorie der Klubgüter beigetragen.[48] Es folgt aus der Logik dieser Erkenntnisse, dass der Staat als Verwalter der den Staatsbürgern gehörenden Klubgüter gebraucht wird, damit die Gesellschaft funktionieren kann. So gesehen sind auch die in der deutschen Öffentlichkeit und von der Kanzlerin verschmähten Zäune keineswegs illiberal. Vielmehr sind sie ganz im Gegenteil die Grundvoraussetzung für eine freie und offene Gesellschaft. Die Aussage, eine offene Gesellschaft brauche offene Grenzen, ist womöglich gut gemeint. In Wirklichkeit aber ist sie nichts als eine billige, vordergründige Semantik, die einer tieferen Analyse nicht standhält.

Wenn ein Staat also grundsätzlich Zäune braucht, dann heißt das nicht, dass er sie nicht in bestimmten Ausnahmefällen im Einvernehmen mit seinen Nachbarn beseitigen kann. Durch die Beseitigung des Grenzzaunes zwischen ähnlich gesinnten Ländern werden die jeweiligen Klubgüter quasi zwischen den Populationen handelbar. Das kann vorteilhaft für beide Seiten sein – so wie es ja nützlich sein kann, wenn ich mit meinem Nachbarn ausmache, dass wir den Zaun zwischen uns abbauen, damit jeder auch einmal auf das Grundstück des anderen gehen darf. Das ist die richtige Idee hinter dem Schengen-Abkommen, dem sich einige EU-Länder, aber auch außenstehende Länder wie die Schweiz und Norwegen angeschlossen haben. Das Schengen-Abkommen wurde im Jahr 1985 in einer ersten Fassung zwischen den Benelux-Ländern, Deutschland und Frankreich abgeschlossen, danach aber auf immer mehr Länder ausgeweitet. Im Kern besagt es, dass die Mitgliedsländer untereinander keine Grenzkontrollen mehr durchführen, um die Freizügigkeit für ihre Bürger und auch den freien Warenhandel zu erleichtern.

Die Voraussetzung für die Abschaffung der Binnengrenzen innerhalb einer Staatengruppe ist aber, dass die Außengrenzen gesichert bleiben, ja im Grunde sogar stärker gesichert werden, als wenn jeder nur für sich selbst verantwortlich ist. Wenn mein Nachbar seine Außengrenzen auch aufmacht und über sein Grundstück fremde Leute zu mir kommen, ohne dass ich ihnen das explizit erlaubt habe, dann gibt es ein Problem. Das beschreibt den Kern der Unzufriedenheit Deutschlands mit der mangelhaften Grenzsicherung in Griechenland und Italien und der damit einhergehenden Politik des Durchwinkens der Flüchtlinge gen Norden.

Leser, die in ökonomischen Gedankengängen nicht geübt sind, mögen diese Ausführungen abstoßend finden und geneigt sein, sie als Ausgeburt sogenannter neoliberaler Ideologien abzutun. Sie sollten sich aber bewusst machen, dass zum Beispiel die von ihnen zu Recht kritisierten Umweltschäden aufgrund der wirtschaftlichen Aktivität der Menschen ebenfalls auf fehlendes Eigentumsrecht zurückzuführen ist. Zum Raubbau an der Natur kommt es nicht wegen der Marktwirtschaft, sondern gerade deshalb, weil der Markt für die Umwelt fehlt und aus technischen Gründen auch häufig gar nicht eingerichtet werden kann. Erst ein Markt oder Quasi-Markt mit staatlich gesetzten Preisen, die die Nutzer zahlen müssen – etwa für Plastiktüten oder Kohlendioxid-Emissionen –, bringt sie dazu, schonender mit der Umwelt umzugehen.

Wenn eine Fabrik die Freizeit der Menschen verbraucht, um Produkte zu erstellen, dann muss sie dafür einen Lohn zahlen. Der Lohn und das Eigentum des Menschen an seiner eigenen Zeit stellen sicher, dass es zu einer Güterabwägung zwischen dem Nutzen der Freizeit und dem Nutzen aus den Produkten der Firma kommt. Wenn eine Firma indes die Umwelt verbraucht, indem sie mit ihren Abgasen die Luft verpestet, dann muss sie dafür nichts zahlen und die Güterabwägung findet nicht statt. Erst nachdem man die Luftqualität als öffentliches Eigentum anerkannt hat und für ihren Verbrauch eine Umweltabgabe verlangt, strengen sich die Firmen an, den Verbrauch zu verringern, indem sie Filter in ihre Abgasanlagen einbauen oder zu saubereren Produktionsprozessen wechseln.

Ohne Eigentumsrechte und Preise kommt es stets zu Chaos, Raubbau, Gewalt und Ineffizienz. Auch bei den Eigentumsrechten an staatlichen Klubgütern ist das so. Dabei geht es letztlich um die Frage, wie diese Welt angesichts der großen Ungleichheit der klimatischen, kulturellen und wirtschaftlichen Bedingungen friedlich und effizient funktionieren und einer immer weiter wachsenden Bevölkerung überhaupt eine wirtschaftliche Existenzbasis verschaffen kann. Wer besicherte Grenzen ablehnt und einer Politik der Einebnung der Einkommensunterschiede durch freie Migration das Wort redet, der wird einen Sturm entfachen, in dem auch seine eigene Werteordnung im Orkus der Geschichte verschwinden wird.

Das heißt nicht, dass man die Einkommensunterschiede, die es heute gibt, akzeptieren sollte. Im Gegenteil. Wie im letzten Kapitel dieses Buches noch erläutert wird, sollte sich die EU durch den Abschluss von Freihandelsabkommen mit den Nachbarstaaten aktiv um die Verbesserung der Einkommenssituation dort bemühen. Das ist schon deshalb geboten, weil die vielfältigen Handelsbarrieren der westlichen Welt, nicht zuletzt der Agrarprotektionismus der EU selbst, dazu beigetragen haben, dass sich ein solch enormer Migrationsdruck, wie wir ihn heute erleben, hat aufbauen können.

Die tarifären und nichttarifären Handelshemmnisse des Westens haben die Entwicklungsländer weitaus mehr geschädigt, als die Entwicklungshilfe geholfen hat.[49] Freihandel bei Gütern und Kapital zu ermöglichen heißt, Wohlstand vor Ort zu schaffen und den Anreiz, sich diesen Wohlstand durch Migration zu beschaffen, zu verringern.

Es ist auch nicht gut, eine geschlossene Gesellschaft mit – überspitzt formuliert – »kultureller Inzucht« zu schaffen. Die Menschen verschiedener Kulturen können und sollten voneinander lernen. Das gilt gerade auch im Hinblick auf die muslimischen Kulturen, die für die Länder des Westens immer bedeutsamer werden. Im Mittelalter hat die arabische Welt sehr viel zur Weiterentwicklung der menschlichen Kultur im Allgemeinen und der Wissenschaften im Besonderen beigetragen. Europa und die Welt haben ihr viel zu verdanken, und der Austausch zum Vorteil beider Seiten sollte auch heute weitergehen.

Kein Zweifel: Das Leben kann durch kulturelles Lernen bunter und besser werden. Allerdings nur dann, wenn keine ungeordnete, sondern eine geordnete Migration zugelassen wird, die von den Deutschen, Österreichern, Schweizern oder besser noch den Europäern insgesamt auch nach wirtschaftlichen Erwägungen gesteuert wird. Die Welt des Handels auf der Basis wohldefinierter Eigentumsrechte war nie eine langweilige, farblose Welt, sondern ganz im Gegenteil eine farbenfrohe, dynamische, innovative Welt, aus der große Dinge hervorgegangen sind. Das gilt heute, im Zeitalter von Globalisierung, Mobilität und Digitalisierung, mehr denn je. Im letzten Kapitel dieses Buches werden Vorschläge dazu gemacht, wie ein geordneter Migrationsprozess, der auch wirtschaftlichen Erwägungen folgt, unterstützt werden kann.

## Die Arbeitsmarkteffekte: Eine etwas zynische Kalkulation der Ökonomen

Dass Deutschland im Laufe eines einzigen Jahres über eine Million Flüchtlinge aufnehmen konnte, war eine großartige humanitäre Leistung von Tausenden freiwilliger Helfer, aber auch der Steuerzahler, die einspringen mussten, als sich die Helfer nach der ersten Welle der Hilfsbereitschaft wieder zurückzogen. Eher verblüffend ist, dass die Vertreter der Willkommenspolitik zur Stützung ihrer Auffassung auch noch wirtschaftliche Vorteile für Deutschland ins Feld führen. So betonte die Bundeskanzlerin anlässlich ihrer Neujahrsansprache 2016, dass von gelungener Einwanderung »ein Land noch immer profitiert« habe – »wirtschaftlich wie gesellschaftlich«. Dabei unterstrich sie auch, dass die heutige große Aufgabe des Zuzugs »so vieler Menschen eine Chance von morgen« sei.[50] Das ist eine Position, die von der deutschen Wirtschaft durchaus geteilt wird. So meinte der Vorstandsvorsitzende der Daimler AG, Dieter Zetsche, schon im September 2015, dass die Flüchtlinge »auch eine Grundlage für das nächste deutsche Wirtschaftswunder werden« könnten.[51] Ob diese Urteile berechtigt sind, kann man freilich in Frage stellen. Gerade die Großunternehmen tun sich im Gegensatz zu Mittelständlern und dem Handwerk schwer, Stellen für Flüchtlinge zu schaffen.[52]

Eine Analyse des Sachverhalts ist nicht ganz einfach, weil Arbeitsmarkteffekte und Umverteilungseffekte über das Staatsbudget und auf dem Wege der Nutzung der öffentlichen Klubgüter ineinanderspielen. Betrachten wir zunächst nur die Arbeitsmarkteffekte der Migration, und zwar im Moment einmal unter der Annahme eines funktionierenden Arbeitsmarktes mit flexiblen Löhnen, der in der Lage ist, die Migranten zu integrieren. Die Rolle der Mindestlöhne wird später behandelt.

Wenn mehr Menschen auf den Arbeitsmarkt drängen, fallen die Löhne, und die Unternehmen stellen mehr Leute ein, weil mehr Geschäftsmodelle rentabel werden. Das geschieht in den vorhandenen Unternehmen, vor allem aber durch die Gründung neuer Firmen, weil findige junge Unternehmer ihre Chance wittern. Geschäftsmodelle, die bei hohen Löhnen gerade unrentabel waren, rutschen nun über die Rentabilitätsschwelle, werden Realität und bieten neue Arbeitsplätze, die es sonst nicht gegeben hätte. Aufgrund der Mehrbeschäftigung steigt das Sozialprodukt, und es gibt einen Wachstumsschub. Deutschland hat das alles seit der Agenda-Politik der Regierung Schröder mit atemberaubender Dynamik erlebt.

Der Wachstumsschub ist allerdings noch kein Beleg dafür, dass die vorhandene Bevölkcrung daraus Vorteile hat, denn die Migranten erhalten in der Marktwirtschaft ja den sogenannten Grenzproduktlohn, also das, was sie durch ihren Einsatz zusätzlich an Werten schaffen. Mit anderen Worten, es gibt zwar Wachstum, doch das gehört den Migranten, während die Sache für die vorhandene Bevölkerung in der Summe »plus minus null« ausgeht.

Man könnte meinen, es sei insofern für die vorhandene Bevölkerung gleichgültig, ob es eine Immigration in den Arbeitsmarkt gebe oder nicht. Doch so ist es nun auch wieder nicht, denn obwohl der für die vorhandene Bevölkerung verfügbare Kuchen in der Summe konstant bleibt, ändert sich seine Verteilung ganz erheblich. Diejenigen, die mit den Migranten konkurrieren, verlieren aus Gründen, die später noch diskutiert werden, aufgrund der neuen Lohnkonkurrenz. Das sind vor allem gering Qualifizierte. Und diejenigen, die deren Leistungen kaufen, gewinnen, weil sie nun weniger bezahlen müssen. Letztere sind zum einen die Unternehmen und zum anderen besser verdienende Haushalte, die nun billiger im Restaurant essen können oder billigere Putzhilfen bekommen.

Wenn man sich diesen Sachverhalt bewusst macht, versteht man auch sogleich, warum Dieter Zetsche und andere Unternehmer der Kanzlerin in Erwartung neuer Menschen für die Fließbänder applaudierten und warum auch große Teile des deutschen Bildungsbürgertums weniger gegen eine solche Immigration haben, während sich einfache Arbeiter eher von den Parolen der Pegida angezogen fühlen. Es geht nicht immer nur um irrationalen Fremdenhass bzw. weltoffene Großzügigkeit, den man oberlehrerhaft in den Fernsehkommentaren zelebrieren kann. Vielmehr versteckt sich hinter den Fassaden, bewusst oder unbewusst, nicht selten das eigene Interesse.

Obwohl der ökonomische Nettoeffekt der Immigration für die vorhandene Bevölkerung praktisch null ist, lässt sich für die Deutschen insofern ein Vorteil aus der Immigration herleiten, als die neuen Migranten in die gleichen Segmente des Arbeitsmarktes drängen, in denen sich die Altmigranten mehrheitlich bereits aufhalten, also jene Migranten, die schon länger im Land sind. Zählt man das Realeinkommen der Altmigranten nicht mit, und beschränkt man seine Wohlfahrtsbetrachtung auf die deutsche Bevölkerung, dann lässt sich für diese Bevölkerung in der Tat ein Nettovorteil weiterer Immigration ermitteln.

In der Fachliteratur spricht man vom sogenannten Migrationsmehrwert, den die einheimische Bevölkerung erzielt, weil die neuen Migranten die Löhne der Altmigranten drücken. Das Konzept ist aber etwas zynisch, weil ein solcher Mehrwert nur zustande kommt, wenn man die Einheimischen in zwei Klassen unterteilt, eben die Deutschen und die Altmigranten, und letztere bei der Wohlfahrtsbetrachtung außer Acht lässt.

## Integrationsbremse Mindestlohn

Noch mehr Wasser in den Wein der bedingungs- und vorbehaltlosen Immigrationsbefürworter wird gegossen, wenn man berücksichtigt, dass die Löhne tatsächlich nicht sonderlich flexibel sind, insbesondere jetzt nicht, nachdem in Deutschland der Mindestlohn eingeführt wurde. Wenn die Löhne aufgrund des zusätzlichen Angebots an Arbeitskräften nicht fallen können, dann werden keine neuen Geschäftsmodelle rentabel, und dann gibt es auch keine neuen Stellen außer vielleicht aufgrund kurzfristiger Nachfrageeffekte, die durch eine Staatsverschuldung für die Verausgabung von Mitteln für die Migranten zustande kommen. Solche Nachfrageeffekte haben in einer seriösen Analyse der langfristigen Wirkungen der Migration aber nichts zu suchen, weil jede Schuld einmal bedient werden muss, was in der Zukunft genauso starke Bremseffekte hervorruft, wie in der Gegenwart an Belebungseffekten entstehen. Gesamtwirtschaftlich und langfristig betrachtet ist die Immigration bei nach unten hin starren Löhnen eine Immigration in die Arbeitslosigkeit.

Natürlich ist zu erwarten, dass auch in diesem Fall viele Immigranten Stellen finden werden, nur verdrängen sie bei starren Löhnen dann Einheimische im gleichen Umfang vom Arbeitsmarkt. Die Konkurrenz nimmt insofern noch härtere Formen an als bei der reinen Lohnkonkurrenz, denn einige der Einheimischen werden nun in den Sozialstaat abgeschoben. Der Ärger über die Migranten ist also vorprogrammiert.

Es ist freilich eine empirische Frage, inwieweit der deutsche Mindestlohn wirklich eine Bindungswirkung am Arbeitsmarkt entfaltet. Ein Mindestlohn, der niedriger ist als der Marktlohn, stört das Marktgeschehen nicht, und er kostet auch keine Arbeitsplätze. Leider sind die verfügbaren Informationen dazu keineswegs ermutigend, wie Tabelle 2.1 belegt. Insgesamt haben 14 % der Arbeitnehmer durch die Einführung des Mindestlohns eine Lohnerhöhung bekommen, doch waren verschiedene Regionen und Personengruppen sehr unterschiedlich betroffen.

Tabelle 2.1: Die Bindungswirkung des Mindestlohns
bei seiner Einführung am 1. Januar 2015

|  | Anteil der Beschäftigten unter Mindestlohn |
|---|---|
| Alte Bundesländer | 12,5% |
| Neue Bundesländer | 20,4% |
| Deutschland | 14,0% |
| Einheimische | 12,3% |
| Migranten | 19,5% |
| darunter: Einreisedatum nach 2007 | 39,7% |
| darunter: aus nicht-westlicher Welt | 48,8% |

Quellen: A. Knabe, R. Schöb und M. Thum, »Der flächendeckende Mindestlohn«, *Diskussionsbeiträge* 2014/4, Freie Universität Berlin; M. Battisti und G. Felbermayr, »Migranten im deutschen Arbeitsmarkt: Löhne, Arbeitslosigkeit, Erwerbsquoten«, *ifo Schnelldienst* 68 (20), 2015, Tabelle 2.

Erläuterung: Die regionalen Angaben stammen von Knabe, Schöb und Thum. Sie wurden durch Hochrechnung der Angaben des Sozioökonomischen Panel 2012 gewonnen. Die soziologischen Angaben stammen von Battisti und Felbermayr. Sie wurden durch Hochrechnung aus dem Sozioökonomischen Panel 2013 ermittelt und beziehen sich auf Personen von 25 bis 55 Jahren. Unter der westlichen Welt (auf die invers in der letzten Zeile Bezug genommen wird) verstehen die Autoren die EU-Staaten, die EFTA-Staaten (also Island, Norwegen, die Schweiz und Liechtenstein), Israel, USA, Kanada, Neuseeland, Australien, Japan, Taiwan, Korea und Singapur.

Während in den alten Bundesländern 12,5 % der Arbeitnehmer eine Lohnerhöhung erfuhren, waren es in den neuen Bundesländern etwa 20 %. Und während etwa 12 % der einheimischen Arbeitnehmer vor der Einführung des Mindestlohns weniger als 8,50 Euro verdienten, lagen etwa 19 % der Migranten, 40 % der nach 2007 angekommenen Migranten und 49 % der nach 2007 aus der nicht-westlichen Welt und somit überwiegend aus den Krisenländern gekommenen Migranten darunter. Für diese letztgenannten Personengruppen war also die Bindungswirkung enorm hoch.

Wegen der guten Wirtschaftskonjunktur, die in Deutschland seit einiger Zeit herrscht, werden die Wirkungen des Mindestlohns im Moment noch durch andere Effekte überlagert. Deswegen hatte das ifo Institut (und der Autor) in seinen Prognosen für das Jahr 2015 auch keine Arbeitsplatzverluste befürchtet. Ja, wir hatten sogar kurzfristig bei unseren Berechnungen auch noch einen kleinen positiven Konjunktureffekt unterstellt, weil aus den höheren Löhnen mehr Konsumnachfrage finanziert werden kann.[53] Bis man sieht, dass die Effekte des Mindestlohns in den Daten durchschlagen, muss man warten, bis sich die Konjunktur wieder normalisiert.

So war es ja auch umgekehrt, als die Regierung Schröder im Jahr 2003 ihre Hartz-Reformen beschloss, die eine implizite Mindestlohnsenkung waren, weil der Staat weniger Geld fürs Wegbleiben und mehr fürs Mitmachen gab und damit den impliziten Mindestlohn senkte, zu dem jemand arbeiten konnte, ohne schlechter als in der Arbeitslosigkeit dazustehen. Es dauerte damals sieben Jahre, bis sich der volle Effekt der Mindestlohnsenkung zeigte. Das war eine lange Zeit für die kurzatmige Medienwelt, doch war der Effekt ungemein stark. Der Trend zu immer mehr Massenarbeitslosigkeit wurde gebrochen, und allein in Westdeutschland gab es im Jahr 2012 ca. 1,2 Millionen Arbeitslose weniger, als es bei einer Fortsetzung des Trends der Fall gewesen wäre. Abbildung 2.6 zeigt diese Zusammenhänge auf.

Abbildung 2.6: Arbeitslose in Westdeutschland vor und nach der Agenda 2010 – Die Wirkung der impliziten Mindestlohnsenkung durch die Regierung Schröder

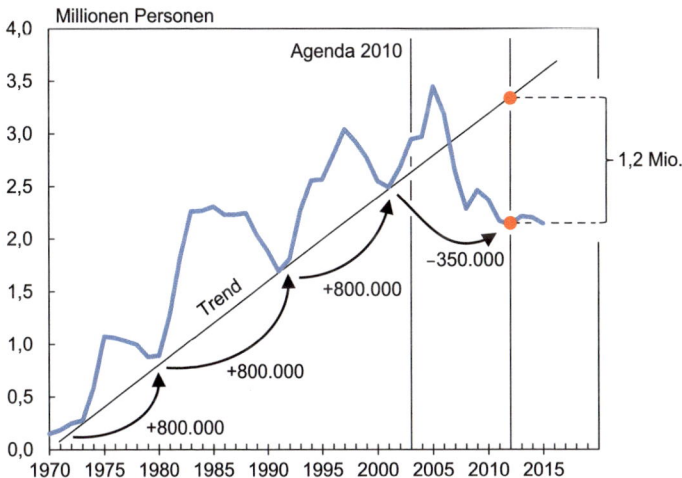

Quelle: Bundesagentur für Arbeit, Arbeitsmarkt in Zahlen – Monats-/Jahreszahlen, Arbeitslosigkeit im Zeitverlauf, Juli 2016.

Hinweis: Ab dem Jahr 1991 eigene Berechnungen.

Der umgekehrte Weg nach der Einführung des gesetzlichen Mindestlohns wird ebenfalls seine Zeit benötigen. Erst schrumpfen die Gewinne in jenen Geschäftszweigen, in denen gering Qualifizierte beschäftigt werden, wie z. B. im Reinigungsgewerbe, bei Leiharbeitsfirmen oder in Teilen des Gaststättengewerbes, folglich all jenen Sektoren, die nach den Schröderschen Reformen florierten. Die Firmen versuchen sich anfangs noch zu halten. Verluste können aus Rücklagen oder durch neue Bankkredite aufgefangen werden. Doch wenn die Schwächephase anhält, wird die Luft dünner und viele Unternehmer werfen das Handtuch. Die Ökonomen Marcel Thum, Ronnie Schöb und Andreas Knabe haben in einer Studie die langfristigen differenziellen Effekte des deutschen Mindestlohns zu prognostizieren versucht.[54] Sie kommen zu dem Schluss, dass aufgrund des Mindestlohns langfristig mit 900.000 Arbeitsplätzen weniger zu rechnen ist, als es sonst aufgrund der allgemeinen Wirtschaftsentwicklung zu erwarten wäre.

Ob diese Prognose korrekt ist, bleibt abzuwarten. Das ist eine Frage, die man erst entscheiden kann, wenn mindestens ein Konjunkturzyklus verstrichen ist. Konkret wird man ähnlich wie bei der Agenda 2010 mindestens ein halbes Jahrzehnt warten müssen, bis man den Effekt sieht, zumal ja die Statistiken auch erst mit zeitlicher Verzögerung verfügbar sind. Auf jeden Fall werden sich die dargestellten Zusammenhänge wegen der extrem hohen Bindungswirkung des Mindestlohns gerade bei den Flüchtlingen aus Krisengebieten als Integrationshemmnis erster Güte erweisen. Wie man glauben kann, eine Million Flüchtlinge in den deutschen Arbeitsmarkt zu integrieren, während man gleichzeitig einen Mindestlohn einführt, bleibt das Geheimnis der deutschen Politik.

## Das Rentensystem:
## Der potenzielle Beitrag der Migranten

Zusätzlich zum Migrationsmehrwert, der wie schon beschrieben potenziell aus einer Lohnsenkung für die Altmigranten entsteht, kann die deutsche Bevölkerung insofern von den Migranten profitieren, als durch sie das Arbeitskräftepotenzial verjüngt wird. Die Flüchtlinge, die sich auf den Weg nach Deutschland machten und die Strapazen der Reise auf sich nahmen, waren großenteils junge, kräftige Männer zwischen zwanzig und vierzig Jahren. Angesichts des Umstandes, dass Deutschlands Babyboomer, die Mitte der 1960er-Jahre geboren wurden, nun gut fünfzig Jahre alt sind und in fünfzehn Jahren eine Rente von Kindern erwarten, die sie nicht haben, kommen die Flüchtlinge gerade recht.

Abbildung 2.7 zeigt im Hintergrund in Grau die aktuelle Alterspyramide der in Deutschland ansässigen Bevölkerung inklusive der Altmigranten, wie sie im Jahr 2014 bestand, und im Vordergrund in Blau die Alterspyramide der Immigranten des Jahres 2014. Diese Pyramide ist nicht notwendigerweise identisch mit jener, die die Altersstruktur der Flüchtlinge des Jahres 2015 widerspiegelt. Doch ist sie die neueste Pyramide zur Kennzeichnung der Altersverteilung der in einem Jahr angekommenen Migranten, die bei der Abfassung dieser Zeilen verfügbar war. Zur besseren Lesbarkeit ist sie gegenüber der Pyramide der Gesamtbevölkerung, die sich auf den Zahlenstrahl über der Graphik bezieht, um den Faktor zehn überhöht. Sie selbst bezieht sich auf die Skala unter der Graphik.

Abbildung 2.7: Alterspyramiden der einheimischen Bevölkerung und der neuen Migranten im Vergleich (2014)

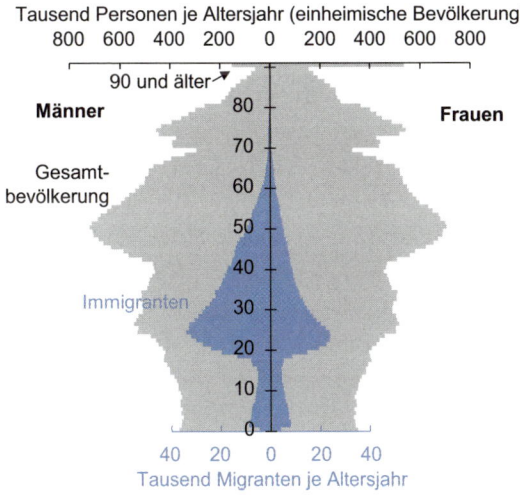

Quelle: Statistisches Bundesamt, *Bevölkerungsfortschreibung auf Grundlage des Zensus 2011*, Fachserie 1 Reihe 1.3, 2014, Tabelle 2.1; dasselbe, *Wanderungen*, Fachserie 1 Reihe 1.2, 2014, Tabelle 3.5.

Grundsätzlich zeigen die Alterspyramiden durch die nach links und rechts gehenden Balken die jeweilige Stärke der männlichen und weiblichen Population der in der Senkrechten bezifferten Alterskohorten. Die Bezeichnung »Pyramide« wurde im 19. Jahrhundert benutzt, als sie noch gerechtfertigt war. Das stürmische Wachstum der deutschen Bevölkerung hatte damals eine sich nach unten hin recht gleichmäßig verbreiternde Pyramide erzeugt, weil die jüngeren Kohorten immer stärkeren Geburtsjahrgängen entsprungen waren. Mittlerweile passt der Name eigentlich nicht mehr, weil den Deutschen die Kinder fehlen. Wenn man in der Pyramide von oben nach unten wandert, kommt man zu immer schwächeren Geburtsjahrgängen. Angesichts der dicken Äste im Bereich von ca. 50 Jahren, unterhalb derer nur noch dünne Äste kommen, denkt man eher an einen wild gewachsenen Busch aus dem Wald als an eine Pyramide.

Die Abbildung macht unmissverständlich klar, dass Deutschland in eineinhalb Jahrzehnten in ein großes, nicht mehr vermeidbares Problem hineinläuft, weil dann die dicken Äste nicht mehr beim Lebensalter von 50 Jahren, sondern im Bereich von 65 Jahren liegen, also dort, wo bislang das normale Rentenalter begann. Deutschlands Staat und damit die nachfolgenden Generationen der noch jungen Steuer- und Beitragszahler werden spätestens ab dann, aber eigentlich schon ab etwa 2025, einer erheblichen Belastung ausgesetzt sein, denn die Rentenversicherung hat keine Rücklagen, auf die sie zugreifen könnte. Sie basiert vielmehr auf einem Umlageprinzip. Die Beiträge der Jungen werden nicht gespart, sondern für die Ernährung der Elterngeneration benötigt, und wenn diese Jungen selbst alt sind, müssen auch sie wieder von der Generation ihrer Kinder ernährt werden. Das System lebt also sozusagen von der Hand in den Mund, und wenn nicht mehr genug Hände da sind, funktioniert es nicht mehr.

Das ist in der Tat das deutsche Problem. Noch im Jahr 2000 entfielen auf hundert Menschen im arbeitsfähigen Alter (15 bis unter 65 Jahre) in Deutschland 25 Menschen im Alter ab 65 Jahren.[55] Nach der mittleren Prognose des Statistischen Bundesamtes (mit einer normalen Immigration von 200.000 Personen jährlich ab 2021, mit konstanter Geburtenhäufigkeit und einem starken Anstieg der Lebenserwartung bis 2060) werden es im Jahr 2030 bereits 46 sein.[56] Der sogenannte Altersquotient wird sich also in nur dreißig Jahren nahezu verdoppelt haben. Man muss kein Rentenmodell rechnen, um sich klarzumachen, dass dies entweder eine Verdoppelung der Beitragssätze und der für Rentenzuschüsse eingesetzten Steueranteile oder eine Halbierung der Renten in Relation zu den dann herrschenden Bruttolöhnen oder irgendeine Zwischenlösung zwischen diesen Extremen bedeutet. So oder so wird die Sache unangenehm für alle Beteiligten. Die Politik hat sich bereits eifrig bemüht, durch Rentenreformen Zwischenlösungen so zu definieren, dass die absehbare Knappheit möglichst wenig ins Auge fällt, doch das ist alles Kosmetik, die an der Knappheit selbst nicht das Geringste ändern kann. So drückt man das Rentenniveau nicht mehr in Relation zu den Bruttolöhnen, sondern nur noch in Relation zu den Nettolöhnen vor Abzug der Steuern aus, rechnet mit einem erhöhten Bundeszuschuss (so als würde es den Menschen helfen, wenn ihre Abgaben nicht mehr Beiträge, sondern Steuern genannt werden), besteuert die Renten stärker und erhöht das Renteneintrittsalter, was dann automatisch die bis zum Tode anfallende Rentensumme kürzt und die bis zum Renteneintritt zu zahlende Beitragssumme vergrößert.

Die gar nicht vermeidbare Knappheit und die damit verbundenen Unannehmlichkeiten werden dazu führen, dass man im Ausland händeringend nach jungen Menschen sucht, um in den Fabriken, bei den privaten Dienstleistungen und in den Krankenhäusern und Altersheimen auszuhelfen. Die unabweisbare Notlage, die aus der extremen Verzerrung der deutschen Alterspyramide resultiert, ist ein starkes Argument für die Auffrischung der deutschen Bevölkerung durch Migration.

Zwar ist die Knappheit theoretisch auch ein Argument für eine bessere Familienpolitik, die die Anreize, in Kinder zu investieren, verbessert. Man könnte hier zum Beispiel anführen eine beschränktere Versicherung gegen Kinderlosigkeit – die ja das Wesen der deutschen Rentenversicherung ausmacht –, eine bessere Vereinbarkeit von Familie und Beruf durch eine stärkere Förderung der Kindertagesstätten oder die Einführung eines Kindersplitting im Steuertarif wie in Frankreich.[57] Nur ist es mittlerweile reichlich spät, wenn nicht zu spät für solche Maßnahmen, weil die Babyboomer selbst zu alt sind, um noch Kinder zu bekommen. Viele Wissenschaftler hatten rechtzeitig gewarnt und energische Politikmaßnahmen angemahnt, doch wie stets stießen sie in der Politik auf taube Ohren.[58]

Wenn sich die Migranten ansonsten nicht von der einheimischen Bevölkerung unterscheiden würden und so wie sie in den Arbeitsmarkt integrierbar wären, würde ihre Jugendlichkeit sicherlich ein großes finanzielles Plus für den Staat bedeuten, von dem die bereits vorhandenen Bürger profitieren. Vor allem über die Rentenversicherung würden die Migranten mehr beisteuern, als sie zurückerhalten, und auch über die Mitfinanzierung des Staatswesens an sich könne man Ähnliches erwarten, weil es im Kern ebenfalls nach einem Umlagesystem finanziert ist, nämlich insofern, als Ältere weniger Steuern zahlen, als zur Finanzierung ihres Anteils an der staatlichen Infrastruktur nötig wäre. Die Realität bei den Flüchtlingen, die seit 2015 nach Deutschland hereingeströmt sind, sieht in dieser Hinsicht allerdings, wie der nächste Abschnitt zeigt, ernüchternd aus.

## Wovon der Nettoeffekt der Migration auf das Staatsbudget abhängt

Viele Migranten, die nach Deutschland kommen, arbeiten und zahlen Steuern und Sozialbeiträge. Viele arbeiten nicht, viele beziehen Sozialleistungen. Alle partizipieren an der öffentlichen Daseinsfürsorge, die mit Steuergeldern finanziert wird. Weil das so ist, kann man immer ein paar Einzelposten einander gegenüberstellen, um bei ihnen per Saldo ein Plus oder ein Minus für die Staatsfinanzen zu errechnen.[59] Zum Beispiel kann man die Steuern und Beiträge der Migranten allein mit den sozialen Leistungen vergleichen, die sie erhalten, und dann vielleicht zu einem Plus für den Staat kommen. Aber letztlich kommt es bei der Frage, ob die bereits anwesende Bevölkerung auf dem Wege über fiskalische Umverteilungseffekte von der Migration profitiert oder nicht, auf den Nettoeffekt über alle Posten hinweg gerechnet an. Dabei müssen auch die Kosten des Ausbaus und des Erhalts der Infrastruktur, die Kosten des Rechtssystems, die Kosten der Polizei, die Kosten der öffentlichen Verwaltung und vieles andere mehr berücksichtigt werden.

Wie groß der Nettoeffekt ist, hängt zum einen vom Alter der Migranten ab. Da sie jünger als der Durchschnitt sind, spricht das für sich genommen dafür, dass die Migranten Nettozahlungen an den Staat leisten, dass also die einheimische Bevölkerung insofern profitiert. Das wurde im vorigen Abschnitt diskutiert.

Der Nettoeffekt hängt aber zum anderen auch sehr stark von der Qualifikation der Migranten ab, denn die bestimmt das Markteinkommen, das die Migranten erwirtschaften, und damit die Höhe der Steuern und Abgaben, die sie zahlen. Sind die Migranten überdurchschnittlich qualifiziert, wie vielfach unter Bezug auf die »Chefärzte aus Aleppo« in der Presse insinuiert wurde, erzielen sie, abgesehen vom Alterseffekt, überdurchschnittliche Einkommen und zahlen dann auch überdurchschnittlich viele Steuern und Abgaben. Erzielen sie hingegen, wie zu erwarten ist, unterdurchschnittliche Markteinkommen, reichen ihre Steuern und Abgaben nicht aus, die staatlichen Leistungen zu bezahlen, die allen Bürgern mehr oder weniger gleichmäßig zur Verfügung stehen. Alle Bürger profitieren ja vom Schutz durch die Polizei und das Rechtssystem, alle können die kostenlose Schulausbildung in Anspruch nehmen, und alle können die öffentlichen Verkehrswege und anderen öffentlichen Einrichtungen nutzen. Wenn überhaupt eine Abweichung von dieser Regel zu verzeichnen ist, so nehmen unterdurchschnittlich Verdienende den Staat auf dem Wege über das Sozialsystem mehr in Anspruch als andere. Unterdurchschnittlich Verdienende zahlen aber auf jeden Fall unterdurchschnittliche Steuern. Das täten sie bereits, wenn die Steuern proportional zum Einkommen und Konsum wären, und das tun sie erst recht in dem progressiven Steuersystem der Bundesrepublik Deutschland. Insofern reichen die von den Geringverdienern gezahlten Steuern und sonstigen Abgaben ganz sicher nicht aus, die von ihnen in Anspruch genommenen staatlichen Leistungen zu finanzieren. Sie sind also Nettoempfänger staatlicher Leistungen.

Man könnte nun argumentieren, die staatliche Infrastruktur stehe ohnehin zur Verfügung und würde insofern keine Kosten verursachen. Aber das stimmt nicht. Zum einen entstehen durch die Nutzung sogenannte Ballungskosten bei anderen Nutzern, die den Nachteil einer schlechteren Nutzungsqualität haben – man denke nur an die Staus im Straßenverkehr oder die Warteschlangen in den Behörden. Zum anderen entstehen direkte geldmäßige Kosten beim Staat, wenn er die Verschlechterung der Nutzungsqualität durch bauliche Maßnahmen und die Einstellung von mehr Personal auffangen und verhindern will. Ja, man kann sogar zeigen, dass beide Kosten in etwa die gleiche Höhe haben, wenn die öffentlichen Einrichtungen effizient zur Verfügung gestellt werden, weil ein kluger Staat genau dann nachbaut, wenn das Nachbauen billiger kommt, als den Bürgern die Ballungskosten zuzumuten.[60]

Auch ein Vergleich von Staaten unterschiedlicher Größe gibt keinerlei Anhaltspunkte für die Vermutung, dass man eine größere Bevölkerung kostengünstiger mit staatlichen Leistungen versorgen könnte als eine kleine. Wäre das der Fall, bräuchten kleinere Länder größere Staatsanteile am Sozialprodukt als große, um die öffentliche Daseinsvorsorge zu gewährleisten, oder sie würden bei gleichen Staatsanteilen eine schlechtere Qualität dieser Daseinsvorsorge bereitstellen, was sicherlich nicht der Fall ist.

## Nur Chefärzte aus Aleppo?

Aber wo stehen nun die Migranten tatsächlich im Hinblick auf ihre berufliche und schulische Qualifikation? Sind sie überdurchschnittlich qualifiziert, wie die Presse immer wieder behauptete, oder ist das Gegenteil der Fall? Kommen tatsächlich so viele Chefärzte aus Aleppo? Nein, natürlich nicht, und wenn es so wäre, wäre es überhaupt nicht gut, weil die Ärzte und andere qualifizierte Fachleute zuhause gebraucht werden.

Die Bildungsökonomen Eric Hanushek und Ludger Wößmann haben OECD-Daten über die Schulbildung der 15-jährigen Schüler in 81 Ländern ausgewertet.[61] Dabei wurden alle Schultypen erfasst, also auch die besseren und weiterführenden Schulen. Sie zeigen, dass knapp zwei Drittel der getesteten Jugendlichen in Syrien im Jahr 2011, also vor der Ausbreitung und Intensivierung des Bürgerkriegs[62], unter dem PISA-1-Niveau lagen, was bedeutet, dass sie nicht über die für eine moderne Gesellschaft notwendigen Kulturtechniken verfügen. Sie können also z.B. nur sehr eingeschränkt lesen und schreiben und nicht multiplizieren oder dividieren. Gemeinhin gelten Personen, die nicht das PISA-1-Niveau schaffen, als funktionale Analphabeten. Syrische Achtklässler hängen demnach gleichaltrigen deutschen Schülern im Lernfortschritt durchschnittlich fünf Schuljahre hinterher.[63]

Nun ist zu vermuten, dass jene Syrer, die ihr Land verließen, eine positive Auswahl aus der Bevölkerung darstellen und besser qualifiziert sind. In der Tat schätzen Michele Battisti und Gabriel Felbermayr aufgrund einer Erhebung der Qualifikation von Syrern in türkischen Flüchtingslagern, die im Jahr 2013 von Evren Ceritoglu und Kollegen durchgeführt wurde, dass der Anteil der funktionalen Analphabeten in diesen Lagern »nur« noch bei 46 % lag.[64] Aber auch das ist ein Wert, der diese Bevölkerungsgruppe deutlich unterhalb und keinesfalls oberhalb des Bildungsniveaus der einheimischen deutschen Bevölkerung ansiedelt, denn dort liegt der Anteil der funktionalen Analphabeten nach OECD-Definition bei nur etwa 15 %.[65] Nun kann es zwar sein, dass diejenigen, die sich aus den Lagern nach Deutschland aufgemacht haben, abermals eine verbesserte Auswahl darstellen, doch gibt es hierzu leider keine belastbaren Daten.

Es gibt allerdings eine Statistik vom Bundesamt für Migration und Flüchtlinge, die auf den ersten Blick einen günstigeren Eindruck vermittelt. Nach den Angaben des Amtes haben mit 38 % erstaunlich viele Flüchtlinge das Gymnasium oder eine Hochschule besucht. Auffällig ist, dass gar 54 % der Personen, die sich als Syrer ausgaben, in die Topkategorie fielen, doch fast gar keine Personen, die aus Serbien herkamen.[66]

Man kann bezweifeln, dass diese Aussagen verlässlich sind, denn es handelt sich um Selbstauskünfte. Die vielen Flüchtlinge aus Nordafrika, die sich als Syrer ausgaben, werden sicherlich keine Hemmung gehabt haben, sich auch noch eine erstklassige Ausbildung zu bescheinigen.

Es haben auf freiwilliger Basis auch nur 53 % der Befragten geantwortet. Vermutlich haben es diejenigen, die über keine gute Schulausbildung verfügten, in vielen Fällen vorgezogen, lieber nicht zu antworten. Die Daten sind also auch das Ergebnis einer Selbstselektion der Befragten.

Es wurde auch gar nicht nach den Schulabschlüssen gefragt, sondern nur nach den Schulen, die man besucht hat, ob mit oder ohne Abschluss. Die befragten Personen mussten keine Schuldokumente vorlegen, die ihre Behauptungen hätten belegen können, ja sie mussten noch nicht einmal ihre Nationalität belegen.

Das Amt hat die Angaben im Übrigen sehr großzügig interpretiert. So wurde die Aussage, dass man mindestens eine elfte Schulklasse besucht habe, als Gymnasialausbildung übersetzt, obwohl es in den meisten dieser Länder keine Gymnasien gibt und auch kaum Schulen, die dem ähneln, was man in Deutschland darunter versteht. Häufig wird es sich um eine weiterführende Berufsausbildung gehandelt haben.[67]

Und man darf nicht vergessen, dass die nach objektiven Kriterien und international einheitlichen Standards durchgeführten Tests der OECD zeigen, dass Syrer, die die zehnte Klasse absolvierten, zu zwei Dritteln nicht einmal die Grundrechenarten konnten. Man fragt sich also, welchen Wert dann die Angabe über den Prozentsatz derjenigen hat, die die elfte Klasse besucht haben. Mit einer Gymnasialausbildung nach deutscher Interpretation kann man sie ganz bestimmt nicht gleichsetzen.

Gegen die Vermutung einer besonders hohen Qualifikation der Migranten spricht auch eine Mitteilung der Handwerkskammer für München und Oberbayern. Danach brachen 70 % der Lehrlinge aus Krisengebieten, die vor zwei Jahren eine Lehre begonnen hatten, diese Lehre wieder ab. Die normale Abbrecherquote für Einheimische beträgt demgegenüber 25 %.[68] Die Lehrlinge kamen mit dem theoretischen Teil der Berufsschulausbildung nicht zurecht, weil ihnen die Vorbildung fehlte. Andere Informationen, die diesen pessimistischen Eindruck bestätigen, gibt es zuhauf, so auch die Daten zur Beanspruchung des Sozialstaates.

## Starke Beanspruchung des Sozialstaates

Migranten beanspruchen den Sozialstaat gemessen an ihrer Bevölkerungsgröße stark überdurchschnittlich. Das wird in Abbildung 2.8 verdeutlicht. Die grünen Balken zeigen, dass Ausländer 26 % der Hartz-IV-Empfänger und 14,5 % der Arbeitslosengeld-I-Empfänger ausmachen, obwohl sie nur 9,7 % der Bevölkerung entsprechen. Anders gesagt, beziehen Ausländer also relativ zu ihrer Zahl fast dreimal so häufig Hartz-IV-Leistungen und eineinhalbmal so häufig Arbeitslosengeld wie der Durchschnitt der Bevölkerung.

Die Information, die der erste, blaue Balken verkörpert, passt dazu. Danach wurden im Jahr 2014 ein Viertel (25,2 %) aller Sozialhilfeleistungen im Sinne der Hilfe zum Lebensunterhalt für nicht arbeitende Personen an Ausländer gezahlt, die selbst nach Deutschland eingewandert und nicht etwa hier geboren waren, obwohl der Anteil dieser Personengruppe an der Gesamtbevölkerung nur bei 7,3 % lag. Die relative Bezugshäufigkeit der Sozialhilfe war also unter diesen Ausländern dreieinhalbmal so groß wie in der Gesamtbevölkerung. Leider lassen sich die Daten über den Sozialhilfebezug nicht weiter aktualisieren, da die Statistik noch nicht vorliegt.

Abbildung 2.8: Anteil der Ausländer an verschiedenen Gruppen von Empfängern staatlicher Sozialleistungen und an der Gesamtbevölkerung (2014/15)

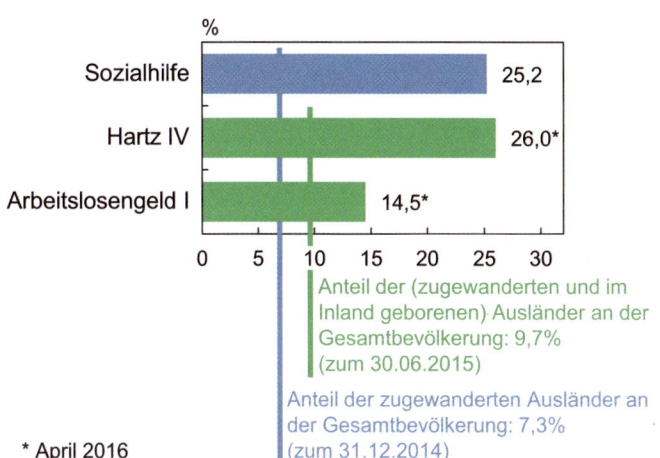

%

Sozialhilfe — 25,2

Hartz IV — 26,0*

Arbeitslosengeld I — 14,5*

0   5   10   15   20   25   30

Anteil der (zugewanderten und im Inland geborenen) Ausländer an der Gesamtbevölkerung: 9,7% (zum 30.06.2015)

Anteil der zugewanderten Ausländer an der Gesamtbevölkerung: 7,3% (zum 31.12.2014)

* April 2016

Quellen: Bundesagentur für Arbeit, Statistik nach Themen, Leistungen SGB III, Arbeitslosengeld, Zeitreihe zu Arbeitslosengeldempfängern 1991 bis aktuell – Deutschland, Juli 2016; dieselbe, Statistik der Bundesagentur für Arbeit, Bestand an Empfängern von Arbeitslosengeld bei Arbeitslosigkeit nach ausgewählten Merkmalen, Juli 2016; Statistisches Bundesamt, *Ausländische Bevölkerung*, Fachserie 1 Reihe 2, 2015, Tabelle 1; dasselbe, *Bevölkerung mit Migrationshintergrund – Ergebnisse des Mikrozensus*, Fachserie 1 Reihe 2.2, 2014, Tabelle 1.1.

Hinweis: Der blaue Balken gibt an, welchen Anteil selbst zugewanderte und nicht in Deutschland geborene Ausländer im Jahr 2014 an der Gruppe der Sozialhilfeempfänger (Hilfe zum Lebensunterhalt) hatten. Die grünen Balken zeigen, welchen Anteil die Ausländer insgesamt, also einschließlich der in Deutschland geborenen, aber nicht naturalisierten Nachkommen, jeweils an der Gruppe der Hartz-IV-Empfänger und der Gruppe der Empfänger von Arbeitslosengeld I haben. Nachrichtlich ist durch die Position der beiden senkrechten Striche angegeben, welchen Anteil diese beiden Ausländergruppen Ende 2014 bzw. Ende Juni 2015 an der Gesamtbevölkerung hatten.

Man sollte diese Daten nicht moralisierend interpretieren, denn dahinter steckt vermutlich vor allem wieder das Bildungsniveau. Wer wenig gebildet ist, hat eine geringe Arbeitsproduktivität, findet angesichts der expliziten und impliziten Mindestlohngrenzen im deutschen Sozialsystem und im System der Tariflöhne häufig keine Stelle und muss deshalb vom Sozialsystem aufgefangen werden. Und selbst wenn er eine Stelle findet, verdient er dabei vielfach nur wenig und erhält dann über Hartz-IV Lohnzuschüsse.

Insgesamt sprechen die Informationen der Abbildung 2.8 nicht dafür, dass die Migranten überdurchschnittliche Einkommen erwirtschaften und überdurchschnittliche Abgaben an den Staat entrichten, wohl aber dafür, dass sie die Sozialleistungen des Staates überdurchschnittlich in Anspruch nehmen.

## Erfolgreiche Integration in den Arbeitsmarkt?

Noch klarer ist die Information, die in Abbildung 2.9 zusammengestellt ist. Sie stammt aus einer gemeinsamen Erhebung, die das Statistische Bundesamt und das Wissenschaftszentrum Berlin auf der Basis des Sozioökonomischen Panels vorgenommen haben. Das Sozioökonomische Panel ist eine regelmäßig durchgeführte und repräsentative Stichprobe aller Bevölkerungsgruppen in Deutschland inklusive der verschiedenen Typen von Migranten. Als Ergebnis der Studie wurde festgestellt, dass fast alle Arten von Migranten ein deutlich niedrigeres Nettoeinkommen als Einheimische ohne Migrationshintergrund verdienen. Die einzige Ausnahme ist die Gruppe der Migranten aus den alten, westlichen EU-Staaten, die nicht zu den klassischen Gastarbeiterländern zählen. Diese Personen verdienen ein stark überdurchschnittliches Einkommen, und deshalb kann man davon ausgehen, dass sie netto gerechnet Mittel an den Staat abtreten, anstatt welche von ihm zu bekommen. Die betreffende Personengruppe ist aber klein und dürfte nur etwa 8 % der Migranten insgesamt umfassen, sodass sie bezüglich des Gesamtbildes nicht ins Gewicht fällt.[69]

Dargestellt werden nur die Löhne und Gehälter von abhängig Beschäftigten mit einer wöchentlichen Arbeitszeit von 35 Stunden und mehr. Die Erwerbseinkommen von Selbstständigen, unbezahlt mithelfenden Familienangehörigen, Auszubildenden und in freiwilligen Diensten Beschäftigten bleiben dagegen unberücksichtigt.

Statt der Nettoeinkommen wäre es eigentlich besser, eine Statistik über die Bruttoeinkommen der Migranten im Vergleich zur einheimischen Bevölkerung zu haben, denn durch die Leistungen des Sozialstaates im Verein mit einem progressiven Steuersystem werden bereits viele Unterschiede nivelliert, doch die gibt es nicht. Eine solche Statistik würde relativ noch größere Unterschiede und damit ein noch deutlich größeres Gefälle im Qualifikationsniveau aufzeigen als Abbildung 2.9, was die Beweiskraft dieser Abbildung noch verstärkt. Wenn schon die Nettoeinkommen der Migranten so stark hinterherhinken wie dort dargestellt, müssen es die von den Qualifikationen abhängigen Bruttoeinkommen erst recht tun.

Abbildung 2.9: Monatliches Nettoeinkommen der Migranten (Euro) inklusive der staatlichen Sozialtransfers im Vergleich zur Bevölkerung ohne Migrationshintergrund

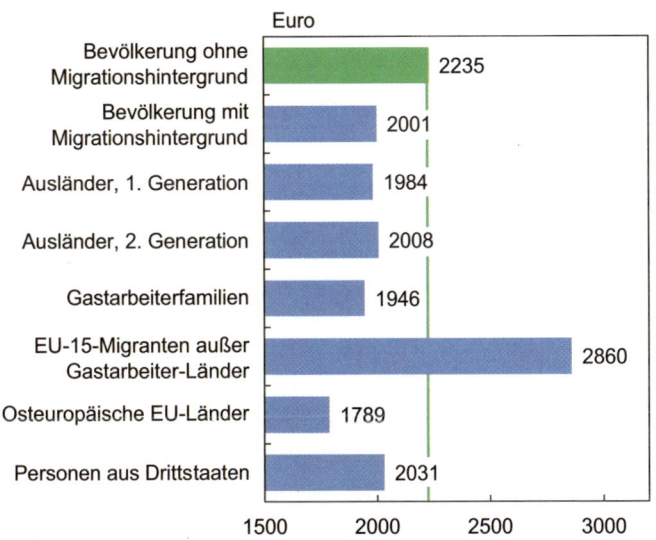

Quelle: Statistisches Bundesamt, *Datenreport 2016: Sozialbericht für Deutschland,* Kapitel 7: »Sozialstruktur und soziale Lagen«, Abschnitt 3, *Bevölkerung mit Migrationshintergrund,* S. 232, Abbildung 11.

Hinweis: Bei den EU-15 Migranten außer Migranten aus Gastarbeiter-Ländern handelt es sich um die Länder Belgien, Frankreich, Luxemburg, Niederlande, Dänemark, Irland, Vereinigtes Königreich, Österreich, Schweden und Finnland. Italien, Griechenland, Portugal und Spanien sind also nicht dabei.

Somit sind die Informationen aus Abbildung 2.9 ein weiteres klares Indiz dafür, dass die typischen Einwanderer, die bislang nach Deutschland kamen, weit entfernt davon sind, so viele Steuern und Beiträge für das Staatswesen zu zahlen, wie sie an staatlichen Leistungen zurückbekommen. Das gilt für Gastarbeiter, für Einwanderer aus Osteuropa und für Personen aus Drittstaaten gleichermaßen.

Besorgniserregend ist nach den Informationen des Diagramms insbesondere, dass selbst die Ausländer der zweiten Generation es nicht geschafft haben, den Durchschnitt der Einheimischen zu erreichen. Mit 2.008 Euro pro Monat verdienen sie kaum mehr als ihre Eltern, die auf 1.984 Euro kommen, während die Bevölkerung ohne Migrationshintergrund 2.235 Euro im Durchschnitt verdient. Das für sich genommen spricht dafür, dass selbst die Ausländer der zweiten Generation Nettoempfänger staatlicher Ressourcen sind. Auf jeden Fall belegt es, dass sie es nicht geschafft haben, sich so in die deutsche Gesellschaft zu integrieren, dass sie ein durchschnittliches Einkommen verdienen. Mit Blick auf die Prognosen für die aktuelle, neue Generation von Migranten verheißt das nichts Gutes.

## Prognose der Nettokosten

So gibt es also gegenläufige Effekte auf die fiskalische Bilanz der Migranten. Ihre Jugend spricht wegen der intergenerativen Umverteilung des Rentensystems für sich genommen dafür, dass die alternde einheimische Bevölkerung entlastet wird. Ihre geringe Ausbildung spricht wegen der sozialstaatlichen Umverteilung von oben nach unten dafür, dass die einheimische Bevölkerung belastet wird. Was der Nettoeffekt über die qualifikationsbedingten und die altersbedingten Effekte ist, lässt sich im Kopf nicht ausrechnen.

Dazu benötigt man die sogenannte *Generationenrechnung (generational accounting),* im Rahmen derer die Zahlungsströme einer jeden Alterskohorte im Zeitablauf verfolgt werden. Die Generationenrechnung ist eine auch vom US-Kongress anerkannte modellgestützte Methode, um die Umverteilungseffekte der Staatstätigkeit zwischen verschiedenen Bevölkerungsgruppen und Alterskohorten zu errechnen.[70]

Es gibt nach Kenntnis des Autors in Deutschland bislang lediglich zwei Forscher, die auf Basis einer Generationenrechnung die fiskalischen Effekte der Flüchtlinge für den deutschen Staat berechnet haben. Sie kommen nicht zu identischen Ergebnissen, denn natürlich sind solche Berechnungen, da sie prognostischen Charakter haben, von Annahmen über die Geschwindigkeit der Integration abhängig. Je nachdem, wie optimistisch diese Annahmen gesetzt sind, kommt man zu anderen Implikationen für das Staatsbudget. Dennoch sind die Ergebnisse der Forscher recht ähnlich.

Der erste Forscher ist Bernd Raffelhüschen von der Universität Freiburg.[71] Raffelhüschen unterstellt, dass die Flüchtlinge sich kontinuierlich besser anpassen und nach sechs Jahren so in den deutschen Arbeitsmarkt integriert sind, wie es die bereits vorhandene Migrationsbevölkerung im Durchschnitt ist, was das Einkommensniveau, die Beschäftigungsquote und ähnliche Parameter betrifft. Dann berechnet er den Barwert der netto auf den Staat zukommenden Kosten bzw. Einnahmen aufgrund der dauerhaften Anwesenheit der Flüchtlinge bis zu ihrem Tode. Der Barwert einer Zahlungsreihe ist jener Geldbetrag, den man heute auf ein verzinsliches Konto legen müsste, um daraus die laufenden Zahlungen bis zum Ende gerade bestreiten könnte, ohne dass Geld übrigbleibt. Man kann ihn auch als eine versteckte Staatsschuld interpretieren. Raffelhüschen kommt zu dem Ergebnis, dass pro Flüchtling mit 450.000 Euro an Belastung für den deutschen Staat zu rechnen ist. Bei ca. einer Millionen Flüchtlingen, die im Jahr 2015 nach Deutschland kamen, sind das also 450 Milliarden Euro. Es ist, als ob die deutsche Staatsschuld von 2.153 Milliarden Euro auf 2.603 Milliarden Euro oder von 71 % der Wirtschaftsleistung auf 86 % angehoben wird. Der Betrag mag hoch erscheinen, resultiert aber aus dem Umstand, dass bereits die in Deutschland anwesenden Migranten nach Berechnung des Autors im Durchschnitt Nettoempfänger staatlicher Ressourcen sind.

Der zweite Forscher ist Holger Bonin vom Wirtschaftsforschungsinstitut ZEW. In einer Studie, die er für die Heinrich-Böll-Stiftung[72] erstellt hat,[73] wählt er einen etwas anderen Ansatz als Raffelhüschen, indem er unterstellt, dass Migranten mit den normalen Erwerbsquoten im Laufe von 10 bis 20 Jahren allmählich vollständig in den Arbeitsmarkt integriert werden und dann entweder die Position eines qualifizierten oder die eines gering qualifizierten einheimischen Arbeitnehmers einnehmen. Er kommt, außer für den Extremfall, dass alle Flüchtlinge bereits nach zehn Jahren so integriert sind wie einheimische qualifizierte Arbeitnehmer und damit deutlich besser als einheimische Arbeitnehmer im Durchschnitt, ebenfalls zu erheblichen Nettokosten für den Staat. Für den Fall, dass die Immigranten nach 20 Jahren so integriert sind wie einheimische qualifizierte Arbeitnehmer, kommt er auf Kosten von 95.000 Euro pro Kopf, und für den Fall, dass sie nach 20 Jahren so integriert sind wie einheimische gering qualifizierte Arbeitnehmer, kommt er auf 398.000 Euro.[74] Auch das sind sehr hohe Werte, die darauf schließen lassen, dass die Flüchtlinge des Jahres 2015 den Staat Hunderte von Milliarden Euro kosten werden.

Bonin relativiert seine Rechnungen durch den Hinweis, dass auch die überalterte einheimische Bevölkerung den Staat Geld kosten wird, weil die vielen Rentner, die es in Kürze geben wird, bereits eine Finanzierungslücke erzeugen, die später mit Steuererhöhungen geschlossen werden muss. Es könne deshalb sogar dazu kommen, dass die Immigration die Finanzierungslücke pro Kopf fallen lässt, obwohl die Migranten zusätzliche Kosten für den Staat verursachen. Doch ist das ein geringer Trost. Es ist so, als würde eine defizitäre Autofirma eine andere erwerben, die auch Verluste schreibt, und als würde der Vorstand seinen Aktionären diesen Erwerb mit dem Argument schmackhaft machen, dass sich dadurch der Verlust pro Auto absenken lässt. Nun geht es hier nicht um Autos, sondern um Menschen. Indes ändert das nichts daran, dass auf die leistungsfähigen Teile der Arbeitsbevölkerung durch die Immigration höhere und nicht etwa kleinere Lasten hinzukommen werden. Dennoch bleibt es natürlich ebenfalls richtig, wie Bonin betont, dass man alle erdenklichen Anstrengungen zur Ausbildung und Integration der Flüchtlinge ergreifen sollte, sodass deren Integration nicht ein ähnliches Zuschussgeschäft für den Staat wird wie die Integration der bisherigen Migranten (vgl. die vorangehende Abbildung 2.9).

Es ist ja auch nicht klar, wie sich der Sozialstaat selbst angesichts des fortwährenden Zustroms der Bedürftigen verändern wird. Es ist möglich, dass er seine Leistungen pro Kopf herunterfahren wird, weil ihm das Geld für die Alimentierung immer größerer Empfängergruppen ausgeht und weil die politisch noch dominanten Kräfte im Land die Sogwirkung auf weitere Migranten vermeiden wollen. Andererseits werden durch die Einbürgerung von Migranten jene politischen Kräfte gestärkt, die noch mehr fiskalische Umverteilung von oben nach unten wollen, was dann progressiv wachsende Kosten für den Staat bedeuten würde.

Wie man es also auch dreht und wendet: Die Aufnahme der Flüchtlinge ist eine humanitäre Leistung des alternden deutschen Sozialstaates, die diesen ohnehin bald schwächelnden Staat eine Menge zusätzliches Geld kosten wird, was zu Lasten der Steuerzahler oder der anderen, bereits vorhandenen Transferempfänger gehen wird. Es kommt hinzu, dass alle Flüchtlinge auch insofern noch weitere Kosten für die Gemeinschaft erzeugen, als die Ballungskosten, die durch die vermehrte Nutzung der Natur anfallen, in all den Rechnungen ohnehin nicht auftauchen. Auch die Kosten der in früheren Jahrzehnten und Jahrhunderten aufgebauten Infrastruktur werden nicht erfasst, sondern allenfalls indirekt dadurch, dass heute beim Staat Reparatur- und Erweiterungskosten sowie Zinskosten für die Kreditfinanzierung anfallen. Insofern sind die Schätzungen Untergrenzen der wahren volkswirtschaftlichen Kosten, die mit der Immigration der Flüchtlinge auf die Einheimischen zukommen.

Wie es stets bei humanitären Leistungen der Fall ist, nützen sie den Empfängern der Leistungen, aber nicht denjenigen, die sie erbringen. Wer anderes behauptet, nimmt die offenkundigen Fakten nicht zur Kenntnis und führt – aus welchen Motiven auch immer – die Menschen in die Irre.

# Das unmögliche Migrationsdreieck: Warum die EU-Verträge falsch gestrickt sind

Das Problem der negativen fiskalischen Nettobilanz ist nicht nur, dass sie die einheimische Bevölkerung Geld kostet. Das ist ein offenkundiger Umverteilungseffekt, den man je nach Werturteil gut oder schlecht finden kann. Aus ökonomischer Sicht liegt das Problem insofern tiefer, als die Umverteilung effizienzmindernde Verhaltensweisen bei den Migranten und auch bei den Staaten, die auf die Migration reagieren, hervorrufen kann.

Die Migranten wandern bevorzugt in die besser ausgebauten Sozialstaaten, weil sie dort zusätzlich zum Lohn auch noch staatliche Umverteilungsgeschenke erhalten. Die besser ausgebauten Sozialstaaten wirken insofern wie Magneten, die besonders viele gering qualifizierte Migranten anziehen. Daraus entsteht die Gefahr, dass die bislang noch gut ausgebauten Staaten sich genötigt sehen, ihre sozialstaatlichen Leistungen zurückzuschrauben, um so ihre Kosten zu begrenzen und die Magnetwirkung zu reduzieren. Die Literatur spricht hier vom sogenannten *Race to the Bottom,* also von einem »Rennen nach unten«, das durch die Magnetwirkung der besonders gut ausgebauten Sozialstaaten induziert wird.[75]

Diese Verhaltensweisen führen zu einem unauflösbaren Trilemma (Abbildung 2.10), das darin besteht, dass drei hohe Ziele der EU, nämlich das Ziel der Freizügigkeit für EU-Bürger[76], das Ziel der Sozialstaatlichkeit[77] und das Ziel der Inklusion der Migranten in das Sozialsystem des Gastlandes[78] sich nicht gemeinsam realisieren lassen.

Abbildung 2.10: Das Migrations-Trilemma

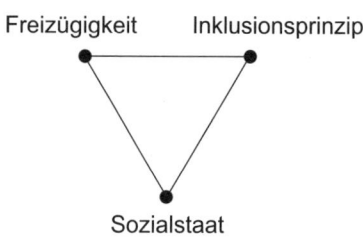

Freizügigkeit    Inklusionsprinzip

Sozialstaat

Sollen Sozialstaat und Inklusionsprinzip erhalten werden, muss die Freizügigkeit eingeschränkt werden, Sollen Freizügigkeit und Sozialstaat erhalten werden, muss das Inklusionsprinzip weichen. Und sollen Freizügigkeit und Inklusionsprinzip aufrechterhalten werden, muss der Sozialstaat weichen. Alle drei Ziele lassen sich unmöglich zusammen realisieren.

Diese Erkenntnis hat sich unter Politikern und im Rechtssystem der EU noch nicht durchgesetzt. Nach wie vor versucht die Politik, alle drei Ziele gemeinsam zu erreichen. Wozu das führt, sieht man freilich an den gewaltigen Wanderungsprozessen, die die EU in den letzten Jahren erschüttert haben, und letztlich auch am Ergebnis des Referendums in Großbritannien.

Das Hauptproblem ist das sozialstaatliche Inklusionsprinzip oder auch Gastlandprinzip, das im EU-Vertrag für EU-Bürger fest verankert ist. Das Prinzip besagt, dass grundsätzlich das Gastland statt des Heimatlandes für die sozialen Leistungen eines Migranten zuständig ist. EU-Bürger genießen nicht nur vollständige und uneingeschränkte Freiheit bei der Wahl des EU-Landes, in dem sie sich aufhalten, sondern kommen dort, wenn auch bisweilen erst nach einer Wartefrist, in den Genuss der gleichen staatlichen Sozialleistungen wie Einheimische auch.

Das Inklusionsprinzip ist für Asylbewerber aus Drittstaaten unabdingbar, weil sie vom Heimatstaat verfolgt werden. Aber warum es für Migranten aus EU-Staaten gelten soll, ist weniger einsichtig, denn zu den Auflagen, die diese Staaten bei der Aufnahme in die EU erfüllen mussten, gehörte die Herstellung von Mindeststandards bei den sozialstaatlichen Leistungen.[79]

Wer nicht arbeitsfähig ist, hat nach den Regeln der EU spätestens nach fünf Jahren den vollen Anspruch auf steuerfinanzierte Sozialleistungen wie Einheimische.[80] Ein früherer Zugang ist Sache der nationalen Gesetzgebung, teilweise auch des Richterrechts. In Deutschland haben EU-Bürger, auch ohne Arbeit zu suchen oder arbeitsfähig zu sein, sofort Anspruch auf Kindergeld. Bei fünf Kindern beträgt das Kindergeld 1.018 Euro monatlich.

Der Anspruch auf die steuerfinanzierten Sozialleistungen, den auch Menschen, die niemals in Deutschland gearbeitet haben, spätestens nach fünf Jahren erhalten, ist zeitlich nicht begrenzt und gilt bis zum Tode. Wer also mit 60 Jahren nach Deutschland einwandert, hat im Alter von 65 Jahren, wenn er als nicht mehr arbeitsfähig gilt, das Daueraufenthaltsrecht und den dauerhaften Anspruch auf Sozialleistungen auf dem Niveau eines arbeitslosen Hartz-IV-Empfängers – auch wenn das Geld aus einem anderen Topf kommt. Derzeit bestehen die monatlichen Leistungen aus der Hilfe zum Lebensunterhalt (404 Euro),[81] der Übernahme der Warmmiete (im Schnitt etwa 350 Euro)[82] und der privaten Krankenversicherung, deren Marktwert mindestens bei etwa 300 Euro liegt.[83] Es kommt also ein guter Tausender pro Monat an staatlichen Leistungen im Durchschnitt zusammen. In teuren Städten wie München kommt man wegen der höheren Mieten gar auf über 1.300 Euro im Monat.

Für ältere Zuwanderer sind die Hilfen faktisch eine Rente, auch wenn sie nicht so genannt werden. Sie betragen etwa das Doppelte des Arbeitseinkommens eines durchschnittlichen rumänischen oder bulgarischen Arbeitnehmers und vermutlich ein Vielfaches der dort erzielten Renten.[84]

Sicher, die Wartefrist von fünf Jahren ist für manche Migranten lang. Aber man darf während der fünf Jahre pro Jahr bis zu sechs Monate in der Heimat verbringen, ohne dass die Frist als unterbrochen gilt,[85] und wer will schon prüfen, wie lange man wirklich nicht da war. Wichtig ist vor allem, dass man für die Zeit einen Meldeschein vorweisen kann.

Im Übrigen kann man sich mit dem Kindergeld und mit selbständiger Arbeit durchschlagen, die einen sofort zum Hartz-IV-Berechtigten macht, also zur Übernahme der Wohnkosten und Hilfe zum Lebensunterhalt durch den Staat führt.

Noch großzügiger werden Arbeitnehmer behandelt. Selbst wer Arbeit sucht, aber keine findet, hat nach einer Entscheidung des Bundessozialgerichts schon nach sechs Monaten Anspruch auf Sozialhilfe, die Finanzierung von Wohnraum und eine freie Krankenversicherung ähnlich wie jemand, der schon fünf Jahre da war und das Geld bekommt, weil er nicht arbeitsfähig ist. Die Wartefrist von fünf Jahren wird durch die bloße Erklärung, man suche Arbeit, auf nur ein halbes Jahr verkürzt, weil sich dann der Aufenthalt in Deutschland bereits »verfestigt« hat, so das Gericht. Dem steht auch nicht entgegen, dass der Betroffene nicht über ein Aufenthaltsrecht in der Bundesrepublik Deutschland verfügt. Die staatlichen Leistungen stehen ihm gleichwohl zu.[86]

Wer eine Arbeit gefunden hat, wechselt dann zum Hartz-IV-Tarif, hat aber grundsätzlich die gleichen, freilich nur den Lohn ergänzenden Ansprüche. Ein kleines Plus bietet der Sozialstaat in diesem Fall allerdings insofern, als das Geld für die Kinder selbst dann in voller Höhe ausgezahlt wird, wenn man sich entschließt, die Kinder doch lieber zu den Großeltern nach Hause zu schicken, wo sie deutlich kostengünstiger versorgt werden können. Das war einer der Punkte, die auch dem britischen Premierminister Cameron aufgestoßen waren.

Summa summarum sind das erhebliche Migrationsanreize, die vom Sozialstaat ausgehen. Betrachten wir ein Ehepaar aus Bulgarien, das mit fünf minderjährigen Kindern nach Deutschland kommt und dort zu durchschnittlichen Bedingungen unterstützt wird. Der Mann sucht eine Arbeit und die Frau kümmert sich um die Kinder. Nach einem halben Jahr erhalten die beiden Erwachsenen zusammen 728 Euro an Grundsicherungsleistungen zuzüglich einer Kostenerstattung für angemessenen Wohnraum in Höhe von durchschnittlich 729 Euro. Addiert man das Kindergeld von 1.018 Euro, kommt man auf ein Nettoeinkommen von 2.475 Euro. Das wahre Einkommen ist freilich höher, denn dazu muss man noch den freien Krankenversicherungsschutz veranschlagen, der für diese Familie mindestens etwa 2.100 Euro wert ist, und den man sich ohne den staatlichen Schutz kaufen müsste. Das macht in der Summe etwa 4.600 Euro an unmittelbaren Kosten für den Staat und führt auch zu einem entsprechenden Einkommen, wenn man die Sachleistung in Form der freien Krankenversicherung mit einrechnet. Zuhause indes betrug der durchschnittliche Brutto-Arbeitslohn nur 505 Euro, also gerade mal etwas mehr als ein Zehntel des Bruttoeinkommens oder knapp ein Fünftel des Nettoeinkommens, das der deutsche Staat gewährt. Das ist ein Migrationsanreiz, dem man sich schwerlich entziehen kann.

Wer würde nicht die Emigration mit seiner Familie erwägen, wenn er wüsste, dass er im Ausland nach einem halben Jahr, in dem er keine Arbeit findet, nahezu das Fünffache seines bisherigen Bruttolohns als Nettoeinkommen erhält und außerdem in den Genuss einer freien Krankenversicherung kommt, deren Wert noch einmal knapp so viel ausmacht wie das Nettoeinkommen, zumal man sich nach der Aufnahme einer Arbeit demgegenüber nur noch verbessern kann? Natürlich wollen die meisten Menschen lieber in der vertrauten Heimat leben als in Deutschland, doch auch diejenigen, die besonders an ihrer Heimat hängen, können sich einem solch starken Wohlfahrtsmagneten kaum entziehen.

Es ist dem ehemaligen britischen Premierminister David Cameron zu verdanken, dass er auf diese Effekte bei seinen Verhandlungen mit der EU, in denen er Reformen und Verbesserungen zu Gunsten des Vereinigten Königreichs erreichen wollte, in aller Deutlichkeit hingewiesen hat. Zu Recht stellte er dabei das sozialstaatliche Inklusionsprinzip in Frage und forderte, dass die aus dem EU-Ausland kommenden Arbeitnehmer erst nach vier Jahren in den Genuss steuer- und beitragsfinanzierter Sozialleistungen kommen.[87] Sie sollten sich also ihren Schutz durch das sozialstaatliche Umverteilungssystem erst verdienen. Aber mit dieser Forderung ist er bekanntermaßen aufgelaufen. Man wollte sie ihm nur in Form einer über vier Jahre gestreckten, graduell verbesserten Inklusion in den Sozialstaat gewähren und die Regelung im Übrigen nach sieben Jahren wieder auslaufen lassen.[88] Auch die deutsche Bundeskanzlerin verteidigte dieses – vorsichtig ausgedrückt – sehr bescheidene Angebot an Cameron, anstatt sich dessen Forderungen zu eigen zu machen. Das Primat der EU-Politik gegenüber den Gesetzen der Ökonomie sollte offenbar weiterhin gewahrt bleiben. Dafür war man bereit, Großbritannien die kalte Schulter zu zeigen.

Die Konsequenz ist jedenfalls, dass die Briten nun bald gar nicht mehr in der EU mitmachen werden. Doch haben die Forderungen der Briten und auch die immer neuen Entscheidungen deutscher Sozialgerichte die Bundesregierung und die politischen Parteien inzwischen aufgeweckt. So gibt es im Arbeitsministerium Pläne für eine Gesetzesnovelle, die den Sozialtourismus eindämmen soll. Man wird sehen müssen, was dabei herauskommt.[89]

# Anmerkungen

1. Vgl. Eurostat, Datenbank Bevölkerung und soziale Bedingungen, Asyl und gesteuerte Migration, Asyl und »Dublin«-Statistiken, Anträge, Erstmalige Asylbewerber.

2. Da aufgrund des Massenandrangs nicht alle Flüchtlinge im Jahr 2015 einen Asylantrag einreichten, schlägt sich die Migrationswelle des letzten Jahres auch stark auf die Antragszahlen des Jahres 2016 nieder, in dem sogar noch mehr Anträge als im vorangegangenen Jahr eingereicht wurden und werden. Während es von Januar bis Juli diesen Jahres zwar »nur« 238.000 EASY-Registrierungen gab, wurden bereits in diesem Zeitraum weitere 469.000 Asylerstanträge in Deutschland gestellt. Siehe Bundesagentur für Arbeit, *Arbeitsmarkt in Kürze: Fluchtmigration*, CF 3 – Statistik/Arbeitsmarktberichterstattung, Nürnberg, August 2016.

3. Errechnet aus der Anzahl der erstmaligen Asylbewerber im Jahr 2015 (vgl. Eurostat, Datenbank Bevölkerung und soziale Bedingungen, Asyl und Gesteuerte Migration, Asyl und »Dublin«-Statistiken, Anträge) und der Bevölkerungszahl am 1. Januar 2015 (vgl. Eurostat, Datenbank Bevölkerung und soziale Bedingungen, Demographie und Migration, Bevölkerungsstand, Bevölkerung am 1. Januar nach Alter und Geschlecht). In der Zahl der Asylanträge pro Einwohner in Deutschland muss jedoch berücksichtigt werden, dass ein großer Teil der im Jahr 2015 nach Deutschland eingereisten Flüchtlinge erst im Jahr 2016 ihren Asylantrag stellte. Die Zahl der Immigranten relativ zur Bevölkerungszahl lag somit auch in Deutschland für das Jahr 2015 noch deutlich höher, als etwa die ausgewiesene Zahl der Asylanträge pro 1.000 Einwohner suggeriert – vgl. vorherige Fußnote.

4. Staatssekretariat für Migration SEM, *Asylstatistik 2015*, Eidgenössisches Justiz- und Polizeidepartement EJPD, Bern-Wabern 2016, <https://www.sem.admin.ch/dam/data/sem/publiservice/statistik/asylstatistik/2015/stat-jahr-2015-kommentar-d.pdf>.

5. Siehe Bundesverwaltungsamt, Aussiedleraufnahmeverfahren Herkunftsstaaten seit 1950, <http://www.bva.bund.de/SharedDocs/Downloads/DE/BVA/Staatsangeh%C3%B6rigkeit/Aussiedler/Statistik/Zeitreihe_1950_2015.html?nn=4487700>.

6. Vgl. H.-W. Sinn, »Nachweisbare Wirkung«, *Wirtschaftswoche*, Nr. 23, 7. Juni 2010, S. 39, <http://www.ifo.de/nachweisbare_wirkungen/w/3FZKYYgni>; sowie H. Müller, »Ifo-Chef Sinn: ›Solider Aufschwung bei den Immobilien‹«, *Manager Magazin,* 23. Juni 2010, <http://www.manager-magazin.de/unternehmen/artikel/a-702338.html>.

7. Vgl. H.-W. Sinn, »Der Migrationssturm«, *ifo Standpunkt* 123, 2011 <https://www.cesifo-group.de/de/ifoHome/policy/Viewpoints/Standpunkte-Archiv/stp-2011/Ifo-Viewpoint-No--123--The-Migration-Storm.html>. Auch veröffentlicht als »Die neue Migrationswelle«, *Frankfurter Allgemeine Zeitung,* Nr. 61, 14. März 2011, S. 12.

8. EASY steht für »Erstaufnahme Asyl«. Dabei handelt es sich um die erste in Grenznähe vorgenommene polizeiliche Erfassung von Personen, die vorhaben, in Deutschland Asylanträge zu stellen.

9. Siehe Deutscher Bundestag, *Ergänzende Informationen zur Asylstatistik für das Jahr 2015,* Antwort der Bundesregierung auf die Kleine Anfrage der Abgeordneten Ulla Jelpke, Frank Tempel, Sevim Dağdelen, weiterer Abgeordneter und der Fraktion DIE LINKE, Drucksache 18/7625, 22. Februar 2016, <http://dip21.bundestag.de/dip21/btd/18/076/1807625.pdf> und Statistisches Bundesamt, Vorläufige Wanderungsergebnisse – 2015.

10. »De Maiziere spricht von ›ganz vielen Nachregistrierungen‹«, *Welt online*, 5. April 2016, <http://www.welt.de/politik/deutschland/article154001458/De-Maiziere-spricht-von-ganz-vielen-Nachregistrierungen.html>.

11. »Bayrisches Innenministerium: Mehr als 270.000 Flüchtlinge im September«, *Handelsblatt online*, 30. September 2015, <http://www.handelsblatt.com/politik/deutschland/bayrisches-innenministerium-mehr-als-270-000-fluechtlinge-im-september/12392158.html>.

12. *Verfahrensregelung zur Aussetzung des Dublinverfahrens für syrische Staatsangehörige*, AZ 411-93605/Syrien/2015, Nürnberg, 21. August 2015, <http://www.reinbek.de/files/Fluechtlinge/4_Aussetzung_Dublinverfahren_Syrien.pdf>. Zuvor hatte es bereits am 18. November 2014, 25. Juni 2015, und 23. Juli 2015 vereinfachende Verwaltungsbeschlüsse gegeben, die die Aufnahmewahrscheinlichkeit von Flüchtlingen aus Kriegsgebieten erhöhten.

13. »Es war selbstverständlich, dass wir diese Entscheidung getroffen haben, und ich halte sie auch für richtig, sie hat vielen Menschen geholfen«, vgl. N. Fried, »... dann ist das nicht mein Land«, *Süddeutsche Zeitung, SZ.de*, 15. September 2015, <http://www.sueddeutsche.de/politik/merkel-zu-fluechtlingspolitik-dann-ist-das-nicht-mein-land-1.2648819>.

14. Vgl. Bundesregierung, *Im Wortlaut: Pressekonferenz von Bundeskanzlerin Merkel und dem österreichischen Bundeskanzler Faymann*, 15. September 2015, <https://www.bundesregierung.de/Content/DE/Mitschrift/Pressekonferenzen/2015/09/2015-09-15-merkel-faymann.html>, sowie <http://www.welt.de/politik/deutschland/article148588383/Herbst-der-Kanzlerin-Geschichte-eines-Staatsversagens.html> und <http://www.faz.net/aktuell/politik/fluechtlingskrise/kritik-an-angela-merkels-fluechtlingspolitik-in-der-cdu-13855818.html>.

15. Vgl. »Asyl: USA haben erst 1700 syrische Flüchtlinge aufgenommen«, *Spiegel online*, 12. Mai 2016, <http://www.spiegel.de/politik/ausland/fluechtlinge-usa-haben-erst-1700-fluechtlinge-aufgenommen-a-1091934.html>.

16. Errechnet aus Angaben in den folgenden Pressemitteilungen des Bundesministeriums des Innern: »Sehr hoher Asyl-Zugang im September 2015«, 7. Oktober 2015, »Anhaltend hoher Asyl-Zugang im Oktober 2015«, 5. November 2015, »Hoher Asyl-Zugang im November 2015«, 4. Dezember 2015 und »2015: Mehr Asylanträge in Deutschland als jemals zuvor«, 6. Januar 2016.

17. Vgl. »Flucht durch Europa: Dänemark macht dicht«, *Tagesschau.de*, 10. September 2015, <http://www.tagesschau.de/ausland/fluechtlinge-daenemark-105.html>.

18. Einer Analyse der Grenzschutzagentur Frontex zufolge, über die Manuel Bewarder und Marcel Leubecher in der *Welt* berichteten, komme das Vortäuschen der syrischen Nationalität häufig vor. Demnach hat die Behörde im Jahr 2015 die Angaben von 173.042 Migranten überprüft, die sich bei ihrer Ankunft in Griechenland als syrische Staatsbürger ausgaben. Allein dabei stellten sich 14,2 % der Identitäten als falsch heraus. Fast 40 % der Personen, die als Marokkaner identifiziert werden konnten, hatten sich als Syrer ausgegeben. Bei diesen Zahlen handelt es sich wohl sogar um Untergrenzen, denn sie erfassen nur die Fälle, deren Fälschung tatsächlich nachgewiesen werden konnte. Vgl. M. Bewarder und M. Leubecher, »Syrische Staatsbürgerschaft wird massenhaft vorgetäuscht«, *Welt online*, 23. Juni 2016, <http://www.welt.de/politik/deutschland/article156496638/Syrische-Staatsbuergerschaft-wird-massenhaft-vorgetaeuscht.html>. Auch in Deutschland wurde inzwischen festgestellt, dass sich insbesondere Nordafrikaner mit mehreren Identitäten in Deutschland bewegen und dabei vornehmlich als Syrer ausgeben. Vgl. M. Korfmann und C. Onkelbach, »Viele Nordafrikaner in NRW sind als »Syrer« unterwegs«, *WAZ online*, 20. Januar 2016, <http://www.der-

westen.de/politik/viele-nordafrikaner-in-nrw-sind-als-syrer-unterwegs-id11481817.html>. Den Verdacht, dass sich mehrere Immigranten fälschlicherweise als Syrer ausgeben, äußerte Bundesinnenminister Thomas de Maizière bereits im September 2015. Damals schätzte er die Zahl noch auf 30%, wurde dann allerdings für diese öffentlichen Mutmaßungen gescholten. Vgl. R. Bongen und S. Buchen, »Falsche Syrer: Wie der Innenminister Gerüchte schürt«, *Das Erste – Panorama,* 8. Oktober 2016, <http://daserste.ndr.de/panorama/archiv/2015/Falsche-Syrer-Wie-der-Innenminister-Geruechte-schuert,demaziere108.html>.

19. Von den Tatverdächtigen der Kölner Silvesternacht hatte zudem knapp ein Drittel einen noch ungeklärten Aufenthaltsstatus und über 10% hielten sich sogar illegal, also ohne vorherige Erfassung, in Deutschland auf. Vgl. Ministerium für Inneres und Kommunales NRW, *Bericht des Ministeriums für Inneres und Kommunales zu dem von der FDP-Fraktion beantragten Tagesordnungspunkt 3. – Aktueller Sachstand zu massiven Übergriffen auf Frauen in der Silvesternacht in Köln und anderen NRW-Städten – der Sitzung des Innenausschusses am 07.04.2016,* Landtag Nordrhein-Westfalen, Vorlage 16/3831; sowie T.-R. Stoldt, »Was die zähe Aufklärung der Silvesternacht offenbart«, *Welt online,* 9. April 2016, <http://www.welt.de/regionales/nrw/article154154836/Was-die-zaehe-Aufklaerung-der-Silvesternacht-offenbart.html>.

20. Dies gehe laut Recherchen der *Rheinischen Post* aus internen Berichten hervor. Siehe E. Quadbeck, »Übergriffe in Köln: Silvester-Täter kamen mit Flüchtlingswelle ins Land«, *RP online,* 9. Juni 2016, <http://www.rp-online.de/politik/deutschland/berlin/blog/silvester-nacht-von-koeln-taeter-kamen-mit-fluechtlingswelle-ins-land-aid-1.6034491>.
Aus einem Entwurf der Abschlussbilanz des BKA zur Silvesternacht geht laut WDR, NDR und *Süddeutscher Zeitung* hervor, dass nach den Ermittlungen von insgesamt knapp 2.000 Tatverdächtigen der Silvesternacht in verschiedenen Städten ausgegangen werde. Dabei sei etwa die Hälfte im Jahr 2015 nach Deutschland eingereist. Auch diesem Bericht zufolge sollen die meisten der Tatverdächtigen aus Nordafrika stammen. Vgl. G. Mascolo und B. von der Heide, »BKA-Bilanz: 1200 Frauen wurden Opfer von Silvester-Gewalt«, *Süddeutsche Zeitung, SZ.de,* 10. Juli 2016. <http://www.sueddeutsche.de/politik/uebergriffe-in-koeln-frauen-wurden-opfer-von-silvester-gewalt-1.3072064>.

21. Vgl. Bundesregierung, »Flüchtlingsströme: Zentrale Mittelmeerroute konstant«, *Artikel,* 22. Juli 2016, <https://www.bundesregierung.de/Content/DE/Artikel/2016/06/2016-06-23-fluechtlingsstroeme-mittelmeerroute.html>.

22. Vgl. Frontex, *Central Mediterranean Route,* Trends and Routes, <http://frontex.europa.eu/trends-and-routes/central-mediterranean-route/>.

23. Vgl. »Nächste Flüchtlingswelle: Bis zu 200.000 Menschen warten in Libyen auf die Überfahrt«, *Handelsblatt online,* 21. Februar 2016, <http://www.handelsblatt.com/politik/international/naechste-fluechtlingswelle-bis-zu-200-000-menschen-warten-in-libyen-auf-die-ueberfahrt/12994422.html>; »Entwicklungsminister rechnet mit 200.000 neuen Flüchtlingen aus Afrika«, *Zeit online,* 8. April 2016, <http://www.zeit.de/politik/ausland/2016-04/mittelmeer-route-fluechtlinge-afrika-libyen-gerd-mueller>.

24. Vgl. Frontex, »Number of Migrants Arriving in Greece down 40% in January«, *Pressemitteilung,* 22. Februar 2016, <http://frontex.europa.eu/pressroom/news/number-of-migrants-arriving-in-greece-down-40-in-january-Z6DPwo>.

25. Vgl. International Organization for Migration, »Europe / Mediterranean Migration Response«, *Situation Report,* 14. Juli 2016, S. 6, <http://www.iom.int/sites/default/files/situation_reports/file/europe-mediterranean-migration-crisis-response-situation-report-14-july-2016.pdf>.

26. Vgl. International Organization for Migration, a.a.O., S. 5.

27. Vgl. Europäischer Rat – Rat der Europäischen Union, »Erklärung EU-Türkei, 18. März 2016«, *Pressemitteilung* 144/16, Auswärtige Angelegenheiten und internationale Beziehungen, 18. März 2016, <http://www.consilium.europa.eu/de/press/press-releases/2016/03/18-eu-turkey-statement/>.

28. Vgl. Bundesamt für Migration und Flüchtlinge, »Resettlement: weitere syrische Geflüchtete aufgenommen«, *Aktuelle Meldungen*, 16. Juni 2016, <http://www.bamf.de/SharedDocs/Meldungen/DE/2016/20160616-resettlement-flug-kassel-calden.html?nn=1367522>.

29. Vgl. »EU und Türkei treiben Beitrittsverhandlungen voran – Politiker reagieren entsetzt«, *Focus Online*, 30. Juni 2016, <http://www.focus.de/politik/ausland/bruessel-hat-den-weckruf-wohl-nicht-gehoert-eu-und-tuerkei-treiben-beitrittsverhandlungen-voran-politiker-reagieren-entsetzt_id_5686242.html?utm_source=facebook&utm_medium=social&utm_campaign=facebook-focus-online-politik&fbc=facebook-focus-online-politik&ts=201606302047> und European Commission, European Neighbourhood Policy and Enlargement Negotiations, <http://ec.europa.eu/enlargement/countries/check-current-status/index_en.htm>.

30. »Eckpunkte des Flüchtlingspakts: Was EU und Türkei beschlossen haben«, *Tagesschau.de*, 18. März 2016, <https://www.tagesschau.de/ausland/eu-tuerkei-abkommen-101-_origin-b8e35c72-8f95-4a48-af9f-17cd2019af60.html>.

31. Vgl. »Spanien greift rund tausend Flüchtlinge auf«, *Spiegel online*, 13. August 2014, <http://www.spiegel.de/panorama/spanien-1000-fluechtlinge-im-mittelmeer-aufgegriffen-a-985807.html>.

32. Vgl. M. Weber, *Politik als Beruf*, Duncker & Humblot, Berlin 1919; sowie »Kursiv: Max Webers immer aktueller Vortrag ›Politik als Beruf‹«, *Deutschlandfunk*, 30. Juni 2008, <http://www.deutschlandfunk.de/kursiv-max-webers-immer-aktueller-vortrag-politik-als-beruf.1310.de.html?dram:article_id=193616>.

33. Vgl. »Verordnung (EU) Nr. 604/2013 des Europäischen Parlaments und des Rates vom 26. Juni 2013 zur Festlegung der Kriterien und Verfahren zur Bestimmung des Mitgliedstaats, der für die Prüfung eines von einem Drittstaatsangehörigen oder Staatenlosen in einem Mitgliedstaat gestellten Antrags auf internationalen Schutz zuständig ist (Neufassung)«, *Amtsblatt der Europäischen Union* 2013/L 180/31.

34. Vgl. »Gesetz betreffend das Abkommen vom 28. Juli 1951 über die Rechtsstellung der Flüchtlinge«, *Bundesgesetzblatt* Teil 2, 1953, Nr. 19, 24. November 1953, S. 559.

35. Vgl. U. Di Fabio, *Migrationskrise als föderales Verfassungsproblem*, Gutachten im Auftrag des Freistaates Bayern, <http://www.bayern.de/wp-content/uploads/2016/01/Gutachten_Bay_DiFabio_formatiert.pdf>, und H.-J. Papier, »Unbegrenzte Einreise ist ein Fehler«, Interview mit H. Anger, *Handelsblatt online*, 12. Januar 2016, <http://www.handelsblatt.com/my/politik/deutschland/interview-mit-hans-juergen-papier-unbegrenzte-einreise-ist-ein-fehler/12818108.html?ticket=ST-617034-SYC4Bxle4YPp2KtoNI1H-ap3>.

36. Siehe U. Di Fabio, a.a.O., S. 94–96.

37. Vgl. Bundesamt für Migration und Flüchtlinge, *Asylgeschäftsstatistik für den Monat Dezember 2015*, <http://www.bamf.de/SharedDocs/Anlagen/DE/Downloads/Infothek/Statistik/Asyl/201512-statistik-anlage-asyl-geschaeftsbericht.pdf?__blob=publicationFile>.

38. Vgl. Bundesamt für Migration und Flüchtlinge, *Asylgeschäftsstatistik für den Monat Dezember 2014*, <https://www.bamf.de/SharedDocs/Anlagen/DE/Downloads/Infothek/Statistik/Asyl/201412-statistik-anlage-asyl-geschaeftsbericht.pdf?__blob=publicationFile>.

39. Siehe Bundesagentur für Arbeit, *Arbeitsmarkt in Kürze: Fluchtmigration*, a.a.O.; sowie auch Ch. Eisenring, »Ernüchterung statt Wirtschaftswunder«, *Neue Zürcher Zeitung*, 7. September 2016, S. 27.

40. Rede anlässlich der Verleihung eines Preises des Bundes der Steuerzahler in Bayern e.V. am 1. August 2016 im Bayerischen Hof in München.

41. Die Einführung der computergestützten zentralen Datenbank Eurodac wurde als Verordnung des Europäischen Rates im Jahr 2000 für den Vergleich von Fingerabdrücken zum Zwecke der effektiven Anwendung des Dubliner Übereinkommens beschlossen. Über dieses Verfahren sollte jeder Mitgliedsstaat prüfen können, ob ein Ausländer, der sich illegal in seinem Hoheitsgebiet aufhält, in einem anderen Mitgliedsstaat Asyl beantragt hat. Die Datenbank soll zur Prüfung eines gestellten Asylantrags herangezogen werden und so die Anwendung des Dubliner Übereinkommens erleichtern. Vgl. »Verordnung (EG) Nr. 2725/2000 des Rates vom 11. Dezember 2000«, *Amtsblatt der Europäischen Gemeinschaften* L316, 15. Dezember 2000, S. 1-10. Für die Verordnung zur Festlegung der Kriterien und Verfahren zur Bestimmung des Mitgliedstaats, der für die Prüfung eines von einem Drittstaatsangehörigen oder Staatenlosen in einem Mitgliedsstaat gestellten Antrags auf internationalen Schutz zuständig ist, wurde am 26. Juni 2013 eine Neufassung vom Europäischen Parlament und Europäischen Rat verabschiedet. Vgl. »Verordnung (EU) Nr. 604/2013 des Europäischen Parlaments und des Rates vom 26. Juni 2013«, *Amtsblatt der Europäischen Union* L180, 29. Juni 2013, S. 31-59.

42. Vgl. »Illegale Einwanderung: Polizei kann viele Flüchtlinge nicht mehr erfassen«, *Zeit online*, 12. Juli 2015, <http://www.zeit.de/gesellschaft/2015-07/fluechtlinge-polizei-registrierung>; »Bayerische Grenze: Erstmals 1000 Flüchtlinge an einem Tag aufgegriffen«, *Spiegel online*, 11. Juli 2015, <http://www.spiegel.de/panorama/erstmals-1000-fluechtlinge-an-einem-tag-aufgegriffen-a-1043087.html>.

43. Vgl. »De Maizière will Schichtarbeit im Bamf ausweiten«, *Zeit online*, 7. Dezember 2015, <http://www.zeit.de/politik/deutschland/2015-12/bundesamt-migration-fluechtlinge-thomas-de-maiziere>.
Mehrfach registriert hat sich z.B. der Attentäter Walid Salihi, der am 7. Januar 2016 mit einem Beil bewaffnet und mit einer Sprengstoffweste (Attrappe) bekleidet eine Polizeidienststelle in Paris betreten wollte. Laut Polizeiangaben hatte Salihi mindestens sieben Identitäten. Uwe Jacob vom Landeskriminalamt Nordrhein-Westfalen bestätigte, dass er im deutschen Ausländerzentralregister unter anderem Namen geführt wurde als bei der Polizei. Und in Luxemburg und Frankreich hatte er wieder andere Personalien. Vgl. K. Frigelj, »Der Typus ›Flüchtling‹, vor dem Experten warnten«, *Welt online*, 10. Januar 2016, <http://www.welt.de/politik/deutschland/article150844998/Der-Typus-Fluechtling-vor-dem-Experten-warnten.html>; »Erste Ermittlungsergebnisse zum Attentäter aus Recklinghausen«, *Polizei NRW*, <https://www.polizei.nrw.de/lka/artikel__12817.html>.
Auf Grundlage des Anfang 2016 verabschiedeten Datenaustauschverbesserungsgesetzes, das die Erfassung der Flüchtlinge sowie den Datenaustausch zwischen deutschen Behörden rechtlich und technisch erleichtern soll, wird innerhalb Deutschlands versucht, der unübersichtlichen Lage Herr zu werden. Vgl. P. Banse und A. Petermann, »Ankunftsnachweis für Flüchtlinge. Daten sammeln gegen den Kontrollverlust«, *Deutschlandfunk*, 29. Januar 2016,

<http://www.deutschlandfunk.de/ankunftsnachweis-fuer-fluechtlinge-daten-sammeln-gegen-den.724.de.html?dram:article_id=344031>.

44. Vgl. M. Korfmann und C. Onkelbach, »Viele Nordafrikaner in NRW sind als »Syrer« unterwegs«, a.a.O.

45. Vgl. »Asylbewerber: Zahl der Abschiebungen 2015 verdoppelt«, *Zeit online*, 20. Januar 2016, <http://www.zeit.de/politik/deutschland/2016-01/abschiebungen-asylbewerber-nordrhein-westfalen-bayern>.

46. Der Asylantrag des Attentäters von Ansbach wurde bereits ein Jahr vor seinem Anschlag abgelehnt. Man schob diese Person allerdings nicht ab, sondern duldete sie weiterhin. Vgl. »Angriff in Ansbach: Warum abgelehnte Asylbewerber nicht immer abgeschoben werden«, *Spiegel online*, 25. Juli 2016, <http://www.spiegel.de/politik/deutschland/ansbach-warum-abgelehnte-asylbewerber-nicht-immer-abgeschoben-werden-a-1104505.html>.

47. R. Coase, »The Problem of Social Cost«, *Journal of Law and Economics* 3, 1960, S. 1-44.

48. J.M. Buchanan, »An Economic Theory of Clubs«, *Economica* 32 (125), 1965, S. 1-14.

49. Vgl. J. Whalley, »The North-South Debate and the Terms of Trade: An Applied General Equilibrium Approach«, *Review of Economics and Statistics* 66 (2), 1984, S. 224-234.

50. Bundesregierung, »Neujahrsansprache 2016 von Bundeskanzlerin Dr. Angela Merkel am 31. Dezember 2015 über Hörfunk und Fernsehen«, *Bulletin der Bundesregierung*, 01. Januar 2016, <https://www.bundesregierung.de/Content/DE/Bulletin/2016/01/01-1-bk-neujahr.html>.

51. »Daimler-Chef Zetsche: Flüchtlinge könnten Wirtschaftswunder bringen«, *Frankfurter Allgemeine Zeitung, FAZ.NET*, 15. September 2015, <http://www.faz.net/aktuell/technik-motor/iaa/daimler-chef-zetsche-fluechtlinge-koennten-neues-wirtschaftswunder-ausloesen-13803671.html>.

52. So haben bis zum Juni 2016 die 30 größten Unternehmen Deutschlands gerade einmal 54 Flüchtlinge eingestellt. Die Bilanz fällt im Detail noch gravierender aus, da sich die 54 Personen allein auf drei Unternehmen verteilen, wovon wiederum 50 Flüchtlinge bei der Deutschen Post (meist in Sortier-Zentren) unterkamen. Entgegen der Ankündigungen von Dieter Zetsche, dass Deutschland diese motivierten Flüchtlinge brauche, gehört die Daimler AG zu den 27 DAX-Unternehmen, die bis Anfang Juni 2016 noch keinen Flüchtling fest angestellt hatte. Vgl. S. Astheimer, »Dax-Konzerne stellen nur 54 Flüchtlinge ein«, *Frankfurter Allgemeine Zeitung, FAZ.NET*, 4. Juli 2016, <http://www.faz.net/aktuell/wirtschaft/unternehmen/welcher-konzern-stellte-fluechtlinge-ein-14322168.html>; M. Hecking, »29 Dax-Konzerne stellen insgesamt 4 Flüchtlinge ein«, *Manager Magazin online*, 4. Juli 2016, <http://www.manager-magazin.de/politik/deutschland/29-dax-konzerne-stellen-vier-fluechtlinge-ein-a-1101204.html>.

53. Vgl. T. Wollmershäuser et al., »ifo Konjunkturprognose 2014/2015: Deutscher Aufschwung setzt sich fort«, *ifo Schnelldienst* 67 (13), 2014, insbesondere S. 37 und S. 40 sowie Tabelle 3.4, und T. Wollmershäuser et al., »ifo Konjunkturprognose 2014/2015: Deutsche Wirtschaft gewinnt allmählich wieder an Schwung«, *ifo Schnelldienst* 67 (24), 2014, insbesondere S. 59 und S. 63.

54. A. Knabe, R. Schöb und M. Thum, »Der flächendeckende Mindestlohn«, *Diskussionsbeiträge*, 2014/4, Freie Universität Berlin, <http://edocs.fu-berlin.de/docs/servlets/MCRFileNodeServlet/FUDOCS_derivate_000000003072/discpaper2014_4.pdf?hosts=>.

55. Vgl. Statistisches Bundesamt, *Bevölkerungsfortschreibung 2000*, Fachserie 1, Reihe 1.3, 2005, Tabelle 2.2.

56. Das entspricht der Variante 4 der aktuellen Bevölkerungsvorausberechnung, vgl. Statistisches Bundesamt, *Bevölkerung Deutschlands bis 2060*, 13. koordinierte Bevölkerungsvorausberechnung, Tabellenband, 2015, S. 103-119.

57. Siehe H.-W. Sinn, *Ist Deutschland noch zu retten?* Econ Verlag, München 2003, Kap. 7, »Land der Greise«.

58. Vgl. verschiedene Beiträge seit den 1980er-Jahren, wie z.b. M. Miegel, *Sicherheit im Alter – Plädoyer für die Weiterentwicklung des Rentensystems*, mit Vorwort von Kurt Biedenkopf, Schriften des IWG Bonn, Verlag Bonn Aktuell, Stuttgart 1981; ders., »Der Generationenvertrag ist in Gefahr«, *Genossenschaftsforum* 7, 1981, S. 308-311; ders., »Grundversorgung und private Alterssicherung – Eine Alternative zum bestehenden Rentenkonzept«, in: P. Hampe, Hrsg., *Renten 2000*, Akademiebeiträge zur Politischen Bildung Band 14, Olzog Verlag, München 1985, S. 83-92; M. Miegel und S. Wahl, *Gesetzliche Grundsicherung, Private Vorsorge – Der Weg aus der Rentenkrise*, Schriften des IWG Bonn, Verlag Bonn Aktuell, Stuttgart 1985; dies., »Wie reformbedürftig ist die gesetzliche Alterssicherung?«, *Die Sozialversicherung* 4, 1986, S. 91-94; M. Miegel, »Vom Kopf auf die Füße – Die Rentenversicherung ist im Rahmen des alten Systems nicht zu retten«, *Die Zeit*, 13. November 1987, S. 30-31, sowie <http://www.zeit.de/1987/47/vom-kopf-auf-die-fuesse>; H. Birg, »Die demographische Zeitenwende«, *Spektrum der Wissenschaft*, Januar 1989, S. 40-49 (insb. S. 48 f.); K. Biedenkopf und M. Miegel, *Von der Arbeitnehmer- zur Bürgerrente, Das Konzept der Grundsicherung im Alter für alle Bürgerinnen und Bürger*, Dresden & Bonn 1997; H.-W. Sinn, »Die Krise der Gesetzlichen Rentenversicherung und Wege zu ihrer Lösung«, in: Bayerische Akademie der Wissenschaften, Hrsg., *Jahrbuch 1998*, C. H. Beck Verlag, München 1999, S. 96-119; ders., *Ist Deutschland noch zu retten?*, Kap. 7, »Land der Greise«, a.a.O. Eine neuere Studie zu dem Thema findet man bei H.-W. Sinn, »Land ohne Kinder – Die Fakten, die Folgen, die Ursachen und die Politikimplikationen«, in: F.-X. Kaufmann und W. Krämer, Hrsg., *Die demografische Zeitbombe. Fakten und Folgen des Geburtendefizits*, Nordrhein-Westfälische Akademie der Wissenschaften und der Künste, Verlag Ferdinand Schöningh, Paderborn 2015, S. 103-147, sowie H. Birg, *Die Alternde Republik und das Versagen der Politik: Eine demographische Prognose*, LIT Verlag, Münster & Berlin 2014.

59. So hatte die Bertelsmann-Stiftung im Jahr 2014 kommunikativ ein Teilergebnis einer umfangreicheren Studie von Holger Bonin in den Vordergrund gestellt, das den Tenor seiner Berechnungen umdrehte. Während nämlich Bonin zu dem Schluss gekommen war, dass ein Migrant (damals ging es vornehmlich um EU-Migranten) den Staat im Schnitt und über sein Leben hinweg netto 79.000 Euro kosten würde, wenn man seine Steuern und Sozialbeiträge mit den Kosten aller von ihm in Anspruch genommenen staatlichen Leistungen verglich, betonte die Stiftung, dass die Steuern und Sozialbeiträge mehr waren, als die in Anspruch genommenen Sozialleistungen und Schulkosten. Der gesamte Rest der staatlichen Daseinsvorsorge von den Kosten der Behörden bis zu den Kosten der Infrastruktur wurde dabei unter den Tisch gekehrt. Das Ergebnis wurde von den Medien eifrig verbreitet und als Argument gegen migrationskritische Demonstrationen präsentiert. Der Autor dieser Zeilen wies damals auf diese Fehlinterpretation hin und wurde daraufhin von *Spiegel online* zum Chefökonomen der AfD erklärt, obwohl er niemals Kontakt zu dieser Partei hatte und sich von ihr auch distanziert. Das wirft ein besonderes Licht auf die Rationalität der medialen Debatte in Deutschland.
Vgl. H. Bonin, *Der Beitrag von Ausländern und künftiger Zuwanderung zum deutschen Staatshaushalt*, Bertelsmann Stiftung, Gütersloh 2014; H.-W. Sinn, »Ökonomische Effekte der

Migration«, *Frankfurter Allgemeine Zeitung,* 29. Dezember 2014, S. 18, sowie *FAZ.NET,* 3. Januar 2015, <http://www.faz.net/aktuell/wirtschaft/wirtschaftspolitik/ifo-chef-sinn-oekonomische-effekte-der-migration-13343999.html>, sowie *ifo Schnelldienst* 68 (1), 2015, S. 3-6; H.-W. Sinn, »Migration ist ein Verlustgeschäft«, *Frankfurter Allgemeine Zeitung, FAZ.NET,* 29. Dezember 2014, <http://www.faz.net/aktuell/wirtschaft/wirtschaftspolitik/ifo-chef-sinn-migration-ist-verlustgeschaeft-fuer-deutschland-13344263.html>. T. Kaiser, »Auch Deutsche kosten mehr, als sie dem Staat bringen«, *Welt online,* 29. Dezember 2014, <http://www.welt.de/wirtschaft/article135852617/Auch-Deutsche-kosten-mehr-als-sie-dem-Staat-bringen.html>. A. Demling und C. Rickens, »Kritik an Zuwanderung: Der Fehler in Hans-Werner Sinns Migranten-Mathematik«, *Spiegel online,* 30. Dezember 2014, <http://www.spiegel.de/wirtschaft/soziales/hans-werner-sinn-im-faktencheck-wo-die-migranten-rechnung-falsch-ist-a-1010741.html>. C. Rickens, »Hans-Werner Sinn über Einwanderer: ›Ich vermute per Saldo immer noch einen großen Gewinn‹«, *Spiegel online,* Interview von C. Rickens mit H.-W. Sinn, 3. Januar 2015, <http://www.spiegel.de/wirtschaft/soziales/interview-hans-werner-sinn-migration-bringt-deutschland-gewinn-a-1011147.html>. C. von Marschall, »Zuwanderungs-Studie: Bewusstes Missverstehen«, *Tagesspiegel online,* 8. Januar 2015, <http://www.tagesspiegel.de/meinung/zuwanderungs-studie-bewusstes-missverstehen/11198960.html>. H.-W. Sinn, »Was uns da blühen kann«, Interview von M. Schieritz, *Die Zeit,* Nr. 2, 8. Januar 2015; sowie *Zeit online,* 22. Januar 2015, <http://www.zeit.de/2015/02/migration-oekonomie-hans-werner-sinn>. H.-W. Sinn, »Migration: Gut für den Arbeitsmarkt, schlecht für den Staat«, *Wirtschaftswoche online,* 10. Februar 2015, <http://www.wiwo.de/politik/deutschland/zuwanderer-in-deutschland-migration-gut-fuer-den-arbeitsmarkt-schlecht-fuer-den-staat/11339866.html>.

60.  Vgl. H.-W. Sinn, G. Flaig, M. Werding, S. Munz, N. Düll und H. Hofmann, *EU-Erweiterung und Arbeitskräftemigration: Wege zu einer schrittweisen Annäherung der Arbeitsmärkte, Abschnitt 4: Fiskalische Wirkungen der Zuwanderung,* ifo Beiträge zur Wirtschaftsforschung 2, ifo Institut für Wirtschaftsforschung, München 2001, S. 159-237, insb. S. 222 ff.; sowie H.-W. Sinn und M. Werding, »Immigration Following EU Eastern Enlargement«, *CESifo Forum* 2 (2), 2001, S. 40-47, insb. S. 44 ff. Man kann im Übrigen auf der Basis eines Theorems von Mohring und Harwitz präzis zeigen, dass die Grenzkosten des Nachbaus bei einer Wahl der optimalen Betriebsgröße der öffentlichen Einrichtung sowohl den Grenzballungskosten als auch den Durchschnittskosten der Einrichtung (inklusive der amortisierten Baukosten und der laufenden Betriebskosten) entsprechen. Siehe H. Mohring und M. Harwitz, *Highway Benefits: An Analytical Framework,* Northwestern University Press, Evanston, Illinois 1962.

61.  E. Hanushek und L. Wößmann, *Universal Basic Skills: What Countries Stand to Gain,* OECD Publishing, Paris 2015.

62.  Der Ausgangspunkt des Syrischen Bürgerkriegs waren friedliche Demonstrationen im Rahmen des Arabischen Frühlings 2011, die von der Regierung Assads gewaltsam niedergeschlagen wurden. In der zweiten Jahreshälfte 2011 formierten sich Rebellengruppen, wie die Freie Syrische Armee (FSA), die sich fortan auch militärisch zur Wehr setzten. Die volle Eskalation des Krieges und flächendeckende Auswirkung auf die Bevölkerung setzte allerdings erst nach 2011 ein.

63.  Vgl. L. Wößmann, »Zwei Drittel können kaum lesen und schreiben«, Interview von J.-M. Wiarda mit Ludger Wößmann, *Die Zeit,* Nr. 47, 19. November 2015; sowie *Zeit online,* 3. Dezember 2015, <http://www.zeit.de/2015/47/integration-fluechtlinge-schule-bildung-herausforderung>.

64. M. Battisti und G. Felbermayr, »Migranten im deutschen Arbeitsmarkt: Löhne, Arbeitslosigkeit, Erwerbsquoten«, *ifo Schnelldienst* 68 (20), 2015, S. 39-47; E. Ceritoglu, H.B.G. Yunculer, H. Torun und S. Tumen, »The Impact of Syrian Refugees on Natives' Labor Market Outcomes in Turkey: Evidence from a Quasi-Experimental Design«, *IZA Discussion Paper Series* No. 9348, 2015.

65. In der Arbeit von Hanushek und Wößmann a.a.O. wird der Anteil funktionaler Analphabeten unter den 15-Jährigen in Deutschland mit 16 % angegeben. Grotlüschen und Riekmann beziffern auf Grundlage ihrer Studie den Anteil funktionaler Analphabeten an der erwerbsfähigen deutschen Bevölkerung zwischen 18 und 64 Jahre auf 14,5 %. Siehe A. Grotlüschen und W. Riekmann, Hrsg., *Funktionaler Analphabetismus in Deutschland. Ergebnisse der ersten leo.–Level-One Studie*, Analphabetisierung und Grundbildung Band 10, Waxmann, Münster 2012.

66. A.-K. Rich, »Asylantragsteller in Deutschland im Jahr 2015. Sozialstruktur, Qualifikationsniveau und Berufstätigkeit«, *Kurzanalysen des Forschungszentrums Migration, Integration und Asyl des Bundesamtes für Migration und Flüchtlinge*, Ausgabe 3, 2016, Abbildung 6, <https://www.bamf.de/SharedDocs/Anlagen/DE/Publikationen/Kurzanalysen/kurzanalyse3_sozial-komponenten.pdf?__blob=publicationFile>.

67. Die Klassifizierung der Schulen erfolgt nach der internationalen Klassifikation (ISCED). Es dürfte sich dabei um ISCED 3 handeln, also die zweite Stufe der Sekundarbildung, die als Vorbereitung auf einen Beruf oder tertiäre Bildung definiert ist. In ISCED 3 wäre neben dem Gymnasium auch die deutsche Berufsausbildung klassifiziert.

68. P. Vetter, »Sieben von zehn Flüchtlingen brechen Ausbildung ab«, *Welt online*, 15. Oktober 2015, <http://www.welt.de/wirtschaft/article147608982/Sieben-von-zehn-Fluechtlingen-brechen-Ausbildung-ab.html>.

69. Angabe zum 31.12.2014, errechnet aus: Statistisches Bundesamt, *Ausländische Bevölkerung*, Fachserie 1 Reihe 2, 2015, Tabelle 3b.

70. Vgl. A. Auerbach, J. Gokhale und L. Kotlikoff, »Generational Accounts: A Meaningful Alternative to Deficit Accounting«, in: D. Bradford, Hrsg., *Tax Policy and the Economy, Volume 5*, MIT Press, Cambridge MA 1991, S. 55-110; A. Auerbach, J. Gokhale und L. Kotlikoff, »Generational Accounting: A Meaningful Way to Evaluate Fiscal Policy«, *Journal of Economic Perspectives* 8 (1), 1994, S. 73-94.

71. B. Raffelhüschen und S. Moog, »Zur fiskalischen Dividende der Flüchtlingskrise: Eine Generationenbilanz«, *ifo Schnelldienst* 69 (4), 2016, S. 24-29.

72. Die Heinrich-Böll-Stiftung ist eine Einrichtung der Partei Bündnis90/Die Grünen.

73. H. Bonin, *Gewinne der Integration – Berufliche Qualifikation und Integrationstempo entscheiden über die langfristigen fiskalischen Kosten der Aufnahme Geflüchteter*, Heinrich Böll Stiftung, Berlin 2016.

74. Ebenda, Abb. 4, S. 13.

75. Vgl. G. Borjas, »Immigration and Welfare Magnets«, *Journal of Labor Economics* 17 (4), 1999, S. 607–637; H.-W. Sinn, *The New Systems Competition*, Basil Blackwell, Oxford 2003, Chapter 3: »The Erosion of the Welfare State«, S. 78-105; ders., »Tax Harmonization and Tax Competition in Europe«, *European Economic Review* 34, 1990, Papers & Proceedings, S. 489–504; ders., »EU Enlargement and the Future of the Welfare State«, Stevenson Citizenship Lectures,

*Scottish Journal of Political Economy* 49, 2002, S. 104–115; ders., »EU Enlargement, Migration and the New Constitution«, *CESifo Economic Studies* 50, 2004, S. 685-707; H.-W. Sinn, G. Flaig, M. Werding, S. Munz, N. Düll und H. Hofmann, *EU-Erweiterung und Arbeitskräftemigration: Wege zu einer schrittweisen Annäherung der Arbeitsmärkte, Abschnitt 4: Fiskalische Wirkungen der Zuwanderung,* ifo Beiträge zur Wirtschaftsforschung 2, ifo Institut für Wirtschaftsforschung, München 2001, S. 159-237, insb. S. 222 ff.; sowie H.-W. Sinn und M. Werding, »Immigration Following EU Eastern Enlargement«, *CESifo Forum* 2 (2), 2001, S. 40-47, insb. S. 44 ff.; G. De Giorgi und M. Pellizzari, »Welfare Migration in Europe«, *Labour Economics* 16 (4), 2009, S. 353-363.

76. Das Ziel der Freizügigkeit innerhalb der Europäischen Union beruht auf Art. 3 Abs. 2 des EU-Vertrags. Die Ausgestaltung wird durch Art. 21 sowie Art. 45-55 des Vertrags über die Arbeitsweise der Europäischen Union (AEUV) weiter spezifiziert. Die Bedeutung der Freizügigkeit wird auch in der Präambel des EU-Vertrags hervorgehoben, in der es heißt: »Entschlossen, die Freizügigkeit unter gleichzeitiger Gewährleistung der Sicherheit ihrer Bürger durch den Aufbau eines Raums der Freiheit, der Sicherheit und des Rechts nach Maßgabe der Bestimmungen dieses Vertrags und des Vertrags über die Arbeitsweise der Europäischen Union zu fördern.«

77. Das Ziel der Sozialstaatlichkeit beruht auf Art. 3 Abs. 3 des EU-Vertrags. Die Ausgestaltung in der Europäischen Union wird durch Art. 151-161 im Vertrag über die Arbeitsweise der Europäischen Union (AEUV) z.B. zur Sozialpolitik in der EU weiter spezifiziert.

78. Das Ziel der Inklusion in den Sozialstaat beruht im Wesentlichen auf Art. 9 des EU-Vertrags über die Gleichbehandlung der Bürgerinnen und Bürger der Europäischen Union. Dieser Grundsatz wird in Art. 18-25 zur Nichtdiskriminierung und Unionsbürgerschaft des Vertrags über die Arbeitsweise der Europäischen Union (AEUV) weiter spezifiziert. Die Inklusion der Migranten in das Sozialsystem des Gastlandes sind in der Verordnung zur Koordinierung der Systeme der sozialen Sicherheit sowie dem Unionsbürgerrecht ausgeführt; vgl. Richtlinie 2004/38/EG des Europäischen Parlaments und des Rates vom 29. April 2004 über das Recht der Unionsbürger und ihrer Familienangehörigen, sich im Hoheitsgebiet der Mitgliedstaaten frei zu bewegen und aufzuhalten, zur Änderung der Verordnung (EWG) Nr. 1612/68 und zur Aufhebung der Richtlinien 64/221/EWG, 68/360/EWG, 72/194/EWG, 73/148/EWG, 75/34/EWG, 75/35/EWG, 90/364/EWG, 90/365/EWG und 93/96/EWG, insb. Art. 14 und Art. 24; sowie Verordnung (EG) Nr. 883/2004 des Europäischen Parlaments und des Rates vom 29. April 2004 zur Koordinierung der Systeme der sozialen Sicherheit (ABl. L 166, S. 1, berichtigt im ABl. 2004, L 200, S. 1) in der durch die Verordnung (EU) Nr. 1244/2010 der Kommission vom 9. Dezember 2010 (ABl. L 338, S. 35) geänderten Fassung.

79. Zu den Aufnahmebedingungen gehört u.a., dass der Beitrittskandidat die *acquis communautaire* vollständig akzeptiert und im eigenen Land in Kraft setzt (vgl. Art. 49 EUV). In der *acquis* heißt es u.a. in Kapitel 19 zur Sozialpolitik und Beschäftigung: »*The acquis in the social field includes minimum standards in the areas of labour law, equality, health and safety at work and anti-discrimination. The Member States participate in social dialogue at European level and in EU policy processes in the areas of employment policy, social inclusion and social protection.*« Siehe »Chapters of the Acquis«, <http://ec.europa.eu/enlargement/policy/conditions-membership/chapters-of-the-acquis/index_en.htm>.

80. Vgl. Richtlinie 2004/38/EG des Europäischen Parlaments und des Rates vom 29. April 2004 über das Recht der Unionsbürger und ihrer Familienangehörigen, sich im Hoheitsgebiet der

Mitgliedstaaten frei zu bewegen und aufzuhalten a.a.O, und Verordnung (EG) Nr. 883/2004 des Europäischen Parlaments und des Rates vom 29. April 2004 zur Koordinierung der Systeme der sozialen Sicherheit a.a.O.; als auch das Urteil in der Rechtssache C-333/13, Gerichtshof der Europäischen Union, »Nicht erwerbstätige Unionsbürger, die sich allein mit dem Ziel, in den Genuss von Sozialhilfe zu kommen, in einen anderen Mitgliedstaat begeben, können von bestimmten Sozialleistungen ausgeschlossen werden«, *Pressemitteilung* Nr. 146/14, Luxemburg 2014.

81. Für die Regelbedarfsstufe 1 (für Alleinstehende oder Alleinerziehende) seit dem 1. Januar 2016. Für die Regelbedarfsstufe 2 (volljähriger Partner innerhalb einer Bedarfsgemeinschaft) beträgt die monatliche Leistung jeweils 364 Euro seit dem 1. Januar 2016. Vgl. Regelbedarfsstufen nach § 20 (Regelbedarf zur Sicherung des Lebensunterhalts) des Zweiten Buches (II) Sozialgesetzbuch (SGB) sowie § 28 (Ermittlung der Regelbedarfe) des Zwölften Buches (XII) Sozialgesetzbuch (SGB).

82. Übernahme der Kosten für Unterkunft und Heizung nach § 22 des Zweiten Buches (II) Sozialgesetzgebung (SGB). Diese werden für Hartz-IV-Empfänger in Höhe der tatsächlichen Aufwendungen anerkannt, soweit diese angemessen sind. So gelten beispielsweise nach aktuellem Stand für eine Wohnung in Berlin für einen Single mit 50 m² etwa 440 Euro als angemessen. In München dagegen gelten bei 50 m² aufgrund des höheren Quadratmeterpreises 590 Euro als angemessen. Vgl. <http://www.hartziv.org/unterkunft-und-heizung.html>.

83. Im Jahr 2016 beträgt der maximale Zuschuss zur privaten Krankenversicherung 332,65 Euro monatlich. Vgl. Zuschuss zu den Versicherungsbeiträgen der Kranken- und Pflegeversicherung nach § 26 SGB II, <https://www.arbeitsagentur.de/web/wcm/idc/groups/public/documents/webdatei/mdaw/mdgx/~edisp/l6019022dstbai381551.pdf?_ba.sid=L6019022DSTBAI381554>.

84. Das Bruttoeinkommen eines durchschnittlichen Arbeitnehmers betrug 2015 in Bulgarien 505 Euro monatlich, in Rumänien 579 Euro monatlich. Siehe Eurostat, Datenbank Wirtschaft und Finanzen, Volkswirtschaftliche Gesamtrechnungen (ESVG 2010), Jährliche Volkswirtschaftliche Gesamtrechnungen, Hauptaggregate des BIP; ebenda, Zusätzliche Indikatoren, Bevölkerung und Erwerbstätigkeit. Selbst wenn die unterschiedlich hohen Lebenshaltungskosten der Länder berücksichtigt würden, bliebe der reale Unterschied beträchtlich.

85. Vgl. § 4a, Abs. 6 und § 4a, Abs. 1, S. 1 des Gesetzes über die allgemeine Freizügigkeit von Unionsbürgern (Freizügigkeitsgesetz/EU – FreizügG/EU), Freizügigkeitsgesetz/EU vom 30. Juli 2004 (BGBl. I S. 1950, 1986), das zuletzt durch Artikel 6 des Gesetzes vom 22. Dezember 2015 (BGBl. I S. 2557) geändert worden ist; sowie auch Art. 16 der Richtlinie 2004/38/EG des Europäischen Parlaments und des Rates vom 29. April 2004 über das Recht der Unionsbürger und ihrer Familienangehörigen, sich im Hoheitsgebiet der Mitgliedstaaten frei zu bewegen und aufzuhalten, a.a.O.

86. Bundessozialgericht, B 4 AS 44/15 R, 03. Dezember 2015, <https://sozialgerichtsbarkeit.de/sgb/esgb/show.php?modul=esgb&id=182943>. Vgl. auch Medieninformation Nr. 28/5, Ausschluss von SGBII-Leistungen für Unionsbürger – Sozialhilfe bei tatsächlicher Aufenthaltsverfestigung.

87. »Cameron will Einwanderung von EU-Ausländern begrenzen«, *Zeit online*, 28. November 2014, <http://www.zeit.de/politik/ausland/2014-11/david-cameron-eu-einwanderung-vereinigtes-koenigreich>.

88. Vgl. European Council, *European Council Meeting – 18 and 19 February 2016 – Conclusions*, Brüssel, 19. Februar 2016.

89. Vgl. S. von Borstel und M. Leubecher, »Bei Sozialtourismus ist Nahles härter als die Briten«, *Welt online*, 28. April 2016, <http://www.welt.de/politik/deutschland/article154859612/Bei-Sozialtourismus-ist-Nahles-haerter-als-die-Briten.html>; R. Preuß, »Mehr Migranten beziehen Hartz IV – Merkel für Kürzungen«, *Süddeutsche Zeitung, SZ.de*, 8. Januar 2016, <http://www.sueddeutsche.de/wirtschaft/eu-auslaender-mehr-migranten-beziehen-hartz-iv-merkel-fuer-kuerzungen-1.2809337>. Früher auf die Seite Camerons stellte sich hingegen die CSU. Beim Besuch von David Cameron auf der CSU-Klausurtagung im Januar 2016 bekräftigten beide Seiten ihre gemeinsame Position in europapolitischen Fragen. Zur Migrationspolitik sagte Cameron auf der Klausurtagung etwa: »Wir wollen sicherstellen, dass die Sozialsysteme nicht allzu anziehend wirken«, woraufhin ihn Horst Seehofer lobte, dass seine Position im Umgang mit Sozialleistungen für EU-Bürger »CSU pur« sei. Die CSU verschärfte auf ihrer Klausurtagung nochmals ihre schon seit Ende 2013 eingebrachten Forderungen, in Europa und Deutschland striktere Regelungen gegen Armutsmigration und Sozialtourismus zu beschließen. Vgl. »CSU lobt Cameron – Cameron lobt CSU«, *Tagesschau.de*, 7. Januar 2016, <https://www.tagesschau.de/inland/cameron-kreuth-103.html>; P. Issing und T. Vitzthum, »CSU hofiert Merkels außenpolitische Gegner«, *Welt online*, 7. Januar 2016, <http://www.welt.de/politik/deutschland/article150753547/CSU-hofiert-Merkels-aussenpolitische-Gegner.html>; CSU-Landesgruppe, »Freizügigkeit schützen – Armutsmigration verhindern«, *Klausurtagung der CSU-Landesgruppe in Wildbad Kreuth 2016*, 8. Januar 2016; R. Roßmann, »CSU plant Offensive gegen Armutsmigranten«, *Süddeutsche Zeitung, SZ.de*, 28. Dezember 2013, <http://www.sueddeutsche.de/politik/wegen-bulgarien-und-rumaenien-csu-plant-offensive-gegen-armutsmigranten-1.1852159>.

## KAPITEL 3

# Der Weg in die Haftungsunion

*Die OMT-Entscheidung des Bundesverfassungsgerichts: Genauso schwarz wie der Brexit* ● *»Kostenlose« Kreditausfallversicherung von der EZB* ● *Warum die Verluste auf die Steuerzahler durchschlagen werden* ● *Niemand will es zugeben – Eurobonds durch die Hintertür* ● *Haftung oder keine Haftung – Was wurde vereinbart?* ● *Eine bescheidene Frage an das Hohe Gericht* ● *Endlose Schuldenspirale trotz (angeblicher) Schuldenschranken* ● *Eher DDR oder eher USA?* ● *Europa wiederholt die Fehler aus den Anfangsjahren der USA* ● *Sparer, Rentner, Stiftungen & Co – Warum Deutschland der große Verlierer der Niedrigzinspolitik ist* ● *Geld horten, Bargeld abschaffen: Es geht nicht um Kleinkriminelle*

# Die OMT-Entscheidung des Bundesverfassungsgerichts: Genauso schwarz wie der Brexit

Wie schon in der Einleitung betont, kam es zwei Tage vor dem britischen Referendum, am 21. Juni 2016, fast unbemerkt von der Öffentlichkeit zu einem zweiten Ereignis, das den Buchtitel »Der Schwarze Juni« rechtfertigt. An jenem Dienstag hatte der Zweite Senat des deutschen Verfassungsgerichts[1] ein vom ihm selbst erbetenes Urteil des Europäischen Gerichtshofs[2] (EuGH) zum OMT-Programm der Europäischen Zentralbank (EZB) akzeptiert und damit der EZB grünes Licht für eine Politik gegeben, die in riesigem Umfang Vermögensrisiken in Europa umverteilt – vor allem zu Lasten Deutschlands.

OMT steht für *Outright Monetary Transactions,* was so viel heißt wie »offene monetäre Transaktionen«. Aber wie häufig bei den Verlautbarungen der EZB sagt dieser Name wenig darüber aus, was gemeint ist. Tatsächlich geht es um das im Sommer 2012 gegebene Versprechen der EZB, die Staatspapiere der Krisenländer notfalls unbegrenzt zu kaufen und so das Risiko des Konkurses dieser Länder von den privaten Anlegern auf die Staatengemeinschaft zu übertragen.

Mit ihrem Versprechen, die Staatspapiere im Krisenfall zu kaufen, verfolgte die EZB das Ziel, bereits im Vorhinein die Kurse der Staatspapiere zu stützen und die von den Anlegern verlangten Risikoaufschläge im Zins zu reduzieren, sodass sich die Schuldenländer zu günstigeren Bedingungen verschulden konnten.[3] EZB-Präsident Mario Draghi hatte sein Versprechen vor Investoren und bei einer Pressekonferenz mit den berühmt gewordenen Worten *whatever it takes* (übersetzt: »was immer nötig ist«) angekündigt.[4]

Manchmal wird gesagt, das OMT-Programm sei nur ein Eventualprogramm, das noch gar nicht angewandt wurde. Ganz so ist es nicht, denn es ist im Grunde nur eine Fortsetzung und Entgrenzung des vom Mai 2010 bis zum Februar 2012 bereits realisierten *Securities Markets Programme* (SMP) der EZB, im Rahmen dessen die Zentralbanken der Eurozone in gemeinschaftlicher Haftung bereits für 223 Milliarden Euro die Staatspapiere der Krisenländer erworben haben.[5] Es weicht nur insofern vom SMP ab, als der Kauf auf Papiere mit einer Restlaufzeit zwischen einem und drei Jahren beschränkt ist und sich das betreffende Land, dessen Papiere gekauft werden sollen, zuvor den Regeln des dauerhaften Europäischen Rettungsfonds ESM *(European Stability Mechanism)* unterwerfen muss.

Der Rettungsfonds ESM wurde von der Staatengemeinschaft gleichzeitig mit der Verkündung des OMT-Programms im Sommer 2012 eingerichtet, als die Eurokrise ihren vorläufigen Höhepunkt erreicht hatte.[6] Er verfügt zwar nur über ein eingezahltes Eigenkapital von 81 Milliarden Euro, doch haben sich die Eurostaaten verpflichtet, etwaige Verluste bis zu einer Höhe von 705 Milliarden Euro zu übernehmen. Davon muss Deutschland maximal 190 Milliarden Euro tragen, nachdem das Bundesverfassungsgericht in einer Eilentscheidung eine gesamtschuldnerische Haftung im Prinzip ausgeschlossen hatte.[7]

Der Fonds darf sich in gemeinschaftlicher Haftung der Euroländer verschulden, um bis zu 500 Milliarden Euro an Krediten an die Krisenländer auszureichen. Außerdem darf er die Staatspapiere der Krisenländer im Rahmen der sogenannten *Secondary Market Support Facility* (SMSF) ebenfalls auf dem offenen Markt unbegrenzt kaufen, ähnlich wie es der EZB mit ihrem OMT-Programm gestattet ist.

Das hört sich sehr technisch an, und das ist es auch. Dennoch ist es sehr wichtig. Die Voraussetzung für die Aktionen des ESM ist nämlich, dass das betroffene Land zuvor einen Vertrag mit dem ESM abschließt, in dem es sich zu Reformmaßnahmen verpflichtet. Genau das ist indes auch die Voraussetzung dafür, dass die EZB ihren Schutz im Rahmen des OMT-Programms anbietet. Die EZB übernimmt bei der Konditionalität ihres Schutzversprechens für die Gläubiger der Staaten die Konditionalität des ESM, nur ist ihr Versprechen viel mehr wert als das Schutzversprechen, das der ESM den Gläubigern gibt, weil sie über wesentlich tiefere Taschen verfügt. Das führt zu dem logischen Problem, dass das Kaufversprechen entweder ein Akt der Geldpolitik ist, bei dem der ESM seine Kompetenz überschreitet, oder ein Akt der Fiskalpolitik, die der EZB nicht zusteht. So gesehen muss eigentlich mindestens eine der Institutionen schon aus logischen Gründen ihr Mandat überschreiten.

Wie dem auch sei: Das Versprechen der EZB, nun im Zuge des OMT-Programms unbegrenzt das zu tun, was der ESM in begrenztem Umfang darf und wofür man zuvor im Rahmen des SMP schon 223 Milliarden Euro ausgegeben hatte, war ein *game changer*, eine Änderung der Spielregeln für die Märkte, wie es der ehemalige Präsident der Schweizerischen Nationalbank Philipp Hildebrand ausdrückte.[8] Mit diesem Versprechen kehrte das lädierte Vertrauen der Investoren in die Bonität der konkursgefährdeten Staaten Südeuropas, vor allem Griechenlands und Portugals, umgehend zurück, und die Finanzkrise schien wie weggeblasen. Ein Schein, der bis heute trügt und teuer erkauft ist.

Denn so sehr die konkursgefährdeten Staaten der Eurozone und ihre Gläubiger über die Wirkungen des OMT-Programms jubelten: Seither müssen die Steuerzahler der anderen Länder mit ihrem Vermögen bereitstehen, um notfalls, nämlich bei Staatskonkursen, die Zeche zu zahlen. Das wird weiter unten noch näher erläutert und diskutiert.

In jedem Fall zwingt die vom Bundesverfassungsgericht im Schwarzen Juni akzeptierte Entscheidung des EuGH die Bundesrepublik Deutschland, die ja als größtes Euro-Land auch die größte Anteilseignerin der EZB ist, endgültig in eine Haftungsunion mit den überschuldeten Staaten Südeuropas. Es gibt jetzt nicht nur ein gemeinsames Geld im Sinne einer gemeinsamen Verrechnungseinheit für grenzüberschreitende Käufe und Verkäufe von Gütern und Vermögensobjekten. Vielmehr gibt es auch eine zunehmende Vergemeinschaftung der Anlagerisiken, die private Investoren beim Kauf von Staatspapieren eigentlich selbst tragen müssten. Die Vergemeinschaftung geht zu Lasten Dritter, nämlich der Steuerzahler anderer Länder, vor allem jener aus den bislang noch einigermaßen gesunden Ländern der Eurozone wie Deutschland, Österreich oder den Niederlanden.

Mit dem Urteil des höchsten deutschen Gerichts haben die deutschen Bürger nun keine Möglichkeit mehr, sich auf dem Klageweg gegen die Haftung für die Schulden der anderen Staaten zur Wehr zu setzen. Mit ihm dürfen die Druckerpressen des Eurosystems nun auch weiterhin – und vielleicht sogar noch stärker als bislang – ohne Kontrolle durch irgendwelche Parlamente zur Rettung konkursreifer Staaten und nicht mehr wettbewerbsfähiger Volkswirtschaften verwendet werden.

Die realwirtschaftliche Krise, die die Länder Südeuropas spätestens seit 2008 erfasste, ist mit dem OMT-Programm und dem vielen frisch gedruckten Geld für langfristige Kredite an Banken und für den Kauf riskanter Anleihen seit Mario Draghis *whatever it takes* übertüncht worden – ohne sie im Mindesten zu beseitigen. Im Gegenteil, das viele Geld und die niedrigen Zinsen haben die Motivation dieser Länder, selbst Anstrengungen zur »Selbstheilung« zu unternehmen, erlöschen lassen. Und sie haben den Krisenländern die Gewissheit gegeben, dass sie ihre Probleme auch in Zukunft auf dem Wege der Verschuldung »irgendwie« würden lösen können.

Das ist keine unrealistische Erwartung, denn tatsächlich sind die Schulden der Krisenländer seit den Beschlüssen der EZB dramatisch angestiegen, und das wird auch so weitergehen. Die Legitimierung der problematischen OMT-Politik der EZB durch EuGH und Bundesverfassungsgericht wird Europas Weg in eine Schulden- und Haftungsunion mit einem Oberzahlmeister Deutschland noch mehr verfestigen. Auch dazu später mehr in diesem Kapitel.

Die Entscheidung des Bundesverfassungsgerichts kam für alle, die nicht politpsychologisch an die Erklärung von Gerichtsurteilen herangehen, sondern sich an die Argumentation des Gerichts selbst halten, überraschend. Lange Zeit hatte man nämlich anderes erwarten können.

Das Verfahren vor dem Bundesverfassungsgericht war 2012 ins Rollen gekommen, weil es gut begründete Klagen gegen das OMT-Programm gehagelt hatte, die das Gericht schließlich zur Behandlung annahm. Die meisten Klagen stammten von Privatpersonen, so z. B. von dem Rechtsanwalt und CSU-Politiker Peter Gauweiler. Doch es gab auch eine Sammelklage der ehemaligen SPD-Justizministerin Herta Däubler-Gmelin, die Tausende von Einzelklägern vertrat, sowie eine Klage der Bundestagsfraktion Die Linke. Gregor Gysi persönlich trat vor dem Gericht auf.

Fünf Ökonomen wurden von den Parteien und auch vom Gericht selbst als Sachverständige geladen, um die Frage zu beurteilen, ob die EZB mit ihrem OMT-Beschluss ihr geldpolitisches Mandat überschreite.[9] Vier von ihnen, auch der Verfasser, der als Sachverständiger vom Gericht selbst geladen worden war,[10] bejahten diese Frage, einer nahm die EZB in Schutz.[11]

Die Argumente der Kläger und Sachverständigen hatten auf das Verfassungsgericht offenbar Eindruck gemacht, denn es wies die Klagen nicht ab, sondern entschloss sich, die Angelegenheit dem Europäischen Gerichtshof vorzulegen. In seinem Vorlagenbeschluss vom Januar 2014 stellte sich das deutsche Verfassungsgericht ostentativ auf die Seite der Kläger und vertrat die Meinung, dass die EZB mit dem OMT-Beschluss ihr Mandat überschreite. Es verwendete sogar das Wort »Kompetenzusurpation«.[12]

Außerdem eröffnete das Verfassungsgericht im Hinblick auf die Überprüfung möglicher Mandatsüberschreitungen europäischer Institutionen, die in die Budgethoheit des deutschen Bundestages eingreifen, das Recht der Popularklage. Jeder einzelne Bürger hat demnach die Möglichkeit, die Bundesregierung wegen Untätigkeit gegenüber solchen europäischen Institutionen zu verklagen, wenn sie nicht dagegen vorgeht. Das war ein sehr weitgehender Schritt, der die Bundesregierung ziemlich irritiert hat, denn bei anderen Rechtsverletzungen der Bundesregierung kann die Klage nur von Teilen des Parlaments oder von Körperschaften der Bundesrepublik Deutschland wie zum Beispiel den Bundesländern vorgebracht werden. Das ist ja auch der Grund dafür, dass die Bundesregierung nicht von ihrer Asylpolitik Abstand nehmen muss, obwohl sie, wie erläutert, in eklatantem Widerspruch zum geltenden deutschen Asylrecht steht.

Trotz des eindeutigen und gut begründeten Votums des deutschen Verfassungsgerichts ließ sich der EuGH nicht dazu bewegen, die EZB in ihre Schranken zu weisen. Schon das brillante, wenn auch ökonomisch fragwürdige Plädoyer des spanischen Generalanwalts Pedro Cruz Villalón vom 14. Januar 2015 wischte die Bedenken des deutschen Gerichts beiseite.[13] Der EuGH unter dem Vorsitz des griechischen Richters Vasilios Skouris folgte diesem Plädoyer und erklärte – ohne nennenswerte Einschränkungen, dass die EZB mit dem OMT-Programm ihr geldpolitisches Mandat nicht überschreite.[14]

Dieses geldpolitische Mandat der EZB besteht vorrangig in der Gewährleistung der Preisstabilität in der Eurozone. Nur ergänzend hat die EZB auch noch die Aufgabe, die EU beim Versuch zu unterstützen, ein ausgewogenes Wirtschaftswachstum und eine wettbewerbsfähige soziale Marktwirtschaft zu schaffen, die auf Vollbeschäftigung und sozialen Fortschritt abzielt.

Davon unberührt erklärte der EuGH, es liege nicht außerhalb des Mandats der EZB, wenn sie durch ihre Staatspapierkäufe im Rahmen des OMT-Programms die Kurse erhöhe und die Risikoprämien im Zins senke, weil dies die Zahlungsfähigkeit der Euroländer sichere. In praktisch keinem Punkt übernahm der EuGH die Bedenken des deutschen Bundesverfassungsgerichts. Es war eine Breitseite gegen das höchste deutsche Gericht, wenn nicht eine Ohrfeige.

Angesichts dieser klaren Positionierung, die das Gegenteil dessen war, was das Bundesverfassungsgericht dazu selbst gesagt hatte, entschloss sich das deutsche Gericht, die eigenen Bedenken zurückzustellen und sich dem EuGH zu unterwerfen. Es hätte die Möglichkeit zu einem anderen Urteil gehabt. Es hätte zwar nicht die EZB maßregeln können, weil ihm dafür die Macht fehlte, doch hätte es der Bundesbank die Beteiligung am OMT-Programm im Hinblick auf die Konsequenzen für das Budget des deutschen Staates untersagen können. Das tat es jedoch nicht.

In einem beispiellosen 180-Grad-Schwenk schrieb das Gericht nun, die Auslegung des EuGH könne »noch hingenommen werden«.[15] Und in der Presseerklärung des Verfassungsgerichts heißt es: »Der Grundsatzbeschluss über das OMT-Programm bewegt sich in der vom Gerichtshof vorgenommenen Auslegung nicht offensichtlich außerhalb der der Europäischen Zentralbank zugewiesenen Kompetenzen«. Das genüge, um die Klagen gegen das OMT-Programm abzuweisen.[16] Das ist im Juristendeutsch eine höfliche Formulierung für eine Auslegung, die nach Meinung der Richter zwar falsch, aber doch auch *nicht willkürlich* ist. Und nach eigenem Rechtsverständnis obliegt dem Bundesverfassungsgericht nur die Überprüfung der Frage, ob der EuGH willkürlich geurteilt hat, nicht ob es korrekt geurteilt hat. Das Bundesverfassungsgericht hat sich dem EuGH gebeugt, obwohl es selbst zuvor eine ganz andere Einschätzung des Sachverhalts dargelegt hatte.

Allerdings betont das Verfassungsgericht in seinem Urteil, dass europäische Institutionen nur innerhalb der ihnen gegebenen Schranken operieren können, und macht es dem Bundestag zur Auflage, die Einhaltung dieser Schranken zu kontrollieren. Dabei kann der Bundestag von der Bundesregierung Auskunft verlangen, die selbst wiederum Auskunft von der Deutschen Bundesbank verlangen kann.[17] Das könnte auch für andere Programme der EZB ein gewisser Anhaltspunkt für eine Begrenzung des Mandats sein, die der Bundestag überprüfen muss und die auch die Bundesbank bei ihren Aktionen ernst nehmen muss. Insofern haben die Kläger wenigstens einen kleinen Teilerfolg erzielt.

Vorläufig wird die Konsequenz des Urteils des Verfassungsgerichts sein, dass sich die Schuldenspirale in Südeuropa nun immer weiter dreht. Der OMT-Schutz senkt die Zinsen der Staatspapiere der Euro-Krisenländer, die fallenden Zinsen erhöhen deren Verschuldungsneigung, und die höhere Verschuldung verlangt immer mehr Gemeinschaftshaftung, was wiederum die Zinsen für die ohnehin schon überschuldeten Krisenländer niedrig hält und so neue Schuldenrunden stimuliert.

Nur geringen Schutz vor der europäischen Schuldenspirale zu Gunsten der Euro-Krisenländer und zu Lasten der noch einigermaßen gesunden Länder wie Deutschland, Österreich und den Niederlanden bieten die Beschränkungen für eine Beteiligung der Bundesbank am OMT-Programm, die das Verfassungsgericht in seinem Urteil auflistet. So ist es ziemlich irrelevant, dass die EZB ihre Maßnahmen im Einzelnen vorher nicht ankündigen darf, nachdem sie sie ja im Grundsatz bereits verkündet hat. Auch spielt es ökonomisch keine Rolle, dass jeweils nur feste Kontingente an Staatspapieren erworben werden können, wenn die Zahl und der Umfang solcher Kontingente nicht begrenzt sind. Unerheblich ist ferner die Einhaltung einer nicht näher begrenzten Karenzperiode zwischen der Emission eines Staatspapiers und seinem Aufkauf.

Erheblich wäre es demgegenüber gewesen, wenn der Senat der Bundesbank untersagt hätte, Papiere bis zur Fälligkeit zu halten, denn der Marktwert eines Wertpapiers leitet sich immer von der Kaufbereitschaft des letzten Halters vor der Fälligkeit ab. Man begnügte sich stattdessen mit der Einschränkung, dass die Papiere »nur ausnahmsweise bis zur Endfälligkeit« gehalten werden. Da der Ausnahmefall der Staatskonkurs sein dürfte, wird der Wert der kostenlosen Deckungszusage dadurch nicht wirklich geschmälert.

Allenfalls die Regelung, dass die Bundesbank keine Papiere von Staaten kaufen darf, die keinen Zugang zum Kapitalmarkt mehr haben, könnte theoretisch eine gewisse Haftungsbegrenzung bedeuten. Doch ist das ein Verbot, das auch der ESM für seine Interventionen gebraucht, ohne dass daraufhin irgendeine praktische Einschränkung für Staaten ersichtlich wäre, die noch Zugang zum Kapitalmarkt haben und nur drohen, ihn zu verlieren. Da der ESM und die EZB die Anschlussfinanzierung für auslaufende Schulden bedrängter Staaten ermöglichen, sichern beide Systeme selbst die Bedingungen, unter denen sie ihre Schutzwirkungen entfalten dürfen.

# »Kostenlose« Kreditausfallversicherung von der EZB

Um zu verstehen, welch problematische Wirkungen das OMT-Programm der EZB hat, sollte man sich noch einmal vergegenwärtigen, was dieses Programm von der Sache her ist. Es ist eine von der EZB kostenlos gewährte Kreditausfallversicherung, die die übernommenen Risiken auf die Staaten überträgt. Wenn ein Land in Zahlungsschwierigkeiten kommt, weil es am Markt keine neuen Finanzmittel findet, kann es den Schutz des Europäischen Rettungsschirms ESM verlangen. Investoren erhalten in der Folge das Recht, die von ihnen gehaltenen Titel des verschuldeten Landes an die EZB zu verkaufen, obwohl der Markt sie angesichts der kaum mehr vorhandenen Bonität der Schuldnernation nur noch zu sehr hohen Preisabschlägen gehandelt hätte. Gibt es später eine Staatspleite, sind die Investoren nicht mehr betroffen, denn die EZB hat als Teil des OMT-Programms für einen solchen Fall angekündigt, dass sie die Verluste, die auf die in ihrem Besitz befindlichen Schuldpapiere entfallen, bei einem Konkurs des entsprechenden Staates vollumfänglich tragen werde.[18] Da eine Verlustübernahme durch die EZB eins zu eins die Gewinne schmälert, die die nationalen Notenbanken an die jeweiligen Finanzministerien ausschütten, versprach die EZB somit, dass die möglichen Gewinne der Investoren im Zusammenhang mit dem Handel von Papieren hochverschuldeter Staaten privatisiert werden können, während die mit ihnen verbundenen Verlustrisiken sozialisiert werden und auf den Schultern der Bürger landen.

Diese Asymmetrie in der Beteiligung an den Gewinnen und Verlusten riskanter Unternehmungen ist das Grundmuster, nach dem der unregulierte Kasino-Kapitalismus arbeitet. Entweder es sind unkundige Marktpartner, die sich auf Geschäfte einlassen, die sie nicht verstehen. Oder es sind die Steuerzahler, die, ohne gefragt zu werden, in die Geschäfte hineingezogen werden. In jedem Fall muss die Anlagerendite für kundige Anleger nicht dadurch zustande kommen, dass im Mittel echte Erträge erwirtschaftet werden. Es reicht, dass es überhaupt die Möglichkeit von Erträgen gibt, denn diese Möglichkeit kann man abschöpfen, während man die Verlustmöglichkeit auf andere abwälzt. Letztlich entsteht der private Gewinn der Anleger durch die Umverteilung von Vermögen aus den Taschen der Steuerzahler in die Taschen der Anleger.[19]

Die Ankündigung der EZB, sich im Rahmen des OMT-Programms auch selbst an den Verlusten zu beteiligen, war keine Selbstverständlichkeit, sondern eine entscheidende Neuerung in der EZB-Politik. So hatte die EZB beim ersten Schuldenschnitt Griechenlands im Frühjahr 2012 noch darauf bestanden, dass die von ihr erworbenen Papiere zunächst gegen neue Staatspapiere mit anderen Nummern umgetauscht wurden, die dann vom Schuldenschnitt ausgenommen waren, was den Schuldenschnitt für die im Markt verbliebenen Papiere umso größer ausfallen ließ. Beim jetzt aufgelegten OMT-Programm verzichtete die EZB hingegen auf die vorrangige Bedienung.[20] Der Verzicht führte bei den Anlegern zu Stoßseufzern der Erleichterung, und vor allem deswegen begnügten sich die Märkte nach der Verkündigung des Programms mit niedrigeren Risikoprämien im Zins.

Das mit dem Programm verbundene unbegrenzte Kaufversprechen und die Bereitschaft, die Verluste in vollem Umfang zu tragen, stellen sicher, dass eigentlich konkursreife Länder jederzeit am Markt neue Investoren finden, die frisches Geld beibringen, mit dem dann die fällig werdenden alten Papiere bedient und die laufenden staatlichen Budgetdefizite finanziert werden können. Damit kann der staatliche Konkurs bei gleichzeitig wachsenden Schulden verschleppt werden, solange die anderen Staaten, die als Eigentümer und Aktionäre hinter der EZB stehen und die Bürgschaft übernehmen, solvent bleiben und das Spiel mitspielen. Deutschland als solventer Zahler und größter Anteilseigner der EZB spielt dieses Spiel in der Tat vorläufig noch mit – seit dem Schwarzen Juni nun auch mit dem Plazet des Bundesverfassungsgerichts.

Wie schon erwähnt, senkt die den Investoren kostenlos zur Verfügung gestellte Kreditausfallversicherung die Zinsen, zu denen Investoren bereit sind, den Staaten der Eurozone ihr Geld zu leihen. Davon profitieren insbesondere Staaten mit geringer Eigenbonität wie Griechenland oder Portugal. Beide müssten ohne die Rettungsarchitektur der Staatengemeinschaft und der EZB ihren Gläubigern sehr hohe Zinsen bieten oder sie bekämen schon gar keine Kredite am Markt mehr und müssten ihren Konkurs erklären.[21]

Abbildung 3.1 zeigt, wie sich die Zinsen auf zehnjährige Staatspapiere bei wichtigen Euroländern entwickelt haben. Das Diagramm beginnt im Jahr 1990 und dokumentiert, wie die Einführung des Euro die Zinsunterschiede bis Ende der 1990er-Jahre praktisch hat verschwinden lassen, wie diese Unterschiede dann ab Beginn der Finanzkrise in den Jahren 2007 und 2008 hochschnellten, und wie sie seit dem Sommer des Jahres 2012, als der permanente Rettungsschirm ESM und das OMT-Programm eingeführt wurden, wieder zurückgingen, wenn auch nicht vollständig.

Das Auf und Ab der Zinsspreizung hat mit den von den Investoren zu tragenden Investitionsrisiken zu tun. Befürchten die Investoren Verluste aus einer Währungsabwertung oder wegen eines Staatskonkurses, verlangen sie vom Emittenten eines Schuldtitels – etwa von Griechenland oder Portugal – hohe Risikoaufschläge, die sich als höhere Zinsen zeigen. Glauben sie hingegen, dass solche Verluste unwahrscheinlich sind, wie nach dem Euro-Beitritt bei beiden Ländern und später nach der Rettungsarchitektur vom Sommer 2012, dann fallen die von ihnen verlangten Risikoaufschläge klein aus – folglich auch die Zinsen.

Abbildung 3.1: Die Spreizung der Zinsen auf zehnjährige Staatspapiere

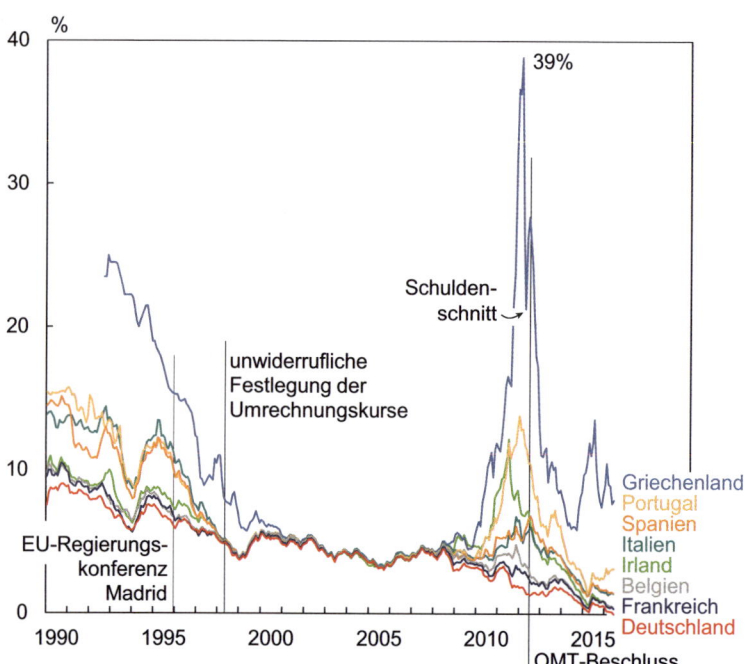

Quelle: Thomson Reuters Datastream, Datenkategorie: Interest Rates, Benchmark Bonds.

Erläuterung: Bei den Zinsen handelt es sich um durchschnittliche Zinssätze von Staatsanleihen mit zehnjähriger Laufzeit (sogenannte Benchmark Bonds). Dabei wird (von Reuters) unter Zuhilfenahme der Erwartungstheorie des Zinses aus den zu einem Stichtag beobachtbaren Zinsen von Papieren mit unterschiedlichen Restlaufzeiten die Rendite eines fiktiven zehnjährigen Staatspapiers berechnet, das zu diesem Zeitpunkt emittiert wird.

Bei genauerer Betrachtung sieht man, dass die griechischen Zinsen schon zum Beginn des Jahres 2012 zurückgingen und nicht erst im Sommer, als die Rettungsarchitektur rund um ESM und OMT-Programm begründet wurde. Das liegt daran, dass Griechenland zu Beginn des Jahres in den Genuss eines Schuldenschnitts von etwa 105 Milliarden Euro gekommen war, was nichts anderes als ein Staatskonkurs war. Nach diesem Schnitt ging die Zinsspreizung herunter, weil die Investoren zu Recht annahmen, dass es in Kürze nicht noch einmal zu einem solchen Schnitt kommen werde. Bei den anderen Ländern fällt der Scheitelpunkt der Zinskurven rechts enger mit der Verkündung der Euro-Rettungsarchitektur zusammen. Genau genommen definiert er stets den Zeitpunkt, zu dem die Insider wussten oder ahnten, was in Kürze verkündet werden würde.

Die Abbildung zeigt, dass die Phase der Zinsgleichheit kurz war. Sie reichte bei den meisten Ländern vom Mai 1998, als die Wechselkurse unwiderruflich fixiert worden waren (bzw. bei Griechenland, das später beitrat, ab 2001), bis zum Ausbruch der Finanzkrise. Das war die Phase, während der die Investoren Staatskonkurse glaubten ausschließen zu können, weil sie darauf vertrauten, dass die betroffenen Länder im Eurosystem auf jeden Fall gerettet werden würden. Heute ist dieses Vertrauen zwar lädiert, weil sich der Finanzbedarf als riesig herausgestellt hat. Es ist aber wegen der inzwischen aufgebauten Rettungsarchitektur, insbesondere wegen des Schutzes durch die EZB, noch vorhanden.

Die von der EZB kostenlos zur Verfügung gestellte Kreditausfallversicherung ist letztlich eine geldwerte Subvention des Kreditflusses in die Krisenländer, denn jeder Investor könnte sich dieselbe Kreditausfallversicherung, wie sie die EZB bietet, auch selbst am Markt in Form sogenannter *Credit Default Swaps* (CDS) kaufen. Die Preise für solche Kreditausfallversicherungen waren vom Winter 2009/10 bis zum Sommer 2012 dramatisch in die Höhe geschossen. Sie betrugen teilweise bis zu 10 % der Kreditsumme und mehr, doch nach den Maßnahmen der EZB und der Staatengemeinschaft gingen sie sehr rasch wieder zurück. Zum Beispiel fiel Portugals CDS-Preis vom Durchschnitt der zwölf Monate vor dem Höhepunkt der Krise im Juli 2012 bis zum Durchschnitt der letzten zwölf Monaten vor der Abfassung dieser Zeilen (vier Jahre später) von 8,4 % auf 2,2 %, Irlands CDS-Preis fiel von 5,5 % auf nur noch 0,7 %, Spaniens sank von 3,1 % auf 1,1 % und Italiens von 3,4 % auf 1,4 %.[22]

Für die Inhaber der Staatspapiere der genannten Länder (außer Griechenland, für das keine vollständigen Daten vorliegen) lässt sich ein jährlicher geldwerter Vorteil des von der EZB zur Verfügung gestellten Versicherungsschutzes in Höhe von mehr als 100 Milliarden Euro pro Jahr veranschlagen, der dann freilich in Form von Zinssenkungen für die jeweils neu aufgenommenen Kredite allmählich an die Schuldnerstaaten diffundierte und noch diffundiert.[23]

Die Gewinne der Inhaber der Staatspapiere wurden im Übrigen sofort in den Kurswerten der Staatspapiere kapitalisiert, was ein Vielfaches der genannten Summe ausmachte. Der Marktwert vieler Staatspapiere stieg im Nu um die Hälfte und mehr, nachdem das OMT-Programm verkündet worden war.[24] Das gab ein wahres Freudenfest bei den Banken und den anderen Anlegern, die ihr Geld darin investiert hatten. Die Jahresbilanz war gesichert, die Buchgewinne waren traumhaft, und die davon abgeleiteten Gehälter der Bank- und Portfolio-Manager machten einen gewaltigen Sprung nach oben. Kein Wunder, dass der damals neue Präsident der EZB, Mario Draghi, für seine vermeintlich mutige Rettungstat von der weltweiten Finanzwirtschaft wie ein Held gefeiert wurde. Die Kette der Jubelrufe schallte von der Wall Street über die *City of London* bis hin nach Frankfurt und Zürich.

Die Banken schütteten nun endlich wieder Dividenden aus, indem sie sich auf die höheren Werte der in ihrem Besitz befindlichen Staatspapiere hin verschuldeten. Das mag einige Bankaktionäre erfreut haben, doch in Wahrheit bluteten die Banken auf diese Weise aus, weil sie durch die kreditfinanzierten Ausschüttungen Substanz verloren.

Viele haben seinerzeit argumentiert, auch der Realwirtschaft käme dieser Effekt zugute, indem nun wieder mehr Investitionen finanziert werden könnten. Doch das war leider nicht so, wie in einer detaillierten ökonometrischen Analyse einer internationalen Ökonomengruppe nachgewiesen wird.[25] Zwar haben die Banken, die von den Kurszuwächsen profitierten, mehr Kredite ausgereicht. Doch kamen diese Kredite vor allem alten Kunden ohne Wachstumsdynamik zugute, die das Geld bei sich bunkerten, statt es in neue Arbeitskräfte zu investieren. Die Autoren argumentieren, dass vor allem Zombie-Firmen, also halbtote Geisterfirmen, durch das Programm gestützt wurden.[26]

# Warum die Verluste auf die Steuerzahler durchschlagen werden

Den durch das OMT-Programm hervorgerufenen Gewinnen der Gläubiger und ihrer Schuldner stehen mögliche Verluste der EZB bzw. der Eurostaaten in ihrer Gesamtheit gegenüber, denn wenn es knallt, bleiben sie auf den Staatspapieren sitzen, die die EZB kurz vorher gekauft hat. Die Staaten sind ja – was häufig vergessen wird – letztlich die Eigentümer der Notenbanken. Und Abschreibungsverluste für die von der EZB gehaltenen Papiere, die im Falle eines Staatskonkurses anfallen, schlagen deshalb voll auf sie durch, weil sie die ausschüttbaren Gewinne aus der verzinslichen Anlage des selbst gemachten Zentralbankgeldes vollumfänglich verringern.

Die Gewinnverringerung trifft sämtliche Notenbanken des Eurosystems in Proportion zur Größe des hinter ihnen stehenden Landes. Zum einen werden sie wahrscheinlich alle, wie es schon beim Vorläufer SMP der Fall war, die Staatspapiere des betroffenen Krisenlandes in Proportion zu ihrer Größe kaufen müssen. Zum anderen, und darauf kommt es besonders an, werden sämtliche normalen Geldschöpfungsgewinne aller einzelnen Notenbanken zusammengeworfen und dann in Proportion zur Landesgröße an die jeweiligen Finanzministerien ausgeschüttet. Schon das allein sorgt für die anteilige Beteiligung Deutschlands an der Haftung bei einem möglichen Staatsbankrott eines Euro-Krisenlandes.

Manchmal hört man das Argument, die EZB brauche im Falle eines Verlustes durch einen Staatskonkurs ja nur neues Geld zu drucken und zu verleihen. Dadurch könne sie ihre Gewinne wieder auffüllen, und niemand habe Verluste.[27] Die EZB könne sich quasi wie Münchhausen am eigenen Schopfe aus dem Sumpf herausziehen, in den sie durch den Erwerb von wertlos werdenden Papieren geriet, ohne jemand anderen zu schädigen. Das ist falsch, denn die EZB kann zwar neues Geld schaffen, doch sie kann keine ökonomischen Ressourcen aus dem Nichts kreieren. Versucht sie, sich durch den verzinslichen Verleih von noch mehr selbst gedrucktem Geld neue Gewinne zu verschaffen, dann erzeugt sie eine inflationäre Geldentwertung, die den Haltern des schon vorhandenen Geldes reale Verluste einbringt. Obwohl die Wertpapiere, die die EZB für das von ihr selbst gemachte Geld gekauft hat, wertlos werden, bleibt ja das beim Kauf ursprünglich emittierte Geld im Umlauf, sodass das nun ersatzweise neu emittierte Geld zu diesem ursprünglich emittierten Geld hinzutritt und die insgesamt zirkulierende Geldmenge vergrößert.

Bei Nachdruck und Neuverleih von Geld verlagert die EZB also die Verluste nur von sich selbst auf unbeteiligte Geldhalter, die die Inflationsverluste tragen müssen, sie kann sie aber nicht vermeiden und in Luft auflösen. Wäre das möglich, dann könnte die Menschheit ja aufhören zu arbeiten. Die EZB bräuchte nur Geld zu drucken und verzinslich zu verleihen, und von den Ausleihzinsen, die sie an die Finanzministerien verteilt, könnte die Gesellschaft dann leben. Das ist offenbar alles hanebüchener Unsinn.

Um es technischer und präziser zu sagen: Man muss bedenken, dass die EZB nicht dazu da ist, Gewinne zu machen, sondern allein geldpolitische Ziele verfolgt. Was auch immer die wegen ihres Mandates geplante zeitliche Entwicklung der Geldmenge ist: Der Druck und Verleih weiteren Geldes zum Zwecke der Kompensation von Abschreibungsverlusten würde eine Abweichung von dieser geplanten Entwicklung der Geldmenge bedeuten und deshalb mittel- und langfristig höhere Güterpreise hervorbringen, als sonst realisiert worden wären. Insofern wären Verluste der Geldhalter unvermeidlich.

Wenn also der Münchhausen-Trick, den manche Berater der EZB empfehlen, nicht verfängt und der Nachdruck von Geld ausscheidet, dann führen Abschreibungen auf Papiere, die die EZB gekauft hat, unweigerlich in vollem Umfang zu einer Verringerung der Gewinnausschüttungen der Notenbanken an die Finanzministerien. Damit gehen sie vollumfänglich zu Lasten der Steuerzahler (oder der Nutznießer staatlicher Ausgaben). Die Verluste, die man den Steuerzahlern der Eurozone auf diese Weise aufbürden kann, sind nicht gering, denn sie vernichten Teile eines ewigen Stroms von Zinseinnahmen auf einen bereits durch Verleih in Umlauf gebrachten Geldbestand.

Man kann die Obergrenze der möglichen Verluste versicherungsmathematisch beziffern, ähnlich wie man den dauerhaften Verlust einer jährlichen Rente durch einen äquivalenten Einmal-Verlust in Form eines Barwertes ausdrücken kann. Dabei geht es vor allem um den Barwert der Zinserträge aus dem Verleih des selbst erzeugten Geldes. Dieser Barwert ist grundsätzlich gleich der bereits geschaffenen und verliehenen Geldmenge (abzüglich der unverzinslichen Mindestreserve der Banken), denn sie misst das Volumen der für die eigene Geldhaltung entliehenen Beträge und der an die Wirtschaft verzinslich weiterverliehenen Kredite. Das ist ein Betrag, der im Sommer 2016 schon bei etwa 2.000 Milliarden Euro lag. In dynamischer Rechnung muss man allerdings noch berücksichtigen, dass eine wachsende Wirtschaft immer mehr Geld als Transaktionsmittel braucht. Da auch das zusätzliche Geld inflationsfrei verliehen werden kann und Zinseinnahmen bringt, stehen den Finanzministerien so gesehen noch höhere Mittelzuflüsse ins Haus. Tatsächlich wurde der Barwert der auf Dauer inflationsfrei möglichen Geldschöpfungsgewinne, das sogenannte Seignorage-Vermögen, in der Eurozone auf etwa 2.900 Milliarden Euro geschätzt.[28] Hinzu kommen das Eigenkapital des Eurosystems in Form des eingezahlten Stammkapitals bei der EZB und bei den nationalen Notenbanken sowie die inzwischen durch Gewinneinbehaltung erzielten Rücklagen, die Ende Juli 2016 in der Summe bei etwa 522 Milliarden Euro lagen. Zusammen mit dem Seignorage-Vermögen kommt man dann insgesamt auf etwa 3,4 Billionen Euro für die Dispositionsmasse des Eurosystems. So viele Verluste kann dieses System zu Lasten der Steuerzahler maximal absorbieren, ohne sich in die Inflation retten zu müssen, die auch noch die Geldhalter eines Teils ihrer Vermögen berauben würde.

Von Verlusten des Eurosystems entfällt ein gutes Viertel auf die Bundesrepublik Deutschland, denn Deutschlands Kapitalanteil am Eurosystem und damit sein Anteil an den Zinserträgen liegt wie erwähnt bei 26 %.[29]

Sollten die Verluste, die die EZB durch Staatskonkurse einfällt, noch größer werden, würde es rechtlich sehr brenzlig. Sie müsste dann zwar ihre Eigentümer, die Nationalstaaten, um einen Nachschub an Eigenkapital bitten, doch ist eine solche Nachschusspflicht der Nationalstaaten in den EU-Verträgen explizit ausgeschlossen worden.[30] Die Staaten haften für ihre Notenbanken nur in dem Sinne, wie auch ein Aktionär durch den Verlust der Dividenden für die Verluste seiner Firma haftet. Er muss kein neues Geld in die Firma stecken, wenn sie überschuldet ist, damit die Gläubiger ausbezahlt werden können.

# Niemand will es zugeben – Eurobonds durch die Hintertür

Da alle Staatspapiere der Eurozone vom OMT-Schutz in gleicher Weise profitieren und alle nationalen Notenbanken und damit ihre staatlichen Eigentümer anteilig mindestens in Proportion zu ihrer Größe haften – ja, beim Konkurs einzelner Notenbanken noch in größerem Umfang haften –, sind sie faktisch doch alle, oder fast alle, zu Eurobonds geworden.

Eine Ausnahme sind nur die griechischen Papiere, weil Griechenland schon zum Zeitpunkt des OMT-Beschlusses keinen Zugang mehr zum Kapitalmarkt hatte und der EZB-Rat bereits vor den Urteilen der Gerichte beschlossen hatte, seinen Schutz nur für jene Länder zu gewähren, die noch über einen solchen Zugang verfügen. Das ist der Grund dafür, dass, wie Abbildung 3.1 zeigt, die griechischen Zinsen am Konvergenzprozess nach der Verkündung des OMT-Programms nur partiell partizipierten.

Eurobonds sind von den Euro-Staaten begebene Staatsanleihen, für deren Rückzahlung alle Länder gemeinschaftlich haften. Die starke Version der Eurobonds sieht eine gesamtschuldnerische Haftung aller Euro-Staaten vor. Jedes einzelne Land haftet also für alle anderen Staaten, falls sie in Zahlungsschwierigkeiten kommen. Die schwache Version der Eurobonds sieht eine anteilige Haftung nach der Wirtschaftskraft und Größe des jeweiligen Landes vor. Der OMT-Schutz entspricht der schwachen Version der Eurobonds, denn wenn ein Land in Konkurs geht, partizipieren alle nationalen Notenbanken anteilig am Verlust der mit der Druckerpresse erworbenen Papiere dieses Landes.

Das Thema Eurobonds ist vor allem deshalb ein Politikum ersten Ranges, weil Deutschland während der Krise immer wieder von der internationalen Finanzpresse,[31] von Großinvestoren wie George Soros,[32] von den Regierungen der südlichen Länder[33] sowie auch von der EU-Kommission[34] und sogar von der EZB[35] und der OECD[36] gedrängt wurde, der Einführung von Eurobonds zuzustimmen. Deutschland war dabei einem wahren Bombardement der einschlägigen Interessenvertreter und der von ihnen dominierten Institutionen ausgesetzt. Die Bundeskanzlerin lehnte ein solches Ansinnen aber kategorisch und nicht ohne Pathos ab;

*»nicht solange ich lebe«*

war ihre Formulierung.[37]

Umso bemerkenswerter ist es, dass sie dem Vernehmen nach am 29. Juni 2012, am Rande einer sich tief in die Nacht hinein ziehenden Regierungskonferenz zur Bankenunion dem EZB-Chef Mario Draghi im Beisein des damaligen französischen Staatspräsidenten Nicolas Sarkozy und des damaligen italienischen Regierungschefs Mario Monti grünes Licht für sein OMT-Programm gab.[38] Es galt seinerzeit als offenes Geheimnis, dass es Mario Draghi ohne die Zustimmung der deutschen Regierung nicht gewagt hätte, sein *whatever it takes* zu verkünden. Indem die Kanzlerin grünes Licht für das OMT-Programm gab, stimmte sie also auch einer schwachen Version der Eurobonds zu. Zugegeben hat sie das nicht, denn bis heute verteidigt sie, vermeintlich eisern, ihr öffentliches Veto zu den Eurobonds.

Angesichts der riesigen Haftungsrisiken, die durch den OMT-Beschluss umverteilt werden, wundert man sich, dass die Medien das OMT-Urteil des Verfassungsgerichts kaum zur Kenntnis nahmen und sich noch weniger mit seinen Folgen auseinandersetzten. Neben der im Juni alles dominierenden Brexit-Diskussion liegt ein Grund für dieses Desinteresse gewiss in der Komplexität des Sachverhalts. Die EZB bewegt viele Hunderte von Milliarden Euro mittels eines selbst für die Fachleute nur schwer verständlichen Regelsystems. Der dichte Nebel der Komplexität, der das wahre Geschehen verdeckt, erlaubt es den Spezialisten, sehr viele verschachtelte und kaum nachvollziehbare Politikmanöver hart am Rande der Legalität durchzuführen, die sich nur schwer für die Kommunikation in den auf tagesaktuelle Ereignisse ausgerichteten Medien eignen. So kann es zu schleichenden, zunächst unspektakulären Umverteilungseffekten zwischen den europäischen Volkswirtschaften kommen, die vielleicht nicht einmal immer bewusst geplant, sondern manchmal nur in Kauf genommen werden, deren Kausalität zudem stets bestreitbar bleibt, die sich aber im Endeffekt im Austrocknen von Renten- und Versorgungssystemen zeigen. Wenn viele Menschen schließlich doch die Konsequenzen spüren, weil ihre Renten nicht so fließen wie erhofft, dann sind die Gewinne, die ihren Verlusten gegenüberstehen, schon lange privatisiert, unauffindbar und unwiederbringlich im Dschungel der verschachtelten Bilanzen der Staaten, Banken und Finanzintermediäre verschwunden.

## Haftung oder keine Haftung – Was wurde vereinbart?

Einst, bei den Verhandlungen zum Maastrichter Vertrag, wurden die Gefahren einer Vergemeinschaftung der Haftung für die Staatsschulden der Mitgliedsländer des Eurosystems zumindest von deutscher Seite sehr wohl gesehen. Deswegen verlangte man vor einer Aufgabe der D-Mark, dass dem

Vertrag zwei Schutzklauseln zugefügt wurden. Die erste besagt, dass die EZB keine Staaten finanzieren darf und ist heute Artikel 123 des Vertrages über die Arbeitsweise der Europäischen Union (AEUV). Der Artikel lautet:[39]

>*Überziehungs- oder andere Kreditfazilitäten bei der Europäischen Zentralbank oder den Zentralbanken der Mitgliedstaaten (sind den staatlichen Instanzen) ... ebenso verboten wie der unmittelbare Erwerb von Schuldtiteln von diesen durch die Europäische Zentralbank oder die nationalen Zentralbanken.«*

Und die zweite Klausel, heute Artikel 125 AEUV, schließt jegliche Haftung zwischen den Mitgliedstaaten kategorisch aus:

>*Ein Mitgliedstaat haftet nicht für die Verbindlichkeiten ... eines anderen Mitgliedstaats und tritt nicht für derartige Verbindlichkeiten ein.«*

Wie wichtig Deutschland diese beiden Paragraphen nahm, wird daran deutlich, dass sich Bundeskanzler Helmut Kohl in aller Intensität auf sie berief, als er im Jahr 1998 den Bundestag für den letzten Schritt zum Eintritt in die Währungsunion gewinnen wollte. Er sagte wortgleich mit viel Nachdruck in der Stimme zweimal hintereinander in identischer Formulierung:[40]

>*Nach der vertraglichen Regelung gibt es keine Haftung der Gemeinschaft für Verbindlichkeiten der Mitgliedstaaten und keine zusätzlichen Finanztransfers.«*

Das war in der Tat die Lesart der Verträge, wie sie auch der Deutsche Bundestag von Anfang an bei seinen Entscheidungen zur Euro-Einführung gewählt hatte. Die gemeinsame Währung im Sinne einer einheitlichen Verrechnungseinheit für internationale Transaktionen wollte man, vor allem auch das politische Symbol der Einheit, das sich damit verband. Doch jedwede Vergemeinschaftung der Haftung sollte ausgeschlossen sein. Die genannten Paragraphen des Vertrages und die beschwörende Interpretation des deutschen Bundeskanzlers haben den Deutschen Bundestag und viele Beobachter, so leider auch den Verfasser, seinerzeit davon überzeugt, dass mit dem Euro keinerlei Vergemeinschaftung von Risiken verbunden sei und dass man ihn deshalb getrost empfehlen könne. Das OMT-Urteil des Bundesverfassungsgerichts spricht heute eine ganz andere Sprache. Der Kauf von Staatspapieren mit einer Beteiligung der EZB an möglichen Verlusten, die das Wesen des OMT-Programms ausmacht, bedeutet nun eben doch eine gemeinsame Haftung. Das Bundesverfassungsgericht sah sich außerstande, mit einem Urteil, das die Bundesbank hätte binden und die Bundesregierung zu einer politischen Klärung hätte zwingen können, gegen diese gemeinsame Haftung anzugehen. Im Schwarzen Juni des Jahres 2016 gab sie so der EZB endgültig grünes Licht für die Umwandlung der Staatspapiere der Eurozone in versteckte Eurobonds.

So, als hätte es nie anders sein können, erklärte das Luxemburger EZB-Direktoriumsmitglied Yves Mersch bei der letzten öffentlichen Verhandlung des Gerichts am 18. Februar 2016 in Karlsruhe:[41]

*»Eine Währungsunion ist eine Haftungsgemeinschaft.«*

Es ist kaum zu glauben: Zu Beginn der gemeinsamen Währung wird eine Haftungsgemeinschaft mit Brief und Siegel ausgeschlossen. Und Jahre später wird erklärt, es sei selbstverständlich das Gegenteil gemeint gewesen. Angesichts solcher Kehrtwendungen, die noch dazu medial zu wenig kritisch thematisiert werden, muss sich eigentlich niemand mehr über den Vertrauensverlust der etablierten deutschen Politikerkaste wundern.

Dass die Währungsunion inzwischen zu einer Haftungsunion geworden ist, liegt daran, dass der EZB-Rat – also jenes EZB-Gremium mit der letzten Entscheidungsgewalt, in dem Deutschland kaum mehr eine Rolle spielt – die Regeln des Eurosystems mit mehrheitlicher Entscheidung allzu häufig gegen das Votum der Bundesbank geändert hat. So hat er die Fristen für die Ausleihungen von Krediten an die Geschäftsbanken von Tagen auf Jahre verlängert, die Mindest-Bonitätsanforderungen für die Sicherheiten auf ein Schrottniveau gesenkt, die Selbstbedienung mit der Druckerpresse erlaubt und im großen Stil Anleihen von Krisenländern gekauft – und eben auch noch angekündigt, im Rahmen des OMT-Programms solche Anleihen von Krisenländern unbegrenzt zu kaufen. All das ist keinesfalls automatisch mit einer Währungsunion verbunden, sondern durch die Entscheidungen eines EZB-Rates geschehen, der letztlich keiner demokratischen Kontrolle mehr unterworfen zu sein scheint.

An all diesen Entwicklungen lässt sich die Enttäuschung über das Bundesverfassungsgericht am Klarsten festmachen. Wer, wenn nicht dieses Gericht, hätte verhindern können, dass es so weit kommen konnte. Es war der letzte Strohhalm der Hoffnung, an dem man sich festklammern konnte. Nach der Kehrtwende des Gerichts ist fürs Erste jede Hoffnung verschwunden, dass das Eurosystem im Rahmen der bisherigen EU-Verträge jemals als neutrale Geldordnung wird funktionieren können, in der die Bürger der besser funktionierenden Staaten wirksam vor Vermögensverlusten durch eine uferlos sich ausdehnende Gemeinschaftshaftung geschützt werden.

Das heißt freilich nicht, dass man den Euro unbedingt abschaffen müsste, obwohl eine solche Schlussfolgerung fast schon naheliegt. Aber es heißt, dass man die Regeln, nach denen das Eurosystem funktioniert, nun, da die rechtlichen Mittel offenbar erschöpft sind, mit aller Macht mit politischen Mitteln ändern muss. Im letzten Kapitel 5 dieses Buches werden Vorschläge unterbreitet, wie dies aussehen kann.

## Eine bescheidene Frage an das Hohe Gericht

Angesichts der offensichtlichen Abwendung von dem, was der Bundestag mit dem Maastrichter Vertrag glaubte beschlossen zu haben, fragt man sich, warum sich das Verfassungsgericht überhaupt auf eine bloße Willkürprüfung der EuGH-Entscheidung beschränken durfte, von der schon oben die Rede war.

Es ging bei der rechtlichen Prüfung doch nicht nur um die Auslegung der EU-Verträge selbst, sondern auch um die Frage, welche Handlungen der EZB noch mit dem Grundgesetz kompatibel waren. Immerhin ist das Budgetrecht, das in Artikel 110 des Grundgesetzes verankert ist, eines der unveräußerlichen Rechte des Bundestages, das der Bundestag selbst gar nicht – nicht einmal mit 100 % der Stimmen der Abgeordneten – an europäische Institutionen abtreten darf. Dazu würde es einer Neugründung der Bundesrepublik durch eine verfassunggebende Versammlung oder einer Volksabstimmung bedürfen.[42] Der Bundestag war insofern gar nicht in der Lage, bei der Verabschiedung des Maastrichter Vertrags einer Haftungsunion zuzustimmen.

Wenn der Bundestag aber doch einer Haftungsunion zugestimmt hat, wie das Urteil des EuGH insinuiert, dann muss er es unwissentlich getan haben. Schließlich ist ja davon auszugehen, dass sich die Abgeordneten in ihrer Mehrheit der Auffassung ihres damaligen Bundeskanzlers Helmut Kohl zum Maastrichter Vertrag anschlossen und ihr vertrauten.

Dass der EuGH sich mit der Frage, ob der Bundestag zustimmen durfte, nicht beschäftigt hat, ist verständlich, denn er hat weder den Auftrag noch die Kompetenz, das Grundgesetz zu interpretieren. Vom deutschen Verfassungsgericht hingegen hätte man hierzu schon eine Stellungnahme erwarten dürfen. Deshalb hier die bescheidene Frage eines Volkswirts an das höchste deutsche Verfassungsorgan:

*Hohes Gericht, was folgt eigentlich in rechtlicher Hinsicht, wenn der Bundestag ohne dies zu wollen sein Budgetrecht in wesentlichen Teilen an die EZB übertragen hat?*

Hat der es dann eigentlich wirksam übertragen? Im Zivilrecht ist es ja möglich, dass man irrtümlich abgeschlossene Verträge kündigen kann. Man muss dann zwar einen Schadensersatz für die Ausgaben des Gegenübers leisten, die nach einer Kündigung verloren sind. Im Prinzip jedoch ist der Irrtum ein Kündigungsgrund.

Wie aber ist es in diesem Fall? Beim Maastrichter Vertrag (und allen EU-Verträgen) geht es ja um öffentliches Recht, und dort gibt es eine ähnliche Regelung nicht.[43] Indes kann und darf es ja wohl nicht sein, dass die Bundesrepublik und mit ihr die Bundesbank bei der Erfüllung der vom EZB-Rat gestellten Aufgaben auf alle Ewigkeit zu einer Verletzung des Grundgesetzes gezwungen ist, weil der Bundestag im entscheidenden Moment geirrt oder, ohne es zu wollen, sein Budgetrecht abgetreten hat. Was muss geschehen, wenn das so war?

*Bitte, hohes Gericht, antworten Sie nicht, der Bundestag habe Teile seines Budgetrechtes nicht übertragen. Es geht immerhin um den deutschen Anteil am Seignorage-Vermögen des Eurosystems, das mindestens bei etwa 2, vermutlich eher bei 3 Billionen Euro liegt. Und es geht um mögliche Eingriffe in das Eigenkapital des Eurosystems, das bei über 500 Milliarden Euro liegt. Abschreibungsverluste, die zu dauerhaften Ertragsverlusten auf dieses Vermögen führen, sind Eingriffe in das Budget des deutschen Staates. Daran für sich genommen lässt sich nicht rütteln.*

# Endlose Schuldenspirale trotz (angeblicher) Schuldenschranken

Die Schaffung einer Haftungsunion durch die EZB-Politik hat, wie in Abbildung 3.1 deutlich wurde, die Finanzmärkte zunächst einmal beruhigt. Und das verwundert nicht. Denn welcher Gläubiger eines maroden Staates wäre nicht froh, wenn die Gemeinschaft der Staaten die Rückzahlung garantiert statt nur dieser Staat selbst? Wie die Abbildung zeigte, fielen seit dem Sommer 2012 – mit der Ankündigung des OMT-Programms – die Zinsen, zu denen sich die Euro-Krisenländer verschulden konnten. Da die Anleger nun kaum noch ein Risiko trugen bzw. selbst keine Kreditausfallversicherungen mehr kaufen mussten, konnten sie sich mit entsprechend niedrigeren Zinsen begnügen.

Und wie reagierten die kränkelnden Euro-Staaten? Leider nicht mit Maßnahmen, die ihre Konstitution verbessert hätten. Es wäre möglich gewesen, dass sie ihre Schulden abbauen und Reformen in Angriff nehmen. Das Geld, das sie durch die Zinssenkungen einsparten, hätte dafür zur Verfügung gestanden. In der Tat begründeten die europäischen Politiker die Rettungsmaßnahmen, die zu den Zinssenkungen geführt hatten, vor allem damit, dass man Zeit für Reformen kaufen wolle. Insbesondere Staaten wie Portugal, Griechenland oder Italien, deren Schuldenquoten sehr hoch waren und die 100-Prozent-Grenze schon weit überschritten hatten, kamen in den Genuss erheblicher Zinsersparnisse, die sie zur Tilgung ihrer Schulden hätten verwenden können.

Sie tilgten die Schulden aber nicht, sondern verschuldeten sich stattdessen noch mehr, weil das Schuldenmachen so billig war. Abbildung 3.2 zeigt, dass fast alle Staaten ihre Schuldenquoten, also die Relation aus Staatsschulden und Bruttoinlandsprodukt, noch weiter erhöhten. Der Anreiz der niedrigen Zinsen wog offenkundig schwerer als die Mitteleinsparung aufgrund der Zinssenkungen.

Die Staaten agierten so, wie es viele Privathaushalte auch taten. Sie überlegten, welche jährlichen Zinslasten sie in ihrem Budget unterbringen konnten, und da die Zinssätze fielen, trauten sie sich, ihre Schulden entsprechend zu erhöhen. Das half ihnen, die Lasten der andernfalls nötigen schmerzlichen Budgetanpassungen erst einmal zu verschieben und zu verlagern.

Abbildung 3.2: Der Zuwachs der Schuldenquoten 2011–2015

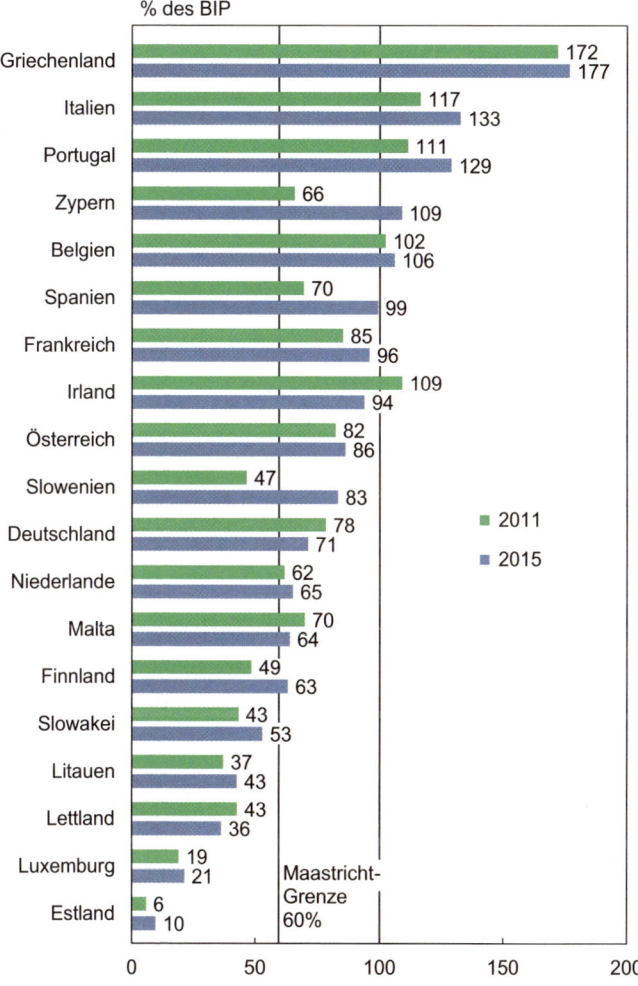

Quelle: Eurostat, Datenbank Wirtschaft und Finanzen, Sektor Staat, Finanzstatistik des Sektors Staat, Staatsdefizit und -verschuldung.

Nur in Irland, Deutschland, Malta und Lettland nahmen die Schuldenquoten nach dem OMT-Beschluss nicht zu. Irland hatte schon zuvor schmerzliche Reformen durchgeführt, weil seine Kreditblase bereits Ende 2006, zwei Jahre vor der Lehman-Krise, geplatzt war und zunächst niemand half. Den Erfolg dieser Politik wollte man nicht aufs Spiel setzen und übte auch weiterhin finanzielle Zurückhaltung. Auch Lettland hütete sich nach den schmerzlichen Anpassungen, die das Land unter seinem damaligen Premierminister Valdis Dombrovskis durchgemacht hatte, das Erreichte zu verspielen. Und Deutschland ging es vergleichsweise gut, weil die Krise bei den deutschen Anlegern eine Flucht in das Betongold mit einem gewaltigen Bauboom ausgelöst hatte, der das Sozialprodukt steigen und dem Finanzminister mehr Steuermittel zufließen ließ. Alle anderen Länder nahmen die Droge des durch die Vergemeinschaftung der Haftung verbilligten Geldes und ließen es sich erst einmal wieder gutgehen, anstatt sich an die Arbeit zu machen und schmerzliche Arbeitsmarkt- und Sozialreformen anzugehen, um die Wettbewerbsfähigkeit der heimischen Unternehmen auf dem Weltmarkt zu verbessern.

Die Bundesregierung ahnte die Gefahr wohl. Deswegen machte sie zur Bedingung für ihre Zustimmung zur Rettungsarchitektur, dass die Schuldenschranken des Stabilitäts- und Wachstumspaktes, den sie 1996 vor der endgültigen Aufgabe der D-Mark noch durchgeboxt hatte, durch den sogenannten Fiskalpakt gehärtet wurden. Im März 2012 verpflichteten sich 25 von 27 EU-Ländern auf diesen Pakt,[44] bevor es dann im Spätsommer zur Realisierung des dauerhaften Rettungsschirms ESM und des OMT-Programms kam. Der Fiskalpakt wurde rechtsgültig, nachdem ihn das zwölfte Euroland ratifiziert hatte, und trat am 1. Januar 2013 in Kraft. Die Stabilitätshilfen durch den ESM sollten fortan nur die Staaten erhalten können, die auch zuvor den Fiskalpakt ratifiziert hatten.

Der Fiskalpakt bekräftigte und schärfte im Wesentlichen die Defizitregeln des Stabilitäts- und Wachstumspaktes. Hinzu trat eine Regel bezüglich der Entwicklung der Schuldenquoten. Pro Jahr sollte fortan die Schuldenquote eines jeden Landes um ein Zwanzigstel des Abstandes zu 60 % fallen, denn 60 % ist die schon im Maastrichter Vertrag verankerte erlaubte Quote einer maximalen Verschuldung. Für die deutsche Bundeskanzlerin war dies ein »Meilenstein in der Geschichte der Europäischen Union«.[45] Sie erklärte nach der Unterzeichnung des Fiskalpakts:[46]

*»Ich glaube, dass es gelungen ist, diesen wesentlichen Schritt auf dem Weg zu einer Stabilitätsunion ... zu gehen. ... Ich glaube, das war heute schon ein wesentlicher Moment, in dem sich doch 25 von 27 Mitglied-*

*staaten verpflichtet haben, den Stabilitäts- und Wachstumspakt ambitionierter und verlässlicher auch mit Eingriffen des Europäischen Gerichtshofs umzusetzen.«*

Und bei ihrer Regierungserklärung zur Ratifizierung des Fiskalvertrags bekräftigte die Kanzlerin vor dem Deutschen Bundestag:[47]

*»Meine Damen und Herren, ... mit diesen Verträgen machen wir unumkehrbare Schritte hin zu einer nachhaltigen Stabilitätsunion.«*

Anhand der Abbildung 3.2 ist freilich klar zu erkennen, dass die Euphorie der Kanzlerin verfehlt war. Die Schuldenquoten gingen fast überall nach oben statt nach unten, weil die Verlockung des durch die Gemeinschaftshaftung gesenkten Zinses viel zu groß war, als dass ein EU-Vertrag ihr hätte Widerstand leisten können.

Dabei hätte sich die Kanzlerin eigentlich denken können, dass der von ihr gerühmte Fiskalpakt nicht eingehalten werden würde, denn schon seinen Vorgänger im Geiste, den Stabilitäts- und Wachstumspakt von 1996, der ein Jahr später mit dem Vertrag von Amsterdam EU-Recht wurde, respektierten die europäischen Regierungen nur selten.

Abbildung 3.3 zeigt, dass die EU-Länder seit dem Jahr 1999 (bzw. seit dem jeweiligen Beitrittsjahr) bis einschließlich 2015 insgesamt 165-mal ein Defizit von mehr als 3 % des jährlichen Bruttoinlandsprodukts (BIP) aufwiesen, eine Defizithöhe, wie sie durch den Stabilitäts- und Wachstumspakt eigentlich verboten ist. In manchen Jahren griffen Ausnahmeregeln, weil das Land sich in einer hinreichend schweren Rezession befand. Zieht man diese Jahre ab, verbleiben immer noch 112 Fälle, die eigentlich zu Strafzahlungen an die EU hätten führen müssen. Tatsächlich aber wurde niemals eine solche Strafe verhängt.

Die Graphik zeigt im Übrigen ebenfalls, dass auch Deutschland den Pakt mehrfach verletzte. Das war zur Zeit der Regierung Schröder, die ihre Agenda-Politik, die zu erheblichen Einschnitten bei den Langzeitarbeitslosen führte, durch eine lockere keynesianische Konjunkturpolitik abfedern wollte.

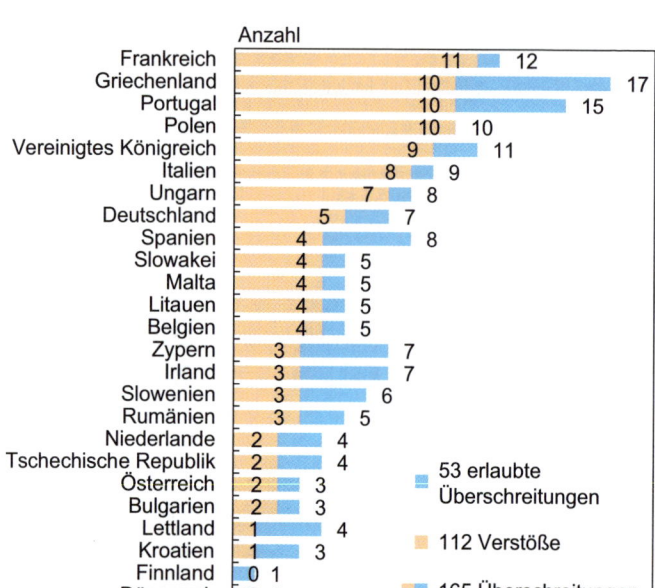

Abbildung 3.3: Die Verletzungen des Defizitkriteriums nach dem Stabilitäts- und Wachstumspakt von 1996

Quelle: Eurostat, Datenbank Wirtschaft und Finanzen, Sektor Staat, Finanzstatistik des Sektors Staat, Staatsdefizit und -verschuldung; dasselbe, Datenbank Wirtschaft und Finanzen, Volkswirtschaftliche Gesamtrechnungen (ESVG 2010), Jährliche Volkswirtschaftliche Gesamtrechnungen, Hauptaggregate des BIP.

Hinweis: Die erlaubten Überschreitungen sind in Bezug auf die ursprüngliche Vertragsformulierung gemessen. Strafen wurden nie verhängt.

Frankreichs Rolle ist besonders bemerkenswert, weil Frankreich der Spitzenreiter bei den ungesühnten Vertragsverletzungen ist. Frankreich hatte nie etwas von dem Pakt gehalten und ihn im Sinne eines Lippenbekenntnisses nur akzeptiert, weil Deutschland ihn wollte. Nicht zufällig also brach Frankreich ihn dann auch schon kurz nach seinem Zustandekommen und dies, obwohl es dem Land damals wirtschaftlich viel besser ging als heute und vor allem viel besser als Deutschland. Nach den ersten Verletzungen wurde der Bruch des Paktes durch Frankreich gleichsam zur Regel.

Zwölf Jahre lang wies das Land ein Defizit von mehr als 3 % des BIP auf, doch nur in einem dieser Jahre war es erlaubt, weil Frankreich, gemessen an den Definitionen des Pakts, in eine Rezession gerutscht war. Dass es dennoch niemals bestraft wurde, erklärte der EU-Kommissionspräsident Juncker lapidar damit, dass Frankreich halt Frankreich sei.[48]

Angesichts solcher Aussagen fragt man sich unwillkürlich, ob Europa von einer politischen Klasse geführt wird, die sich *im Allgemeinen* ganz anders verhält, als sie von sich zu handeln behauptet. Die tatsächliche Wirklichkeit und die von den Kommunikationsprofis der Regierungen herbeigedichtete Wirklichkeit klaffen mittlerweile meilenweit auseinander, so weit, dass viele Bürger darüber verzweifeln und ihren Glauben an die Regierenden verlieren.

Ansonsten finden sich in der Graphik vor allem die üblichen Verdächtigen von Griechenland über Portugal bis nach Italien. Verblüffend ist nur, dass Polen und das Vereinigte Königreich mit in der vorderen Gruppe rangieren. Beiden Ländern geht es eigentlich gut genug, um nicht auf die Schuldenfinanzierung angewiesen zu sein, doch beide scheinen sich durch EU-Vorgaben besonders wenig gebunden zu fühlen.

In den letzten Jahren haben Portugal und Spanien die Defizitkriterien besonders häufig verletzt, weil sie die fehlende Wettbewerbsfähigkeit ihrer Länder durch schuldenfinanzierte binnenwirtschaftliche Nachfrageimpulse ersetzen wollten. Sie wurden wiederholt von der EU-Kommission gemahnt, doch ebenfalls nie bestraft. Zuletzt hatte sich erstaunlicherweise der deutsche Finanzminister Wolfgang Schäuble erfolgreich bei der EU-Kommission dafür eingesetzt, bei diesen Ländern Milde walten zu lassen.[49] Nachdem man Frankreich nicht disziplinieren konnte, kam es nun wohl schon auch nicht mehr drauf an.

So ist es eben in Europa: Man macht heilige Versprechen, um die Geldbörsen der noch kräftigen Länder zu öffnen, und wenn sie dann auf sind, hält man sich nicht daran. Die Rechtsbeugung hat mittlerweile Methode und ist zur Gewohnheit geworden. Schon die frühere französische Finanzministerin und heutige IWF-Chefin Christine Lagarde hatte im Jahr 2010, als die ersten Rettungspakete für Griechenland und der vorläufige Rettungsschirm EFSF gegründet worden waren, sarkastisch erklärt:[50]

*»Wir haben alle Regeln gebrochen, weil wir enger zusammenrücken und die Eurozone wirklich retten wollten.«*

Man fragte sich wirklich, wie die Bundesregierung angesichts solch einer ostentativ zur Schau getragenen Missachtung der Verträge zu der Auffassung gelangen konnte, dass der von ihr zwei Jahre später mühsam ausgehandelte Fiskalpakt eine wirksame Schuldenbarriere darstellen würde, mithilfe dessen man dem Schuldensog, der aus der Vergemeinschaftung der Haftung entstand, hätte standhalten können.

## Eher DDR oder eher USA?

Wie gefährlich die Haftungsunion für Europa ist, zeigt ein Blick auf die USA. Dort gibt es kein Pendant zu den Versicherungsaktivitäten für die Staatsschulden der Einzelstaaten, wie die EZB sie betreibt. Denn die amerikanische *Fed (Federal Reserve Bank)*, also die Notenbank der USA, kauft gar keine Papiere der einzelnen Bundesstaaten, und weil das so ist, haben diese Bundesstaaten auch nur sehr niedrige Schuldenquoten, die meist nicht über 10 % des Bruttoinlandsprodukts hinausgehen. Die *Fed* kauft nur Papiere des gemeinsamen Zentralstaates. Der Zentralstaat, aber eben nur er, hat deswegen ganz erhebliche Schuldenprobleme, die an die europäische Situation erinnern.

Das Prinzip in den USA ist, dass Bundesstaaten, die überschuldet sind, in Konkurs gehen. Statt der Steuerzahler anderer US-Gliedstaaten haben die Gläubiger das Nachsehen, die die Staatspapiere gekauft haben. Sie müssen für die Fehler ihrer eigenen Investitionsentscheidung einstehen. Und weil sie das wissen, verleihen sie ihr Geld von vornherein nicht oder, wenn überhaupt, nur zu hohen Zinsen, die den staatlichen Schuldnern den Appetit an einer weiteren Kreditaufnahme verderben. Die Selbsthaftung der Gläubiger hat dem US-amerikanischen Föderalismus Stabilität und die Einzelstaaten vor übermäßiger Verschuldung bewahrt.

Genau dieses Prinzip der Selbsthaftung ist ja auch das Grundprinzip einer funktionierenden Marktwirtschaft. Diejenigen, die ihr Vermögen investieren, tragen die Verantwortung für Fehlentscheidungen. Investieren sie in sinnvolle und profitable Projekte, dürfen sie die Gewinne behalten. Doch wenn sie einen Fehler machen und Verluste entstehen, dann müssen sie die ebenfalls tragen. Diese symmetrische Beteiligung der Investoren an Gewinnen und Verlusten ist mithin das Erfolgsgeheimnis einer funktionierenden marktwirtschaftlichen Ordnung. Sie sorgt dafür, dass die privatwirtschaftlich orientierte Portfolio-Optimierung der Anleger zugleich eine volkswirtschaftlich sinnvolle Aufteilung des über Generationen angesparten Kapitals auf alternative wirtschaftliche Verwendungen impliziert, nämlich eine Aufteilung, die das gemeinsame Sozialprodukt der EU-Länder und damit ihr gemeinsames Volkseinkommen maximiert. Die schlaflosen Nächte der Vermögensbesitzer, die um ihr Geld fürchten und deshalb vorsichtig sind, sind letztlich die Erklärung für die Überlegenheit des kapitalistischen Systems gegenüber Systemen, die auf der Idee einer Zentralplanung des volkseigenen Kapitals unter sogenannter gesellschaftlicher Kontrolle basieren. Das hat die Geschichte ja mit hinlänglicher Klarheit gezeigt.

Die EZB hat diese Grundprinzipien der Marktwirtschaft vor allem durch das OMT-Programm auf eklatante Weise verwässert, indem sie nun schon seit einigen Jahren in Kauf nimmt, dass sich die Investoren nur noch asymmetrisch zu beteiligen brauchen. Das heißt: Sie nimmt in Kauf, dass die Gewinne aus dem Kauf von Staatspapieren privatisiert werden und insofern den Investoren zufließen, während im Krisenfall die Verluste sozialisiert werden, weil die EZB die Papiere übernimmt, wenn es brenzlig wird. Nicht immer wird es dann zu einem offenen Schuldenschnitt kommen, wohl aber zu Laufzeitverlängerungen und Zinssenkungen, die auf fast das Gleiche hinauslaufen und die Steuerzahler, die hinter der EZB stehen, genauso belasten. Genau das hat das griechische Beispiel gezeigt. Griechenland wurden von den privaten und staatlichen Gläubigern allein im Jahr 2012 Schuldenschnitte, Zinssenkungen und Laufzeitverlängerungen gewährt, deren Barwert sich auf 148 Milliarden Euro summierte.

Die von der EZB angebotene Sozialisierung der Verluste lenkt von vornherein deutlich mehr Sparkapital in die maroden Staatsapparate der nicht mehr wettbewerbsfähigen Teile der Eurozone, als es sonst der Fall gewesen wäre, und leider wird das Kapital dort großenteils von Staatsbediensteten und Rentnern konsumiert, anstatt in nachhaltig rentable Projekte investiert zu werden. Die Sozialisierung bedeutet eine Zentralplanung des Kapitalmarktes durch die Europäische Zentralbank, die in dieser Hinsicht eine ähnliche Funktion ausübt wie einst das Politbüro der DDR, das im Neuen Ökonomischen System der Planung und Lenkung der Volkswirtschaft (NÖSPL) über die Verteilung des gesellschaftlichen Produktionsfonds bestimmte.

Schon als der Euro zu funktionieren schien, in den Jahren bis etwa 2008 also, ist in Wahrheit zu viel Sparkapital in die Staaten und in die Bausektoren Südeuropas geflossen, denn schon damals wurde der Euro als Haftungsgemeinschaft begriffen. Zwar hatte der Maastrichter Vertrag mit dem bereits zitierten Artikel 125 AEUV genau diese Haftung im Prinzip ausgeschlossen. Doch hatte die EU zugleich nichts unternommen, um den Artikel durch entsprechende Richtlinien und die Ausarbeitung einer Konkursordnung der Staaten mit konkretem Leben zu füllen. Deswegen dominierte unter Investoren die Auffassung, dass die nationale Hoheit über die Druckerpressen, die im Euro aus noch zu erläuternden Gründen gewährleistet ist, Konkurse würde verhindern können.

Sehr viel Geld wurde in den ersten Jahren des Euro in den heutigen Krisenländern für die Erhöhung der Löhne der Staatsbediensteten ausgegeben, sehr viel Kapital wurde in unrentable Immobilienprojekte investiert, die heute verrotten. In Spanien gibt es ganze Trabantenstädte, durch die sich der Schimmel frisst, weil sie unbewohnt sind. Südlich von Madrid gibt es gar einen fast fertigen Flughafen, der nie in Betrieb genommen wurde. Diese Art der Kapitalvernichtung hat Europa viel Wachstum gekostet.

Als dann die Kapitalmärkte ihre Fehler erkannten und sie korrigieren wollten, indem sie das Kapital anderswohin lenkten, begann die Krise, denn vor allem die Staaten Südeuropas hatten sich an den Kreditfluss wie an eine Droge gewöhnt und kamen nun ohne ihn nicht mehr zurecht. Das war in den Jahren 2007 und 2008. Als die Droge ausblieb, kam es zu schwersten Entzugserscheinungen, die die EU-Politiker und die EZB auf den Plan riefen.

Die EZB reagierte, indem sie den Staaten die Möglichkeit gab, sich das Geld zu drucken, das sie sich nicht mehr leihen konnten, ein Thema, das im nächsten Kapitel unter dem Stichwort Target-Salden noch ausführlich diskutiert wird. Und die Staatengemeinschaft reagierte, indem sie mit den fiskalischen Rettungsschirmen öffentliches Ersatzkapital zur Verfügung stellte – eine Art Methadon zur Kompensation des Drogenentzugs, um wieder im Bild zu bleiben. Als all dies nicht genug war, legte die EZB im Jahr 2012 mit der kostenlosen Versicherung der Staatspapiere auf dem Wege des hier breit vorgestellten OMT-Programms nach, sodass wieder neues privates Kapital in die sich immer stärker verschuldenden Euro-Krisenländer gelockt wurde.

All diese Maßnahmen linderten die Not, doch bedeuteten sie eine Fortsetzung der Fehlallokation und Kapitalvernichtung der Vorkrisenjahre mit öffentlicher Hilfe, die doch sehr an die Fehlallokation des Kapitals in zentralverwalteten Wirtschaftssystemen erinnert. Die Konsequenz dieser Politik ist eine Perpetuierung der Wachstumsschwäche Europas.

## Europa wiederholt die Fehler aus den Anfangsjahren der USA

All das ist in den USA undenkbar. Wenn dort einer der Bundesstaaten in eine Strukturkrise gerät, weil er sich übernommen hat, fallen die Bodenpreise und die Löhne. Auf diese Weise wird die Kapitalflucht verhindert und die Wettbewerbsfähigkeit der vorhandenen Industrien steigt. In der Folge wird auch neues Kapital angelockt – sodass schließlich wieder ein ökonomisches Gleichgewicht erreicht ist und die Region sich stabilisiert.

Kalifornien stand in den letzten Jahren mehrfach am Rande des Konkurses, und doch half ihm die Bundesregierung in Washington nicht. Der kalifornische Staat konnte seine Rechnungen nicht mehr bezahlen und musste stattdessen handelbare Schuldscheine ausgeben, sogenannte IOUs (Akronym für *I owe you*, zu Deutsch: »Ich schulde dir«), mit denen man z. B. seine Stromrechnung bezahlen konnte. Die Lehrer erhielten nur noch Halbjahresverträge, und in den Sommerferien mussten sie sich Geld dazuverdienen. Trotzdem kaufte die *Fed* die kalifornischen Staatspapiere nicht. Auch der Zentralstaat kam, außer durch automatische Stabilisatoren wie die Arbeitslosenversicherung oder Bundesausgaben, nicht zu Hilfe.

In Illinois und Minnesota, zwei Bundesstaaten des Mittleren Westens, die aktuell in Schwierigkeiten stecken, ist es nicht anders. Sie müssen allein sehen, wie sie zurechtkommen. Und ökonomisch betrachtet ist das auch richtig so. Denn was wäre wohl, wenn die *Fed* die Papiere dieser Staaten kaufen würde? Dann könnten die Staatsregierungen munter neue Staatspapiere emittieren, ohne dass sie den Investoren immer höhere Zinsen bieten müssten. Es gäbe keinen Anreiz mehr, den Staatshaushalt in Ordnung zu bringen, ineffiziente Ausgaben einzustellen und die Wettbewerbsfähigkeit durch Lohnmoderation wiederherzustellen.

Nicht immer haben die Staaten der USA eine solche Schuldendisziplin gezeigt wie heute. Nach der Gründung der USA im Jahr 1776 hatte der erste Finanzminister Alexander Hamilton – man sieht ihn heute noch auf der Zehn-Dollar-Banknote – ein System der Gemeinschaftshaftung eingeführt, indem er 1791 die Schulden der Einzelstaaten zu Bundesschulden machte. Er argumentierte nicht zu Unrecht, dass die Schulden großßenteils im Unabhängigkeitskrieg gegen die Briten entstanden waren und insofern der gemeinsamen Sache gedient hätten. Die Schuldensozialisierung sei, so meinte er, »ein wirkungsvoller Zement« für den neuen amerikanischen Staat.[51]

Nachdem dann im zweiten Krieg gegen Britannien in den Jahren 1812 bis 1814 die Schulden abermals sozialisiert worden waren, verbreitete sich die Auffassung unter den amerikanischen Bundesstaaten, dass man für seine Schulden in Zukunft grundsätzlich nicht selbst würde einstehen müssen. Man erwartete, dass die Zentralregierung in Washington – also die Gemeinschaft aller Staaten – schon irgendwie dafür aufkommen würde. Die Parallele zu dem, was heute die südeuropäischen Regierungen zu erwarten scheinen, ist offenkundig. Viele US-Bundesstaaten verschuldeten sich deshalb und gaben das Geld mit vollen Händen aus, um Straßen, Kanäle, öffentliche Gebäude und konsumtive Staatsausgaben zu finanzieren.[52] Das erzeugte zunächst einen gewaltigen nachfragegetriebenen Wirtschaftsboom. Der Boom war aber nicht nachhaltig, sondern erwies sich als Blase, denn viele Projekte waren am Bedarf vorbeigebaut worden. Insbesondere die vielen teuren Kanäle erwiesen sich als Fehlinvestition, weil schnell klar wurde, dass die Eisenbahn die Dampfschifffahrt würde ersetzen können, sodass Investitionen in Schiffe und Handelskontors längs der Kanäle gering blieben.

Die amerikanische Kreditblase platzte in den 1830er-Jahren. Viele US-Bundesstaaten gerieten in Finanzschwierigkeiten und erbaten Hilfe aus Washington. Die kam anfangs zwar, sie reichte aber nicht. In der Zeit von 1837 bis 1842 erklärten neun von 29 Staaten und Territorien den Konkurs, und die anderen standen am Rande des Konkurses. So gesehen waren die Erfahrungen der USA mit der Schuldensozialisierung alles andere als glücklich.[53]

Der US-Historiker Harold James aus Princeton zieht gar eine direkte Linie von der ungelösten Schuldenfrage zum amerikanischen Bürgerkrieg, der von 1861 bis 1865 wütete.[54] Der Bürgerkrieg hatte natürlich im Wesentlichen andere Gründe. Der Norden brauchte für seine Industrien billige Arbeitskräfte, die der Süden in Form der Sklaven für sich beanspruchte. Und während der Norden sich durch Importzölle gegen englische Industrieware schützen wollte, war der Süden dagegen, weil er die englischen Maschinen und den englischen Absatzmarkt benötigte. Doch trug die ungelöste Schuldenfrage erheblich dazu bei, dass sich immer mehr Spannungen zwischen den US-Bundesstaaten aufbauten, die sich schließlich im Bürgerkrieg entluden. Während Hamilton gemeint hatte, dass die Schuldensozialisierung Zement für den neuen amerikanischen Staat war, argumentiert James, sie sei in Wahrheit »Sprengstoff« gewesen.

Erst nach dem Bürgerkrieg entwickelten die USA dann jene rigiden Austeritätsregeln, die ihrem föderalen System eine bis heute wirkende ökonomische Stabilität gegeben haben. Die Bundesstaaten nahmen allesamt Schuldenschranken in ihre Verfassungen auf, und es war fortan klar, dass es keine Schuldensozialisierung mehr geben würde. Die Härte, die Kalifornien erleiden musste, hat seit eineinhalb Jahrhunderten Tradition und hat weitere Schuldenexzesse mit Staatskonkursen wirksam verhindert.

Auch die Schweiz, eine andere Konföderation, die Europa als Beispiel dienen kann, übt im Inneren eine ähnliche Schuldendisziplin wie die USA. Investoren, die einem Kanton zu viel Geld leihen, müssen selbst sehen, wie sie zurechtkommen, wenn der Kanton zahlungsunfähig wird. Sie können nicht damit rechnen, dass der Bund die Schulden zurückzahlt oder den Kantonen Ersatzkredite gibt, damit sie mit dem so eingenommenen Geld die alten Schulden zurückzahlen können. Auch die Schweizer Notenbank kauft keine Papiere der Kantone auf, was am Markt Platz für neu emittierte Papiere schaffen würde, mit deren Erlösen fällig werdende alte Papiere getilgt werden könnten.

Das Schweizer Prinzip, dass jede staatliche Gebietskörperschaft selbst für die Schulden einstehen muss, die sie aufgenommen hat, wurde vor einigen Jahren getestet, als die Gemeinde Leukerbad in Konkurs ging.[55] Damals klagten die Investoren gegen den Kanton Wallis als übergeordnete Gebietskörperschaft vor dem Bundesgericht in Lausanne, doch erhielten sie kein Recht und blieben auf ihren Forderungen sitzen. Dieses Urteil hat das Grundprinzip der Selbsthaftung wieder in den Blick der allgemeinen Öffentlichkeit gelenkt, das schon so lange für finanzielle Solidität und Prosperität der Schweizer Kantone gesorgt hatte.

Nach der Entscheidung des EuGH, der sich das deutsche Verfassungs-gericht nicht entgegenzustellen wagte, geht Europa nun definitiv in eine andere Richtung, weil die EZB die Macht erhält, die überschuldeten Staaten der Eurozone weiterhin ohne Beschränkung mit selbst geschaffenem Geld zu retten. Sie eliminiert den größten Teil der Risikoprämien im Zins auf Staatspapiere und ebnet den Weg in die europäische Schuldenunion, wenn nicht in den Schuldensumpf. Europa läuft jetzt Gefahr, die schmerzlichen Erfahrungen, die die USA in ihren ersten Jahrzehnten machten, wiederholen zu müssen.

Ob es tatsächlich zu Massenkonkursen von Euro-Staaten oder gar weitergehenden Spannungen aufgrund einer nicht mehr beherrschbaren Verschuldungslawine kommen wird, die dem ähneln, was in den USA passiert ist, ist natürlich nicht gesagt. Die Geschichte muss sich so nicht wiederholen. Allerdings sollten sich die Europäer keine Illusionen darüber machen, welch gefährlichen Weg sie gehen, wenn sie zulassen, dass ihre Regierungen und die EZB dem Druck der Finanzmärkte nachgeben und allein das heutige Konkursrisiko für Banken und Staaten minimieren. Dieser Weg dient zunächst den Profitinteressen der Anleger, nicht aber den Steuern zahlenden Bürgern, die dabei in die Haftung genommen werden, ohne dass sie sich wehren können. Es ist daher an der Zeit, innezuhalten, die langfristigen Ziele Europas wieder in den Blick zu nehmen und neue Wege zu gehen. Das letzte Kapitel 5 wird das später ausführlich tun.

# Sparer, Rentner, Stiftungen & Co – Warum Deutschland der große Verlierer der Niedrigzinspolitik ist

Den eingeschlagenen Weg nicht weiter zu gehen, ist auch speziell aus deutscher Sicht geboten, denn Deutschland wird seine heutige Prosperität aus demographischen Gründen schon in wenigen Jahren verlieren. Viele der Haftungsrisiken, die der deutsche Staat zur Rettung der Staaten und Banken Südeuropas eingeht – darunter das Durchwinken der OMT-Politik der EZB – könnte den Deutschen gerade dann auf die Füße fallen, wenn sie selbst kaum wissen, wie sie die vielen Alten ernähren sollen, die an die Tore der Rentenämter und Altersheime klopfen. Wie im vorigen Kapitel schon ausgeführt, ist es bis dahin gar nicht mehr weit. Schon um das Jahr 2030, knapp eineinhalb Jahrzehnte nach der Veröffentlichung dieses Buches, wird sich der gewaltige Berg der Babyboomer, die Mitte der 1960er-Jahre geboren wurden und Deutschlands Wirtschaft derzeit hochhalten, ins Rentenalter schieben. (Man vergleiche den Abschnitt »Das Rentensystem: Der potenzielle Beitrag der Migranten« in Kapitel 2, speziell Abbildung 2.7.). Dann wird die wirtschaftliche Dynamik nachlassen, und die Einnahmen aus Steuern und Sozialversicherungsbeiträgen werden schrumpfen. Gleichzeitig werden immer mehr Lasten auf den Staat zukommen. Dem Staat wird dann nichts anderes übrigbleiben, als einen Teil der Probleme durch Verschuldung zu lösen. Spätestens dann wird sich auf den Kapitalmärkten auch mit Blick auf Deutschland die Bonitätsfrage stellen – ähnlich wie es schon zur Zeit der Schröderschen Reformen der Fall gewesen war.

Doch die Verluste werden nicht erst in Jahrzehnten auftreten. Ein Teil zeigt sich schon heute in Form der niedrigen Zinsen. Sicher, der deutsche Staat ist ein Schuldner, und der übliche Häuslebauer auch. Beide können sich über die niedrigen Zinsen freuen. Doch wer sein Geld auf die hohe Kante gelegt hat, indem er es z. B. seiner Sparkasse anvertraute oder einen Lebensversicherungsvertrag mit Kapitalbildung abgeschlossen hat, der gehört zu den Verlierern.

Die Verluste können erheblich sein. Das wird klar, wenn man bedenkt, dass früher bis zu zwei Drittel der Alterssicherung, die man im Laufe seines Lebens durch eigene Ersparnis gebildet hatte, aus Kapitalerträgen bestanden, während nur ein Drittel durch den Verbrauch der Ersparnis selbst finanziert wurde.[56]

Auch zigtausende Stiftungen, die ihr Kapital nicht anrühren dürfen, sondern ihre wohltätigen Ausgaben allein von den Zinsen bestreiten müssen, kommen schon heute nicht mehr zurecht. Die betriebliche Altersvorsorge, die für viele Deutsche ein zweites Standbein zur gesetzlichen Altersvorsorge darstellt, wird ebenfalls zunehmend notleidend. Viele Firmen und Versicherungsträger sind in Schwierigkeiten gekommen, weil sie die fallenden Zinsen durch höhere Pensionsrückstellungen ausgleichen müssen, die ihre Gewinne schmälern, wenn nicht gar die Existenz ihrer Unternehmen gefährden.

Im Rahmen seiner letzten Jahreshauptversammlung wies Nikolaus von Bomhard, scheidender Vorstandsvorsitzender der Münchener Rückversicherungs-Gesellschaft, des Weltmarktführers seiner Branche, auf diese Missstände hin und hielt eine Philippika gegen die Niedrigzinspolitik der EZB. Unter anderem erklärte er, dass sein Konzern den Geschäfts- und Firmenwert des kapitalgedeckten Geschäftssegments der Lebens- und Krankenversicherungen der zur Münchener Rück gehörenden Ergo-Versicherung wegen der Zinspolitik der EZB vollkommen habe abschreiben müssen und dass die Ergo-Versicherung nun notleidend sei.[57] Was er damit meint, ist der Umstand, dass die Versicherung ihren Kunden über viele Jahrzehnte währende Zinsgarantien gegeben hat, die heute nicht mehr zu erwirtschaften sind. Bei fallenden Marktzinsen muss sie für diese Garantien immer höhere Rückstellungen in der Bilanz verbuchen, was die laufenden Gewinne vernichtet. Ergo ist kein kleines Unternehmen, sondern der zweitgrößte Erstversicherer der Bundesrepublik Deutschland. Von Bomhard warf der EZB zudem vor, dass sie durch ihre Politik in den Randbereichen ihres Mandats der zunehmenden Erosion des Rechts in Europa Vorschub leiste.[58]

Auch die Sparkassen haben zunehmend Probleme, ihre Kosten zu erwirtschaften, und nur noch spärlich fließen die Gewinne. Wie alle Banken leben auch Sparkassen davon, dass sie Buchgeld, das sie selbst schaffen können, verzinslich verleihen. Sie brauchen diese Zinseinnahmen, um ihre Betriebskosten zu decken, doch wenn sie nicht mehr fließen, haben sie ein Problem. So hat der Präsident des Deutschen Sparkassen- und Giroverbandes Georg Fahrenschon bereits mehrfach darauf hingewiesen, wie problematisch und gefährlich die EZB-Politik für die deutschen Sparkassen ist, die man mit Fug und Recht als das Rückgrat des deutschen Bankensystems ansehen kann.[59] Aber nicht nur die Sparkassen leiden darunter, sondern grundsätzlich alle Banken, so auch zum Beispiel die Commerzbank oder die Deutsche Bank und viele andere.

Allerdings kommt es für die Frage, ob Deutschland aufgrund der niedrigen Zinsen gewinnt oder verliert, nicht primär auf solche Effekte an. Vielmehr kommt es vor allem auf die Art und den Umfang der Anlagen und Schuldverhältnisse *im* und *mit* dem Ausland an. Deutliche Anhaltspunkte dafür, dass Deutschland als Ganzes gesehen massiv auf der Verliererseite steht, bietet die Statistik über die sogenannte Nettoauslandsposition der Euroländer, die in Abbildung 3.4 gezeigt wird. Die Nettoauslandsposition eines Landes ist die Differenz zwischen allen im Ausland liegenden Vermögenswerten der Inländer inklusive ausländischer Firmen, ausländischen Immobilienkapitals, der ausländischen Aktien im Besitz von Inländern und der Finanzvermögenforderungen gegenüber Ausländern abzüglich der entsprechenden Vermögenstitel der Ausländer *gegenüber* dem oder *im* Inland.

Abbildung 3.4: Nettogläubiger und Nettoschuldner in der Eurozone (2015)

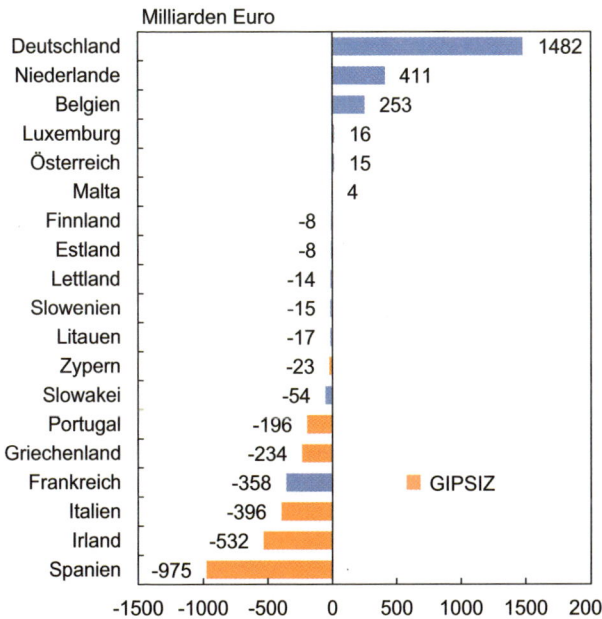

Quelle: Eurostat, Datenbank Wirtschaft und Finanzen, Zahlungsbilanz – Internationale Transaktionen (BPM6), Zahlungsbilanzstatistiken und Auslandsvermögensstatus, Auslandsvermögensstatus – Vierteljährliche und jährliche Daten (BPM6).

Die Abbildung zeigt, dass Deutschland mit einem Wert von ca. 1,5 Billionen Euro das bei Weitem größte Nettoauslandsvermögen aller Euroländer aufweist. Ja, ein weltweiter Vergleich zeigt sogar, dass es hinter Japan und vor China auf dem zweiten Platz liegt.[60] Der Grund für dieses hohe Nettoauslandsvermögen liegt in den großen Leistungsbilanzüberschüssen Deutschlands. Jedes Jahr erhöht sich das Nettoauslandsvermögen, wenn es keine Wertberichtigungen gibt, um den Leistungsbilanzüberschuss des

Jahres, also im Wesentlichen um die Differenz zwischen den Exporten und Nettokapitalerträgen, die im Ausland verdient werden, auf der einen Seite und den Importen auf der anderen. In den Jahren 2012 bis 2014 lag der deutsche Leistungsbilanzüberschuss jeweils bei etwa 200 Milliarden Euro, im Jahr 2015 betrug er sogar 256 Milliarden Euro.[61]

Auf der anderen Seite der Bilanz stehen die Schuldner, allen voran die Kreditnehmer in den sechs Krisenländern des Eurosystems, also die schon erwähnten GIPSIZ-Länder Griechenland, Irland, Portugal, Spanien, Italien und Zypern. Sie hatten in der Vergangenheit riesige Leistungsbilanzdefizite, die Schuldverhältnisse aufbauten, welche heute bedient werden müssen. Der Spitzenreiter unter den Schuldnerländern ist Spanien mit einer Nettoschuld von 975 Milliarden Euro, was mehr als zwei Drittel der Summe der Nettoschulden der anderen Krisenländer Italien, Griechenland, Irland, Portugal und Zypern zusammengenommen ausmacht. Die Schuldnerländer profitieren ganz erheblich von den niedrigen Zinsen. Entlastet wird freilich auch Frankreich, das immerhin über eine Nettoauslandsschuld von 358 Milliarden Euro verfügt.

Die Ent- und Belastungseffekte durch die niedrigen Zinsen kommen durch ein Sammelsurium von Effekten zustande, die man zum Teil der EZB anlasten kann, die aber zum Teil auch auf die finanzwirtschaftlichen Wirkungen der Euro-Rettungsarchitektur zurückführbar sind.

*Erstens* senkt die EZB, wie bereits erläutert, durch die kostenlos zur Verfügung gestellte Kreditausfallversicherung des OMT-Programms die Zinsen, zu denen sich die Krisenländer verschulden können. Konkret beseitigt sie weitgehend die Risikoprämie im Zins, die die Schuldner normalerweise zahlen müssen. Man könnte meinen, dass die Gläubiger in den Überschussländern daraus keine Nachteile haben, weil sie ja wegen des Kreditausfallschutzes durch die EZB selbst auf die Zinsaufschläge verzichten. Das ist aber zu kurz gedacht, weil sie in ihrer Funktion als Steuerzahler der noch leistungsfähigen Länder der Eurozone ja nun selbst die Sicherungsfunktion ausüben müssen, die sie früher als Sparer ausübten und bezahlt bekamen. Sie müssen also die Anlagerisiken weiterhin tragen, nur bekommen sie jetzt keine Risikoaufschläge im Zins mehr dafür.

*Zweitens* unterbietet die EZB die Kapitalmärkte durch den Verleih und die Anlage selbst gemachten Geldes. Sie tat dies schon immer und traditionell durch kurzfristige Kredite von wenigen Tagen, für die sie erstklassige Sicherheiten verlangte. Doch in der Krise ist sie dazu übergangen, auch mehrjährige Kredite zu Nullzinsen zu vergeben, für die sie sich mit Sicherheiten mit einer Bonität knapp über, bisweilen aber sogar unter der Schrottgrenze begnügte.[62] Außerdem kauft die EZB selbst Anleihen von Staaten und Privaten. Das *Securities Markets Programme* (SMP), im Zuge dessen die EZB für 223 Milliarden Euro Staatspapiere erwarb, wurde als Vorläufer des OMT-Programms schon erwähnt. Des Weiteren gab es ein etwa 70 Milliarden Euro umfassendes Programm zum Kauf von Pfandbriefen[63] sowie seit Jahresbeginn 2015 ein Riesenprogramm mit dem Namen *Quantitative Easing* (QE),[64] im Rahmen dessen für mindestens 1.700 Milliarden Euro Staatsanleihen, Anleihen europäischer Institutionen und auch Firmenanleihen gekauft werden sollen. Auch dieses Programm bedeutet, dass künstlich verbilligte Kredite aus der Druckerpresse zur Verfügung gestellt werden. Zum Teil fließen diese Kredite anstelle privater Kredite direkt den Krisenländern zu, zum Teil zwingen sie die privaten Anleger, bei den Kreditkonditionen mit der EZB mitzuziehen, weil sie sonst für die von ihnen verwalteten Ersparnisse keine Abnehmer mehr fanden. Das Thema wird im Kapitel 4 ausgiebig diskutiert.

*Drittens* schließlich drückt nicht nur die EZB die Zinsen. Das tun auch die verschiedenen Rettungsprogramme der Staatengemeinschaft. Dazu gehören zum einen die intergouvernementalen Kredite – also jene Kredite, die ein Staat direkt einem anderen gewährt –, die Griechenland schon ab 2010 erhielt. Dazu gehören zum anderen die Kredite spezieller Fonds, die von der EU, der Gemeinschaft der Euro-Staaten und dem Internationalen Währungsfonds (IWF) aufgesetzt wurden. Das Volumen dieser Rettungsprogramme lag Ende Juli 2016 bei insgesamt 380 Milliarden Euro.[65] Die Kredite nach diesen Prorammen wurden allesamt zu Konditionen gewährt, zu denen sie der private Markt nicht zur Verfügung gestellt hätte. Sie führten also insofern unmittelbar zu Zinsersparnissen der Krisenländer.

Abbildung 3.5 zeigt, wie all diese Effekte zusammengewirkt und die Zinslast der Krisenländer gedrückt haben. Die untere, blaue Kurve gibt an, welche Zinslasten im weiteren Sinne, nämlich inklusive sämtlicher Arten von Kapitaleinkommen, jedoch ohne Wertzuwächse, von den GIPSIZ-Ländern an das Ausland flossen. Man sieht, dass diese Zinslasten bis zum Krisenjahr 2008 laufend anstiegen, was ohne jeden Zweifel daran lag, dass diese Länder über ihre Leistungsbilanzdefizite immer mehr Nettoauslandsschulden aufbauten. Doch während die Leistungsbilanzsalden auch danach noch einige Jahre anhielten und die Nettoauslandsschulden weiterhin kräftig wuchsen und ferner die Marktzinsen, wie Abbildung 3.1 gezeigt hat, regelrecht explodierten, verringerten sich die Zinslasten fortwährend. Diese verblüffende Trendumkehr kann nur an den billigen Rettungskrediten der EZB, der kostenlosen Versicherung, die die EZB mit ihrem OMT-Programm anbot, und den Rettungsfonds gelegen haben.

### Abbildung 3.5: Die Zinsgewinne der GIPSIZ-Länder

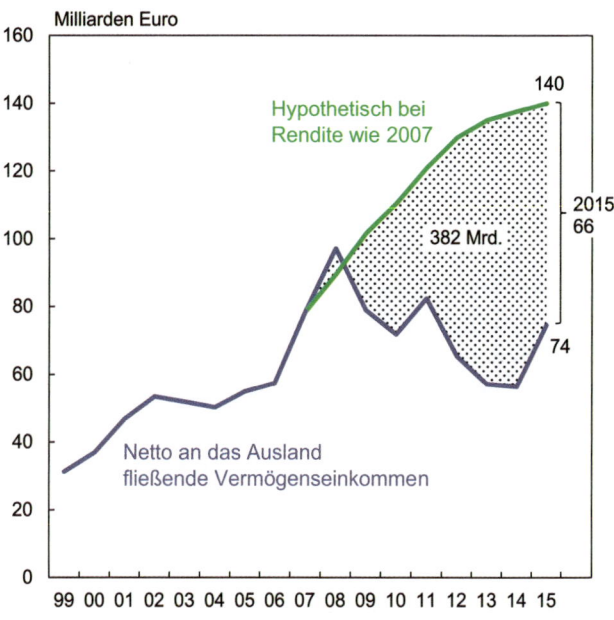

Quelle: Eurostat, Datenbank, Wirtschaft und Finanzen, Zahlungsbilanz – Internationale Transaktionen (bop), Zahlungsbilanzstatistiken und Auslandsvermögensstatus; dasselbe, Datenbank, Wirtschaft und Finanzen, Zahlungsbilanz – Internationale Transaktionen (BPM6), Zahlungsbilanzstatistiken und Auslandsvermögensstatus.

Die grüne, obere Kurve des Diagramms gibt zum Vergleich eine hypothetische Kurve der Zinslasten der GIPSIZ-Länder wieder, die sich ergeben hätte, wenn diese Länder während der Krisenjahre ab 2008 durchgängig die gleiche durchschnittliche Rendite[66] auf ihre Nettoauslandsschuld hätten bezahlen müssen wie im Jahre 2007, als die Zinsen noch nicht von der Krise beeinflusst waren (vgl. Abbildung 3.1), und wenn sie sich entsprechend höher hätten neu verschulden müssen, was zu einem entsprechend größeren Leistungsbilanzdefizit geführt hätte. Man sieht, dass die Zinslasten dann erheblich angestiegen wären. Hätten sich die Länder gar am Markt verschulden müssen, dann wären die Zinslasten noch deutlich schneller gestiegen, weil die Marktzinsen ja in dieser Zeit explodierten, aber dieser Effekt sei einmal außer Acht gelassen.

Die Differenz in Form der gepunkteten Fläche zwischen den Kurven ist die Zinsersparnis, die die Krisenländer im Vergleich zu einer Weiterzahlung der Zinssätze des Jahres 2007 erzielt haben. Für diese Ersparnis kommt angesichts der zunächst stark steigenden Marktzinsen keine andere Erklärung als die Rettungsarchitektur in Frage, denn wenn man diese Marktzinsen mitberücksichtigen würde, kämen noch viel größere Zinsersparnisse zustande. Man kann somit sagen, dass die Staatengemeinschaft inklusive der EZB den sechs GIPSIZ-Krisenländern in den Jahren 2008 bis 2015 mindestens 382 Milliarden Euro an Zinskosten erspart hat. Allein im Jahr 2015 waren es 66 Milliarden Euro.

Eine ähnliche Rechnung, nur mit umgekehrtem Vorzeichen, kann man für Deutschland aufmachen. Sie wird durch Abbildung 3.6 verdeutlicht. Die untere, blaue Kure des Diagramms zeigt die tatsächlichen deutschen Nettozinseinnahmen im Sinne der im Ausland netto verdienten Vermögenseinkommen aller Art, jedoch abermals ohne Wertzuwächse.

Und die obere Kurve zeigt die hypothetische Kurve dieser Nettozinseinnahmen, wie sie sich in den Jahren ab 2008 ergeben hätten, wenn Deutschland weiterhin den Durchschnittszins auf das Nettoauslandsvermögen verdient hätte wie 2007 und die Zinserträge jeweils wieder im Ausland angelegt hätte. Die Differenz zwischen den beiden Kurven gibt den deutschen Nettozinsverlust durch die Senkung der Zinssätze gegenüber 2007 an. Danach lag der gesamte deutsche Zinsverlust im Vergleich zu einem Szenarium, bei dem die Zinsertragsrate im weiteren Sinne durchgängig genauso hoch geblieben wäre, wie sie 2007 war, in den ersten acht Krisenjahren bei 326 Milliarden Euro, und allein auf das Jahr 2015 entfiel ein Zinsverlust von 91 Milliarden Euro.

Man beachte, dass diese Rechnungen keiner besonderen Theorie bedürfen und direkt von jedermann nachvollziehbar sind, der sich die Mühe macht, in die amtlichen Statistiken zu schauen. Es gehen keine Hypothesen ein – außer der, dass der Durchschnittszins auf das Nettoauslandsvermögen des Jahres

2007 als Bezugsbasis dient. Es ist debattierbar, zu welchen Teilen der deutsche Zinsverlust ursächlich auf die Politikmaßnahmen der EZB und der Rettungsschirme zurückzuführen ist, doch eine wesentliche Beziehung wird man unterstellen können.[67] Die Rechnung als solche ist davon unabhängig.

Abbildung 3.6: Die deutschen Verluste aus den niedrigen Zinsen

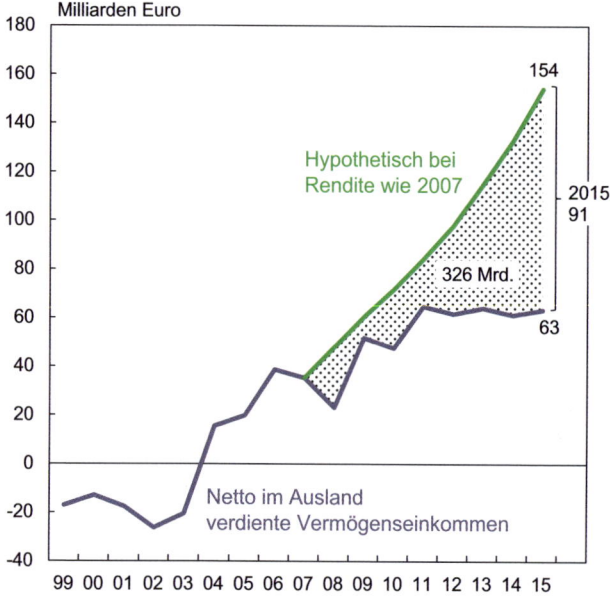

Quelle: Eurostat, Datenbank, Wirtschaft und Finanzen, Zahlungsbilanz – Internationale Transaktionen (BPM6), Zahlungsbilanzstatistiken und Auslandsvermögensstatus.

## Geld horten, Bargeld abschaffen: Es geht nicht um Kleinkriminelle

Das Ende der deutschen Zinsverluste ist vermutlich noch nicht erreicht, denn die EZB ist aktiv damit beschäftigt, die Zinsen in den negativen Bereich zu treiben. Es reicht ihr nicht, dass sie zu Lasten der Steuerzahler durch das OMT-Programm die Risikoprämien reduziert und den Sparern die Zinsen mit frischem Geld aus der Druckerpresse wegkonkurriert. Nein, jetzt will sie die Zinsen auch noch sukzessive stärker in den negativen Bereich drücken. Die Sparer der nördlichen Euroländer sollen also den Schuldnern der südlichen Länder in Zukunft auch noch Zinsen dafür zahlen, dass ihnen die Ersparnisse abgenommen werden, als wäre es eine Dienstleistung der Schuldner, das Geld aufzubewahren, für das ein Zins im Sinne einer Aufbewahrungsprämie verlangt werden kann.

Abbildung 3.7 zeigt, wie sich der Einlagenzins der EZB entwickelt hat, also der Zins, den die Geschäftsbanken für ihre Einlagen bei den Notenbanken des Eurosystems erhalten bzw. zahlen müssen. Wie Privatleute bei den Geschäftsbanken Girokonten unterhalten, haben auch die Geschäftsbanken bei den Zentralbanken Konten. Für die Kontostände, die sogenannten Einlagefazilitäten, erhielten sie je nach Konjunkturlage bis zur Lehman-Krise im Jahr 2008 Zinsen, die zwischen ein und 3,75 % Prozent schwankten. Doch dann senkte die EZB die Zinsen sehr rasch, erst bis zum Frühjahr 2009 auf 0,25 %, wo sie bis zum Beginn des Jahres 2011 verblieben, obwohl die Weltkonjunktur schon wieder volle Fahrt aufgenommen hatte. Dann versuchte sie im Jahr 2011 wieder kurzzeitig zu höheren Zinsen zurückzukehren, merkte aber rasch, dass sich die Eurokrise in Italien und Griechenland weiter dramatisch verschärfte. So senkte sie die Zinsen wieder und wagte es im Sommer 2012, auf dem Höhepunkt der Eurokrise, sogar auf 0 % zu gehen.

Abbildung 3.7: Der Zinssatz auf Einlagen der Banken beim Notenbanksystem

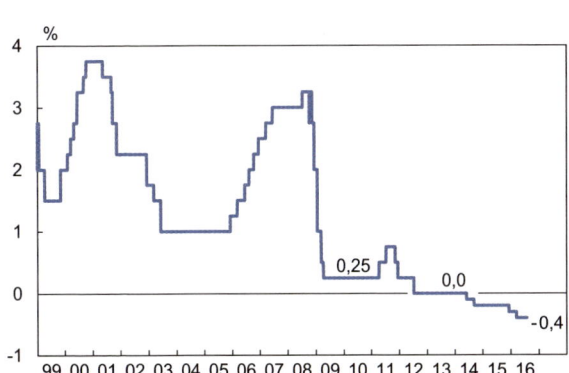

Quelle: Europäische Zentralbank, Statistics, Monetary operations, Key interest rates, Key ECB interest rates, Deposit facility.

Als das alles nichts half, um der europäischen Wirtschaft Schwung zu verleihen, begab sie sich ab Mitte des Jahres 2014 sogar immer stärker in negatives Territorium. Am aktuellen Rand, bei der Abfassung dieser Zeilen, liegt der Zins bei minus 0,4 % (Stand Anfang August 2016). Und nicht nur das. Am 10. März 2016 beschloss die EZB sogar, den Banken als sogenannte gezielte langfristige Refinanzierungskredite selbst Geld zu negativen Zinsen zu leihen.[68] Davon machten insbesondere viele Banken in Südeuropa Gebrauch, indem sie ihre auf dem Interbankenmarkt – also dem europäischen Kreditmarkt, auf dem Banken sich untereinander Geld leihen – aufgenommenen verzinslichen Kredite zurückzahlten und sie durch die Kredite von der EZB mit den negativen Zinsen ersetzten.[69] Das bedeutet nicht nur eine Inanspruchnahme der Steuerzahler, die die Finanzlücken in den Etats ihrer Staaten ausgleichen müssen, die durch die Verminderung der Gewinnausschüttungen der Notenbank entstehen. Es bedeutet auch eine Quasi-Enteignung der Sparer, die, wenn sie ihre Ersparnisse auch weiterhin anlegen wollen, sich ebenfalls mit negativen Zinsen zufrieden zu geben haben.

Firmen müssen heute bei Banken auf ihre Girokonten bereits negative Zinsen zahlen. Bei Privatleuten vermeiden die Banken zwar noch einen ähnlichen Schritt. Aber dafür belasten sie die Konten mehr und mehr mit Gebühren. Als erste Bank in Deutschland hat aber nun die Genossenschaftsbank Gmund am Tegernsee damit begonnen, von Privatpersonen, die mehr als 100.000 Euro auf ihrem Konto halten, Zinsen zu verlangen. Da kein Ende der Kapitalverluste in Sicht ist, eher im Gegenteil, könnte es sein, dass diese Schritte später einmal als Einstieg in eine neue Zinswelt gesehen werden.[70]

Aktuell freilich wehren sich die Sparer und ihre Banken gegen diese Entwicklung, so gut sie es können, indem sie ihr Geld zurückhalten und es lieber unverzinst herumliegen lassen, statt es zu verleihen. Dann verdienen sie zwar nichts, aber sie müssen auch keine Strafzinsen zahlen. In der Tat hat die private Geldhaltung in der Eurozone und in Deutschland stark zugenommen. Viele Leute halten hohe Bestände auf dem Girokonto, andere setzen auf Bargeld. Selbst die Banken und Versicherungen horten heutzutage riesige Bargeldmengen. So hat der bayerische Sparkassenverband seinen Mitgliedsunternehmen empfohlen, in größerem Umfang Bargeld zu halten, um den negativen Zinsen auszuweichen,[71] und auch die Münchener Rückversicherungs-Gesellschaft lagert aus dem Grunde bereits in großem Umfang Bargeld in Tresoren, wie der scheidende Vorsitzende Nikolaus von Bomhard auf der Bilanzpressekonferenz des Jahres 2016 verriet.[72]

Diesen Ausweichmanövern wiederum versucht die EZB mit erstaunlicher Kreativität zu begegnen, eine Kreativität, deren Nutzung man sich lieber im Rahmen ihrer eigentlichen Aufgabe wünschen würde. Um den Ausweg in die Bargeldhaltung zu versperren, beschloss sie unlängst, die großen 500-Euro-Scheine abzuschaffen, die meist für die Hortung verwendet werden. Immerhin etwa 26 % der gesamten Bargeldmenge des Eurosystems besteht aus solchen Scheinen.[73] Diese Scheine werden als Wertaufbewahrungsmittel verwendet, weniger für Transaktionen. Viele große Scheine liegen, wie es schon seinerzeit bei den 1000-D-Mark-Scheinen der Bundesbank der Fall war, unter türkischen Matratzen, weil sich die Gastarbeiter auf diese Weise zuhause vor der Inflation der türkischen Lira schützen wollen. Auch in Osteuropa erfreuen sich die großen Scheine aus ähnlichen Gründen großer Beliebtheit.

Die Abschaffung der 500-Euro-Scheine wirkt sich unmittelbar auf den Spielraum aus, den die EZB für negative Zinsen hat. Denn in einer Geldwirtschaft bilden die Tresorkosten die natürliche Obergrenze für den Negativzins, weil die Geldhalter bei einer Überschreitung dieser Obergrenze lieber diese Kosten auf sich nehmen, als die hohen Strafzinsen für ihre Girokonten zahlen zu müssen. Ohne Tresorkosten liegt die Untergrenze für den Kreditzins bei null, mit Tresorkosten entsprechend tiefer, und zwar umso tiefer im negativen Bereich, je höher die Tresorkosten sind. Tresorkosten sind dabei im weiteren Sinne gemeint inklusive der Verwaltungskosten rund um das physische Management großer Papiergeldmengen und inklusive der Versicherungskosten.

Durch die Abschaffung der 500-Euro-Scheine sind die Banken und Versicherungen nun gezwungen, ihr Bargeld in Form von 200-Euro-Scheinen zu horten. Das bedeutet, dass sie etwa zweieinhalbmal so viel Platz brauchen und zweieinhalbmal so hohe Tresorkosten haben. Zwar sind fünf 200-Euro-Scheine ein wenig leichter als zwei 500-Euro-Scheine, doch entstehen höhere Kosten für das Zählen und Verpacken der kleineren Scheine.[74] So gesehen hätte die EZB jetzt Luft, die Zinsen noch ein wenig stärker negativ zu machen. Und wenn das nicht reicht, kann sie die 200-Euro-Scheine abschaffen, oder gar auch die 100-Euro-Scheine. Das würde jeweils eine Verdoppelung der negativen Zinsuntergrenze bedeuten. Man käme nach beiden Schritten dann auf eine Untergrenze von etwa minus 2 %. Fallen alle Zinsen um einen solchen Wert, hätte die deutsche Volkwirtschaft angesichts ihres Nettoauslandsvermögens von etwa 1,5 Billionen Euro einen zusätzlichen Verlust von 30 Milliarden Euro im Jahr.

Und wenn das auch nicht reicht, dann kann die EZB das Bargeld ganz abschaffen und den Zahlungsverkehr vollends auf elektronische Zahlungsmittel umstellen. Dann bezahlt man nur noch mit dem Handy oder der Kreditkarte, ähnlich wie es in Schweden schon heute weitgehend der Fall ist. Dort kann man die Würstchen am Straßenrand mit der Kreditkarte bezahlen, und niemand regt sich auf. Wenn es überhaupt kein Bargeld mehr gibt, ist die Untergrenze im Zins weg, und die EZB kann die Zinsen, wenn sie es möchte, beliebig weit in den negativen Bereich drücken. Dann endlich kann man Überschussländer, die einen Teil ihrer Ersparnisse ins Ausland verliehen haben, nach Belieben zur Kasse bitten und zu Defizitländern machen.

Der völlige Verzicht auf Bargeld ist auf mittlere und längere Sicht nicht so absurd, wie es dem Leser vielleicht erscheinen mag. So gibt es seit einiger Zeit eine seriöse Fachdiskussion unter Volkswirten zu der Frage, ob man nicht das Bargeld abschaffen sollte, um die Zinsuntergrenze von Null wegzubekommen, die es impliziert.[75] Dabei geht es vor allem um die Sorge, dass ein Nominalzins von Null angesichts einer Deflationsgefahr noch zu hoch sein könnte, um ausreichend gesamtwirtschaftliche Nachfrage über eine Belebung der Investitionen entstehen zu lassen. Die Investitionen der Firmen und auch der privaten Haushalte im Bereich des Wohnungsbaus sind ein wichtiger Teil der gesamtwirtschaftlichen Nachfrage. Fällt der Zins, dann werden mehr Investitionsprojekte rentabel, und mehr Nachfrage nach Investitionsgütern belebt die Wirtschaft.

Der EZB ist diese Fachdiskussion natürlich nicht entgangen. Intern wird sie dort ebenso intensiv und seriös geführt wie unter Makroökonomen. Doch bei ihrer öffentlichen Kommunikation nimmt die EZB darauf keinen Bezug. Stattdessen führt sie für die negativen Zinsen und die Abschaffung des Bargeldes andere Argumente an.

So begründet sie die negativen Zinsen mit dem Versuch, Preisstabilität herzustellen, denn das ist ihr Mandat. Die Inflationsrate für die Konsumentenpreise liegt bei der Abfassung dieser Zeilen bei etwa 0,2 % in der Eurozone, bzw. wenn man temporäre Sondereffekte aufgrund der gefallenen Preise für Rohstoffimporte herausrechnet, bei etwa 0,8 %.[76] Nach Meinung der EZB reicht das nicht für Preisstabilität. Vielmehr sind die Preise nach ihrer Meinung erst dann stabil, wenn sie jährlich mit einer Rate von knapp unter 2 % steigen.[77] Negative Zinsen würden, so das Kalkül der EZB, die gesamtwirtschaftliche Nachfrage in der Eurozone steigern und das gewünschte Maß an Inflation erzeugen.

Und die Abschaffung der 500-Euro-Banknoten begründet sie mit dem Versuch, die Kriminalität einzudämmen, weil viele Schwarzgeschäfte mit Bargeld abgewickelt werden.

Beide Begründungen sind für sich genommen plausibel, jedenfalls plausibel genug, um in schnelllebigen Medien als Begründung durchzugehen. Sie sind aber in Wahrheit nicht glaubwürdig. Dass Preisstabilität eine Inflationsrate von 2 % bedeuten könnte, ist eine Interpretation, die sich die EZB selbst gesetzt hat, keinesfalls eine Vorgabe durch die EU-Verträge.

Die Zahl stammt aus der Zeit der hohen Inflationsraten in Südeuropa. Damals hieß es, angesichts der Schwierigkeit, die vom Vertrag gemeinten 0 % genau mit der Geldpolitik zu treffen, müsse man eine Fehlertoleranz von bis zu 2 % tolerieren, doch war dieser Wert nicht als Zielmarke gemeint, und selbstverständlich hat man Preisstabilität nicht als eine Inflation von knapp unter 2 % definiert.[78] Dazu wurden die 2 % erst in der Krise, als man, wohl auch angesichts der Finanznöte der total überschuldeten Staaten der Eurozone, eine Begründung für eine lockere Geldpolitik suchte.

Wenn die EZB argumentieren würde, sie brauche 2 % Inflation, um dem Süden der Eurozone die Möglichkeit zu geben, seine Wettbewerbsfähigkeit durch Zurückbleiben bei der Inflation allmählich zu steigern, dann könnte man sich als Ökonom der Forderung durchaus anschließen. Aber nein, 2 % und nicht etwa 0 % ist nach ihrer Meinung die Definition von Preisstabilität. Das erinnert dann doch ein wenig an die Winkelzüge mittelalterlicher Scholastiker.

Die semantische Umdeutung des Begriffs Preisstabilität in ein 2 %-Ziel reiht sich ein in eine Gruppe anderer, recht absonderlicher Begriffe und Definitionen, die die EZB in den letzten Jahren gewählt hat und die man nicht immer sogleich verstehen kann. Einige wirken wie die Verschleierung dessen, was wirklich damit gemeint war. Die nachfolgende Tabelle 3.1 gibt einen kleinen Überblick über den »Neusprech«, den die Kommunikationsabteilungen der EZB erfunden haben (um hier einmal – nicht ganz zufällig natürlich – einen Begriff von George Orwell zu verwenden).[79]

## Tabelle 3.1: Die Begriffswelt der EZB

| Englischer Begriff | Übersetzung | Gemeinter Inhalt |
| --- | --- | --- |
| Outright Monetary Transactions (OMT) | Offene monetäre Transaktionen | Kreditausfallversicherung für Krisenländer |
| Price Stability | Preisstabilität | Inflationsrate knapp unter 2% |
| Quantitative Easing (QE) | Quantitative Erleichterung | Kauf von Anleihen |
| Disturbance of monetary transmission mechanism | Störung des monetären Transmissions-mechanismus | Markt verlangt länderspezifische Risikoprämien im Zins |
| Securities Markets Programme (SMP) | Anleihenmarktprogramm | Kauf von Staatspapieren der Krisenländer |
| Additional Credit Claims Framework (ACCF) | Zusätzlicher Rahmen für Kreditforderungen | Nationale Notenbanken können nach eigenen Kriterien und angeblich auf eigenes Risiko die Pfänder definieren |
| Target balances | Target-Saldo (nicht: Ziel-Saldo) | Überziehungskredite vom Währungssystem |
| Agreement on Net Financial Assets (ANFA) | Abkommen über Netto-Finanzanlagen | Geheimabkommen über Geld-schöpfung auf eigene Rechnung |
| Emergency Liquidity Assistance (ELA) | Not-Liquiditätshilfen | Selbsthilfe mit der Druckerpresse, angeblich auf eigene Rechnung |

Und die Begründung mit den Kriminellen ist ebenfalls nicht glaubwürdig. Die Kriminellen von heute brauchen für ihre Geschäfte kein Bargeld mehr. Wer seine dunklen Geschäfte über Panama, die Bermudas oder Guernsey laufen lässt, der schiebt keine Geldkoffer über den Tresen. Nein, um Kleinkriminelle geht es nun wirklich nicht bei dem Ganzen.

# Anmerkungen

1. BVerfG, Urteil des Zweiten Senats, 21. Juni 2016 – 2 BvR 2728/13 – Rn. (1-220), <http://www.bverfg.de/e/rs20160621_2bvr272813.html>; sowie auch Bundesverfassungsgericht, »Verfassungsbeschwerden und Organstreitverfahren gegen das OMT-Programm der Europäischen Zentralbank erfolglos«, *Pressemitteilung* Nr. 34/2016, 21. Juni 2016, <http://www.bundesverfassungsgericht.de/SharedDocs/Pressemitteilungen/DE/2016/bvg16-034.html>.

2. EuGH, *Urteil in der Rechtssache* C-62/14, 16. Juni 2015, betreffend ein Vorabentscheidungsersuchen nach Art. 267 AEUV, eingereicht vom Bundesverfassungsgericht (Deutschland) mit Entscheidung vom 14. Januar 2014; <http://curia.europa.eu/juris/document/document.jsf?text=OMT&docid=165057&pageIndex=0&doclang=DE&mode=req&dir=&occ=first&part=1&cid=1180380#ctx1>; sowie auch Gerichtshof der Europäischen Union, »Das von der EZB im September 2012 angekündigte OMT-Programm ist mit dem Unionsrecht vereinbar«, *Pressemitteilung* Nr. 70/15, 16. Juni 2015, < http://curia.europa.eu/jcms/upload/docs/application/pdf/2015-06/cp150070de.pdf>.

3. Europäische Zentralbank, »Technical features of Outright Monetary Transactions«, *Pressemitteilung,* Frankfurt am Main, 6. September 2012, < https://www.ecb.europa.eu/press/pr/date/2012/html/pr120906_1.en.html>.

4. Draghi machte die Ankündigung erstmals öffentlich auf einer Investorenkonferenz vom 26. Juli 2012 und dann nochmals formal bei einer Pressekonferenz am 6. September 2012. Vgl. *Introductory statement to the press conference (with Q&A) by Mario Draghi, President of the ECB, Vitor Constâncio, Vice-President of the ECB,* Frankfurt am Main, 6. September 2012, <https://www.ecb.europa.eu/press/pressconf/2012/html/is120906.en.html>. Hier sagte Mario Draghi im Original: »What I said exactly is that – and I repeat what I said in London the first time – we will do whatever it takes within our mandate – within our mandate – to have a single monetary policy in the euro area, to maintain price stability in the euro area and to preserve the euro. And we say that the euro is irreversible.« Vgl. ebenfalls M. Draghi, *Speech at the Global Investment Conference in London,* 26. Juli 2012, <https://www.ecb.europa.eu/press/key/date/2012/html/sp120726.en.html>. Hier sagte er: »Within our mandate, the ECB is ready to do whatever it takes to preserve the euro. And believe me, it will be enough.«

5. H.-W. Sinn, *Der Euro. Von der Friedensidee zum Zankapfel,* Hanser Verlag, München 2015, S. 359 ff. (Die Stützungskäufe von Staatsanleihen: Das SMP); insbesondere Abbildung 8.1 (Die Staatspapierkäufe des Eurosystems unter dem SMP, S. 361).

6. Ebenda S. 366 ff.

7. Bundesverfassungsgericht, *2 BvR 1390/12, 2 BvR 1421/12, 2 BvR 1438/12, 2 BvR 1439/12, 2 BvR 1440/12, 2 BvE 6/12,* a.a.O., 12. September 2012; S. Homburg, »Retten ohne Ende«, *Frankfurter Allgemeine Zeitung, FAZ.NET,* 29. Juli 2012, <http://www.faz.net/aktuell/wirtschaft/europas-schuldenkrise/schuldenkrise-retten-ohne-ende-11832561.html>.

8. P. Hildebrand, »France's Economy Needs to Become More German«, *Financial Times, ft.com,* 2. Mai 2013, <http://blogs.ft.com/thealist/2013/05/02/franceseconomyneedstobebecomemoregerman/?#axzz2VLGgwKY0>.

9. Marcel Fratzscher (Präsident des DIW), Clemens Fuest (Präsident des ZEW), Kai A. Konrad (Direktor am MPI für Steuerrecht und Öffentliche Finanzen), Harald Uhlig (Professor

an der Universität von Chicago), Hans-Werner Sinn, der Verfasser dieses Buches (Präsident des ifo Instituts).

10. Man vergleiche das für das Gericht erstellte Gutachten: H.-W. Sinn, *Verantwortung der Staaten und Notenbanken in der Eurokrise,* Gutachten im Auftrag des Bundesverfassungsgerichts, Zweiter Senat, Verfassungsbeschwerden 2 BvR 1390/12, 2 BvR 1439/12 und 2 BvR 1824/12, Organstreitverfahren 2 BvE 6/12, Sitzung 11. und 12. Juni 2013, verfügbar unter <www.cesifo-group.de/Sinn-Juni2013_EZB-Kurs>; auch erschienen in: *ifo Schnelldienst* 66, Sonderausgabe Juni, 2013, S. 3-33; *Wirtschaftsdienst* 93 (7), 2013, S. 451-454; sowie auf Englisch, »Responsibility of States and Central Banks in the Euro Crisis«, *CESifo Forum* 15 (1), 2014, S. 3-36.

11. Marcel Fratzscher, Präsident des Deutschen Instituts für Wirtschaftsforschung (DIW) in Berlin.

12. Bundesverfassungsgericht, *BVerfG, 2 BvR 2728/13,* 14. Januar 2014, <http://www.bundesverfassungsgericht.de/SharedDocs/Entscheidungen/DE/2014/01/rs20140114_2bvr272813. html>.

13. Gerichtshof der Europäischen Union (EuGH), *Schlussanträge des Generalanwalts Pedro Cruz Villalón vom 14. Januar 2015,* Rechtssache C-62/14, <http://curia.europa.eu/juris/document/document.jsf?docid=161370&mode=req&pageIndex=1&dir=&occ=first&part=1&text=OMT&doclang=DE&cid=622911#ctx1>.

14. Derselbe, *Urteil des Gerichtshofs (Große Kammer) vom 16. Juni 2015,* Rechtssache C-62/14, <http://curia.europa.eu/juris/document/document.jsf?text=&docid=165057&pageIndex=0&doclang=DE&mode=req&dir=&occ=first&part=1&cid=623390>. Eine ausführliche Diskussion der Argumente des EuGH im Verhältnis zu den Argumenten, die das deutsche Verfassungsgericht in seinem Vorlagebeschluss dargelegt hatte, findet der interessierte Leser in H.-W. Sinn, *Der Euro. Vom Friedensprojekt zum Zankapfel,* Hanser, München, 2015, Kapitel 8, Abschnitt *Das OMT vor Gericht,* S. 396 ff.

15. Bundesverfassungsgericht, »Verfassungsbeschwerden und Organstreitverfahren gegen das OMT-Programm der Europäischen Zentralbank erfolglos«, *Pressemitteilung* Nr. 34/2016, 21. Juni 2016, <http://www.bundesverfassungsgericht.de/SharedDocs/Pressemitteilungen/ DE/2016/bvg16-034.html>.

16. Ebenda.

17. So heißt es im Urteil: »Bundesregierung und Deutscher Bundestag sind ... verpflichtet, eine etwaige Durchführung des OMT-Programms dauerhaft zu beobachten. Diese Beobachtungspflicht ist nicht nur darauf gerichtet, ob die oben formulierten Maßgaben eingehalten werden, sondern auch darauf, ob insbesondere aus dem Volumen und der Risikostruktur der erworbenen Anleihen, die sich auch nach ihrem Erwerb ändern kann, ein konkretes Risiko für den Bundeshaushalt erwächst. Gegebenenfalls ist die Bundesregierung gehalten, sich Informationen, über die sie nicht selbst verfügt, zu beschaffen. Ein insoweit geeignetes Mittel kann etwa die gegenüber der Bundesregierung bestehende Beratungs- und Auskunftspflicht der Deutschen Bundesbank (§ 13 Abs. 1 BBankG) sein.« Vgl. Bundesverfassungsgericht, *BVerfG, 2 BvR 2728/13,* 21. Juni 2016, Randziffer 220, <http://www.bverfg. de/e/rs20160621_2bvr272813.html>.

18. Europäische Zentralbank, *Technical Features of Outright Monetary Transactions,* a.a.O. und *Introductory Statement to the Press Conference (with Q&A) by Mario Draghi, President of the ECB, Vítor Constâncio, Vice-President of the ECB,* a.a.O. In der Pressekonferenz betonte Mario Draghi: »[. . .] we will accept pari passu treatment with the other creditors.«

19. Vgl. H.-W. Sinn, *Kasino-Kapitalismus. Wie es zur Finanzkrise kam, und was jetzt zu tun ist,* Econ Verlag, Berlin 2009, Kapitel 4: »Warum Wall Street zum Spielkasino wurde.«

20. Vgl. D. Gros, C. Alcidi und A. Giovanni, »Central Banks in Times of Crisis: The FED vs. the ECB«, *CEPS Policy Brief* 276, Juli 2012; S. Steinkamp und F. Westermann, »On Creditor Seniority and Sovereign Bond Prices in Europe«, *CESifo Working Paper* Nr. 3944, September 2012, <http://www.cesifo-group.de/DocDL/cesifo1_wp3944.pdf>. C. Wyplosz, »ECB's Outright Monetary Transactions«, in Europäisches Parlament, Hrsg., *ECB Intervention in the Euro Area Sovereign Debt Markets,* Monetary Dialogue October 2012, Compilation of Notes, Brüssel 2012, <http://www.europarl.europa.eu/document/activities/cont/201211/20121109ATT 55275/20121109ATT55275EN.pdf>, S. 5-20.

21. Portugals Papiere werden von den meisten Rating-Agenturen nicht mehr mit einem *Investment Grade,* also dem Gütesiegel für die Aufnahme in ein Vermögensportfolio, versehen, gelten also als *junk bonds,* zu Deutsch: Investitionsschrott oder Ramsch. Nur noch eine kanadische Agentur gibt ein BBB–, was ganz knapp über der Schrottgrenze liegt, und weil das so ist, kauft die EZB portugiesische Staatspapiere, was dem Staat die Möglichkeit gibt, neue Papiere zu emittieren. Kippt auch diese kanadische Agentur, werden portugiesische Papiere nicht mehr von der EZB gekauft, und Portugal kann am Markt keine neuen Papiere mehr verkaufen, um die alten, fällig werdenden Papiere zu bedienen. Es ginge dann wohl in den Konkurs. Griechenlands zweiter Konkurs im Euroregime – der erste war 2012 – wurde am 3. Juli 2015 formell vom Rettungsschirm EFSF verkündet und dann durch die Bereitschaft der deutschen Kanzlerin, im Gegensatz zum Votum ihres Finanzministers ein drittes Rettungspaket aufzulegen, vorläufig rückgängig gemacht. Vgl. European Stability Mechanism, »EFSF Board of Directors Reserves Its Rights to Act Upon Greece's Default«, *Pressemitteilung,* 3. Juli 2015, <http://www.esm.europa.eu/press/releases/efsf-board-of-directors-reserves-its-rights-to-act-upon-greeces-default.htm>.

22. Vgl. Thomson Reuters Datastream, Datenkategorie: CDS.

23. Siehe H.-W. Sinn, *Der Euro,* a.a.O., S. 368.

24. Siehe ebenda, S. 64, Abbildung 2.3.

25. V. V. Acharya, T. Eisert, C. Eufinger und C.W. Hirsch, *Whatever it Takes: The Real Effects of Unconventional Monetary Policy,* 27. Juli 2016, verfügbar unter: <http://pages.stern.nyu.edu/~sternfin/vacharya/public_html/pdfs/Acharya%20et%20al%20Whatever%20it%20takes.pdf>.

26. Vgl. auch H.-W. Sinn, »Säkulare Stagnation, schöpferische Zerstörung – und selbst produziertes Siechtum«, *Wirtschaftswoche,* Nr. 36, 2. September 2016, S. 31; sowie auch als Zusammenfassung in O. Stock, »Hans-Werner Sinn: Geldpolitik fördert Zombie-Banken«, *Wirtschaftswoche online,* 2. September 2016, <http://www.wiwo.de/unternehmen/banken/hans-werner-sinn-geldpolitik-foerdert-zombie-banken/14488442.html>.

27. K. Whelan, »TARGET2: Why Germans Should Not Fear a Euro Breakup«, *VoxEU,* 29. April 2012, <http://www.voxeu.org/article/target2-germany-has-bigger-things-worry-about>; sowie P. De Grauwe und Y. Ji, »What Germany Should Fear Most is Its Own Fear«, *VoxEU,* 18. September 2012, <http://www.voxeu.org/article/how-germany-can-avoid-wealth-losses-if-Eurozone-breaks-limit-conversion-german-residents>. Die Gegenargumente finden sich in H.-W. Sinn, »Target Losses in Case of a Euro Breakup«, *VoxEU,* 22. Oktober 2012, <http://www.voxeu.org/article/target-losses-case-euro-breakup>, oder auf Deutsch: »Die Target-Verluste im Fall des Auseinanderbrechens des Euro – Eine Replik auf De Grauwe und

Ji«, *ifo Schnelldienst* 66 (1), 17. Januar 2013, S. 14-24, <http.//www.cesifo-group.de/DocDL/ifosd_2013_01_2.pdf>.

28. W. Buiter und E. Rahbari, »Looking into the Deep Pockets of the ECB«, *Global Economics View,* Citi Economics, 27. Februar 2012, <http://blogs.r.ftdata.co.uk/money-supply/files/2012/02/citi-Looking-into-the-Deep-Pockets-of-the-ECB.pdf>.

29. Für eine Diskussion dieses wichtigen Zusammenhangs und weiterführende Literatur wird auf H.-W. Sinn, *Der Euro,* a.a.O., S. 46 f. und S. 363-366 verwiesen.

30. EU, »Protokoll (Nr. 4) über die Satzung des Europäischen Systems der Zentralbanken und der Europäischen Zentralbank«, *Amtsblatt der Europäischen Union* C 326, 26. Oktober 2012, <http://www.ecb.europa.eu/ecb/legal/pdf/c_32620121026de_protocol_4.pdf>, insbesondere Artikel 33 Absatz 2. Vgl. ebenfalls die Diskussion über Abschreibungsverluste auf ELA-Kredite in Kapitel 4.

31. »Joined-up Thinking: Can a Limited Version of Eurobonds Help Solve the Euro Crisis?«, *Economist,* 21. April 2012, sowie auch <http://www.economist.com/node/21553009>; »Eurobonds: How Best to Share the Sacrifice«, *Economist online,* 19. April 2012, <http://www.economist.com/blogs/freeexchange/2012/04/eurobonds>; W. Münchau, »Eurobonds and Fiscal Union are the Only Way out«, *Financial Times, ft.com,* 18. September 2011, <http://www.ft.com/cms/s/9e3d5db2-dfca-11e0-b1db-00144feabdc0,Authorised=false.html?siteedition=intl&_i_location=http%3A%2F%2Fwww.ft.com%2Fcms%2Fs%2F0%2F9e3d5db2-dfca-11e0-b1db-00144feabdc0.html%3Fsiteedition%3Dintl&_i_referer=http%3A%2F%2Fwww.google.de%2F376e4bf5d13c456f0a70f0df40f7360f&classification=conditional_standard&iab=barrier-app#axzz4H61x6mnm»; derselbe, »The Eurozone Cannot Escape Political and Fiscal Union«, *Financial Times, ft.com,* 5. Juni 2016, <http://www.ft.com/cms/s/95aaddfa-29ad-11e6-8ba3-cdd781d02d89,Authorised=false.html?siteedition=intl&_i_location=http%3A%2F%2Fwww.ft.com%2Fcms%2Fs%2F0%2F95aaddfa-29ad-11e6-8ba3-cdd781d02d89.html%3Fsiteedition%3Dintl&_i_referer=http%3A%2F%2Fwww.google.de%2F376e4bf5d13c456f0a70f0df40f7360f&classification=conditional_standard&iab=barrier-app#axzz4H61x6mnm>.

32. Vgl. G. Soros, »How to Resolve the Euro Crisis«, *Project Syndicate,* 15. August 2011, <http://www.georgesoros.com/essays/how-to-resolve-the-euro-crisis/>; derselbe, »Why Germany Should Lead or Leave«, *Project Syndicate,* 8. September 2012, <http://www.georgesoros.com/essays/why-germany-should-lead-or-leave/>; derselbe, »Germany's Choice«, *Project Syndicate,* 9. April 2013, <http://www.georgesoros.com/essays/germanys-choice/>; derselbe, *How to Save the European Union from the Euro Crisis, Remarks delivered at the Center for Financial Studies,* Frankfurt am Main 7. April 2013, veröffentlicht auf *The Guardian online,* 9. April 2013, <https://www.theguardian.com/business/2013/apr/09/george-soros-save-eu-from-euro-crisis-speech>, sowie <http://www.georgesoros.com/essays/how_to/>. Der Autor hat Soros widersprochen: H.-W. Sinn, »Should Germany Exit the Euro?«, *Project Syndicate,* 23. April 2013, <https://www.project-syndicate.org/commentary/should-germany-exit-the-euro-by-hans-werner-sinn?barrier=true>, mit Kommentaren von G. Soros am 29. April 2013 und 6. Mai 2013 und dem Autor am 3. Mai 2013 auf <https://www.project-syndicate.org/columnist/hans-werner-sinn>; sowie auch H.-W. Sinn, »Die Argumente von George Soros stechen nicht«, *Frankfurter Allgemeine Zeitung,* 8. Mai 2013, S. 10, <http://www.cesifo-group.de/de/ifoHome/policy/Staff-Comments-in-the-Media/Press-articles-by-staff/Archive/Eigene-Artikel-2013/medienecho_ifostimme-faz-08-05-2013.html>. Die Debatte wurde u.a. veröffentlicht in H.-W. Sinn und G. Soros, »Zur Debatte zwischen George Soros und Hans-Werner

Sinn«, *ifo Schnelldienst* 66 (9), 2013, S. 21-27; sowie auch dieselben, »Saving the European Union: Are Eurobonds the Answer?«, *CESifo Forum* 14 (2), 2013, S. 41-48.

33. Siehe beispielsweise »Spanien und Italien fordern Euro-Bonds«, *Handelsblatt online,* 17. August 2011, <http://www.handelsblatt.com/politik/international/schuldenkrise-spanien-und-italien-fordern-euro-bonds/4507216.html>; »Diskussion über Eurobonds: Spanien und Italien hoffen auf Kurswechsel der Kanzlerin«, *Süddeutsche Zeitung, SZ.de,* 17. August 2011, <http://www.sueddeutsche.de/wirtschaft/diskussion-ueber-euro-bonds-spanien-und-italien-hoffen-auf-kurs-wechsel-der-kanzlerin-1.1132012>; »Can Italy Save the EU? On Monti And Draghi, Eurobonds And Liquidity Injections«, *Forbes online,* 24. Mai 2012, <http://www.forbes.com/sites/afontevecchia/2012/05/24/can-italy-save-the-eu-monti-and-draghi-eurobonds-and-liqui-dity-injections/#4f5a8cd3b9df>; »Spanien tritt offen für die Schaffung von Eurobonds ein«, *Welt online,* 5. Juni 2012, <http://www.welt.de/newsticker/dpa_nt/infoline_nt/thema_nt/article106419755/Spanien-tritt-offen-fuer-Schaffung-von-Eurobonds-ein.html>.

34. Die EU-Kommission hat sich mehrfach mit Nachdruck für Eurobonds ausgesprochen, so z. B. auch der ehemalige Kommissionspräsident José Manuel Barroso. Vgl. »Barroso fordert Euro-Bonds und Euro-Finanzminister«, *Süddeutsche Zeitung, SZ.de,* 29. November 2012, <http://www.sueddeutsche.de/wirtschaft/strategie-in-der-schuldenkrise-barroso-fordert-euro-bonds-und-euro-fi-nanzminister-1.1536721>; sowie auch Europäische Kommission, »Ein Konzept für eine vertiefte und echte Wirtschafts- und Währungsunion. Auftakt für eine europäische Diskussion«, *Mitteilung der Kommission,* Brüssel, 28. November 2012, <http://eur-lex.europa.eu/legal-content/DE/TXT/PDF/?uri=CELEX:52012DC0777&from=EN>, sowie <http://ec.europa.eu/archives/commission_2010-2014/president/news/archives/2012/11/20121128_2_en.htm>. Als sie merkte, dass sich der Name in der öffentlichen Debatte abgenutzt hatte, nannte sie die Eurobonds »Stability Bonds« (Stabilitätsanleihen). Die Kommission begründete in ihrer Pressemitteilung zum Grünbuch die Einführung des neuen Begriffs wie folgt: »In der öffentlichen Diskussion und der Literatur wird normalerweise der Begriff ›Eurobonds‹ verwendet. Die Kommission ist der Ansicht, dass das Hauptmerkmal eines solchen Instruments in einer höheren finanziellen Stabilität des Euroraums besteht. Aus diesem Grund ist in diesem Grün-buch – im Einklang mit der Ansprache von Kommissionspräsident Barroso zur Lage der Union vom 28. September 2011 – von ›Stabilitätsanleihen‹ die Rede.« Vgl. Europäische Kommission, »Grünbuch der Europäischen Kommission über die Durchführbarkeit der Einführung von Stabilitätsanleihen«, *Pressemitteilung* MEMO/11/820, Brüssel, 23. November 2011.

35. Solange Jürgen Stark als Chef-Volkswirt dem EZB-Direktorium angehörte, hatte sich die EZB zu dem Thema nicht geäußert. Stark trat aber Ende 2011 wegen seiner Vorbehalte gegen die massenhaften Käufe von Staatspapieren der Krisenländer im Zuge des *Securities Markets Programme* zurück und protestierte um die Zeit seiner Rücktrittsankündigung im September 2011 und auch später mit großem Nachdruck gegen die Idee von Eurobonds in der Öffentlichkeit. Siehe M. Kurm-Engels und R. Landgraf, »Stark warnt vor Einführung von Euro-Bonds«, *Handelsblatt online,* 19. August 2011, <http://www.handelsblatt.com/politik/konjunktur/nachrichten/ezb-chefvolkswirt-stark-warnt-vor-einfuehrung-von-euro-bonds/4513568.html>; S. Ruhkamp, »Stark warnt vor Eurobonds«, *Frankfurter Allgemeine Zeitung, FAZ.NET,* 16. September 2011, <http://www.faz.net/aktuell/wirt-schaft/eurokrise/ezb-chefvolkswirt-stark-warnt-vor-eurobonds-11229050.html>; K. Köllen, »Ex-Chefvolkswirt: Jürgen Stark wettert gegen die EZB«, *Wirtschaftswoche online,* 16. Janu-ar 2012, <http://www.wiwo.de/politik/europa/ex-chefvolkswirt-juergen-stark-wettert-gegen-die-ezb/6072874.html>. Nach seinem Rücktritt äußerte sich die EZB hingegen positiv zur Idee der Eurobonds. Siehe »EZB-Vizechef:

Euro-Bonds als Reservewährung«, *RP online*, 23. November 2011, <http://www.rp-online.de/politik/eu/euro-bonds-als-reservewaehrung-aid-1.2613218>.

36. C. Giles, »OECD Joins Call for Eurozone Bonds«, *Financial Times, ft.com*, 22. Mai 2012, <http://www.ft.com/cms/s/23597646-a3db-11e1-8878-00144feabdc0,Authorised=false.html?siteedition=intl&_i_location=http%3A%2F%2Fwww.ft.com%2Fcms%2Fs%2F0%2F23597646-a3db-11e1-8878-00144feabdc0.html%3Fsiteedition%3Dintl&_i_referer=http%3A%2F%2Fwww.ft.com%2Fcms%2Fs%2F0%2F5abc-14ba-a42e-11e1-a701-00144feabdc0.html&classification=conditional_standard&iab=barrier-app#axzz4H61x6mnm>.

37. Vgl. »Euro-Bonds: ›Nicht solange ich lebe‹ – Merkel zieht mit klarer Kampfansage in den EU-Gipfel«, *Handelsblatt online*, 27. Juni 2012, <http://www.handelsblatt.com/politik/deutschland/euro-bonds-nicht-solange-ich-lebe-merkel-zieht-mit-klarer-kampfansage-in-den-eu-gipfel/6804370.html>; »Merkel gegen Euro-Bonds — ›solange ich lebe‹«, *Welt online*, 26. Juni 2012, <http://www.welt.de/politik/deutschland/article107275831/Merkel-gegen-Euro-Bonds-solange-ich-lebe.html>.

38. Diese Information wurde glaubhaft von einem Insider auf einer Investorenkonferenz in Rom im September 2014 übermittelt, bei der der Verfasser zugegen war. Nach den Chatham-House-Regeln ist es dem Verfasser erlaubt, darüber inhaltlich zu berichten, doch nicht, den Informanten preiszugeben.

39. Hier und im Folgenden: Europäische Union, »Konsolidierte Fassungen des Vertrags über die Europäische Union und des Vertrags über die Arbeitsweise der Europäischen Union«, *Amtsblatt der Europäischen Union* C 326, 26. Oktober 2012, <http://eur-lex.europa.eu/legal-content/DE/TXT/?uri=OJ:C:2012:326:TOC>.

40. Deutscher Bundestag, *Plenarprotokoll* 13/230, Bonn, 23. April 1998, S. 21054, <http://dip21.bundestag.de/dip21/btp/13/13230.pdf>.

41. »EZB ruft Haftungsgemeinschaft aus«, *Fuchs Briefe*, 18. Februar 2016, <https://www.fuchsbriefe.de/meistgelesene-artikel/ezb-ruft-haftungsgemeinschaft-aus.html>. Man sollte allerdings fairerweise darauf hinweisen, dass Mersch mit diesem Satz vielleicht den Umstand gemeint hat, dass im Eurosystem alle nationalen Zentralbanken ihre Ansprüche auf Zinsrückflüsse aus Geldschöpfungskrediten an die Geschäftsbanken untereinander getauscht haben, indem sie vereinbart haben, sie zusammenzuschütten und an alle dann wieder einen ihrer Größe entsprechenden Teil der Gesamtsumme zurückfließen zu lassen. Darin ist tatsächlich bereits eine Haftungsgemeinschaft begründet, denn wenn die Geschäftsbanken und die von ihnen eingereichten Kreditsicherheiten ausfallen, tragen alle die entsprechenden Verluste mit. Aber erstens hätte man die Währungsunion auch ohne die Vergemeinschaftung der Zinsrückflüsse organisieren können, ähnlich wie es heute bei den Staatspapierkäufen im Rahmen des Quantitative-Easing-Programms der EZB der Fall ist, ein Thema, das weiter unten noch behandelt wird. Und zweitens war ja gedacht, dass die EZB nach dem Modell der Bundesbank hätte funktionieren sollen, die die Ausleihungen an die Banken stets nur gegen erstklassige Sicherheiten und ganz kurzfristig vornahm. Ein Risiko für die Zentralbank durch Bankenkonkurse war damit praktisch ausgeschlossen.

42. Vgl. auch U. di Fabio, *Die Zukunft einer stabilen Wirtschafts- und Währungsunion*, Stiftung Familienunternehmen, Mai 2013, insb. S. 53; derselbe, »Hände weg vom Grundgesetz«, Spiegel-Gespräch durchgeführt von T. Darnstädt und D. Hipp, *Der Spiegel*, Nr. 28, 9. Juli 2012, S. 23-25; J. Jahn, »Früherer Verfassungsrichter Di Fabio: Notfalls ist Deutschland zum Euro-Austritt verpflichtet«, *Frankfurter Allgemeine Zeitung*, 3. Juni 2013, S. 17; sowie *FAZ.NET*, 2. Ju-

ni 2013, <http://www.faz.net/aktuell/wirtschaft/eurokrise/frueherer-verfassungsrichter-di-fabio-notfalls-ist-deutschland-zum-euro-austritt-verpflichtet-12205592.html>. Bereits im Urteil des Bundesverfassungsgericht vom Juni 2009 zum Vertrag von Lissabon, an dem der damalige Bundesverfassungsrichter Udo di Fabio als Berichterstatter des Zweiten Senats maßgeblich beteiligt war, heißt es: »Eine das Demokratieprinzip und das Wahlrecht zum Deutschen Bundestag in seinem substantiellen Bestimmungsgehalt verletzende Übertragung des Budgetrechts des Bundestages läge vor, wenn die Festlegung über Art und Höhe der den Bürger treffenden Abgaben in wesentlichem Umfang supranationalisiert würde. Der Deutsche Bundestag muss dem Volk gegenüber verantwortlich über die Summe der Belastungen der Bürger entscheiden. Entsprechendes gilt für wesentliche Ausgaben des Staates.« *BVerfG, Urteil des Zweiten Senats vom 30. Juni 2009 – 2 BvE 2/08 – Rn. (1-421),* <http://www.bverfg.de/e/es20090630_2bve000208.html>. Auch der ehemalige Verfassungsrichter Paul Kirchhof hob aus diesem Urteil hervor, dass das Bundesverfassungsgericht erstmals die Aufgaben skizziert habe, die dem demokratischen Staat bleiben müssen. »Dazu gehören Einnahmen und Ausgaben, also die Steuern und das Budgetrecht des Parlaments. Diese Aufgaben sind dem Mitgliedstaat vorbehalten«, siehe P. Kirchhof, »Vereinigte Staaten von Europa wird es nicht geben«, Interview von J. Jahn, *Frankfurter Allgemeine Zeitung, FAZ.NET,* 30. Juni 2009, <http://www.faz.net/aktuell/wirtschaft/wirtschaftspolitik/im-gespraech-paul-kirchhof-vereinigte-staaten-von-europa-wird-es-nicht-geben-1811736.html>. Auf das Hoheitsrecht haushaltspolitischer Entscheidungen des Bundestags verwies Udo di Fabio auch im Rahmen der Entscheidungen zur Griechenland-Hilfe und der Ausweitung des Euro-Rettungsschirms 2011. Dabei bezeichnete er das Budgetrecht als »Kronjuwel des Parlaments«, vgl. D. Hipp und R. Neukirch, »Kronjuwel des Parlaments«, *Der Spiegel,* Nr. 36, 5. September 2011, S. 21. Nach dem EuGH-Urteil zum OMT-Programm bemängelte Udo di Fabio zudem, dass der Europäische Gerichtshof die Risiken für die Demokratie überhaupt nicht berücksichtigt habe und stattdessen weitgehend der EZB die Entscheidung überlassen habe, was als Geldpolitik noch erlaubt ist. Damals appellierte er noch an das Bundesverfassungsgericht, unbeirrt an der demokratischen und rechtsstaatlichen Grundlage politischer Herrschaft festzuhalten. Vgl. U. di Fabio, »Nur Mut, Bundesverfassungsgericht!«, *Frankfurter Allgemeine Sonntagszeitung,* 21. Juni 2015, S. 22.

43. Siehe BGB § 119 – Anfechtbarkeit wegen Irrtums. Zu Verträgen zwischen Staaten vermerkte allerdings Wilhelm Wengler bereits in seinem Grundlagenwerk zum Völkerrecht von 1964: »Eine Anfechtung von Staatsverträgen wegen Irrtums dürfte jedenfalls dann ausgeschlossen sein, wenn der Irrtum nicht durch eine rechtswidrige Täuschung seitens des anderen Staates bzw. seiner Unterhändler hervorgerufen worden ist.« Siehe W. Wengler, *Völkerrecht – Erster und Zweiter Teil,* Springer-Verlag, Berlin-Heidelberg 1964, S. 221.

44. Europäische Kommission, *Europäischer Rat – Schlussfolgerungen,* Brüssel, 1.-2. März 2012, <http://europa.eu/rapid/press-release_DOC-12-4_de.htm>. Alle Mitgliedstaaten, außer Tschechien und das Vereinigte Königreich sowie das erst 2013 beigetretene Kroatien, entschieden sich für die Ratifizierung des Fiskalpakts.

45. Die Bundeskanzlerin, »Merkel: Unterzeichnung des Fiskalpaktes ist starkes Signal«, 2. März 2012, <https://www.bundeskanzlerin.de/ContentArchiv/DE/Archiv17/Artikel/2012/03/2012-03-02-eu-rat-bruessel.html>; sowie auch »Merkel bejubelt Meilenstein für Europäische Union«, *Welt online,* 2. März 2012, <http://www.welt.de/wirtschaft/article13899132/Merkel-bejubelt-Meilenstein-fuer-Europaeische-Union.html>.

46. Die Bundeskanzlerin, *Pressekonferenz von Bundeskanzlerin Merkel zu den Ergebnissen des Europäischen Rates am 1./2. März,* Brüssel, 2. März 2012, <https://www.bundeskanzlerin.de/ContentArchiv/DE/Archiv17/Regierungserklaerung/2012/2012-06-29-merkel.html>.

47. Die Bundeskanzlerin, »Regierungserklärung von Bundeskanzlerin Merkel zu Stabilitätsunion, Fiskalvertrag und Europäischer Stabilitätsmechanismus«, *Regierungserklärung vor dem Deutschen Bundestag*, Berlin, 29. Juni 2012, <https://www.bundeskanzlerin.de/ContentArchiv/DE/Archiv17/Regierungserklaerung/2012/2012-06-29-merkel.html>.

48. Juncker äußerte auf die Frage, warum er bei Frankreich Ausnahmen gemacht hat: »Parce que c'est la France, la France de toujours.« (Weil es Frankreich ist, Frankreich wie es immer ist.) Medienberichten zufolge erklärte der Kommissionspräsident ferner, dass er seit Jahren nichts anderes tue, als der Regierung in Paris Ausnahmen von den Regeln des Paktes zu gewähren. Er selbst kenne das Land gut, mit seiner speziellen Mentalität, seinen politischen Reflexen, darauf müsse man Rücksicht nehmen. Und deshalb könne man den Stabilitätspakt nicht blind in Frankreich anwenden. Vgl. »Quand Jean-Claude Juncker préfère l'avion aux trains français pour arriver à l'heure«, *Public Senat online*, 31. Mai 2016, <http://www.publicsenat.fr/lcp/politique/blocages-c-france-toujours-jean-claude-junker-1369915>; sowie auch A. Mühlauer, »Dijsselbloem wirft Juncker Nachgiebigkeit vor«, *Süddeutsche Zeitung, SZ.de*, 2. Juni 2016, <http://www.sueddeutsche.de/wirtschaft/eu-dijsselbloem-wirft-juncker-nachgiebigkeit-vor-1.3016666>.

49. R. Berschens und D. Neuerer, »Schäuble verhinderte Geldbußen für Defizitsünder«, *Handelsblatt online*, 27. Juli 2016, <http://www.handelsblatt.com/politik/international/spanien-und-portugal-schaeuble-verhinderte-geldbussen-fuer-defizitsuender/13933420.html?nlayer=News_1985586>.

50. Eigene Übersetzung. Im Original: »We violated all the rules because we wanted to close ranks and really rescue the euro zone«, siehe B. Carney und A. Jolis, »Toward a United States of Europe«, Bericht über ein Interview mit Christine Lagarde, *The Wall Street Journal*, 17. Dezember 2010, <http://online.wsj.com/article/SB10001424052748704034804576025681087342502.html>.

51. Siehe R. E. Wright, »Cementing the Union«, *Financial History*, Frühjahr 2008, S.14-18, insbesondere S. 15. Vgl. auch A. Hamilton, J. Jay und J. Madison, »The Federalist: A Commentary on the Constitution of the United States«, in J. und A. McLean, Hrsg., *The Federalist: A Collection of Essays Written in Favour of the New Constitution*, New York 1788, Nachdruck in *The Modern Library*, New York 2001.

52. Hier und im Folgenden vergleiche man B. U. Ratchford, *American State Debts*, Duke University Press, Durham 1941, insbesondere S. 74 f.

53. Vgl. auch J. Rodden, *Hamilton's Paradox: The Promise and Peril of Fiscal Federalism*, Cambridge University Press, New York 2006; T. Sargent, »United States Then, Europe Now«, Nobelpreisrede gehalten an der Universität Stockholm, 8. Dezember 2011, <http://www.nobelprize.org/nobel_prizes/economic-sciences/laureates/2011/sargent-lecture.html>; H. James, »Lessons for the Euro from History«, Vortrag anlässlich der Konferenz »European Crisis: Historical Parallels and Economic Lessons« des Julis-Rabinowitz Center for Public Policy and Finance, Princeton, 19. April 2012, <http://www.princeton.edu/jrc/events_archive/repository/inaugural-conference/Harold_James.pdf>; derselbe, »Alexander Hamilton's Eurozone Tour«, *Project Syndicate*, 5. März 2012, <http://www.project-syndicate.org/commentary/alexander-hamilton-s-eurozone-tour>; European Economic Advisory Group, *The EEAG Report on the European Economy: Rebalancing Europe*, CESifo, München 2013, <https://www.cesifo-group.de/DocDL/EEAG-2013.pdf>, Kapitel 4: »US Precedents for Europe«, S. 95-107.

54. Siehe H. James, a.a.O.

55. Vgl. C. Blankart, »Föderalismus, direkte Demokratie und Besteuerung: Eine Theorie der Schweiz«, *ifo Schnelldienst* 64 (12), 2011, S. 13-19; C. Blankart und A. Klaiber, »Was folgt aus Leukerbad? Wider faule Kompromisse in der Gemeindeautonomie«, *Neue Zürcher Zeitung,* Internationale Ausgabe, Nr. 216, 18. September 2003, S. 17; dieselben, »Subnational Government Organization and Public Debt Crises«, *Economic Affairs* 26 (3), 2006, S. 48-54.

56. Wer z. B. über dreißig Jahre zu einem realen Zins von 4 % sparte, verfügte über ein Endvermögen, das 3,24-mal so groß wie seine Ersparnis war. Das heißt etwas mehr als zwei Drittel des Endvermögens, das für die Rente verfügbar war (genau 2,24/3,24=69 %), bestand aus Zinsen.

57. Siehe Münchener Rückversicherungs-Gesellschaft, *Bericht des Vorstandsvorsitzenden Nikolaus von Bomhard, Hauptversammlung 2016,* 27. April 2016, insbes. S. 6f.

58. Siehe N. von Bomhard, »Die Zeit extrem billigen Geldes muss zu Ende gehen«, *Kommentar, Munich Re,* 10. Dezember 2015, <https://www.munichre.com/de/reinsurance/magazine/topics-online/2015/12/comment-nikolaus-von-bomhard/index.html>; »Versicherer hortet Geld, statt es der EZB zu geben«, *Welt online,* 16. März 2016, <http://www.welt.de/wirtschaft/article153349312/Versicherer-hortet-Geld-statt-es-der-EZB-zu-geben.html>.

59. Vgl. »Sparkassen-Chef verschärft Kritik an EZB«, *Handelsblatt online,* 4. Juni 2014, <http://www.handelsblatt.com/unternehmen/banken-versicherungen/kurz-vor-der-zinsentscheidung-sparkassen-chef-verschaerft-kritik-an-ezb/9988764.html>; »Niedrigzinspolitik: Sparkassen-Chef wirft EZB Enteignung der Bürger vor«, *Spiegel online,* 4. Juni 2014, <http://www.spiegel.de/wirtschaft/soziales/leitzins-sparkassen-chef-nennt-ezb-niedrigzinspolitik-enteignung-a-973277.html>; »Vollgas führt zur Katastrophe: Sparkassen warnen Draghi«, *N-TV online,* 9. März 2016, <http://www.n-tv.de/wirtschaft/Sparkassen-warnen-Draghi-article17175711.html>.

60. Vgl. International Monetary Fund, IMF Data, Balance of Payments and International Investment Position Statistics, <http://data.imf.org/?sk=7A513041B-6426-40C0-83DD-CA4/3CA1F-D52&ss=1440014571113>.

61. Vgl. Deutsche Bundesbank, *Zahlungsbilanzstatistik* Juli 2016, S. 7.

62. Siehe H.-W. Sinn, *Der Euro,* a.a.O., Kap. 5, insbes. Tabelle 5.1.

63. *Covered Bond Purchase Programme* (CBPP). Siehe Europäische Zentralbank, »Consolidated Financial Statement of the Eurosystem as at 31 December 2014«, *Pressemitteilung,* 7. Januar 2015, <https://www.ecb.europa.eu/press/pr/wfs/2015/html/fs150107.en.html>.

64. Europäische Zentralbank, »EZB kündigt erweitertes Programm zum Ankauf von Vermögenswerten an«, *Pressemitteilung,* 22. Januar 2015, <http://www.bundesbank.de/Redaktion/DE/Downloads/Presse/EZB_Pressemitteilungen/2015/2015_01_22_ankaufprogramm.pdf?__blob=publicationFile>. Wörtlich übersetzt ist das genauso nichtssagend wie auf Englisch, denn es heißt »quantitative Erleichterung«.

65. Die Finanzhilfen der EFSF beliefen sich auf insgesamt 174,6 Milliarden Euro (vgl. European Financial Stability Facility, *Lending Operations,* <http://www.efsf.europa.eu/about/operations/index.htm>), die des ESM – nach Rückzahlung eines Teilbetrags der Hilfe für Spanien – auf 70,9 Milliarden Euro (vgl. European Stability Mechanism, *Financial Assistance,* <http://www.esm.europa.eu/assistance/index.htm>), die bilateralen Kredite der Euroländer für Griechenland auf 52,9 Milliarden Euro (vgl. European Commission, »The Second Economic Adjustment Programme for Greece«, *Occasional Papers* 94, S. 5, <http://ec.europa.eu/economy_finance/publications/occasional_paper/2012/op94_en.htm>), des EFSM auf 46,8

Milliarden Euro (vgl. European Commission, Economic and Financial Affairs, *The EU as a Borrower, European Financial Stabilisation Mechanism (EFSM)*, <http://ec.europa.eu/economy_finance/eu_borrower/efsm/index_en.htm>) und vom IWF 34,7 Milliarden Euro (vgl. International Monetary Fund, *Data, Total IMF Credit Outstanding*, <http://www.imf.org/external/np/fin/tad/balmov2.aspx?type=TOTAL>; die hier in Sonderziehungsrechten angegebenen Kreditbeträge wurden mit dem offiziellen Wechselkurs zum jeweiligen Auszahlungstermin in Euro umgerechnet).

66. Im weiteren Sinne inklusive aller Kapitaleinkommen, jedoch ohne Wertzuwächse.

67. Während man im Falle der GIPSIZ-Länder davon ausgehen kann, dass praktisch alle Effekte auf die Maßnahmen der EZB und der Staatengemeinschaft zurückzuführen sind, weil alle ausländischen Investoren, die dorthin Geld verliehen, sich wegen dieser Maßnahmen mit niedrigeren Zinsen begnügten, kann man das bei der deutschen Kurve nicht unbedingt sagen. Sofern Deutschland sein Geld in andere Länder der Welt verliehen hat, die aus anderen Gründen niedrigere Zinsen hatten, und sei es nur wegen der dort praktizierten lockeren Geldpolitik, kommt als Erklärung der Zinsverluste mehr als nur die europäische Rettungsarchitektur in Frage. Indes muss man bedenken, dass die europäische Volkswirtschaft selbst wiederum einen maßgeblichen Einfluss auf das Weltzinsniveau hat und dass Deutschlands Finanzinstitute den Löwenanteil ihrer ausländischen Finanzanlagen, nämlich 69 % in EU-Ländern tätigten. Vgl. Deutsche Bundesbank, *Zahlungsbilanzstatistik* Juli 2016, S. 62. Danach lagen die Forderungen Ende Juni 2016 bei insgesamt 1.939 Mrd. Euro. Davon entfielen 1.332 Mrd. Euro auf EU-Länder (Anteil 69 %) und 901 Mrd. Euro auf Euroländer (Anteil 46 %). Im Übrigen machen die Kredite, die auf dem Wege über das Eurosystem von der Bundesbank anderen Ländern des Eurosystems gewährt wurden (Target-Kredite), bereits mehr als 40 % des Nettoauslandsvermögens der Bundesrepublik Deutschland aus. Weitere 6 % entfallen auf den deutschen Anteil an den Krediten der Staatengemeinschaft an die GIPSIZ-Länder. So gesehen kann man schon vermuten, dass die deutschen Verluste im Wesentlichen auf die Rettungsarchitektur zurückzuführen sind. Sparinstitute, die mit den mächtigen Konkurrenten von der EZB und den Rettungsschirmen im Wettbewerb stehen, können eben keine besonderen Renditen mehr erwirtschaften.

68. Es handelt sich um die sogenannten *Targeted Longer-Term Refinancing Operations* (TLTRO II). Vorgesehen waren zunächst vier Tranchen. Banken können dabei im Rahmen der Tranchen (im Juni, September und Dezember 2016 sowie März 2017) insgesamt bis zu 30 % ihres am 31. Januar 2016 ausstehenden Bestands anrechenbarer Kredite aufnehmen. Siehe Europäische Zentralbank, »ECB Announces New Series of Targeted Longer-term Refinancing Operations (TLTRO II)«, *Pressemitteilung, Geldpolitische Beschlüsse,* 10. März 2016, <http://www.ecb.europa.eu/press/pr/date/2016/html/pr160310_1.en.html>.

69. S. Sirletti und M. Munoz Montijano, »Italy, Spain Banks Are Main Takers of New ECB Loan Program«, *Bloomberg,* 24. Juni 2016, <http://www.bloomberg.com/news/articles/2016-06-24/italian-spanish-banks-are-main-takers-of-new-ecb-loan-program>; Fitch Ratings, »Fitch: Italy, Spain Banks – TLTROs Highlight Profit Pressures«, *Pressemitteilung, Fitch Ratings Limited,* 28. Juni 2016, <https://www.fitchratings.com/site/pr/1008093>.

70. »Raiffeisenbank nimmt Strafzinsen von Privatkunden«, *Frankfurter Allgemeine Zeitung, FAZ. NET,* 10. August 2016, <http://www.faz.net/aktuell/finanzen/meine-finanzen/raiffeisenbank-nimmt-strafzinsen-von-privatkunden-14381342.html>. Zwar hat bereits die Deutsche Skatbank im Jahr 2014 begonnen, Strafzinsen ab einem Guthaben von über zwei Millionen Euro auf dem Girokonto sowie über 500.000 Euro auf dem Tagesgeldkonto zu erheben, doch traf dies noch vorrangig Firmenkunden. Andere Banken, wie etwa die Com-

merzbank oder die WGZ Bank, haben hingegen die Strafzinsen für Einlagen auf institutionelle Kunden beschränkt. Vgl. »Strafgelder für Anlagen: Negativzins auf Sparguthaben soll Ausnahme bleiben«, *Spiegel online,* 30. Oktober 2014, <http://www.spiegel.de/wirtschaft/service/negativzinsen-skatbank-verlangt-geld-fuer-sparguthaben-a-1000268.html>; »WGZ Bank führt Negativzinsen ein«, *Handelsblatt online,* 21. November 2014, <http://www.handelsblatt.com/finanzen/vorsorge/altersvorsorge-sparen/strafzins-wgz-bank-fuehrt-negativzinsen-ein/11013596.html>.

71. P. Plickert, H. Peitsmeier und H. Mussler, »Sparkassen-Pläne: Geld im Tresor statt bei der EZB«, *Frankfurter Allgemeine Zeitung, FAZ.NET,* 3. März 2016, <http://www.faz.net/aktuell/wirtschaft/wirtschaftspolitik/sparkassen-plaene-geld-im-tresor-statt-bei-der-ezb-14104071.html>; sowie »Strafzinsen: Bayerische Sparkassen wollen überschüssiges Geld vor EZB verstecken«, *Spiegel online,* 3. März 2016, <http://www.spiegel.de/wirtschaft/unternehmen/strafzinsen-sparkassen-wollen-geld-lieber-im-tresor-bunkern-a-1080523.html>.

72. »Versicherer hortet Geld, statt es der EZB zu geben«, a.a.O.; »Munich Re bunkert Bargeld und Gold im Tresor«, *Handelsblatt online,* 16. März 2016, <http://www.handelsblatt.com/unternehmen/banken-versicherungen/folge-der-ezb-politik-munich-re-bunkert-bargeld-und-gold-im-tresor/13328426.html>.

73. Vgl. *Euro Banknotes and Coines Statistics online,* siehe ECB, Statistical Data Warehouse, Reports, Banknotes and Coins Statistic, Euro Banknotes, Values, <http://sdw.ecb.europa.eu/reports.do?node=1000004112>. Allerdings wurde bereits in den vergangenen drei Jahren der Anteil der im Umlauf befindlichen 500-Euro-Banknoten reduziert. Im Jahr 2013 war deren Anteil noch bei etwa 30 % der im Umlauf befindlichen Bargeldmenge.

74. Vgl. H.-W. Sinn, »Wie sich der Einzug des 500-Euro-Scheins rechnet«, *Frankfurter Allgemeine Zeitung, FAZ.NET,* 7. Februar 2016, <http://www.faz.net/aktuell/wirtschaft/wirtschaftspolitik/hans-werner-sinn-wie-sich-der-einzug-des-500-euro-scheins-rechnet-14054372-p2.html?printPagedArticle=true#pageIndex_2>.

75. Vgl. K. Rogoff, »Rethinking the Global Currency System«, *Munich Lectures in Economics 2014,* <http://mediathek.cesifo-group.de/player/macros/cesifo/mediathek?content=4152691&idx=5&category=2275377157>.

76. Vgl. Eurostat, *Inflation in the Euro Area,* <http://ec.europa.eu/eurostat/statistics-explained/index.php/Inflation_in_the_euro_area>.

77. So definierte der Präsident der Europäischen Zentralbank Mario Draghi beispielsweise die Preisstabilität auf einer Pressekonferenz der EZB wörtlich: »We shouldn't forget that our mandate is price stability, price stability defined as keeping inflation rate close but below 2 %«, siehe M. Draghi, *Introductory Statement to the Press Conference (with Q&A),* Pressekonferenz, Frankfurt am Main, 22. Januar 2015.

78. So schreibt Otmar Issing, der ehemalige Chef-Volkswirt der EZB: »Überschreitungen der 2 %-Marke sollten als Verletzungen des Ziels (der Preisstabilität) klargestellt werden, während eine geringere Inflationsrate als damit durchaus vereinbar angesehen wurde. ... Das Ziel blieb insoweit nach unten offen, mit der ausdrücklichen Einschränkung, dass die EZB entschlossen war, eine deflationäre Entwicklung zu vermeiden«, vgl. O. Issing, *Der Euro, Geburt, Erfolg, Zukunft,* Ch. Beck – Vahlen, München 2008, S. 91.

79. G. Orwell, *Animal Farm: A Fairy Story,* First published by Secker and Warburg, London 1945.

## KAPITEL 4

# Gigantomanie der Europäischen Zentralbank – Wie sich die Politik Rettungsschirme drucken lässt

*Die große Geldschwemme* • *Wie Geld gemacht wird* • *Das Eurosystem* • *Erneut stark ansteigende Target-Salden* • *Drachmen, Lire und Peseten fluten Deutschland im Gewand des Euro* • *Risiken für die Überschussländer – Insbesondere für Deutschland* • *Die Europäische Zentralbank als Rettungsmaschine* • *Warum Yanis Varoufakis alle Zeit der Welt hatte – Und über Erpressbarkeit* • *Wo blieb das griechische Geld?* • *Mit dem QE-Programm der EZB brechen alle Dämme* • *Die EZB als Bad Bank der Eurozone – Verdeckte Hilfen für marode Banken* • *Eine Zeitbombe: Die große Umschuldungsaktion zu Lasten der Bundesbank – Und mögliche Konkurse von Notenbanken* • *Plan B: Vorbereitung für den Euro Med*

# Die große Geldschwemme

Der Schwarze Juni markiert vor allem deshalb eine europäische Zeitenwende, weil der Brexit-Entscheid und das Urteil des Bundesverfassungsgerichts zum OMT-Programm der EZB die Grundkoordinaten Europas einschneidend verändert haben. In den Kapiteln 1 und 3 wurde das deutlich.

Diesen abrupten und auch überraschenden Entscheidungen unterliegen freilich schon des Längeren sichtbare Entwicklungstrends. Sie können zwar nicht tagesgenau datiert werden, haben aber doch in den letzten Jahren eine bedrohliche Dramatik gezeigt. Da ist zum einen die sich seit 2011 beschleunigende und 2015 eskalierende Migration, über die in Kapitel 2 berichtet wurde und die einer der Auslöser für die Brexit-Entscheidung war. Zum anderen müssen die sich seit 2014/15 mit wachsender Unwucht drehenden, ja geradezu heiß laufenden Druckerpressen des Eurosystems genannt werden. Letzteres ist das Thema dieses Kapitels.

Die EZB hat mit den Urteilen des EuGH und des deutschen Verfassungsgerichts nicht nur eine neue Machtfülle gewonnen, die sie zu dem Versprechen berechtigt, notfalls unbegrenzt Geld zu drucken, um damit die Schuldpapiere der Krisenstaaten zu erwerben. Tatsache ist auch: Sie druckt bereits in riesigem Ausmaß Geld, sodass man mit Fug und Recht von einer riesigen Geldschwemme sprechen kann.

Zum einen hat sie im Zuge ihres neuen Anleihekaufprogramms, das im Februar 2015 begann, bereits über eine Billion Euro ausgegeben und will bis zum Frühjahr 2017 bei 1,7 Billionen angekommen sein, und das bei einer anfänglich vorhandenen Zentralbankgeldmenge von »nur« 1,3 Billionen Euro.

Zum anderen erlaubt sie den Krisenländern in immer größerem Umfang die Selbstbedienung mit der Druckerpresse, die an den exzessiven Banknotendruck Griechenlands und Italiens im Rahmen der lateinischen Münzunion erinnert, über den gegen Ende des ersten Kapitels schon berichtet wurde. Parallelen gibt es auch, wie noch erläutert wird, zur exzessiven Rubelgeldschöpfung in den peripheren Republiken der Sowjetunion vor dem Untergang der sowjetischen Währungsunion.

Die Überziehungskredite der Krisenländer, die durch die sogenannten Target-Salden gemessen werden und diese Asymmetrien messen, schießen seit zwei Jahren schon wieder in die Höhe und haben bei der Abfassung dieser Zeilen einen Wert von fast 750 Milliarden Euro erreicht, ohne dass ein Ende absehbar ist.

Mit dem selbst geschaffenen Kreditgeld kaufen die Zentralbanken der Krisenstaaten derzeit in riesigem Umfang die Schuldpapiere ihrer Staaten zurück, die sich großenteils im Ausland befinden. Auf diese Weise entschulden sich diese Staaten gegenüber den Banken und Versicherungen anderer Länder im Austausch für neue Schuldverhältnisse, die ihre Notenbanken gegenüber dem Eurosystem aufbauen. Die Banken und Versicherungen dieser Länder, allen voran Deutschlands, die die Ersparnisse der Bürger verwalten, verlieren auf diese Weise verzinsliche Staatspapiere und erhalten bloßes Europapier, dessen Wert sich eines Tages in Luft auflösen könnte, zum Beispiel dann, wenn die Krisenstaaten den Euro aufgeben. Da heute nichts mehr auszuschließen ist, sollten Deutschlands Sparer und Steuerzahler auf der Hut sein.

Von den finanziellen Risiken weiß die Öffentlichkeit wenig, doch sollte sie sich damit befassen, auch wenn der Sachverhalt ein wenig komplex ist, denn es steht das Vermögen der Bundesbürger auf dem Spiel. In diesem Kapitel wird der Versuch unternommen, die Problematik zu erhellen, sodass sie jeder verstehen kann, aber dafür ist als Einstieg zunächst eine kurze, sehr wichtige Lerneinheit zur Erläuterung des Geldwesens an sich nötig.

## Wie Geld gemacht wird

Geld fällt nicht einfach vom Himmel – auch wenn man angesichts der Geldschwemmenpolitik der EZB manchmal den Eindruck hat. In diesem Abschnitt geht es um die Frage, wie in einer funktionierenden Marktwirtschaft Geld gemacht wird und welche Besonderheiten das Eurosystem in dieser Hinsicht aufweist.

Zentralbankgeld besteht im Wesentlichen aus Banknoten und Buchgeld, das die Geschäftsbanken, die die Konten der Bürger und Firmen führen, auf ihren Konten bei der Notenbank halten. Die Notenbank selbst schafft dieses Geld aus dem Nichts. Sie druckt es unter vernachlässigbaren Kosten oder schreibt es einer Geschäftsbank auf deren Konto gut. Die Geschäftsbank muss dafür einen Kredit bei der Notenbank aufnehmen und anschließend dauerhaft Zinsen an die Notenbank zahlen, denn bei Fälligkeit eines Kredits wird dieser Kredit in der Regel wieder durch einen neuen Kredit von der Notenbank ersetzt, und so geht es unbegrenzt weiter. Die Zinsen sind die wesentliche Quelle des Notenbankgewinns, der einmal jährlich an den Finanzminister weiterzuleiten ist.

Zu Zeiten der Bundesbank wurde der Kredit nur gegen erstklassige Pfänder in Form von Wertpapieren ausgegeben, die die Banken dafür bei der Bundesbank hinterlegen mussten. Diese Wertpapiere konnten mit dem bei der Bundesbank selbst geliehenen Geld gekauft werden. Man nennt diesen Notenbankkredit deshalb »Refinanzierungskredit«.

Alternativ zum Refinanzierungskredit kann eine Geschäftsbank auch private oder staatliche Wertpapiere aus ihrem Portfolio an die Zentralbank verkaufen, deren Zinsen dann nicht mehr an sie, sondern an die Zentralbank fließen.[1] Man spricht hier von »Offenmarktgeschäften«. Die Refinanzierungskredite waren bei der Bundesbank üblich, die Offenmarktgeschäfte dominieren in den USA. Die Europäische Zentralbank macht beides, geht aber immer stärker zum US-amerikanischen System über. Die Unterschiede liegen, wie noch erläutert wird, im Risiko, das die Notenbanken tragen, doch im Kern handelt es sich in beiden Fällen um die Schaffung von Kreditgeld, das die Notenbanken verleihen.

Die Banken brauchen das Zentralbankgeld vor allem als Transaktionskasse für ihre Geschäfte, aber auch als Mindestreserve für die Geldkonten, die die Kunden bei ihnen halten. Für jene Notenbank-Kredite, die Banken für ihre Mindestreserven benötigen, brauchen sie an die Notenbank keine Zinsen zu zahlen.

Vor allem die Kunden der Bank, die Bürger und Unternehmen des Landes, brauchen natürlich Zentralbankgeld. Das sind die Banknoten, die ein jeder in seiner Geldbörse hat und die invers zum Austausch wirtschaftlicher Leistungen zwischen den Menschen und den Firmen kursieren. Die Banknoten kommen über eine Kreditvergabe der Banken an den Staat, die Firmen und Bürger in Umlauf.

Die Geschäftsbanken schaffen über die Mindestreserve hinaus auch selbst Geld in Form rein elektronischen Buchgeldes, das sie ebenfalls verzinslich verleihen. Das ist sogar mehr als das Zentralbankgeld. Das Buchgeld der Banken ist aber nur ein abgeleitetes Geld, das nur in einer gewissen Proportion zum Zentralbankgeld hergestellt werden kann. Für die nachfolgenden Überlegungen spielt es keine besondere Rolle. Wenn hier also von Geld die Rede ist, ist im Zweifel immer das Zentralbankgeld im engeren Sinne gemeint, das man auch als »Geldbasis« bezeichnet.

Das Zentralbankgeld wird von der Wirtschaft für Transaktionen benötigt, es wird aber auch, ohne selbst vorliegen zu müssen, als Maßeinheit für Schulden und Vermögen verwendet. Banknoten und Buchgeld, das die Geschäftsbanken auf ihren Konten bei der Notenbank halten, sind selbst kein Nettovermögen für den privaten Sektor, weil dieses Geld als Kredit in Umlauf kommt. Ökonomisch gesehen ist es vielmehr ein Nettovermögen für die Zentralbank, weil sie, abgesehen von der Mindestreserve, für die Ausleihungen Zinsen erhält, ohne selbst auf die Banknoten und das Buchgeld der Geschäftsbanken auf den Konten bei ihr Zinsen zu zahlen. Man spricht hier vom sogenannten Geldschöpfungs- oder auch vom *Seignorage*-Vermögen. Dieses Vermögen gehört indirekt dem Staat und damit letztlich den Bürgern, weil die Zentralbank dem Staat gehört und ihre Zinseinnahmen an ihn ausschüttet.

## Das Eurosystem

Auch im Eurosystem sind die Staaten Eigentümer ihrer jeweiligen Notenbanken, und diese Notenbanken bringen das Geld nach wie vor durch Verleih an die Geschäftsbanken ihres Hoheitsgebiets sowie durch den Erwerb von Wertpapieren in Umlauf, was ökonomisch ein Verleih an den Emittenten des Wertpapiers ist. Der Unterschied zur Zeit vor der Gründung der EZB ist eigentlich nur, dass alle nun nach einheitlichen Regeln, die in Frankfurt vom EZB-Rat festgelegt werden, Euro anstelle der ehemaligen nationalen Währung verleihen. Die durch das Leihgeschäft erzielten Zinseinnahmen werden grundsätzlich im Eurosystem vergemeinschaftet und dann nach der Landesgröße wieder an die nationalen Notenbanken zurückverteilt.

Eine Ausnahme sind die Zinseinnahmen aufgrund von Käufen der Staatspapiere im Rahmen des sogenannten *Quantitative Easing*-Programms (QE) sowie die von den nationalen Notenbanken verlangten Aufschläge auf die normalen Zinsen im Zusammenhang mit der Gewährung der sogenannten ELA-Notstandskredite. Diese Einnahmen werden nicht vergemeinschaftet. Auf beide – das QE-Programm und die ELA-Kredite – und ihre problematischen Wirkungen wird später noch eingegangen.

Die Euros jeder Notenbank des Eurosystems gelten überall im Euro-Gebiet als gesetzliches Zahlungsmittel. So können die Euro-Banknoten durch Gastarbeiter und Touristen die Landesgrenzen überwinden und zu Käufen in anderen Ländern verwendet werden.

Auch sind grenzüberschreitende Überweisungen unter Mithilfe der nationalen Notenbanken möglich. Da hierdurch eine besonders große Unwucht im Euro-System entstanden ist, die in diesem Kapitel problematisiert wird, sollte der Leser an dieser Stelle besonders gut aufpassen.

Eine Überweisung vom Land A in das Land B bedeutet, dass die Notenbank des Landes A bei der Geschäftsbank, die die Überweisung veranlasst, Geld einzieht und die Notenbank des Landes B bittet, neues Zentralbankgeld herzustellen und der Empfängerbank zu übergeben. Indem sie die Überweisung durchführt und das Konto füllt, das die Empfängerbank bei ihr unterhält, gibt die Notenbank des Landes B der Notenbank des Landes A einen Kredit.

Überweisungen gehen allerdings im Normalfall in beide Richtungen, sodass die Kredite zwischen den Notenbanken sich gegenseitig aufheben. So werden Güter ex- und importiert, die durch Überweisungen bezahlt werden, und es fließen Kredite zwischen privaten und auch staatlichen Instanzen in beide Richtungen über die Grenzen, die zu Geldüberweisungen führen. Heben sich all diese Überweisungen nicht vollständig auf, entstehen die schon erwähnten Target-Salden. Das sind Salden im Zahlungsverkehr, die anzeigen, dass eine Notenbank per Saldo Kredit im Eurosystem hat ziehen dürfen oder gewähren müssen. Dieser Kredit zwischen den Notenbanken wird so verzinst, wie auch die Kredite verzinst werden, die Geschäftsbanken bei ihren jeweiligen Notenbanken beziehen, nämlich mit dem sogenannten »Hauptrefinanzierungszins«. Der Kredit wird in den Bilanzen beider Notenbanken als Forderung bzw. Verbindlichkeit gegenüber dem Eurosystem verbucht und jährlich mit Zins- und Zinseszins fortgeschrieben.

Obwohl die Buchhalter der einzelnen Zentralbanken ihre Regeln hatten, wie sie die internationalen Transaktionen verbuchen mussten, gab es lange keine einheitlichen Bilanzierungsvorschriften für die Target-Salden und keine gemeinsame EZB-Statistik darüber, sodass es für Ökonomen einer Detektivarbeit gleichkam, diese Salden aus den nationalen Bilanzen der Notenbanken herauszufiltern und zu aggregieren. Auch wussten die Entscheidungsträger im Eurosystem selbst lange Zeit wenig bis nichts zur ökonomischen Bedeutung der Target-Salden. Erst seit dem Jahr 2015 werden die Salden von der EZB systematisch veröffentlicht.[2]

Der Name Target hat übrigens nichts mit dem englischen Wort für »Ziel« zu tun, sondern ist ein Akronym, das aus den Anfangsbuchstaben einer langen und nur schwer verständlichen Wortkette gebildet wird.[3] Es ist einfach der Name des europäischen Zahlungssystems.

Wie erläutert führt die Überweisung von Land A nach Land B zu einem Einzug von Zentralbankgeld in Land A. Wenn dieser Geldeinzug nicht durch die Schaffung neuen Geldes aufgrund gegenläufiger Überweisungen kompensiert wird, schrumpft die in Land A befindliche Liquidität im Sinne der dort vorhandenen Zentralbankgeldmenge. Dadurch kann der Zahlungsverkehr innerhalb kürzester Zeit austrocknen.

Damit das nicht passiert, gehen die Nettoüberweisungen in andere Länder im Allgemeinen Hand in Hand mit einer entsprechenden Schaffung neuen Kreditgeldes durch die dortige nationale Notenbank. Das liegt daran, dass die Banken ihren Liquiditätsbedarf umgehend durch neue Notenbankkredite decken, wenn sie nicht ohnehin bereits über reichlich Liquidität verfügen.

Wenn sie diese neuen Kredite nicht bekommen, müssen sie sich auf dem privaten Markt im Ausland Kredit besorgen, was zu Überweisungen von dort führt und die nationale Notenbank zwingt, Überweisungsgeld bereitzustellen. Oder die Liquiditätsknappheit selbst impliziert, dass die Nettoüberweisungen in andere Länder zum Erliegen kommen. Dann entstehen keine Target-Verbindlichkeiten. Es wird also bei Ländern mit knapper Liquidität, die gerne netto Geld ins Ausland überweisen wollen, um dort Güter zu kaufen, Schulden zu tilgen oder Wertojekte zu erwerben, entweder im Umfang des Zuwachses der Target-Salden ein Sonderkredit aus der nationalen elektronischen Druckerpresse geschaffen, oder es können, wenn es diesen Sonderkredit nicht gibt, keine Target-Verbindlichkeiten entstehen.

Der Vorgang findet mehr oder weniger spiegelbildlich auch in Land B statt, dessen Notenbank im Auftrag einer ausländischen Notenbank die Überweisungen ausführt. Diese Notenbank muss den Geschäftsbanken ihres Hoheitsgebiets Geld zur Verfügung stellen, ohne dafür eine Kredit-forderung gegen sie zu erhalten. Man nennt dieses Geld *Außengeld* oder Überweisungsgeld im Gegensatz zum *Binnengeld*, das durch eine Kreditschöpfung im Land B zustande kommt.

Schafft die Notenbank des Landes B Außengeld, so erhält sie statt einer Forderung gegen die Geschäftsbanken des eigenen Hoheitsgebiets eine Target-Kredit-Forderung gegen das Eurosystem, das selbst eine entsprechende Target-Forderung gegen die Notenbank des Landes A aufbaut, von der der Überweisungsauftrag kommt. Die Notenbank des Landes A wiederum hat den Ausgleich für die so bei ihr entstehende Target-Verbindlichkeit gegenüber dem Eurosystem durch ihre neuen Forderungen gegen die Geschäftsbanken ihres Hoheitsgebietes, die im Zuge der Sonderkreditgewährung entstanden sind.

Noch direkter entsteht das Außengeld und der entsprechende Target-Saldo, wenn die Notenbank des Landes A ein Wertpapier unmittelbar von einer Institution im Land B erwirbt. In diesem Fall muss Notenbank A Notenbank B bitten, das dafür notwendige Geld zu schaffen und auf das Konto des Verkäufers zu überweisen. Notenbank B gibt Notenbank A nun direkt einen Kredit und erhält dafür eine Forderung gegen das Eurosystem, das selbst eine Forderung gegen Notenbank A aufbaut. Materiell ist dieser Fall der mittelbaren Kreditvergabe zwischen den Notenbanken sehr ähnlich, denn wieder kreditiert die Notenbank des Landes B einen Zahlungsvorgang, bei dem Außengeld in Land B geschaffen wird, damit etwas von Land B nach A geliefert werden kann – in diesem Fall das Wertpapier.

Die Geschäftsbanken des Landes B schwimmen aufgrund der Überweisungen aus dem Ausland nun in Liquidität und verwenden den Liquiditätsüberschuss im Regelfall, um die Refinanzierungskredite, die sie selbst bereits früher von ihrer Notenbank bezogen hatten, zurückzuzahlen und Zinsen zu sparen. Dieser Aspekt ist wichtig, weil er impliziert, dass die übermäßige Kreditgeldschöpfung in einzelnen Ländern des Eurosystems, die dann zu Target-Salden führt, nicht notwendigerweise eine Aufblähung der gesamten europäischen Geldmenge impliziert. Vielmehr handelt es sich dabei um eine Asymmetrie in der Geldversorgung, die grundsätzlich geldmengenneutral ist, also sich nicht auf die insgesamt vorhandene Geldmenge auswirken muss.

Man kann die Analyse noch ausweiten auf das Beispiel eines Dreiecksgeschäfts. Gesetzt den Fall, es findet eine Überweisung aus Land A in ein

Land C außerhalb der Eurozone statt – wiederum, um dort Waren und Wertobjekte zu kaufen oder Schulden zu tilgen. Dann entsteht der Target-Saldo zunächst allein mit der EZB selbst, denn sie muss die Devisen für diese Transaktion zur Verfügung stellen. Doch muss sich die EZB die Devisen gegen Euros besorgen, die sie selbst erzeugt. Diese Euros werden in der Regel nicht im Ausland aufbewahrt, sondern führen zu Überweisungen zurück in den Euroraum, sagen wir wieder nach Land B, um dort Waren oder Vermögensobjekte zu kaufen oder um dort Schulden zu tilgen. Dadurch heben sich die Target-Salden bei der EZB auf, und bei der Notenbank des Landes B entsteht nun wieder eine Target-Forderung. Im Endeffekt ist alles wie in dem oben schon betrachteten Fall, nur dass nun die Notenbank des Landes B das Dreiecksgeschäft kreditiert.

Der Leser ahnt schon, dass in all diesen Fällen typischerweise Deutschland das Land B ist. Die Bundesbank kreditiert durch diesen Vorgang nicht nur den direkten Verkauf von deutschen Autos oder Häusern nach Griechenland, sondern auch den Verkauf eines chinesischen Autos dort hin oder auch den Rückkauf eines spanischen Wertpapiers durch die Banca d'Espagna in New York, sofern die bei den Verkäufern anlandenden Geldmittel wieder in Deutschland angelegt werden, etwa um hierzulande Immobilien zu kaufen oder Aktien zu erwerben. Aber dazu mehr weiter unten.

So viel zu den Überweisungen, also dem elektronischen Transport von Geld über die Landesgrenzen hinweg, wenn man so will.

Physische Nettotransporte von Bargeld über die Landesgrenzen hinweg haben im Prinzip ähnliche Wirkungen wie solche Nettoüberweisungen. Es gibt dazu aber keine Statistiken, weil diese Geldtransporte nicht dokumentiert werden. Formal wird die über- oder unterproportionale Ausgabe von Bargeld, hinter der stets eine mehr oder minder große Kreditvergabe der nationalen Notenbank an die Geschäftsbanken steht, ebenfalls als Verbindlichkeit bzw. Forderung bezüglich des Eurosystems in den Bilanzen der nationalen Notenbanken verbucht, denn man geht von der Fiktion aus, dass es zu entsprechenden grenzüberschreitenden Nettotransporten von Banknoten kommt. Nur weiß man eben nicht, ob das stimmt. Über- oder unterproportional viel Bargeld kann auch deswegen ausgegeben worden sein, weil sich die Zahlungssitten der Länder unterscheiden. So spielt das Bargeld in Frankreich schon lange keine besondere Rolle mehr, während in Italien, Spanien und Deutschland für die meisten Menschen ein Wirtschaftsleben ohne Bargeld noch schwer vorstellbar ist. Die Bilanzzahlen zur über- und unterproportionalen Banknotenausgabe werden von der EZB nicht nach Ländern aufgegliedert veröffentlicht, und seit 2015 weist auch der Internationale Währungsfonds diese Zahlen nicht mehr für die einzelnen Notenbanken als eigenen Posten in seiner Datenbank aus, sodass es externen Forschern wie dem Autor nicht mehr möglich ist, dazu im Eurosystem einen Überblick zu gewinnen. Im Ganzen hat das Bargeldthema im Eurosystem aber längst nicht die Bedeutung wie die elektronischen Geldüberweisungen. Deswegen konzentrieren sich die nachfolgenden Ausführungen erst einmal auf letztere. Das Thema Bargeld wird aber später wieder aufgegriffen.

## Erneut stark ansteigende Target-Salden

Das Schöne am Eurosystem ist, dass jedes Land nach den Regeln der EZB Kreditgeld schaffen kann, das in den anderen Ländern des Eurosystems als gesetzliches Zahlungsmittel anerkannt ist und mit dem man Güter und Vermögensobjekte kaufen oder auch seine Auslandsschulden bei privaten und öffentlichen Gläubigern tilgen kann. Die Notenbanken der einzelnen Länder durften früher nur jeweils Drachmen, Lire, Francs, Peseten oder welche nationale Währung auch immer drucken. Dafür konnten Inländer per Saldo im Ausland nichts kaufen, weil das Geld stets wieder zurückkam und gegen echte Güter oder Vermögensobjekte eingetauscht werden wollte. Wer hielt schon nennenswerte Drachmen- oder Lire-Bestände außerhalb Griechenlands oder Italiens? Mit dem Euro ist das anders, denn er kommt nicht automatisch wieder zurück, weil er anderswo als Zahlungsmittel anerkannt ist. Der Euro bietet der Bevölkerung eines eifrig druckenden Landes die Möglichkeit, sich mit dem Geld aus der eigenen (physischen und elektronischen) Druckerpresse anderswo Güter und Vermögensobjekte zu kaufen sowie alte Schulden zu tilgen. Das Geld zirkuliert nach seiner Verwendung für diese Zwecke dann halt als Außengeld in anderen Ländern der Eurozone, denn aus der Sicht der Bürger dieser Länder ist es ein perfektes Substitut für das Binnengeld, das die eigene Notenbank verleiht und das man nun nicht mehr benötigt.

Die Möglichkeit der Selbsthilfe mit der Druckerpresse ist eine große Versuchung für Länder, die knapp bei Kasse sind. Und in der Tat sind manche Länder des Eurosystems dieser Versuchung erlegen, vor allem, als sie in der akuten Krise waren. Als sie von den internationalen Kapitalmärkten abgeschnitten wurden, fingen sie an, sich in großem Stil das Geld zu drucken, das sie sich nicht mehr leihen konnten. Sie verwendeten das neu geschaffene Geld für die Fortsetzung ihrer Nettoimporte von Gütern, zur Tilgung ihrer Auslandsschulden und auch zum Erwerb ausländischer Vermögensobjekte. Konkret bedeutete das zum Beispiel, dass sich der Staat oder auch private Firmen oder Bürger unter Mithilfe der Geschäftsbanken frisches Geld von ihrer Notenbanken liehen, um damit die Überweisungen für die genannten Zwecke zu finanzieren oder um inländische Rechnungen der verschiedensten Art zu begleichen und Löhne zu zahlen, aus denen die Überweisungen anschließend finanziert wurden. Auf diese Weise ergaben sich riesige Unterschiede in der Schöpfung von Kreditgeld zwischen den Euroländern. Einige, wie Griechenland, Spanien oder Italien, druckten wie die Weltmeister, andere, wie die Bundesbank, zogen ihr früher bereits ausgegebenes Kreditgeld wieder ein und hatten zum Schluss gar nichts mehr davon.

Dass das möglich war, wird nicht wenige Leser verwundern, denn eigentlich würde man erwarten können, dass jedes Land gemäß seiner Größe nur eine bestimmte Menge des Euro-Kreditgeldes schaffen darf. Kleines Land, kleine Druckerpresse; großes Land, große Druckerpresse! Das ist die Regel, die man für das Eurosystem erwartet hätte. Oder es dürfte nur eine Druckerpresse für alle in Frankfurt geben, aus der den Banken Kredit in Proportion zu ihrer eigenen Größe oder zur Landesgröße zufließt. Aber so ist es nicht. Vielmehr konnten sich jene Euro-Länder, die in der Eurokrise vom internationalen Kapitalmarkt abgeschnitten waren, tatsächlich das Geld aus dem gemeinsamen Kassenautomaten des EZB-Systems holen, das ihnen niemand mehr leihen wollte, und sich so noch eine ganze Weile über Wasser halten. Diese Möglichkeit gibt es bis heute, weil ihr der EZB-Rat – jenes Gremium also, in dem die Zentralbankpräsidenten aller Länder, ob groß oder klein, mit gleicher Stimme vertreten sind – keinen Riegel vorschiebt, sondern sie durch verschiedene subtile Weichenstellungen eher noch ausweitet.

Dass man sich das Geld, das einem fehlt, selbst herstellen darf, ist der Grund dafür, dass der Euro für viele finanzschwache Länder so attraktiv ist und dass sie sich an den Euro klammern, obwohl sie außerhalb des Euro vermutlich ansonsten besser dran wären, weil sie dann ihre Währung abwerten und die Verbraucher von den teurer werdenden Importprodukten wieder zu heimischen Produkten zurückführen könnten, was sofort viele neue Arbeitsplätze schaffen würde. Das Thema wird im letzten Kapitel dieses Buches diskutiert. Für die Extra-Geldschöpfung, die die Überweisungen in andere Länder ermöglicht, muss sich die eifrige nationale Notenbank zwar eine Target-Schuld gegenüber dem Zentralbankensystem eintragen lassen, aber das heißt nicht viel, denn diese Schuld kann von den Gläubiger-Notenbanken wie der Bundesbank oder der niederländischen Notenbank niemals fällig gestellt werden, und sie wird wie erwähnt mit dem Hauptrefinanzierungssatz bedient, der derzeit null und vielleicht sogar in einer nicht allzu fernen Zukunft negativ ist.

Wer glaubt, das könne gar nicht so sein und der Autor wolle dem Leser jetzt einen Bären aufbinden, muss sich leider eines Besseren belehren lassen. Die Mechanismen, nach denen die Selbstbedienung mit der elektronischen Druckerpresse im Eurosystem für nationale Notenbanken möglich ist, lassen den Atem stocken. Es gibt im Wesentlichen vier Kanäle, durch die die Selbstbedienung mit der Druckerpresse ermöglicht und erleichtert wurde.

*Erstens* dürfen die Notenbanken im Rahmen des geheimen ANFA-Abkommens,[4] das erst im Jahr 2015 in einer Berliner Dissertation aufgedeckt wurde,[5] für Hunderte von Milliarden Euro Kreditgeld schaffen und Wertpapiere ihrer Wahl kaufen. Allein die italienische Zentralbank *Banca d'Italia* hat nach diesem Abkommen für 105 Milliarden Euro Staatspapiere mit selbst geschaffenem Sondergeld erworben. Notenbanken, die von dieser Möglichkeit Gebrauch machten, müssen für die gegenüber dem Eurosystem entstehende Schuld einen Zins in Höhe des normalen Refinanzierungszinses (derzeit gleich null) in den gemeinsamen Topf zahlen, während sie die darüber hinausgehenden Erträge behalten dürfen.

*Zweitens:* Nach ähnlichen Regeln dürfen die nationalen Notenbanken auch Notfallkredite, genannt ELA *(Emergency Liquidity Assistance),* aus der eigenen Druckerpresse an die Banken ihres Hoheitsgebiets verleihen. Wieder geht dafür der normale Refinanzierungszins in den gemeinsamen Topf. Doch die Zinsaufschläge, die eine nationale Notenbank für ELA-Kredite von den Geschäftsbanken verlangt, darf sie behalten. Und was noch wichtiger ist: Die nationale Notenbank darf bei den ELA-Krediten selbst bestimmen, wie viel Kredit sie den Geschäftsbanken im eigenen Hoheitsgebiet vergibt und mit welchen Pfändern sie sich zufrieden gibt.[6]

Die Vergabe der ELA-Kredite kann nur dann vom EZB-Rat verhindert und begrenzt werden, wenn sich zwei Drittel der Stimmen im Rat für eine solche Begrenzung aussprechen. In den besonders dramatischen Eurokrisenjahren war das nicht zu erwarten, denn damals verfügten die sechs GIPSIZ- Krisenländer Griechenland, Irland, Portugal, Spanien, Italien und Zypern mit ihren (stimmberechtigten) Vertretern im EZB-Direktorium über eine Stimme mehr als ein Drittel. Es konnte sie also niemand stoppen. Es überrascht daher nicht, dass auf dem Höhepunkt der Krise für 251 Milliarden Euro ELA-Kredite vergeben wurden.[7] Es ist kaum zu glauben: Aber die krisengeschüttelten Euro-Länder hätten sich, wenn sie gewollt hätten, das Himmelreich auf Erden kaufen können, ohne dass sie von den anderen Ländern durch einen Ratsbeschluss daran hätten gehindert werden können!

Mittlerweile ist die Gefahr nicht mehr ganz so groß, denn mit dem Beitritt Lettlands und Litauens zum Euro in den Jahren 2014 und 2015 haben sich die Stimmenverhältnisse geringfügig verschoben, sodass das Drittel knapp verfehlt wird. Jedoch finden sich meistens andere Länder, die ebenfalls daran denken, ELA-Kredite auszugeben und deshalb stillhalten. Wozu das führt, wird weiter unten am Beispiel Griechenlands erläutert, das im Jahr 2015 die Staatengemeinschaft mit seinen ELA-Krediten hat vorführen können.

Ein *dritter Weg* der nationalen Sonderkreditvergabe besteht schließlich darin, dass die Europäische Zentralbank den nationalen Notenbanken des Eurosystems seit dem Jahr 2008 das Recht gegeben hat, unbegrenzt Refinanzierungskredite an die Banken ihres Hoheitsgebiets zu vergeben, sofern sie dafür Pfänder verlangen, die den Regeln des EZB-Rates entsprechen. Diese Regeln wurden aber mittlerweile so weichgespült, dass sogar Anleihen von Staaten als Pfänder akzeptiert wurden, die von den Ratingagenturen als Ramsch eingestuft worden waren. Sie stellten daher keine wirksame Beschränkung dar, die die nationalen Notenbanken der Euro-Krisenstaaten hätte stoppen können.

Wenn das Geld der Krisenländer nicht mehr reichte und den Banken die guten Pfänder ausgingen, die sie für Refinanzierungskredite brauchten, senkte der EZB-Rat halt wieder einmal die Bonitätskriterien für die Pfänder ab, bis die Banken in ihren Anlageportfolios doch wieder ein paar neue Anleihen nun akzeptabler Qualität fanden, die noch nicht verpfändet waren.[8] Dabei achtete der Rat insbesondere darauf, dass er die als akzeptabel erachteten Pfänder so definierte, dass speziell in Italien und Spanien, aber auch in dem ebenfalls krisengeschüttelten Frankreich ein immer größerer Prozentsatz der Wertpapiere in den Bankportfolios zu akzeptablen Pfändern erklärt werden konnte.[9] Auch durch diese asymmetrische, an nationalen Interessen orientierte Pfänderpolitik konnten die nationalen Notenbanken der Krisenländer riesige Mengen an frisch gemachtem Geld an die Banken ihres Hoheitsgebiets verleihen, um die Finanznöte der nationalen Wirtschaft abzumildern.

Mit dem Geld unterboten die Notenbanken der südeuropäischen Länder die Konditionen des europäischen Interbankenmarktes, und sie ersetzten oder vertrieben mit ihm die privaten Kredite der Banken und Kapitalsammelstellen des Nordens. Das ist einer der wesentlichen Gründe dafür, dass die EZB maßgeblich dazu beitrug, den deutschen Sparern die Risikoprämien im Zins wegzunehmen und ihnen jene großen Einkommensverluste zuzuweisen, die im Zusammenhang mit Abbildung 3.6 in Kapitel 3 bereits dargestellt und diskutiert wurden. Als Interbankenmarkt bezeichnet man den Markt, auf dem die Banken verschiedener Länder untereinander Kreditgeschäfte machen können. Die deutschen Banken legen das Geld, das ihnen die Sparer anvertraut haben, großenteils auf diesem Markt an, um ihren Kunden möglichst hohe Zinsen anbieten zu können.

Das war aber noch nicht alles. *Viertens* nämlich durften die nationalen Notenbanken im Rahmen des *Additional Credit Claims Framework (ACCF)* eigene Standards für Pfänder entwickeln, die von den allgemeinen Standards des Eurosystems abwichen. Sie mussten diese Standards zwar vom EZB-Rat genehmigen lassen. Doch stellte diese prinzipielle Genehmigungspflicht keine wesentliche Einschränkung dar, weil die Mehrheit dafür angesichts einer hinreichenden Zahl von interessierten Ländern leicht zu bekommen war. Das Risiko für diese Refinanzierungskredite mussten die nationalen Notenbanken selbst tragen, indem sie sich verpflichteten, Zinsen in Höhe des Hauptrefinanzierungssatzes für die erworbenen Wertpapiere auch dann in den gemeinsamen Zinstopf zu zahlen, wenn die Wertpapiere notleidend werden würden. Durch das ACCF stieg das Volumen der Refinanzierungskredite der EZB im Frühjahr des Jahres 2013 um 19 %, denn auf einmal konnten die Banken der Länder, die sich in Finanznöten befanden, auch dubiose Wertpapiere, die vorher nicht als Pfänder akzeptiert worden waren, bei ihren Notenbanken einreichen, um abermals Kredit aus der nationalen Druckerpresse zu erhalten.[10]

Diese vier Kanäle der erleichterten nationalen Kreditgeldschöpfung im Eurosystem müssen nicht notwendigerweise zu einer asymmetrischen Kreditvergabe in den Euroländern führen, also einer Kreditvergabe seitens der nationalen Notenbanken, die nicht den Größenproportionen der Länder entspricht. Doch in den Krisenjahren taten sie es, weil die EZB bei ihren Vergaberichtlinien kaum zwischen Ländern mit geringer und hoher Bonität unterschied bzw. die Länder mit geringer Bonität durch die auf sie passende Definition von akzeptierbaren Pfändern eher noch bevorzugte, während es das Wesenselement eines wohlfunktionierenden Kapitalmarktes ist, dass er gegenüber Ländern mit geringer Bonität restriktiv ist und unverändert hohe Pfandsicherheiten oder ersatzweise hohe Zinsen verlangt. Wie schon am Beispiel der ersten Jahrzehnte in der US-Geschichte in Kapitel 3 illustriert, können Schuldenexzesse nur dann vermieden werden, wenn die Kredite von privaten Vermögensbesitzern stammen, die aufpassen, dass sie ihr Geld nicht verlieren. Diese Vermögensbesitzer verlangen im Fall der Überschuldung höhere Zinsen, was den Anreiz, noch mehr Schulden zu machen, nachhaltig verringert.

Die asymmetrische, überproportionale Vergabe von Notenbankkrediten in den Krisenländern bedeutete vor allem, dass nun Geld aus der Druckerpresse zur Verfügung stand, um auch ohne private Auslandskredite weiterhin Güter im Ausland zu kaufen und endlich die lästigen privaten Gläubiger auszuzahlen, die einem das Leben schwermachten. Es bedeutete aber auch, dass man das Geld ins Ausland brachte, um sich dort Immobilien, Aktien und sonstige Vermögensobjekte zu kaufen. All diese Verwendungen des Geldes führten zu Nettoüberweisungen ins Ausland, die sich in entsprechenden Target-Salden niederschlugen.

Abbildung 4.1 verdeutlicht das Geschehen. Sie zeigt nach unten hin, im negativen Bereich, die Target-Salden der sechs GIPSIZ-Krisenländer im Zeitablauf. Spiegelbildlich nach oben hin stellt die Abbildung auch die entsprechenden Salden Deutschlands dar. Im Ausgleich für die Nettoüberweisungen ins Ausland und damit indirekt auch für die übermäßige Betätigung der elektronischen Druckerpressen, die diese Überweisungen erst

Abbildung 4.1: Die Entwicklung der Target-Salden

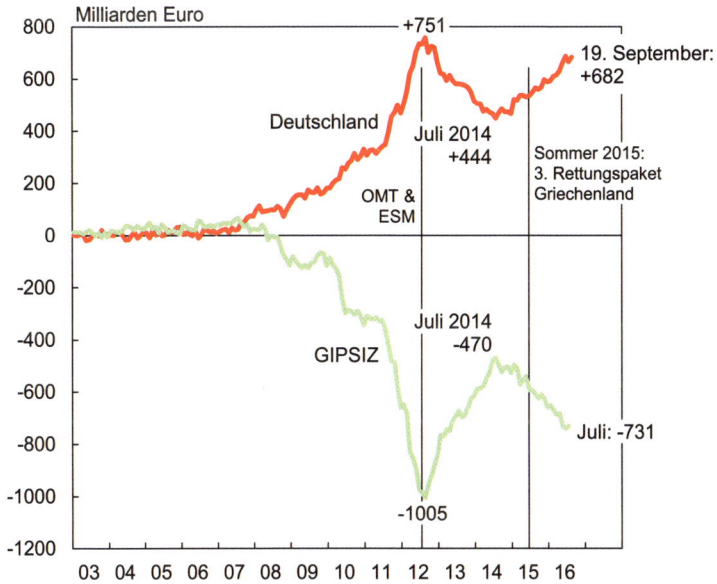

Quelle: Europäische Zentralbank, Statistical Data Warehouse, Publications, Reports, Monetary statistics, TARGET balances, Data; Deutsche Bundesbank, Statistiken, Zeitreihen-Datenbanken, Makroökonomische Zeitreihen, Zeitreihe BBK01.EU8148B sowie zum aktuellen Rand eine persönliche Auskunft von der Bundesbank; Bank of Greece, Research and Publications, Financial Statements; Banco de España, Boletín Estadístico, Balance de Situación Resumido del Banco de España; Banca d'Italia, Statistical Database, Bank of Italy Balance-Sheet Aggregates; Central Bank of Cyprus, Financial Information, Monthly Balance Sheets; Internationaler Währungsfonds, International Financial Statistics, Net Claims on Eurosystem (IFS code xxx12e0szkm), Currency Issued (IFS code xxx14a00zkm) und Currency Put Into Circulation (IFS code xxx14m00zkm).

Hinweis: Die EZB hatte die Target-Daten lange Zeit nicht selbst veröffentlicht, stellt sie aber seit Herbst 2015 rückwirkend bis zum Mai 2008 zur Verfügung. Die nun veröffentlichten Daten decken sich sehr weitgehend mit jenen, die erstmals in H.-W. Sinn und T. Wollmershäuser, »Target Loans, Current Account Balances and Capital Flows: The ECB's Rescue Facility«, *International Tax and Public Finance* 19, 2012, Appendix, S. 504 ff. veröffentlicht wurden (bzw. im vorausgehenden *CESifo Working Paper* Nr. 300 vom Juni 2011 und *NBER Working Paper* Nr. 17626 vom November 2011). Die hier gezeigten Daten der Target-Salden vor dem Mai 2008 für Deutschland, Griechenland, Italien, Spanien und Zypern stammen noch aus dem Aufsatz von Sinn und Wollmershäuser, der direkt auf die Bilanzen der nationalen Notenbanken zugegriffen hatte, da die EZB selbst keine Target-Daten veröffentlicht hatte. Man beachte, dass einige der GIPSIZ-Länder das Vorzeichen ihrer Salden in der betrachteten Periode geändert haben. So ist Zypern seit dem zweiten Quartal 2015 durchgehend bis heute Target-Gläubiger. Irland konnte seine Target-Schulden sukzessive reduzieren und rutschte im Februar 2016 sogar kurzzeitig auf die Gläubigerseite.

möglich machten, mussten sich die nationalen Notenbanken der Krisen-länder wie erläutert eine Schuld gegenüber dem Eurosystem eintragen las-sen und in ihren Bilanzen verbuchen. Diese Schuld ist die Target-Schuld, deren zeitliche Entwicklung gemäß den Bilanzdaten in der Graphik dar-gestellt wird. Offenbar haben die Krisenländer in sehr großem Umfang Überziehungskredite im Eurosystem genommen, die sich zu dieser Schuld angesammelt haben. Und umgekehrt hat Deutschland einen Großteil der entsprechenden Überziehungskredite gewährt, indem die Bundesbank die Zahlungsaufträge aus den Krisenländern wunschgemäß ausführen und kre-ditieren musste.

Abbildung 4.1 zeigt auch, dass die Target-Schulden der Krisenländer im Sommer 2012, als die Eurokrise ihren Höhepunkt erreichte, bis auf 1.005 Milliarden Euro angestiegen waren. Die Krisenländer hatten sich damals quasi einen eigenen Rettungsschirm für die Kreditvergabe gedruckt, um je-nes scheue private Kapital zu ersetzen, das aus diesen Ländern zurück in die Heimatländer der Investoren und anderswohin geflohen war. Einen solchen Weg zu wählen erscheint verständlich, denn er war viel einfacher zu gehen, als bei den knausrigen Parlamenten der anderen Länder um direkte, soge-nannte intergouvernementale Hilfskredite zu betteln. Im Übrigen hatte er den Vorteil, dass die Krisenländer diese Parlamente ziemlich unter Druck setzen konnten, um die Überziehungskredite im Eurosystem schnellstmög-lich durch intergouvernementale Hilfskredite abzulösen, damit das Gesam-teurosystem nicht binnen Kurzem einstürzte. Die Steuerzahler in der Euro-zone – auch die Steuerzahler in den noch gesunden Ländern Deutschland, Österreich und Niederlande – waren damit schon an der Angel.

Wegen des bereits im vorigen Kapitel erläuterten Versicherungsschutzes durch das OMT-Programm der EZB trauten sich nach dem Sommer 2012 die privaten Kapitalanleger zwar wieder in die Krisenländer zurück und vergaben Kredite zu niedrigen Zinsen, was bedeutete, dass endlich wieder aufgrund privater Zahlungsvorgänge Geld aus den noch gesunden Ländern in die Krisenländer überwiesen wurde. Die Liquidität durch Schaffung von Überweisungsgeld stieg dadurch an, und der Bedarf an Liquidität, die man sich von der eigenen Notenbank lieh, ging entsprechend zurück, sodass die Target-Schulden im Juli 2014 auf 470 Milliarden Euro fielen, was freilich immer noch ein horrender Betrag war, wenn man ihn mit den fiskalischen Krediten vergleicht, die die Parlamente für angemessen hielten.

Aber die Ruhe währte nicht lange, denn die Eurokrise entflammte im August 2014 in Griechenland von Neuem, was die privaten Investoren abermals zögern ließ. Da sie kaum noch neue Kredite vergaben und ihre alten Kredite nicht oder nur noch zu schlechteren Konditionen verlängerten, warfen die Krisenländer die Druckerpressen von Neuem an und füllten die drohende Liquiditätslücke. Seither steigen, wie die Abbildung zeigt, die Target-Schulden der Krisenländer wieder mehr oder weniger kontinuierlich an. Erstaunlicherweise nahm das Tempo des Anstiegs auch nicht ab, als die akute Griechenland-Krise mit der Gewährung des dritten Rettungspakets an Griechenland im August 2015 überwunden schien. Am aktuellen Rand der Abbildung, im Juli 2016, haben sie schon wieder ein Niveau von 731 Milliarden Euro erreicht, 261 Milliarden Euro mehr als noch zwei Jahre zuvor.

Dieser Anstieg der negativen Target-Salden der Krisenländer hat, wie später erläutert wird, auch mit dem sogenannten *Quantitative-Easing*-Programm der EZB zu tun, das den nationalen Notenbanken ermöglicht, den Staaten mithilfe ihrer Druckerpressen riesige Kredite zu Konditionen bereitzustellen, zu denen private Investoren die Krisenländer nicht zu bedienen bereit sind. Im Zuge des QE-Programms kaufen die nationalen Notenbanken die Staatspapiere ihrer Länder am offenen Markt und übernehmen insofern den Kredit, der den Staaten zuvor von den privaten Anlegern, vor allem auch jenen aus dem Ausland, zur Verfügung gestellt wurde.

Mal werden die Kredite aus der Druckerpresse als Ersatz für wegbrechende private Kredite aus anderen Ländern gezogen, mal unterbieten und verdrängen die Kredite aus der Druckerpresse das private Auslandskapital. Oder anders ausgedrückt: *Mal kompensieren die Notenbankkredite die private Kapitalflucht, mal treiben sie das private Kapital in die Flucht.* Beide Phänomene hängen eng miteinander zusammen und sind häufig empirisch nicht wirklich zu unterscheiden – zumal es immer darum geht, dass der Kredit aus der Druckerpresse zu günstigeren Konditionen zur Verfügung steht als der private Kredit, den er ersetzt. Wäre das nicht der Fall, würde er ja nicht freiwillig von den Marktparteien bezogen.

Die deutschen Target-Salden haben sich spiegelbildlich zu den negativen Salden der GIPSIZ-Länder entwickelt. Sie sind positiv, denn die Bundesbank war zur Kreditierung der mit der Druckerpresse in den Krisenländern finanzierten Überweisungen aus dem Ausland gezwungen, musste also den deutschen Banken immer mehr Außengeld zuleiten.

Um das in der anfänglichen Lerneinheit dieses Kapitels Beschriebene zu wiederholen: Im überweisenden Land wurde in der Krise Geld durch die nationale Notenbank geschaffen, an private Schuldner verliehen und mit dem Überweisungsvorgang von der Notenbank wieder eingezogen. In Deutschland musste die Bundesbank im Zuge der Überweisung in der Folge abermals Geld schaffen, das zur Füllung der Konten derjenigen Bürger, Firmen oder Banken verwendet wurde, die dafür Waren und Wertobjekte hergaben oder die Tilgung fällig gewordener Kredite verlangten. Doch während die Bundesbank normalerweise, also bei der Vergabe von Binnengeld, einen Vermögenstitel erwirbt, wenn sie einer Bank Geld gibt, weil sie das Geld entweder im Zuge einer direkten Kreditgewährung oder als Kaufpreis für ein von der Bank erworbenes Wertpapier auszahlt – was ökonomisch fast dasselbe ist –, erhielt sie nun, bei der Schaffung von Außengeld, bloß eine Ausgleichsforderung gegen das Eurosystem. Das Eurosystem wiederum erwarb eine Forderung gegen jene Notenbank, die die Überweisung von der Bundesbank erbat und sie zuvor durch die Kreditvergabe an den eigenen Bankensektor ermöglicht hatte.

So gesehen hat die Bundesbank die Exporte von Waren, den Verkauf der Immobilien und die Tilgung der Schulden bei deutschen Kreditgebern bezahlt und kreditiert. Konsequenterweise werden die Target-Kredite der deutschen Bundesbank in der Statistik als Teil des deutschen Auslandsvermögens verbucht (vgl. Abbildung 3.4), das Deutschland durch seine Leistungsbilanzüberschüsse angehäuft hat. Die Target-Kreditforderungen der Deutschen Bundesbank liegen bei der Abfassung dieser Zeilen, im Sommer 2016, bei etwa 45 % des Nettoauslandsvermögens der Bundesrepublik Deutschland, das selbst zur Jahresmitte etwa 1,5 Billionen Euro betragen haben dürfte.

Die Target-Kredite der deutschen Bundesbank lagen zum Höhepunkt der Krise im Jahr 2012 bei 751 Milliarden Euro. Sie gingen danach bis zum Juli 2014 auf 444 Milliarden Euro zurück, sind seither aber in nahezu ständigem Steigen begriffen und erreichten am 19. September 2016 wieder einen Wert von 682 Milliarden Euro. Leider hat die Bundesbank keine Möglichkeit, diesen Betrag fällig zu stellen, wie es die Distrikt-Zentralbanken der USA einmal jährlich tun, um ihn gegen verzinsliche marktfähige Forderungstitel eingetauscht zu bekommen. Wenn diese Entwicklung so weitergeht, werden die deutschen Target-Forderungen spätestens im Frühjahr 2017 wieder dort stehen, wo sie fünf Jahre zuvor, auf dem bisherigen Höhepunkt der Krise, bereits standen.

Einen ähnlichen Aufbau von Verbindlichkeiten aus Zahlungsbilanzsalden, wie ihn aktuell die Krisenländer des Eurosystems verzeichnen, hatte übrigens das sowjetische Zahlungssystem in den Jahren vor seinem Untergang 1994/95 erlebt. In der Sowjetunion hatten alle Sowjetrepubliken das Recht, sich für ihre Zahlungsvorgänge Transferrubel zu schaffen. Und von diesem Recht machten sie auch eifrig Gebrauch, um deutlich mehr Waren aus Russland zu importieren, als sie dorthin exportierten. Wegen der überschüssigen Importe bauten sie Verbindlichkeiten gegenüber dem gemeinsamen sowjetischen Zahlungssystem auf. Diese Verbindlichkeiten stiegen mit der Zeit immer weiter an, weil die Republiken niemals daran dachten, sie durch eigene Warenlieferungen zu tilgen. So hatte z. B. Tadschikistan einen Transferrubel-Saldo von 91 % seiner Wirtschaftsleistung gegenüber Russland, der größten Teilrepublik der UdSSR, aufgebaut. Nachdem die Sowjetunion 1991 zusammengebrochen war, während die Währungsunion zunächst noch überlebte, konnte und wollte Russland dem Treiben irgendwann nicht mehr zusehen und führte schließlich notgedrungen Obergrenzen für die Transferrubel-Salden ein. Diese Obergrenze führte alsbald auch zum Zusammenbruch des Transferrubel-Systems, denn mit der Obergrenze im Genick, die der Selbstbedienung ein Ende machte, sahen die peripheren Sowjetrepubliken nicht mehr ein, warum sie noch in diesem System bleiben sollten. Russland hat seine Außenstände bis heute nicht eintreiben können.

Die Target-Salden sind keine Marginalie, die man am Rande der Berichterstattung über das Eurosystem als technische Spezialität abhaken könnte, wie es viele gerne darstellen wollen, die den Sachverhalt nicht verstehen oder aus politischen Gründen nicht verstehen wollen. Mittlerweile hat die Finanzbranche weltweit über die Target-Problematik diskutiert und die Analyse des Autors nach anfänglichen Zweifeln vollauf akzeptiert. Doch bedauerlicherweise setzen sich die Medien und Politiker hierzulande nach wie vor nicht genügend mit dieser für die Zukunft Europas und Deutschlands so zentralen Frage auseinander.

Manche von ihnen haken die hier formulierte Kritik als bloße Euroskepsis ab und packen sie in eine moralische Schublade. Das wird der Sache in keiner Weise gerecht. Der steile Anstieg der Target-Salden verweist im Kern auf einen Funktionsfehler im Eurosystem, der zum Missbrauch einlädt und tatsächlich in einer Weise missbraucht worden ist, wie es zum Beispiel im US-System nicht möglich gewesen wäre. Der Missbrauch hält noch dazu an, und seine Wirkungen verstärken sich von Monat zu Monat. Es ist kein unbegründeter »Alarmismus«, wenn man auf ihn hinweist. Auch der nächste Abschnitt mag dabei helfen, die Tragweite des Geschehens zu verdeutlichen.

# Drachmen, Lire und Peseten fluten Deutschland im Gewand des Euro

Wie groß die Asymmetrie der Kreditgeldschöpfung im Euroraum war und ist, erkennt man in Abbildung 4.2. Die obere Kurve zeigt den Zeitpfad des Bestandes des in Deutschland von der Bundesbank geschaffenen Zentralbankgeldes in Form von Banknoten und Buchgeld der Geschäftsbanken bei der Bundesbank. Bei den Banknoten handelt es sich um die von der Bundesbank ausgegebenen und in ihrer Bilanz verbuchten Bestände, unabhängig davon, wo sie sich tatsächlich befinden. Die untere Kurve misst das Binnengeld, also jenen Teil dieses Geldes, der durch eine Kreditgewährung der Bundesbank oder durch den Erwerb von Wertpapieren in Umlauf kam. (Dazu gehören z.B. auch die vom EZB-Rat angeordneten Käufe der Staatspapiere der Krisenländer im Zuge des SMP-Programms, also eine andere Form von Kredit, die die Bundesbank den Krisenländern geben musste.) Die Differenz zwischen den Kurven misst das Außengeld, also jenen Teil der von der Bundesbank ausgegebenen Geldmenge, der bloßes Überweisungsgeld ist und durch entsprechende Kredite bzw. den Kauf von Anleihen anderswo im Eurogebiet entstanden ist. Dieser Posten wird durch die Target-Salden gemessen. In der Abbildung wird das in Deutschland kursierende Außengeld *beispielhaft* durch die Flaggen der GIPSIZ-Länder symbolisiert, denn dort kommt es im Wesentlichen, wenn auch nicht ausschließlich her.

Abbildung 4.2: Woher kommt das deutsche Geld?

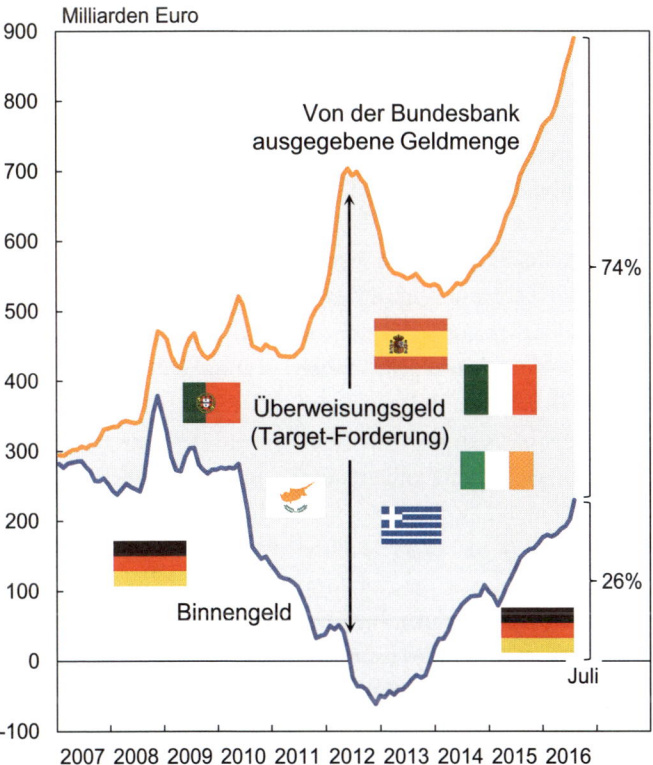

Quellen: Bilanzdaten der Deutschen Bundesbank.

Hinweis: Die von der Bundesbank ausgegebene Geldmenge (die deutsche Geldbasis) ist die Summe aus dem sogenannten statutorischen Bargeldumlauf (Bundesbank-Kapitalanteil mal Euro-Geldbasis), der Einlagefazilität, den Guthaben der Kreditinstitute auf Girokonten bei der Notenbank sowie den Intra-Eurosystem-Verbindlichkeiten aus der Begebung von Banknoten (also der überproportionalen Banknotenausgabe der Bundesbank). Das Binnengeld ist die Differenz zwischen der deutschen Geldbasis und dem Target-Saldo der Bundesbank, welcher das sogenannte Außengeld oder Überweisungsgeld misst. Es werden hier Drei-Monats-Durchschnitte gezeigt. Die Flaggen dienen nur der Illustration des Sachverhalts, wie er im Text beschrieben ist. Hinter den Target-Salden verbergen sich Nettoüberweisungen aus dem gesamten Rest des Eurosystems und nicht nur aus den sechs hier gezeigten Ländern. Man beachte den Hinweis zum temporären Vorzeichenwechsel bei den Target-Salden Zyperns und Irlands, der in der Erläuterung zu Abbildung 4.1 gegeben wurde. Natürlich sind auch diese Vorzeichenwechsel in der obigen Abbildung korrekt algebraisch berücksichtigt.

Man sieht, dass dieses Überweisungsgeld in den Jahren 2012 und 2013 praktisch die gesamte Geldmenge ausmachte, die von der Bundesbank geschaffen worden war und nun in Umlauf war. Es gab damals, netto gerechnet, keinen Cent mehr, dessen Ursprung noch in einer Kreditgeldschöpfung der Bundesbank lag. Alles Geld, das es in Deutschland gab, war ausländisches Kreditgeld, das die Notenbanken anderer Euroländer geschaffen hatten und das zum Zwecke des Güterkaufs, der Schuldentilgung oder des Vermögenserwerbs nach Deutschland überwiesen worden war.

Ja, wie man am Verlauf der blauen Kurve erkennt, war das Binnengeld im zweiten Halbjahr 2012 und ersten Halbjahr 2013 sogar negativ, und der Anteil des Überweisungsgeldes lag über 100 %. Das lag daran, dass die Banken das Überweisungsgeld nicht nur verwendeten, um ihre Refinanzierungskredite zurückzuzahlen, sondern es zum Schluss auch noch an die Bundesbank verliehen und damit dem Geldkreislauf entzogen.

Mittlerweile hat sich die Situation zwar insofern etwas entspannt, als man heute im gerade betrachteten Sinne wieder mehr »deutsche« Euros in Deutschland findet. Das liegt daran, dass die EZB die Märkte seit Anfang 2014 in allen Ländern mit Geld flutet, was die Geldmenge überall aufbläht. Dennoch sind, wie die Abbildung zeigt, immer noch 74 % der von der Bundesbank ausgegebenen Banknoten und Kontobestände der Banken Außengeld, das durch Überweisungsaufträge aus dem Ausland in Umlauf gekommen ist, und nur 26% sind Binnengeld.

Um den Sachverhalt plastisch zu verdeutlichen, stelle man sich vor, man hätte die Banknoten, die die Bundesbank als Überweisungsgeld schuf und gegenüber ausländischen Notenbanken kreditierte, mit den Farben des Auftrag gebenden Landes angemalt. In diesem Fall hätte man in den Jahren 2012 und 2013 in den Portemonnaies der Deutschen praktisch nur noch Euros aus Griechenland, Spanien, Italien etc. gefunden.[11] Man hätte gesehen, dass das, was wir heute Euro nennen, in Wahrheit verkleidete Drachmen, Peseten und Lire sind. So gesehen versteht man auch, warum der Euro in Griechenland, Italien und Spanien so beliebt ist. Eigentlich nämlich hat Deutschland Drachmen, Lire und Peseten als gesetzliches Zahlungsmittel anerkannt und sie aus Gründen der europäischen Solidarität nur in einen Umschlag gesteckt, auf den das Eurosymbol gedruckt wurde, sodass sie nicht mehr auffallen, wenn sie die ebenfalls so umkleidete D-Mark ersetzen.

# Risiken für die Überschussländer – Insbesondere für Deutschland

Die Überflutung des deutschen Währungsraums und anderer nationaler Währungsräume mit den verkleideten Währungen der Krisenländer, die durch die Target-Salden gemessen wird, ist für die Überschussländer, deren Notenbanken Target-Forderungen aufbauen, weil sie die Zahlungsaufträge aufgrund der Sonderkreditvergabe der anderen Notenbanken ausführen, nicht frei von Kosten und Risiken. Im Gegenteil.

*Erstens* werden die deutschen Forderungen, wenn die Währungsunion auseinanderbrechen sollte, uneinbringlich sein. Es gibt dazu nämlich keine Regelungen. In den Hinterzimmern der Bundesregierung sprach man seinerzeit, als man den Sachverhalt noch nicht verstand, gegenüber Journalisten von »irrelevanten Salden«. Daran werden sich viele Target-Schuldner erinnern, wenn es ans Abrechnen geht. Im Übrigen werden die Notenbanken der Krisenländer, die die hohen Target-Schulden haben, bei einem Auseinanderbrechen des Euro vielleicht bankrott sein, weil ihren Euro-Target-Schulden dann nur noch Forderungen gegen die vielfach konkursreifen Geschäftsbanken des eigenen Hoheitsgebiets gegenüberstehen, die in eine abwertende nationale Währung umgewandelt wurden. Rein formal ist schon heute eine Nachschusspflicht der Staaten gegenüber ihren Notenbanken ausgeschlossen.[12] Nach einem Euro-Crash wird es erst recht kein Nachschießen geben, denn es ist dann viel attraktiver für die Defizitländer, ihre Notenbanken in Konkurs gehen zu lassen und sie anschließend neu zu gründen. Durch diesen Konkurs wären sie ihre Target-Schulden ein für alle Mal los. Im Fall eines Zusammenbruchs des Eurosystems wird Deutschland also wohl genauso auf seinen Forderungen sitzenbleiben wie Russland nach dem Zusammenbruch des Rubelsystems.

*Zweitens* stehen die Target-Forderungen auch schon dann im Risiko, wenn der Euro nicht zerbricht, weil die nationalen Bankensysteme in Konkurs gehen und die Pfänder, die die Banken für die bezogenen Refinanzierungskredite hinterlegen müssen, ihren Wert verlieren können. Da eine Target-Verbindlichkeit im Regelfall aus einer überproportionalen Kreditvergabe einer nationalen Notenbank an die Geschäftsbanken ihres Hoheitsgebiets entsteht, misst sie den Gegenwartswert der Zinsen, die diese

227

Notenbank auf alle Ewigkeit in ihrem Hoheitsgebiet eintreiben und dann an die anderen Notenbanken des Eurosystems bzw. die dahinterstehenden ausländischen Finanzministerien abführen muss. Aber was ist, wenn die Banken bankrottgehen und die Sicherheiten, die sie eingereicht haben, platzen? Dann muss oder kann die nationale Notenbank ihre dauerhaften Zinsverpflichtungen gegenüber dem Rest des Eurosystems gar nicht erfüllen, auch wenn das Land im Euro bleibt.

Sie *muss* die Zinsen nicht zahlen, wenn sie in gemeinschaftlicher Haftung normale Geldgeschäfte durchgeführt hat. In diesem Fall trägt die Staatengemeinschaft die gesamte Last des Kreditausfalls, und zwar sowohl der Kreditgewährung im normalen Umfang als auch der darüber hinausgehenden Kreditgewährung, die zu den Target-Salden führte. Das Risiko ist in diesem Falle noch größer als nur die Target-Salden.

Relevanter ist der Fall, dass die Kreditgewährung vor dem Konkurs auf ELA-Kredite umgestellt wurde, wie es im Jahr 2015 bei Griechenland der Fall war. Formal trägt die nationale Notenbank das Risiko der ELA-Kredite allein. Sie kann dieses Risiko aber nur im Umfang einer Kreditgewährung im normalen Umfang tragen, denn in diesem Umfang ist sie dauerhaft an den Zinsrückflüssen aus dem gemeinsamen Zinstopf aller Euroländer beteiligt, die man ihr, wenn sie ihren eigenen Zinsverpflichtungen nicht mehr nachkommt, wegnehmen kann.

Hat die Notenbank jedoch mehr als den normalen Kredit ausgegeben, sodass mit dem Überschuss Nettoüberweisungen an andere Länder finanziert werden konnten, die sich in entsprechenden Target-Salden niederschlugen, dann muss sie trotz eines Konkurses des nationalen Bankensystems anschließend auch dafür dauerhaft Zinsen an die restlichen Notenbanken zahlen. Sie hat aber außer ihrem meist sehr geringen Eigenkapital nichts, mit dem sie das tun könnte, und eine Nachschusspflicht des Nationalstaates gibt es ja nicht, wie schon erläutert wurde. In diesem Fall stellen die Target-Salden, und im Wesentlichen nur sie, das Risiko für die anderen Notenbanken der Eurozone dar.[13]

Dies ist ein extrem wichtiger Aspekt bei der Beurteilung der Risiken der Target-Salden, weil man immer wieder die Auffassung hört, die Target-Salden seien nur dann ein Risiko für die Bundesbank, wenn der Euro platze, aber mit solch einer Möglichkeit brauche sie sich nicht auseinanderzusetzen, weil der Euro ewig Bestand habe. Diese Auffassung ist falsch, weil sie übersieht, dass der permanente Zinsfluss von dem überschuldeten Land an den Rest der Eurozone, der im Regelfall hinter einer Target-Verbindlichkeit steht und ihr versicherungsmathematisch gleich ist, bereits beim Kollaps eines nationalen Bankensystems, der den Konkurs einer nationalen Notenbank nach sich zöge, verloren gehen kann. Etwas anders liegt der Fall beim neuen QE-Programm, weil die Bundesbank dort Sonderregelungen ausgehandelt hat, doch dazu unten mehr.

Im Übrigen ist das Risiko eines nationalen Bankencrashs, der zum Konkurs der nationalen Notenbank führen würde, sicherlich vorhanden. So mussten ja die Notenbanken der Krisenländer, wie erläutert, für die den Banken gewährten Refinanzierungskredite Sicherheiten mit Schrottstatus akzeptieren, um die Banken über Wasser zu halten. Die Staatengemeinschaft musste den spanischen Banken riesige Hilfskredite gewähren, um sie vor einem Massenkonkurs zu bewahren. Portugals Stabilität hängt am seidenen Faden einer einzigen Ratingagentur, die den Staatspapieren des Landes noch nicht den Schrottstatus zugeschrieben hat. Irlands Banken konnten nur durch waghalsige Kreditoperationen der irischen Notenbank gerettet werden. Und Italiens Banken hatten im Sommer 2016 im Durchschnitt Bestände an notleidenden Kreditforderungen in Höhe von 80 % des Eigenkapitals in ihren Bilanzen. Das wird weiter unten in diesem Kapitel noch ausgeführt. Insofern kann man den Verlust erheblicher Teile der Target-Forderungen auch bei einer Fortexistenz des Euro nicht grundsätzlich ausschließen. Wenn man diesen Verlust vermeiden kann, so nur deswegen, weil die Staatengemeinschaft, deren Steuerzahler wegen der Target-Salden ohnehin schon gefangen sind, ihn selbst mit allerlei Hilfskrediten abwendet.

Ein kleiner Trost liegt nur darin, dass Deutschland an den Target-Verlusten aufgrund eines Bankenzusammenbruchs nur anteilig beteiligt wäre, weil sich alle überlebenden Notenbanken die Verluste teilen würden. Der deutsche Verlustanteil liegt zwischen 26 % und 41 %, je nachdem ob nur die Notenbank eines einzelnen kleinen Landes oder die Notenbanken aller sechs Krisenländer gemeinsam Pleite gehen.

Das ist, *drittens*, ähnlich, wenn der Euro als solcher erhalten bleibt und nur einzelne Länder austreten und ihre Notenbanken über eine Abwertung der neuen Währung, die auch ihre Forderungen gegenüber dem Bankensystem entwertet, in Konkurs gehen lassen, um so ihre Schulden gegenüber den verbleibenden Euroländern loszuwerden. Auch dann teilen sich die verbleibenden Euroländer die Verluste anteilig.

*Viertens* können die Target-Forderungen verloren gehen, wenn der EZB-Rat den Hauptrefinanzierungszins senkt, denn das ist der Zins, zu dem die Target-Verbindlichkeiten bedient werden müssen. Dieser Fall ist bereits eingetreten, denn die Target-Schuldner haben mit der riesigen Mehrheit, die sie im EZB-Rat bei der Beschlussfassung im März 2016 besaßen, bereits beschlossen, diesen Zins auf null zu setzen.[14] Das kommt, wenn diese Politik lange genug anhält, einer Totalenteignung der Target-Forderungen der Überschussländer gleich. Der Effekt des verringerten Target-Zinssatzes ist bereits in den Zinsverlusten der Bundesrepublik Deutschland enthalten, über die in Kapitel 3 schon in Zusammenhang mit Abbildungen 3.6 und 3.7 berichtet wurde.

Aus all diesen Gründen messen die Target-Schulden der Krisenländer sehr wohl ganz erhebliche Risiken für den Rest der Eurozone. Deutschland als der zentrale, große Gläubiger des Target-Systems ist an diesen Risiken entweder anteilig oder – bei zwei der drei beschriebenen Risikoszenarien – im vollen Umfang seiner eigenen Target-Forderungen von mittlerweile (19. September 2016) reichlich 680 Milliarden Euro beteiligt. Allerdings sind hier nun die Forderungen und Verbindlichkeiten aus einer überproportionalen Bargeldausgabe gegenzurechnen.[15] Dabei muss wieder zwischen den verschiedenen, oben beschriebenen Krisenszenarien unterschieden werden.

Für die Verluste der Bundesbank bei möglichen Bankkonkursen oder einem Austritt einzelner Länder oder Ländergruppen aus dem Euro (Fälle zwei und drei) kommt es nicht auf die Verbindlichkeit aus der überproportionalen Banknotenausgabe der Bundesbank, sondern auf die entsprechenden Verbindlichkeiten in den Bilanzen der Austrittsländer an. Leider ist man bei diesem Posten auf Mutmaßungen angewiesen, weil er für einige der Krisenländer, wie schon erwähnt, nicht mehr veröffentlicht wird. Er war aber zumindest auf dem Höhepunkt der Krise, als die Zahlen noch herausgegeben wurden, mit –23 Milliarden Euro in der Summe der sechs Länder gering, wie im nächsten Abschnitt noch gezeigt wird. Insofern ändert sich an den obigen Risikoabschätzungen vermutlich nicht viel.

Anders ist es bei einem Verlust der deutschen Target-Forderungen, wenn der Euro platzt oder die Nullzinspolitik immer weiter verlängert wird

(Fälle eins und vier). Hier kommt es für die deutschen Gesamtverluste auch auf die Verbindlichkeiten der Bundesbank aus einer überproportionalen Banknotenausgabe an. Diese Zahlen werden von der Deutschen Bundesbank veröffentlicht. Sie zeigen, dass der Posten für Deutschland mit 312 Milliarden Euro im Juli 2016 erheblich war. So gesehen reduzieren sich die möglichen Verluste der Bundesbank bei diesen Risikoszenarien auf 348 Milliarden Euro (= 660 Mrd. − 312 Mrd.). Auch das ist freilich nicht wenig. Immerhin ist es mehr als der gesamte deutsche Bundesetat, der im Jahr 2016 bei etwa 317 Milliarden Euro liegt.

Wie war das nochmal mit Helmut Kohls Einlassung vor dem Bundestag, dass es »keine Haftung für Verbindlichkeiten der Mitgliedstaaten« gebe? Oder mit der Aussage der Verfassungsrichter, dass der deutsche Bundestag gar nicht das Recht habe, einen Teil seiner Budgetverantwortung an europäische Institutionen abzutreten?

Der relativ große Betrag der Bundesbank-Verbindlichkeit aus einer überproportionalen Ausgabe von Bargeld erklärt sich neben den Abflüssen durch Tourismus wohl vor allem aus dem Umstand, dass Gastarbeiter aus Nicht-Euroländern Bargeld mit nachhause nehmen und horten. Schon vor dem Euro kursierte bzw. lag aus den gleichen Gründen etwa ein Drittel des D-Mark-Bestandes im Ausland. Da die im Ausland gehorteten D-Mark-Bestände als Kreditgeld, also durch Verleih seitens der Bundesbank entstanden waren, stellten sie ökonomisch ein echtes Nettovermögen der Bundesbank und damit der Bundesrepublik Deutschland dar, die Teil des schon erwähnten Seignorage-Vermögens waren. Dieses Vermögen wurde mit der Einführung des Euro unter den Euroländern vergemeinschaftet, wächst seitdem beständig an und steht nun als Schuld gegenüber den anderen Notenbanken in der Bilanz der Deutschen Bundesbank – was schon für sich genommen als äußerst problematischer Vorgang eingestuft werden muss.[16]

Eine detailliertere und weitere Besonderheiten berücksichtigende Berechnung der Haftungsrisiken im günstigen Fall der Fortexistenz des Euro und der Rückkehr zu normalen Zinsen hat der Autor dieser Zeilen an anderer Stelle vorgelegt. Sie umschließt die bereits vergebenen intergouvernementalen, fiskalischen Kredite der Staatengemeinschaft, die Target-Kredite und die Verbindlichkeiten und Forderungen aufgrund einer über- oder unterproportionalen Bargeldschöpfung. Außerdem geht sie auf Besonderheiten ein wie etwa die unverzinsliche Mindestreserve der Banken oder die Möglichkeit, dass Nettoüberweisungen aus einer Verminderung der Liquiditätsreserven der Banken statt durch die Neuschaffung von Kreditgeld finanziert werden. Danach hätte Deutschland bei einem Konkurs der GIPSIZ-Staaten und ihrer Bankensysteme, einem Fortbestand des Euro und folglich einer Haftungsteilung unter den verbleibenden Euroländern (der zweite Fall in der obigen Diskussion der Haftungsrisiken) Ende 2014 bis zu 260 Milliarden Euro verloren.[17] Dazu trügen die Target-Schulden der Krisenländer allein mit 217 Milliarden Euro bei.

Diese Zahlen beziehen sich nur auf die bereits tatsächlich vergebenen Kredite. Die Risiken der unbegrenzten Deckungszusage im Rahmen des im vorigen Kapitel kritisierten OMT-Programms der EZB sind dabei noch nicht berücksichtigt. Eine Aktualisierung der Rechnung wurde im »ifo Haftungsspegel« bis Mai 2015 laufend vorgenommen, musste dann aber eingestellt werden, weil, wie erwähnt, die Daten zu den Bargeld-Verbindlichkeiten großenteils nicht mehr veröffentlicht wurden.[18]

Deutlich höhere Verluste würden sich ergeben, sollte der Euro insgesamt platzen oder sollte die Phase der Nullzinsen anhalten, weil dann, wie erwähnt, die gesamte Differenz zwischen den deutschen Target-Forderungen und den Bargeldverbindlichkeiten in Höhe von rund 350 Milliarden Euro sowie auch noch der deutsche Anteil an den fiskalischen Rettungskrediten der Staatengemeinschaft im Risiko steht. Letzterer unterscheidet sich von Instrument zu Instrument, wobei sich in der Summe im Juli 2016 ein Betrag von 96 Milliarden Euro ergab.[19] Damit kommt man auf insgesamt knapp 450 Milliarden Euro.

Und nicht einmal dabei muss es bleiben. Wenn der EZB-Rat eines Tages womöglich beschließen sollte, den Hauptrefinanzierungssatz für lange Zeit negativ zu machen, dann gingen nicht nur die Forderungen der Bundesrepublik gegen das Eurosystem verloren, sondern es würden sich noch höhere Verluste ansammeln können. Verlockend ist ein solches Szenarium für die Krisenstaaten allemal. Man druckt sich das benötigte Geld über den beschriebenen Mechanismus der Kreditgeldschöpfung selbst und lässt sich dann auch noch laufend Zinsen für die so entstandenen Schulden im Eurosystem von den anderen Ländern auszahlen. Das Szenarium klingt absurd, doch nichts ist heute noch absurd genug im Eurosystem, als dass es nicht stattfinden könnte. Tatsächlich verleihen die Notenbanken der südlichen Länder, wie in Kapitel 3 (vgl. insbesondere Abbildung 3.7) schon berichtet wurde, langfristige Sonderkredite an die Geschäftsbanken ihres Hoheitsgebiets (TLTROs) zu einem negativen Zins von –0,4 %. Sie drucken im Übermaß Geld und bezahlen ihre Geschäftsbanken aus der Gemeinschaftskasse dafür, dass sie dieses Geld nehmen.[20]

Das alles sind äußerst beunruhigende Fakten, und weil das so ist, ist Deutschland bereits heute erpressbar. Regierung und Bundestag müssen allen möglichen Hilfsprogrammen und Transfermechanismen zum Erhalt des Euro zustimmen, nur damit nicht die Probe aufs Exempel gemacht werden muss. So hangeln sich die deutschen Volksvertreter von einem Rettungskredit zum nächstem, von einem Schreck über eine ausufernde EZB-Entscheidung bis zum nächsten. Immer wieder sitzt man die Krise aus und übertüncht die Wahrheit der Bilanzen mit viel frischem Geld, ohne dass sich jemals Licht am Horizont erblicken lässt. Auf diese Weise verstrickt sich Deutschland immer tiefer in der europäischen Haftungsunion und verspielt wachsende Teile seines Vermögens.

## Die Europäische Zentralbank als Rettungsmaschine

Das Recht, sich im Eurosystem in Form der Target-Salden Überziehungskredite ziehen zu können, war in der Krise der bei Weitem wichtigste Rettungsanker überhaupt. Das verdeutlicht auch Abbildung 4.3, die auf Basis der amtlichen Statistiken alle Rettungskredite, die an die sechs Krisenländer geflossen sind, zum Höhepunkt der Krise zusammenfasst.[21]

Man erkennt in der Mitte des Diagramms den großen Block der Target-Kredite mit dem schon erwähnten Volumen von 1.005 Milliarden Euro. Darunter steht als Abzugsposten in Höhe von –23 Milliarden Euro die oben schon erwähnte kleine Forderung aus einer leicht unterproportionalen Bargeldausgabe in den Krisenländern, die möglicherweise daraus resultiert, dass es wegen der vielen Nettoüberweisungen eine allgemeine Liquiditätsklemme gab, doch zum Teil auch durch den physischen Zufluss von Bargeld durch Gastarbeiter und Touristen erklärt werden kann. Nach den Regeln des Eurosystems führt eine überproportionale Bargeldausgabe zu einer Verbindlichkeit gegenüber dem Eurosystem und eine unterproportionale zu einer entsprechenden Forderung.

Abbildung 4.3: Die Rettungskredite auf dem Höhepunkt der Krise (August 2012)

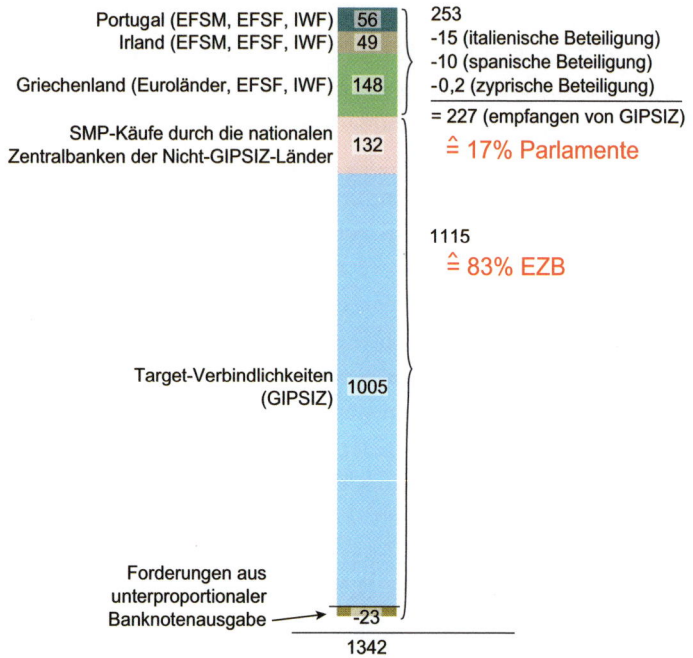

Quelle: H.-W. Sinn, *Der Euro*, a. a. O., S. 370, mit dem Detail-Hinweis auf die zugrundeliegenden amtlichen Statistiken.

Über dem Target-Block sind die Kredite aus dem erwähnten SMP-Programm verbucht, nach dem die Notenbanken der anderen Länder die Staatspapiere der Krisenländer kaufen mussten und insofern auf den Märkten Platz für Neuemissionen schufen, ohne dass die Emittenten dafür höhere Zinsen hätten bieten müssen. Brutto wurden für 223 Milliarden Euro solche Papiere gekauft. Zieht man ab, was die Notenbanken der GIPSIZ-Länder selbst an Papieren dieser Ländergruppe gekauft haben, verbleibt zum Stichtag 31. August 2012 ein öffentlicher SMP-Kredit von 132 Milliarden Euro, den diese Länder von anderen Ländern erhalten haben. Es handelt sich hier zwar – wie bei den Target-Salden auch – um einen Kredit aus der Druckerpresse, doch kommt er nun aus den Druckerpressen anderer Staaten. Insofern ist dieser Betrag zu den Target-Salden zu addieren.

Sodann sind die fiskalischen Kredite an die Einzelstaaten aufgelistet. Im Fall Griechenlands, das über diesen Weg zu diesem Zeitpunkt 148 Milliarden Euro bekommen hatte, handelt es sich erstens um intergouvernementale Kredite, die 2010 beschlossen wurden, zweitens Kredite aus dem ersten Rettungsschirm EFSF *(European Financial Stability Facility)* sowie drittens um Kredite des Internationalen Währungsfonds. Bei Irland (49 Milliarden Euro) und Portugal (56 Milliarden Euro) geht es um Kredite aus dem Rettungsschirm der EU mit dem Namen EFSM *(European Financial Stabilisation Mechanism),* aus dem intergouvernementalen Schirm EFSF und vom Internationalen Währungsfonds.

Rechnet man die italienische, spanische und zyprische Beteiligung an den intergouvernementalen, fiskalischen Krediten heraus, kommt man auf 223 Milliarden Euro oder 17 % für die fiskalischen Rettungskredite, über die die Parlamente der Eurozone und die Gremien des IWF entschieden haben. Demgegenüber verantwortet der EZB-Rat 1.115 Milliarden Euro oder 83 % aller Rettungskredite. Diese Proportionen belegen in aller Deutlichkeit, wie sehr die EZB durch die ausufernde Uminterpretation ihres Mandats zu einer europäischen Bailout- oder Rettungsmaschine geworden ist, die schon lange nicht mehr als bloß geldpolitische Institution zu verstehen ist. Bailout nennt man in der Finanzbranche die Rettung der Gläubiger vor dem Konkurs eines Schuldners durch die Bereitstellung eines neuen Kredits, der zur Tilgung der Altkredite dient und dem Schuldner die Möglichkeit gibt, sich aus dem Staube zu machen.

Es geht wahrlich nicht mehr um den kurzfristigen Verleih des selbst geschaffenen Geldes gegen erstrangige Sicherheiten, der das Kennzeichen der Bundesbankpolitik war. Vielmehr geht es heute um mehrjährige riskante Ausleihungen zu Nullzinsen an die Banken und den direkten Erwerb von riskanten Staatspapieren und von Unternehmensanleihen. Die ursprüngliche Idee, dass die Banken den Sicherheitspuffer zwischen der kollektiven Geldversorgung auf der einen sowie Wirtschaft und Staat auf der anderen Seite darstellen, weil sie für Risiken haften und die Ausleihungen wegen dieser Haftung sorgfältig kontrollieren, ist lange verloren gegangen.

Längst gibt es auf den Finanz- und Kapitalmärkten keine funktionierende Marktwirtschaft mehr, sondern von der EZB geschaffene und dominierte Strukturen zur Lenkung des Kapitalflusses ohne demokratische Legitimation. Die EZB rettet Staaten, Banken und Firmen, ohne dass sie das offen zugeben würde. Sie tut dies ohne ein Mandat, kontrolliert nur durch den EZB-Rat, in dem jedes Land eine Stimme hat und Deutschland nicht wesentlich anders vertreten ist als Malta auch.[22]

Und sie verspricht darüber hinaus im Zuge ihres OMT-Beschlusses, die Käufe der Staatspapiere notfalls sogar unbegrenzt auszudehnen, um konkursgefährdete Staaten und ihre Gläubiger zu retten. Mit all diesen Maßnahmen macht sich die EZB zu einer Zentralplanungsbehörde, die den Kreditfluss in Europa in andere Kanäle lenkt als die, die der Markt sich von allein gesucht hätte. Die Unabhängigkeit, die ihr im Maastrichter Vertrag gewährt wurde, hat sie inzwischen zu einer diktatorischen Macht ausgebaut. Sie ist nach der Entscheidung des EuGH und des Bundesverfassungsgerichts zum Hegemon der Eurozone aufgestiegen, der kaum noch einer wirksamen Kontrolle der Parlamente unterliegt.

# Warum Yanis Varoufakis alle Zeit der Welt hatte – Und über Erpressbarkeit

Ein Lehrstück zur problematischen Rolle der EZB ist Griechenland. Das Land ist seit 2008 vom Kapitalmarkt abgeschnitten und hängt am Tropf der Rettungssysteme bzw. am Kassenautomaten der EZB, dem es mit einer gewissen Regelmäßigkeit in den rhythmisch aufflammenden Krisen immer wieder neue Überziehungskredite entlockt, ohne dass der EZB-Rat einschreitet. Die Toleranz, wenn nicht Unterstützung des lokalen Gelddruckens durch den EZB-Rat hat die Verhandlungen der Staatengemeinschaft, die mit Griechenland über Auflagen für das zweite und dritte Rettungspaket stritt, erschwert und unterlaufen.

Griechenland kommt im Euro nicht zurecht, weil es zu teuer ist. Es müsste, da seine Preise und Löhne nach unten hin nicht flexibel genug sind, eigentlich aus der Eurozone austreten und abwerten. Das hatte schon der ehemalige Ministerpräsident Giorgos A. Papandreou erkannt. Ende des Jahres 2011 wollte er ein Referendum über die Auflagen der Staatengemeinschaft durchführen, um nach ihrer Ablehnung auszutreten. Ein früheres Mitglied im EcoFin-Rat – also des Rats der EU-Finanzminister –, der damalige Finanzminister Bulgariens Simeon Djankov, hat über Pa-

pandreous Austrittsplan berichtet,[23] und auch Papandreou selbst hat diesen Plan am Vorabend der Münchner Sicherheitskonferenz, am 11. Februar 2016, im Rahmen einer öffentlichen Diskussion mit dem Autor bestätigt.

Auch der damalige griechische Finanzminister Yanis Varoufakis, der im Januar 2015 nach einem Sieg der Partei Syriza ins Amt kam, hat den Austritt vorbereitet. Sofort nach dem Amtsantritt hat er eine Geheimkommission unter Leitung des Polit-Ökonomen James K. Galbraith zur technischen Vorbereitung eines Austritts eingesetzt[24] und später erklärt,[25] dass er eine virtuelle Parallelwährung auf der Basis der Steuernummern der griechischen Bürger vorbereitet hatte.

Varoufakis wollte die Parallelwährung nur als Alternativplan für den Fall, dass die Verhandlungen mit der Troika, also der EU, dem IWF und der EZB, scheitern würden. Es ging bei diesen Verhandlungen um ein drittes Rettungspaket bzw. einen Schuldenschnitt sowie um die Auszahlung der restlichen 12,7 Milliarden Euro aus dem zweiten Rettungspaket, das nach zweimaliger Verlängerung Ende Juni 2015 auslief. Bei den Verhandlungen ließ er sich alle Zeit der Welt und wechselte von einer Taktik und Verbalinjurie zur nächsten, um die Verhandlungen in die Länge zu ziehen. Er wirkte überhaupt nicht wie der Finanzminister eines Landes, dem das Geld auszugehen drohte.

Und es ging ihm ja auch nicht aus, weil er es drucken konnte. Während er über die 12,7 Milliarden restlicher Mittel aus dem zweiten Rettungspaket feilschte, druckte sich Griechenland mithilfe seiner Zentralbank viele Dutzende von Milliarden Euro als ELA-Kredite, und zwar so viel, dass es reichte. Die EZB berichtete immer wieder, sie habe dem Land abermals eine neue Tranche der ELA-Kredite genehmigt, doch in Wahrheit hat sie Griechenland die Geldschöpfung nur nicht verboten, weil sie dafür zwei Drittel der Stimmen im EZB-Rat gebraucht hätte. So konnte Griechenland seine ELA-Kredite bis zum Juli auf fast 90 Milliarden Euro hochschnellen lassen. Das Geld verlieh die griechische Notenbank an die Geschäftsbanken, die damit vor allem die Depositenflucht ins Ausland ausglichen, jedoch auch für etwa 10 Milliarden Euro neu emittierte griechische Staatspapiere erwarben, was eine verbotene Staatsfinanzierung darstellte. Unter Depositenflucht versteht man den Vorgang, dass der Inhaber eines Bankkontos sein dort gebuchtes Geld ins Ausland überweist, um es vor dem Konkurs seiner Bank zu schützen. Wie erläutert, entzieht eine jede solche Auslandsüberweisung der Bank und der nationalen Volkswirtschaft insgesamt Zentralbankgeld. Wird dieses Geld nicht durch neues Kreditgeld der Notenbank ausgeglichen oder wird die Depositenflucht nicht durch Kapitalverkehrskontrollen unterbunden, trocknet das nationale Geldsystem in kürzester Zeit aus und kollabiert.

Der EZB-Rat ließ auch damals erneut zu, dass die Steuerzahler der Eurozone ungefragt ins Risiko gesetzt wurden. Zwar musste die griechische Notenbank für die ELA-Kredite formal allein haften, doch konnte sie das gar nicht, weil diese Kredite zu wachsenden Target-Salden führten und deshalb, wie erläutert, die mögliche Haftungsmasse der griechischen Zentralbank überschritten. Das war nicht nur eine Politik der Konkursverschleppung auf dem Rücken der Steuerzahler, sondern auch eine Stärkung der Verhandlungsposition von Varoufakis beim Versuch, zu Lasten der Steuerzahler der Eurozone ein möglichst umfangreiches drittes Rettungspaket bei möglichst geringen Auflagen auszuhandeln. Die Staatengemeinschaft, die in Gestalt der Troika auf der anderen Seite des Verhandlungstisches saß, wurde dabei zum Narren gehalten.

Der Spuk war dann allerdings auf einmal vorbei, als Ende Juli der EZB-Rat doch endlich die Reißleine zog und neue ELA-Kredite mit der nötigen Zwei-Drittel-Mehrheit im EZB-Rat blockierte. Vom einen zum anderen Tag kam nun Bewegung in die Verhandlungen. Premierminister Tsipras erklärte am 27. Juni 2015, dass er am Sonntag, dem 5. Juli 2015, ein Referendum über das bisher erzielte Verhandlungsergebnis zum dritten Rettungspaket abhalten werde, nachdem der EcoFin-Rat am selben Tag entschieden hatte, Griechenland nicht weiter entgegenzukommen. Am 28. Juni 2015 verhängte die Regierung Tsipras Kapitalverkehrskontrollen zur Vermeidung der Kapitalflucht. Das Direktorium des Rettungsschirms EFSF erklärte am 3. Juli formell den Konkurs Griechenlands. Dann wurde das Angebot der Troika tatsächlich im Referendum vom griechischen Volk abgelehnt. Varoufakis unterbreitete dem Kabinett noch am selben Abend den Plan über die Parallelwährung, trat dann aber zurück, nachdem es ihm nicht folgen wollte.

Am nächsten Morgen hätte die Bundeskanzlerin das negative Referendum bedauernd akzeptieren und nun Verhandlungen über den Austritt Griechenlands aus dem Euro anbieten können. Doch ließ sie sich vom französischen Staatspräsidenten Hollande für eine weitere Verhandlungsrunde zum Rettungsschirm mit Alexis Tsipras gewinnen. Das gefiel aber den Finanzministern der Eurozone nicht. Im EcoFin-Rat machte Bundesfinanzminister Schäuble am 11. Juli mit einem Papier den Aufschlag, das den temporären Austritt Griechenlands aus dem Euro-Verbund forderte. Dafür fand er nach eigenem Bekunden die Zustimmung von 15 der 19 Finanzminister der Eurozone.[26] Doch die Regierungschefs der Eurozone gaben am nächsten Tag, dem 12. Juli, grünes Licht für die Fortsetzung der Verhandlungen. Dies führte schließlich zum dritten Rettungspaket mit einem Volumen von 86 Milliarden Euro, dessen erste Tranche am 20. August ausgezahlt wurde. Schon einen Monat vorher, am 20. Juli, gewährte der EU-Rat Griechenland wegen akuter Finanznöte (aus ihrem EFSM-Topf) einen kurzfristigen Überbrückungskredit in Höhe von 7,16 Milliarden Euro, der dann am 20. August mit den Mitteln aus dem dritten Rettungspaket wieder zurückgezahlt wurde. Griechenlands Mitgliedschaft im Euroverbund war vorläufig gesichert, und Hollande wurde zuhause bejubelt, was ihm sonst nicht häufig passiert.

Beruhigt hat sich die Situation aber auch ein Jahr nach dem dramatischen Geschehen nicht, denn im Sommer 2016 gab es in Griechenland immer noch Kapitalverkehrskontrollen. Die Eurozone hat bis heute also gewissermaßen zwei Euro-Währungen: eine in Freiheit und eine im griechischen Gefängnis. Der Wechselkurs zwischen diesen beiden Euro-Typen liegt bei 0,8 Einheiten des freien Euro für eine Einheit des Gefängniseuro. Wer eine Million Euro auf einer griechischen Bank erwerben will, muss dafür nur 800.000 freie Euro auf einem Depot in einer Bank außerhalb Griechenlands hergeben.[27]

Das dramatische Geschehen des ersten Halbjahres 2015 kommt in der nachfolgenden Graphik 4.4 sehr gut zum Ausdruck. Sie gibt einen Überblick über die gesamten Kredite der Staatengemeinschaft und der EZB, die Griechenland in der Krise gewährt wurden bzw. die es sich selbst genehmigte. Es handelt sich dabei ähnlich wie bei Abbildung 4.3 um öffentliche Kredite, die vom griechischen Staat und der griechischen Wirtschaft insgesamt auf dem Wege über die griechische Notenbank in Anspruch genommen wurden, und nicht etwa um die »Staatsschulden«, die ja gegenüber inländischen und ausländischen Kreditgebern bestehen können. Gezeigt werden ausschließlich offizielle Daten.

Das Diagramm zeigt aufeinander gepackte Kreditbeträge aus verschiedenen Quellen, sodass die obere Begrenzung der grünen Fläche den Gesamtkredit aus allen Quellen angibt. Die Höhe der blauen Fläche zeigt die

Abbildung 4.4: Die öffentlichen Kredithilfen der Staatengemeinschaft für Griechenland

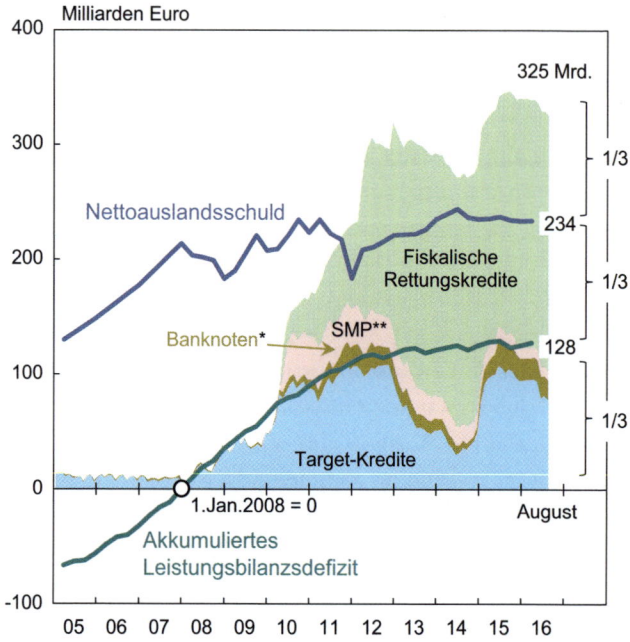

Quellen: H.-W. Sinn, »Die griechische Tragödie«, *ifo Schnelldienst* 68, Sonderausgabe Mai 2015, 33 S. In englischer Sprache erschienen als »The Greek Tragedy«, *CESifo Forum* 16 Special Issue 2015 (June), 35 S. Erstellt und aktualisiert unter Verwendung der folgenden Quellen: Eurostat, Datenbank, Wirtschaft und Finanzen, Zahlungsbilanz – Internationale Transaktionen (BPM6); dasselbe, Datenbank, Wirtschaft und Finanzen, Zahlungsbilanz – Internationale Transaktionen (bop); Europäische Kommission, *Economic and Financial Affairs, The EU as a Borrower*; dieselbe, »EU Budget 2012«, *Financial Report*; dieselbe, »The Second Economic Adjustment Programme for Greece – March 2012«, *Occasional Papers* 94, 2012, <http://ec.europa.eu/economy_finance/publications/occasional_paper/2012/pdf/ocp94_en.pdf>; European Financial Stability Facility, Lending Operations; Internationaler Währungsfonds, Financial Activities; derselbe, SDR Exchange Rate Archives by Month; European Stability Mechanism, Financial Assistance; derselbe, ESM Factsheet; Europäische Zentralbank, Open Market Operations; dieselbe, Statistical Data Warehouse, Publications, Reports, Monetary statistics, TARGET balances, Data; Bank of Greece, Research and Publications, Financial Statements.

Erläuterung: Die Finanzhilfen sind als Nettowert ausgewiesen. Es werden also gegebenenfalls die eigenen Beiträge zu den Rettungsprogrammen sowie die Tilgung von Rettungskrediten subtrahiert. Griechenland hatte Anfang des Jahres 2008 Target-Verbindlichkeiten von zehn Milliarden Euro. Die EZB veröffentlicht für den Wert der gekauften griechischen Staatsanleihen nur Jahresendwerte, Daten zum Gesamtwert aller gekauften Staatsanleihen publiziert sie hingegen wöchentlich. Die dargestellten Monatswerte wurden errechnet durch Interpolation der Jahresendstände unter der Annahme einer proportionalen Entwicklung für die Staatsanleihen aller begünstigten Länder.

Target-Salden und die Höhe der ockerfarbigen Fläche darüber eine überproportionale Banknotenausgabe, die in Griechenland zu verzeichnen war und zu einer in der Bilanz der griechischen Notenbank ausgewiesenen Verbindlichkeit führte. Die Höhe der rosa Fläche gibt den Bestand der griechischen Netto-Verkäufe von Staatspapieren an andere Notenbanken im Rahmen des SMP-Programms an, wobei »netto« nach Abzug der Käufe von Papieren aus Krisenstaaten durch die griechische Notenbank selbst gemeint ist. Die Höhe der grünen Fläche misst den Bestand der verschiedenen intergouvernementalen Kredite der Staatengemeinschaft und des IWF.

Man erkennt, dass die Dynamik der Gesamtkurve wesentlich von der Target-Kurve und der Kurve der überproportionalen Ausgabe von Banknoten getragen wird, die beide im Wesentlichen aus den Selbstrettungsmöglichkeiten über ELA-Kredite resultieren. Vom 31. Dezember 2014 bis zum 31. Juli 2015 stieg die Summe dieser Posten von 54 Milliarden Euro auf 128 Milliarden Euro, also um 74 Milliarden Euro. Dieser enorme Anstieg ist vordergründig das Ergebnis einer Kapitalflucht aus Griechenland. In Wahrheit aber ist er genauso das Ergebnis der Kreditausweitungen im Rahmen der oben beschriebenen vier Möglichkeiten, von denen ELA den wichtigsten Posten ausmacht. Ohne den Nachschub immer neuen Geldes hätte Griechenland sofort jene Kapitalverkehrskontrollen einführen müssen, mit denen es dann ab Ende Juni 2015 den Abfluss von Liquidität durch Überweisungen und Bargeldabhebungen ohnehin zum Stillstand brachte.

Die Abbildung enthält noch zwei weitere Kurven. Die untere blaue Kurve gibt die Kurve der seit dem Krisenbeginn akkumulierten Leistungsbilanzdefizite an, also im Wesentlichen den Überhang der griechischen Importe und Zinszahlungen an das Ausland über die Exporte. Diese Defizite müssen durch private oder öffentliche Kapitalimporte finanziert werden, sonst können sie wegen Geldmangels nicht stattfinden. Die Steigung der Kurve von einem Jahresende zum nächsten misst das jährliche Defizit und die Höhe der dabei seit dem Krisenbeginn zur Finanzierung des Defizits aufgelaufenen Schulden.

Vor dem Krisenbeginn war die Steigung der Leistungsbilanz-Kurve ungefähr so hoch wie unmittelbar danach. Nur verlief die Target-Kurve vorher flach und fast bei null, während sie danach hochschnellte. Vor dem Krisenbeginn hatte Griechenland sein Leistungsbilanzdefizit mit privaten Krediten bezahlt, die es sich im Ausland, zumeist auf dem Interbankenmarkt, besorgt hatte. Mit Ausbruch der Krise versiegten diese Kredite, und nun half die griechische Notenbank mit selbst gedruckten Ersatzkrediten aus, was die griechische Target-Schuld ansteigen ließ. Es gab in dieser Zeit zwar keine nennenswerte Kapitalflucht, für die man den selbst gedruckten Ersatzkredit benötigt hätte, doch kam auch kein neues Kapital herein. Man lebte quasi aus der Druckerpresse. Das ging, wie die Abbildung zeigt, immerhin fünf Jahre lang so, bis zum Ende des Jahres 2012.

Es war alles fast wieder so wie zur Zeit der lateinischen Münzunion, von der gegen Ende des ersten Kapitels bereits die Rede war. Damals druckte Griechenland mehr von den gemeinsamen Banknoten, als es nach der Größe des Landes angemessen war, um seinen Importüberhang zu bezahlen. Das tat es diesmal auch, wie die ockerfarbige Fläche zeigt, die sich in den Jahren 2010 bis 2012 aufbaut. Viel wichtiger war aber diesmal der überschüssige elektronische Gelddruck, um damit die Auslandsrechnungen zu bezahlen, wie er durch die Target-Salden gemessen wird.

2010 war das Jahr, in dem Griechenland den ersten Höhepunkt seiner Krise erlebte. Es half sich damals zum einem selbst, indem es die Druckerpresse immer schneller laufen ließ. Das versetzte den damaligen EZB-Präsidenten Trichet in große Sorge, weil er nicht recht wusste, wie er das angesichts der Zwei-Drittel-Mehrheit im EZB-Rat, die dazu notwendig war, verhindern sollte. Zum anderen wurde ab April und Mai der Grundstein für eine Rettungsarchitektur gelegt, wie sie die Welt noch nicht gesehen hatte. Trichet selbst hatte die Staatengemeinschaft bedrängt, fiskalische Rettungskredite zur Verfügung zu stellen, um die Druckerpresse der griechischen Nationalbank und das Ansehen der EZB zu schonen. Und er half auch selbst mit, indem er den EZB-Rat das schon erwähnte *Securities Markets Programme* (SMP) zum Kauf der Staatspapiere der Krisenländer beschließen ließ, damit der zur Rettung erforderliche Gelddruck sich wenigstens nicht nur in Griechenland und den anderen Krisenländern konzentrieren würde.

Diese Entscheidungen waren heiß umkämpft, und sie führten mit einer Verzögerung von einem Jahr zum koordinierten Rücktritt von Bundesbankpräsident Axel Weber und EZB-Chefvolkswirt Jürgen Stark, die aus ihrem Protest gegen diese Politik keinen Hehl machten.[28]

Schon damals hatte sich die Bundeskanzlerin von Frankreich erfolgreich bedrängen lassen, ihren zunächst mit Nachdruck proklamierten Widerstand gegen fiskalische Rettungsaktionen aufzugeben und die roten Linien, die sie gezeichnet hatte, zu überschreiten. Frankreich verlangte die Rettungsarchitektur mit großem Nachdruck, denn die französischen Banken hatten sich zum Drehkreuz für die Verteilung internationaler Kredite nach Südeuropa entwickelt – vor allem auch solchen, die die französichen Banken zuvor bei deutschen Banken aufgenommen hatten. Kein Land außerhalb der Krisenländer selbst saß wegen der Griechenlandkrise mit seinen Banken so tief in der Patsche wie Frankreich.[29]

Nachdem das Eurosystem die Steuerzahler bereits an die Angel genommen hatte, hatten die Parlamentarier der Eurozone keine Wahl mehr. Sie mussten mit intergouvernementalen, fiskalischen Krediten der Eurostaaten nachhelfen, damit die EZB nicht noch tiefer in die Rettungsspirale hineingezogen wurde. Die an Griechenland geflossenen fiskalischen Kredite werden durch die grüne Fläche in der Abbildung verkörpert. Man sieht, dass die fiskalischen Kredite bis zum Sommer 2012 bereits die Hälfte der Gesamtkredite ausmachten, die Griechenland bekommen hatte, und bis zum aktuellen Rand auf etwa zwei Drittel anstiegen.

Am aktuellen Rand, im August 2016, erreichte die Summe der Rettungskredite den Wert von 325 Milliarden Euro. Das waren 185 % des griechischen Bruttoinlandsprodukts des Jahres 2015.

Bisweilen wird die Meinung vertreten, man solle einen Marshall-Plan für Griechenland aufsetzen, um dem Land aus seinen Schwierigkeiten zu helfen. Wenn es denn das nur wäre! Deutschland erhielt über 16 Jahre verteilt im Rahmen des *European Recovery Program*, das gemeinhin als Marshall-Plan bezeichnet wird, eine Summe an Krediten, die 5,2 % des BIP des Jahres 1952 entsprachen.[30] So gesehen bedeuten die Hilfen in Höhe von insgesamt 325 Milliarden Euro, die Griechenland als öffentliche Kredite erhalten hat, bereits das Äquivalent von 36 Marshall-Plan-Hilfen. Und in dieser Summe sind die Schuldenschnitte, die private ausländische Gläubiger etwa 65 Milliarden Euro und die Staatengemeinschaft in Form von Zinsnachlässen etwa 43 Milliarden Euro gekostet haben, noch nicht einmal enthalten.[31]

## Wo blieb das griechische Geld?

Man kann darüber rätseln, wo das viele Geld blieb. Viele Indizien sprechen dafür, dass es jedenfalls nicht in produktive Investitionen floss. So ist die Staatsquote Griechenlands, also der Anteil der staatlichen Ausgaben am Bruttoinlandsprodukt, mit zuletzt 55 % noch immer sehr hoch, während die Abgabenquote (Steuern und Sozialbeiträge) nur 39 % beträgt. Zum Vergleich: Deutschland hat einen Staatsanteil von 44 % bei einer Abgabenquote von ebenfalls 39 %, und in Großbritannien liegen die Werte bei 43 % und 35 %. Osteuropäische Länder wie Tschechien, Polen oder Bulgarien, mit denen Griechenland auf dem Weltmarkt konkurrieren muss, weisen Quoten von 42 % und 34 %, 41 % und 33 % bzw. 40 % und 29 % auf.[32]

Der Staat gibt in Griechenland sehr viel Geld für Gehälter aus, die in der Zeit des Euro explodiert sind, und er finanziert extrem hohe Sozialeinkommen. Die Renten liegen in realer Kaufkraft gerechnet über dem deutschen Niveau[33] und erst recht, wenn man sie in Relation zur Wirtschaftsleistung ausdrückt.

Abbildung 4.5 zeigt einen internationalen Vergleich der Rentenniveaus aus den Jahren 2012 und 2013, konkret der Renten pro Rentenbezieher in Relation zur Wirtschaftsleistung pro Kopf der Bevölkerung. Man sieht, dass Griechenland mit einem Rentenniveau von 72 % der Wirtschaftsleistung je Kopf der Bevölkerung mit weitem Abstand Spitzenreiter unter den EU-Ländern war.

Demgegenüber kam Deutschland nur auf 41 %, und selbst die gut ausgebauten skandinavischen Wohlfahrtsstaaten Schweden, Finnland und Dänemark kamen nur auf Werte von 44 %, 47 % oder 52 %. Das zeigt, wie Recht der Internationale Währungsfonds hatte, als er sehr zum Leidwesen der griechischen Regierung bei den Verhandlungen zum dritten Rettungspaket immer wieder darauf bestand, dass Griechenland seine Renten kürzt. Die griechischen Renten sind exorbitant hoch, und sie verschlingen einen erheblichen Teil des Staatsbudgets.[34] Obwohl Griechenland die Auflage bekommen hat, die Situation zu ändern, ist bislang noch nicht allzu viel passiert. Allerdings wurde am 8. Mai 2016 eine Rentenkürzung um 1,8 Milliarden Euro oder gut 2 % beschlossen, um eine Bedingung der Euro-Gruppe für eine weitere Auszahlung von Rettungsgeldern zu erfüllen.[35]

Vom ehemaligen griechischen Finanzminister Yanis Varoufakis und anderen wurde wiederholt behauptet, die Hilfen für Griechenland kämen gar nicht bei der Bevölkerung an. Sie seien vielmehr zu 90 % ausländischen Gläubigern zugutegekommen, die sonst ihr Geld nicht wiederbekommen hätten.

Abbildung 4.5: Die Rentenniveaus* der EU-Länder (2013)

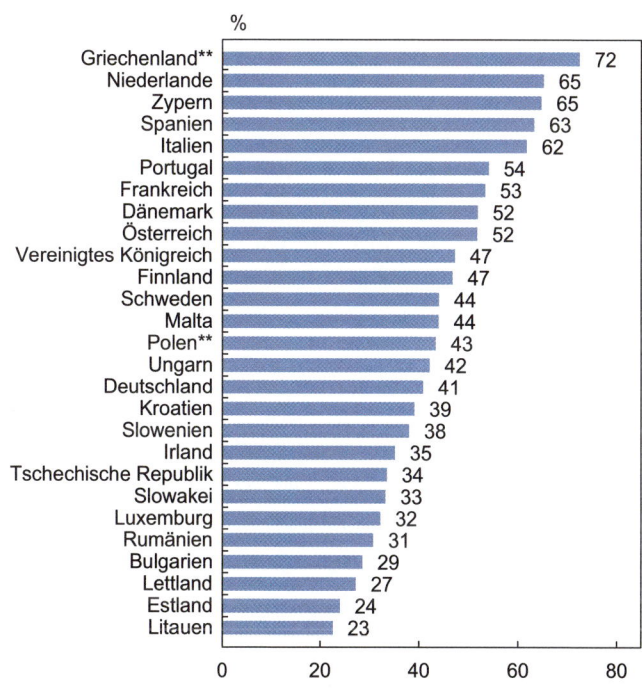

%

| | |
|---|---|
| Griechenland** | 72 |
| Niederlande | 65 |
| Zypern | 65 |
| Spanien | 63 |
| Italien | 62 |
| Portugal | 54 |
| Frankreich | 53 |
| Dänemark | 52 |
| Österreich | 52 |
| Vereinigtes Königreich | 47 |
| Finnland | 47 |
| Schweden | 44 |
| Malta | 44 |
| Polen** | 43 |
| Ungarn | 42 |
| Deutschland | 41 |
| Kroatien | 39 |
| Slowenien | 38 |
| Irland | 35 |
| Tschechische Republik | 34 |
| Slowakei | 33 |
| Luxemburg | 32 |
| Rumänien | 31 |
| Bulgarien | 29 |
| Lettland | 27 |
| Estland | 24 |
| Litauen | 23 |

0    20    40    60    80

* Durchschnittsrente in Relation zum BIP pro Kopf
** Im Jahr 2012
Quelle: Eurostat, Datenbank Bevölkerung und Soziale Bedingungen, Sozialschutz, Ausgaben des Sozialschutzes, Renten; dieselbe, Datenbank Bevölkerung und Soziale Bedingungen, Sozialschutz, Rentenempfänger. Erläuterung: Die Abbildung zeigt das Rentenniveau der EU-Länder im Sinne der Renten pro Rentenbezieher relativ zum BIP pro Kopf der Bevölkerung jeweils mit den aktuellsten bei Abfassung dieser Zeilen verfügbaren Daten.

Dieses Argument ist schief und auch falsch. Es ist schief, weil die öffentlichen Kredite in jedem Fall, auch wenn sie an die Gläubiger flossen, Griechenland geholfen haben, denn mit dem Geld wurden ja seine eigenen Schulden bei diesen Gläubigern getilgt. Schulden bei hartgesottenen privaten Gläubigern, die nicht davor zurückgeschreckt hätten, das Auslandseigentum des griechischen Staates pfänden zu lassen, wurden durch Schulden bei anderen Staaten ersetzt. Es waren dies aber Staaten, von denen man juristisch nichts zu befürchten hatte und die man politisch auch weichklopfen konnte, wie es Griechenlands Verbalattacken gegen Deutschland und sein wiederholtes Vorbringen der Reparationsfrage illustrieren.

Zum anderen ist die Zahl 90 % falsch. Sie könnte sich womöglich ergeben, wenn man lediglich eine Teilperiode (vielleicht 2012-2014) herausgreift und die Target-Kredite einfach weglässt, wie es Varoufakis regelmäßig tut, wenn er darüber spricht. Der Blick auf die Kurve der akkumulierten Leistungsbilanzsalden in Abbildung 4.4 zeigt ja bereits, dass von den Hilfen ein erheblicher Teil für die Finanzierung des Lebensunterhalts in der Krise verwendet worden war: in den Anfangsjahren praktisch alles, und auch in der Summe der Krisenjahre bis zum März des Jahres 2016 immerhin 128 Milliarden Euro (kumuliertes Leistungsbilanzdefizit von Januar 2008 bis März 2016) von 339 Milliarden Euro (Gesamtbestand an fiskalischen Nettokrediten am 31. März 2016) oder 38 %. Also kann der zur Tilgung von Schulden verwendete Teil allenfalls 62 % betragen haben. Aber auch das stimmt nicht.

Das wird klar, wenn man die obere blaue Kurve der Abbildung betrachtet, die die Entwicklung der griechischen Nettoauslandsschuld zeigt, wie sie von der Europäischen Statistikbehörde Eurostat veröffentlicht wurde. Man sieht, dass der Wert der gesamten Nettoauslandsschuld des Landes im März 2016 bei 234 Milliarden Euro angekommen war, also bei einem deutlich kleineren Betrag als allein nur die Nettoauslandsschuld der griechischen Volkswirtschaft bei öffentlichen Instanzen (339 Milliarden Euro). Dieser verblüffende Tatbestand ist nur so zu erklären, dass die Griechen einen Teil der Kredite, nämlich die Differenz in Höhe von 105 Milliarden Euro oder 31 % des Gesamtkredits, selbst wieder im Ausland angelegt haben. Und in der Tat hört man ja auch immer wieder von Annoncen griechischer Immobilienfirmen in Berlin und London, die nach geeigneten Kaufobjekten suchen. Auch gibt es nicht wenige Berichte, dass griechische Käufer in London sehr aktiv waren und das Marktgeschehen maßgeblich beeinflusst haben.

Damit bleibt über die Gesamtspanne gerechnet nur ein Rest von 106 Milliarden Euro oder etwa einem Drittel für die Tilgung von Auslandsschulden übrig – also nicht die 90 %, die Varoufakis immer wieder erwähnte. Grob gesprochen kann man damit sagen, dass ein gutes Drittel der Mittel fürs Leben und jeweils ein knappes Drittel für die Tilgung privater Schulden bzw. für eigene Auslandsinvestitionen der Griechen verwendet wurden.

Warum die Staatengemeinschaft für Griechenland Rettungsschirme finanziert hat, die 36 Marshall-Plan-Hilfen entsprachen und von denen ein Drittel für eine griechische Vermögensbildung im Ausland verwendet wurden, lässt sich mit gesundem Menschenverstand nicht mehr nachvollziehen – zumal sich Griechenland im Fall des Austritts aus der Eurozone durch den Konkurs seiner Notenbank seinen Verpflichtungen wird entziehen können.

Warum müssen die armen Länder der Eurozone die Vermögensbildung eines Landes im Ausland mitfinanzieren, dessen Rentenniveau über dem der entwickelten Staaten der Eurozone liegt? Wie kann es sein, dass die Kanzlerin den Nettozahler Großbritannien sang- und klanglos ziehen lässt, und Kopfstände veranstaltet, um Griechenland gegen das erklärte Votum des deutschen Finanzministers im Euro zu halten? Warum sieht man den Grenzüberschreitungen der EZB – nicht nur im Zusammenhang mit dem OMT-Programm, sondern auch in vielen anderen Bereichen – so lange zu, obwohl doch das deutsche Verfassungsgericht (in seinem Vorlagenbeschluss für den EuGH aus dem Jahr 2014) sowie angesehene deutsche EZB-Insider und Ökonomen wie die zurückgetretenen Axel Weber und Jürgen Stark oder der neue Bundesbank-Präsident Jens Weidmann gewarnt haben? Was nur treibt die deutsche Politik?

# Mit dem QE-Programm der EZB brechen alle Dämme

Die Merkwürdigkeiten rund um die EZB sind indes noch nicht an ihrem Ende angekommen. Im Gegenteil, der neueste Versuch der Europäischen Zentralbank, die Banken und Staaten der Eurozone zu retten, besteht in einem großangelegten, ja gigantischen neuen Geldschöpfungsprogramm, das im Januar 2015 unter dem Namen *Quantitative Easing* (QE) angekündigt wurde.[36] Es wurde verschiedentlich schon in diesem Buch erwähnt.

Beginnend mit dem März 2015 haben die nationalen Notenbanken und auch die EZB-Zentrale selbst monatlich zunächst für 60 Milliarden Euro und dann ab April 2016 monatlich für 80 Milliarden Euro europäische Wertpapiere auf dem offenen Markt erworben. Dabei kaufen sie die europäischen Papiere nicht nur von den Geschäftsbanken ihres Hoheitsgebiets, sondern erwerben sie überall auf der Welt, wo sie halt Verkäufer finden. Nach einer Erklärung der EZB vom März 2016 sollen diese Käufe vorläufig bis zum März 2017 fortgesetzt werden.[37] Dann werden rechnerisch 1,74 Billionen Euro an frischem Geld in den Markt gepumpt worden sein, weit mehr, als jene 1,3 Billionen Euro, die zu Beginn des Programms, Ende Februar 2015, an Zentralbankgeld vorhanden waren.

Welche Wirkungen man von dem Programm erwarten kann, ist zumindest auf den ersten Blick nicht ganz klar. Denn anders als in den USA, wo in der Krise ebenfalls ein QE-Programm aufgelegt wurde, gibt es in Europa kaum heimische Unternehmensanleihen und Verbriefungen von privaten Krediten, bei denen ein solches Programm ansetzen könnte. Nach wie vor wird der europäische Kapitalmarkt von Bankkrediten an private Investoren dominiert. Auch die sogenannten ABS-Papiere, die amerikanische Banken aus einer Vielzahl von Anleihen und Kreditforderungen zusammenbasteln und dann verkaufen, sind in Europa nicht sonderlich geläufig; unter dem Stichwort *Kapitalmarktunion* sollen sie von der EU erst noch entwickelt werden.[38] ABS-Papiere standen im Zentrum der US-amerikanischen Finanzkrise, weil sie ein unüberschaubares Konvolut von Einzelforderungen enthielten und die Banken und Kreditvermittler vom US-Immobilienmarkt dazu angeregt hatten, sehr viele notleidende Forderungen beizumischen.[39]

So gesehen bleibt dem Eurosystem gar nichts anderes übrig, als Anleihen staatlicher und halbstaatlicher europäischer Institutionen mit öffentlichen Förderauftrag[40] sowie nationalstaatliche Papiere zu erwerben, die vom Zentralstaat sowie anderen Ebenen des Staates und auch nationalen halbstaatlichen Institutionen ausgegeben worden waren. Sie legte dafür das sogenannten *Public Sector Purchase Programme* (PSPP) auf, das zu verschiedenen anderen, zum Teil schon früher bestehenden Kaufprogrammen für Wertpapiere hinzu trat und mit ihnen zusammen das QE-Programm bildet.[41] Bei der Abfassung dieser Zeilen entfielen etwa 85 % des Bestandes an QE-Wertpapieren auf das PSPP. Die Anleihen der europäischen Institutionen sollten nach der ursprünglichen Planung der EZB vom Januar 2015 zunächst 12 % der PSPP-Käufe umfassen und nur von den nationalen Zentralbanken in gemeinschaftlicher Haftung erworben werden.[42] Von den übrigen 88 Prozentpunkten, die für den Erwerb von Papieren staatlicher und halbstaatlicher Emittenten vorgesehen waren, sollte die EZB 8 Prozentpunkte in Gemeinschaftshaftung übernehmen, sodass die nationalen Notenbanken insgesamt für 80 Prozentpunkte auf eigenes Risiko Papiere öffentlicher und halböffentlicher Instanzen des jeweiligen Heimatlandes zu kaufen hatten. Im März 2016 teilte die EZB anlässlich der Ausweitung der jährlichen Käufe von 60 Milliarden Euro auf 80 Milliarden Euro mit, dass der Anteil der Anleihen europäischer Institutionen ab April 2016 auf 10 % reduziert und der Anteil der EZB an den übrigen monatlichen Ankäufen im Rahmen des PSPP von 8 % auf 10 % erhöht wird, um insgesamt die Quote der gemeinschaftlichen Haftung bei 20 % zu halten. Außerdem gab die EZB dabei bekannt, dass sie als weitere Komponente des QE-Programms zusätzlich auch private Unternehmensanleihen direkt kaufen wird, ggfs. auch ohne dass diese Anleihen zuvor am Markt gehandelt wurden.[43] Analysten schätzen, dass es sich bei den Käufen von Unternehmensanleihen monatlich aber nur um vier bis sieben Milliarden Euro handeln wird.[44] Somit bleibt der Löwenanteil der EZB-Käufe im Rahmen des QE-Programms auf Staatsanleihen und staatliche und halbstaatliche europäische Institutionen ausgerichtet.

Das Problem mit diesem Ansatz ist freilich, dass die Staaten sich wegen des bereits erwähnten Fiskalpaktes eigentlich gar nicht mehr verschulden sollen. In jedem Fall sollen sie sich, so jedenfalls die von den Parlamenten vorgegebene Zielmarke, eher weniger als mehr verschulden. Von diesen Schulden sollen auch keine positiven konjunkturellen Impulse ausgehen. Das hat auch der Präsident der europäischen Zentralbank Mario Draghi betont, wohl um sich nicht abermals dem Verdacht der Staatsfinanzierung auszusetzen.[45]

Dieser eklatante Widerspruch lässt die Erläuterungen der EZB unstimmig wirken und weckt Zweifel, ob die EZB ihre wirklichen Motive offengelegt hat. Folgt man den offiziellen Verlautbarungen, so setzt die EZB auf einen nicht näher beschriebenen Signaleffekt bei den Inflationserwartungen sowie auf die Hoffnung, dass die Banken das Geld, über das sie nach dem Verkauf der Staatspapiere verfügen, an den Unternehmenssektor verleihen und so die Investitionsgüternachfrage auf Schwung bringen.[46] Das erklärte Ziel der EZB ist es, auf dem Wege über eine Geldmengenausweitung und eine Senkung der langfristigen Zinsen die Investitionsgüternachfrage im Euroraum anzukurbeln und die Inflationsrate in die Nähe von 2 % hochzutreiben.[47]

Vermutlich kommen aber auch noch andere Motive für das QE-Programm in Betracht als jene, die die EZB offiziell kommuniziert hat. Auf jeden Fall gibt es sechs wichtige ökonomische Wirkungen des Programms, die die Fachleute bei der EZB selbstverständlich im Blick hatten, als sie das QE-Programm entwarfen, auch wenn sie darüber nicht öffentlich sprachen.

Die *erste,* dominante und für jeden Ökonomen offenkundige Wirkung besteht darin, dass sich die Staaten vor allem der Euro-Krisenländer mit der Druckerpresse entschulden. Indem die Notenbanken Staatspapiere kaufen, haben die Staaten insofern nur noch eine Schuld gegenüber Institutionen, die ihnen selbst gehören. Die privaten Bürger und Institutionen, die die Staatspapiere abgeben, erhalten unverzinsliches Geld, dessen Ausgabe keine wirklichen Schulden der Notenbanken bedeutet – auch wenn mancher Buchhalter sie so sehen mag –, weil keine Zins- und Tilgungslasten anfallen, doch die Staaten sind ihre Schulden los. Zwar müssen sie die ausstehende Staatsschuld gegenüber der Notenbank noch verbuchen, aber materiell ist das völlig bedeutungslos, weil sie die Zinsen auf diese Schulden ja selbst auf dem Wege über die Gewinnausschüttungen der Notenbanken wieder kassieren. Im Endeffekt tritt exakt dasselbe Ergebnis ein, als würden sich die Staaten direkt bei ihren Notenbanken Geld aus der Druckerpresse besorgen und damit ihre Schuldpapiere zurückkaufen. Letzteres ist gemäß dem schon zitierten Artikel 123 AEUV strikt verboten, aber das Umgehungsgeschäft über die Notenbank dürfte nach den großzügigen Auslegungen des EuGH im Zuge des OMT-Programms, über die im vorigen Kapitel berichtet wurde, erlaubt sein.

In den Zeitungen war in letzter Zeit sehr viel über das sogenannte Helikoptergeld zu lesen, und manch einer hat den Eindruck, hier handele es sich um ein grundsätzlich neues Politikinstrument, das die Welt noch nicht gesehen habe. Weit gefehlt! Helikoptergeld ist Geld, welches die Zentralbank herstellt und an die Bürger verteilt. Das ist nicht viel anderes als Geld, das im Zuge des QE-Programms in Umlauf kommt. Indem nämlich die Notenbanken die Schuldscheine ihrer Staaten zurückkaufen, machen sie die Renten, Sozialleistungen und sonstigen Transfers, die mit diesen Schuldscheinen finanziert wurden, im Nachhinein zu Helikoptergeld. Sicher, es gibt Unterschiede insofern, als bislang die Parlamente über die Verwendung der Mittel entschieden haben, während es beim echten Helikoptergeld der EZB-Rat selbst täte, aber das ist, abgesehen vom Demokratiedefizit des echten Helikoptergeldes, kein für den privaten Sektor relevanter Unterschied.

Eine *zweite Wirkung* des QE-Programms der EZB bezieht sich auf die Zinsen für jene Staatspapiere, die noch nicht zurückgekauft werden. Je mehr Papiere die EZB kauft, desto höher sind die Kurse auch dieser Papiere, desto niedriger deren Umlaufrenditen und desto niedriger die Zinsen, die die Staaten den Investoren bei Neuemissionen und Umschuldungsaktionen bieten müssen, um sie vom Kauf zu überzeugen. Exakt für die Menge an Staatspapieren, die die Notenbank kauft, kann der Nationalstaat neue Staatspapiere am Markt absetzen, ohne dafür, wie es sonst der Fall wäre, höhere Zinsen bieten zu müssen. Dies entlastet insbesondere die hoch verschuldeten Staaten der Eurozone und gibt ihnen die Möglichkeit, sich erneut günstig zu verschulden.

Jeder Prozentpunkt, um den die EZB durch ihr Aufkaufprogramm die Zinsen der Staaten senkt, führt zu einer Verringerung der Quote des Staatsdefizits um diesen Prozentpunkt multipliziert mit der vorhandenen Schuldenquote (beide bezüglich des BIP). Ein Staat wie Griechenland, der eine Schuldenquote von 177 % aufweist, kann somit bei einer Zinssenkung um einen Prozentpunkt sein Budgetdefizit um circa 1,8 Prozentpunkte reduzieren, und Italien mit seinen 133 % kommt immerhin auf eine Reduktion von etwa 1,3 Prozentpunkten.

Im Übrigen bedeutet eine allgemeine Zinssenkung, zu der die Senkung der Zinsen auf Staatspapiere ja schon deshalb maßgeblich beiträgt, weil diese Papiere so umfangreich sind, für Volkswirtschaften, die netto im Ausland verschuldet sind, insgesamt gesehen einen unmittelbaren Realeinkommensgewinn. Auch verbessert sie deren Leistungsbilanzsaldo, weil dieser Saldo im Wesentlichen als Überschuss der Exporte über die Importe und die Nettozinszahlungen an das Ausland definiert ist. Die in Kapitel 3 in Abbildung 3.5 gezeigte Senkung der Zinslasten der GIPSIZ-Länder um zuletzt 66 Milliarden Euro pro Jahr, die durch die Absenkung der netto an das Ausland zu zahlenden Renditen im Vergleich zu 2007 zustande kam (aber nicht allein durch das QE-Programm), bedeutet eine große Verbesserung der Leistungsbilanz dieser Länder von immerhin 2,0 % des gemeinsamen BIP. Das ist ein enorm hoher Wert, wenn man bedenkt, dass auch stark defizitäre Länder wie die USA oder Großbritannien meistens nur Defizite von drei bis vier Prozent aufwiesen und in den letzten drei Jahrzehnten nie über sechs Prozent des BIP hinauskamen.

Eine *dritte Wirkung* des QE-Programms bezieht sich auf die Wechselkurse. Da die EZB auf dem europäischen Markt Wertpapiere kauft, gibt es eine Euro-Geldschwemme, und die Papiere werden knapp. Die Banken und Anleger reagieren, indem sie einen Teil des Eurogeldes in andere Währungen und die Wertpapiere anderer Länder umtauschen wollen. Das führt zur Euro-Abwertung bis zu dem Punkt, an dem sie in ihrer Gesamtheit schließlich doch bereit sind, das viele neue Euro-Geld zu halten, und auf den Umtausch verzichten. Die Euro-Abwertung veranlasst die Verbraucher, die teurer werdende Importware durch Waren aus dem Euroraum zu substituieren. Außerdem steigt die Exportnachfrage. Beides belebt die Konjunktur im Euroraum und sorgt tendenziell auch für mehr Inflation, zumal die gestiegenen Importpreise unmittelbar in den Preisindex eingehen.

Dieser Effekt war in der Tat sehr dominant, und er war in ähnlicher Form auch schon vorher in den USA und Großbritannien beobachtet worden, die Vorläufer des QE-Programms angewendet hatten. So hat der Euro schon seit den ersten Diskussionen über das QE-Programm vom Frühsommer 2014 bis zum Sommer 2016 etwa 20 % seines Wertes verloren. Das ist eine so überzeugende Begründung für die QE-Politik, dass man sich wundert, warum die EZB sie nicht verwendet. Der Grund liegt vermutlich darin, dass sie nicht das Mandat hat, Wechselkurspolitik zu betreiben, und auch im Ausland keine Irritationen hervorrufen will, die einen Abwertungswettlauf der Währungen einleiten könnten.

Eine *vierte Wirkung* betrifft die europäischen Rettungsschirme, die von den Parlamenten genehmigt wurden. Diese Rettungsschirme wurden nur mit sehr wenig Eigenkapital ausgestattet und sollen sich das Geld, das sie an die Krisenländer ausleihen, selbst auf dem Kapitalmarkt borgen, indem sie Anleihen begeben.[48] Nach dem Willen der EZB sollen die Notenbanken der Eurozone und auch die EZB-Zentrale in Frankfurt diese Anleihen im Rahmen des QE-Programms kaufen. Mit anderen Worten: Obwohl die Rettungsschirme eigentlich fiskalische Kredite der Staatengemeinschaft ausreichen sollen, werden sie nun in Wahrheit ebenfalls mit der Druckerpresse finanziert. Der dauerhafte europäische Rettungsschirm ESM ist so gesehen nicht allzu weit von einer Tarnfirma entfernt, die darüber hinwegtäuscht, dass in Wahrheit auch wieder die EZB dahintersteckt.

Ähnlich ist es mit der *fünften Wirkung* des QE-Programms der EZB, dem Kauf von Papieren des sogenannten Juncker-Fonds.[49] Hier handelt es sich um ein 300 Milliarden Euro umfassendes öffentliches Investitionsprogramm, das, fast ohne Eigenkapital, besichert durch die Staatengemeinschaft im Wesentlichen durch die Begebung von Anleihen finanziert werden soll.[50] Ursprünglich war geplant worden, dass diese Anleihen an private Investoren verkauft werden. Nun ist klar, dass auch sie in Wahrheit nach dem Umweg über private Investoren auch durch die Druckerpressen des Eurosystems finanziert werden sollen, die durch das QE-Programm aktiviert werden.

Der Juncker-Fonds ist ein Schattenhaushalt, weil er ähnliche Dinge finanziert wie die Staaten auch. Für Trickser bietet er den Vorteil, dass die durch ihn aufgenommene Staatsschuld nicht als solche verbucht und den Einzelstaaten nicht zugewiesen werden muss, obwohl diese Staaten politisch für ihn haften. Das erinnert auf fatale Weise an die großvolumigen Schattenbanken, die die europäischen Banken außerhalb ihrer Bilanzen in Irland aufgebaut hatten und die notleidend wurden, als 2007/08 die US-Finanzkrise nach Europa überschwappte. Der Junckersche Schattenhaushalt bietet eine elegante Methode, die lästigen Verschuldungsgrenzen des Stabilitäts- und Wachstumspaktes und des Fiskalpaktes, die im vorigen Kapitel diskutiert wurden, zu unterlaufen, ohne dass man sich dafür vor der EU-Kommission oder gar dem EuGH verantworten muss. Der Fonds ist komplex genug, um den findigen Advokaten der EU die Möglichkeit zu geben, eine vom Maastrichter Vertrag (Artikel 123 AEUV) verbotene Finanzierung von Staatsausgaben mit der Druckerpresse zu verneinen, obwohl es sich offenkundig genau darum handelt.

Insgesamt sollen ja, wie erwähnt, nun 10 % des öffentlichen Kaufprogramms PSPP aus Käufen der Anleihen europäischer Einrichtungen durch die nationalen Notenbanken bestehen. Wenn der bislang realisierte Anteil des PSPP am gesamten QE-Programm mit 85 % konstant bleibt, dürften damit bis zum vorläufigen Ende des QE-Programms im Frühjahr 2017 mindestens etwa 160 Milliarden Euro für die Anleihen öffentlicher europäischer Institutionen ausgegeben worden sein. Das ist ein sehr großer Geldschöpfungskredit für ein europäisches Budget, das auf sehr wackligen juristischen und ökonomischen Beinen steht.

# Die EZB als Bad Bank der Eurozone –
# Verdeckte Hilfen für marode Banken

Besonders gefährlich ist die *sechste Wirkung* des QE-Programms. Sie besteht darin, dass die Banken in die Lage versetzt werden, problematische Wertpapiere an die Notenbanken abzustoßen. Das wird zu erheblichen Vermögensgewinnen bei den Bankaktionären führen bzw. die Verluste vermeiden helfen, die sie andernfalls tragen müssten. Die Banken werden ja nicht gerade ihre besten Wertpapiere an die Notenbanken verkaufen, sondern vor allem jene, die sie als unsicher empfinden. Das sind Staatspapiere von überschuldeten Ländern, Pfandbriefe, deren Besicherung wackelt, Anleihen von Firmen, die Wettbewerbsprobleme haben, und vieles mehr. Etwas ketzerisch könnte man auch sagen, dass das europäische Notenbankensystem durch das QE-Programm zur Bad Bank der Eurozone wird.

Die Notenbanken kaufen zwar keine offenkundig notleidenden Anleihen, deren Schuldner den Schuldendienst bereits eingestellt haben. So weit gehen sie nicht. Aber sie kaufen auch Papiere, die kein gutes Rating haben und wagen sich hart *an*, wenn nicht *unter* die Grenze der investitionswürdigen Papiere, d.h. bis zum Ramsch-Status.[51] Vom Ramsch-Status *(no investment grade)* spricht man bei Papieren, die wegen ihres hohen Ausfallrisikos eigentlich nur aus spekulativen Gründen erworben werden können und nicht in ein seriöses Vermögensportfolio hinein gehören. So kauft das Notenbanksystem die Wertpapiere Portugals, obwohl die meisten Rating-Agenturen ihnen nur noch den Ramsch-Status zubilligen. Da es noch eine einzige Rating-Agentur aus Kanada gibt, die im Gegensatz zu allen anderen inklusive der großen US-Agenturen Moody's, Fitch und Standard & Poor's noch eine seriöse Note gibt, nimmt sich die EZB das Recht, auch die portugiesischen Papiere zum Kauf zuzulassen.[52] Indem sie den Aufkauf solcher problematischer Wertpapiere vorschreibt, erhöht die EZB deren Marktwert, verschafft den Banken, die diese Papiere im Portfolio haben, Kursgewinne und übernimmt das Ausfallrisiko.

Echte Bad Banks werden häufig gegründet, wenn eine Geschäftsbank in Schwierigkeiten kommt. Die Bank lagert die toxischen, existenzbedrohenden Papiere dahin aus und erhält zum Ausgleich Staatspapiere oder vom Staat besicherte Papiere. So geschah es in Irland im Jahr 2011, als die

Anglo-Irish Bank in Schwierigkeiten kam und von einer Bad Bank aufgefangen wurde,[53] und so war es im Jahr zuvor auch in Deutschland geschehen.

Deutschland hatte im Jahr 2010 gleich zwei Bad Banks geschaffen, um die konkursgefährdeten staatlichen Landesbanken, die Hypo Real Estate und die Commerzbank von notleidenden Anlagen im Wert von 290 Milliarden Euro zu entlasten. Das geschah damals, indem die Banken ihre toxischen Wertpapiere an die Bad Banks gaben und dafür umgekehrt vom Staat besicherte Wertpapiere dieser Bad Banks übernahmen. Die Besicherung der Wertpapiere durch den deutschen Staat wurde als Ausweitung der Staatsschuld gerechnet, weil sie einem Kauf der toxischen Papiere durch Hergabe von Staatspapieren äquivalent war. Durch die Operation schnellte die deutsche Staatsschuldenquote um 8 Prozentpunkte in die Höhe und erreichte am Jahresende 2010 einen Rekordwert von 81 %, was ein Drittel mehr war als die 60 %, die der Maastrichter Vertrag erlaubt.

Was die Landesbanken betrifft, war der deutsche Staat rechtlich zur Bankenrettung gezwungen, denn er hatte als ihr Eigentümer die sogenannte Gewährträgerhaftung. Die Gläubiger wussten, dass sie im Falle der Insolvenz einer Landesbank ihre Forderungen direkt an das entsprechende Bundesland richten konnten, und sie waren deshalb bereit, ihre Kredite ohne Risikoprämien zu einem sehr niedrigen Zins anzubieten. Das ermutigte die Banken zu besonders riskanten und scheinbar hochrentierlichen Ausleihungen und Finanzgeschäften in der ganzen Welt, insbesondere auch in Asien und den USA, wo sie später von den entsprechenden Finanzkrisen getroffen wurden. Die anfangs erzielten Gewinne waren zwar nicht nachhaltig, doch flossen sie lange genug, um die davon abgeleiteten Gehälter der Vorstandsmitglieder der Landesbanken bis zur Pensionierung zu sichern. Auf die Gefahren, die aus der Gewährträgerhaftung resultieren würden, hatte der Autor schon ein Jahrzehnt vor der Finanzkrise in aller Deutlichkeit in einem Buch über die Landesbanken hingewiesen.[54]

Der schützende Arm des Eurosystems hat für das europäische Bankensystem ähnliche Anreizwirkungen gehabt wie die Gewährträgerhaftung für die deutschen Landesbanken. Er hat vor und während der Finanzkrise die Zinsen gesenkt, zu denen sich die Banken Südeuropas auf den Interbankenmärkten verschulden konnten und damit zunächst lukrativ erscheinende Gewinnmargen bei der Finanzierung dubioser Projekte und beim Kauf problematischer Anleihen ermöglicht, die man bei Lichte besehen besser nicht angefasst hätte. Die leerstehenden Trabantenstädte in Spanien, der ausufernde Rentnerstaat, den die Griechen schufen, oder auch die wild wuchernde Bankenwelt, die in der irischen Steueroase entstanden war, konnten auf das billige Geld zurückgeführt werden, das mit dem Euro auf einmal zur Verfügung stand.

Die Zinssenkung hat der Euro durch verschiedene Mechanismen bewirkt. *Zum Ersten* geschah das durch die Beseitigung des Wechselkursrisikos. Dass notleidende Volkswirtschaften abwerten würden, was die Anlagen entwertet hätte, wurde nach dem Eintritt der Länder in das Eurosystem als kaum noch für möglich angesehen. Insofern brauchten sich Investoren dagegen durch eine Risikoprämie im Zins nicht mehr zu schützen. Darauf war im Zusammenhang mit Abbildung 3.1 in Kapitel 3 bereits hingewiesen worden.

*Zum Zweiten* bedeutete die Sozialisierung der Zinseinnahmen aus Refinanzierungskrediten im Eurosystem für jede nationale Notenbank, dass die nationale Volkswirtschaft die Konsequenzen einer allzu lockeren Kreditvergabe, bei der man es mit der Pfandqualität nicht mehr so genau nahm, nur anteilig würde tragen müssen, während der konjunkturelle Stimulus einer solchen Kreditvergabe der gesamten nationalen Wirtschaft und dem Staat zugutekam, der sich über sprudelnde Steuereinnahmen freuen konnte. Das förderte die Wagnisbereitschaft der nationalen Notenbanken. Diese Notenbanken verliehen zu viel Geld zu nicht risikoadäquaten Zinsen, und die Geschäftsbanken nahmen das Geld und verliehen es allzu leichtfertig an die Staaten und privaten Immobilieninvestoren, wenn sie es nicht gar verspielten.

*Zum Dritten* vermuteten die Finanzanleger, wie die Geschichte gezeigt hat, völlig zu Recht, dass sich bedrängte Länder im Falle einer allgemeinen Crashgefahr im EZB-Rat mit gleichgesinnten Ländern würden zusammentun können, um den Crash durch großzügige Kredite aus der Druckerpresse und Schutzversprechen zu verhindern. Die im ersten Abschnitt dieses Kapitels schon beschriebenen Maßnahmen der EZB, die zur Erhöhung der nationalen Geldschöpfung führten, ja letztlich auch das QE-Programm selbst, belegen, wie rational eine solche Erwartung war.

Nun ist das Kind in den Brunnen gefallen. Viele Banken Europas befinden sich in einer ähnlichen Lage wie einst die deutschen Landesbanken und müssen gerettet werden. Allein für Italien, das bei Weitem größte unter den Krisenländern der Eurozone, rechnet der Internationale Währungsfonds mit notleidenden, d.h. nicht mehr regelmäßig bedienten Krediten in Höhe von 360 Milliarden Euro, von denen die Hälfte bereits Gläubiger betrifft, die sich in der Insolvenz befinden.[55] Das sind 18 % der Ausleihungen der italienischen Banken oder 80 % des Eigenkapitals, das die italienischen Banken am Jahresende 2015 noch zu haben behaupteten. Diese Zahlen sagen eigentlich alles. Das italienische Bankensystem ist konkursreif, und die Not ist groß. Das unter italienischem Einfluss zustande gekommene QE-Programm der EZB kommt gerade recht, um die Verluste abzufedern.

Natürlich kann man von der EZB nicht erwarten, dass sie ihre Hilfe für die Banken offiziell als Motiv kommuniziert, denn dann wäre ihre Mandatsüberschreitung selbst vom EuGH nicht mehr zu bestreiten. Doch eine ehrliche Analyse der tatsächlichen Wirkungen des QE-Programms kann über solche Effekte nicht hinweggehen.

Für die Frage der Wirkung des QE-Programms ist es von Bedeutung, ob dieses Programm überhaupt die Geldmenge erhöht oder ob es nicht vielleicht nur den bisher dominanten Kanal der Geldschöpfung, nämlich die Kreditvergabe an die Geschäftsbanken ersetzt. Von den sechs beschriebenen Wirkungen des QE-Programms – der Monetisierung der Staatsschuld, der Verbilligung der staatlichen Kreditaufnahme, dem Wechselkurseffekt, der Finanzierung der Rettungsschirme, der Finanzierung des Juncker-Fonds sowie dem Bad-Bank-Effekt – kommt einer nur dann zustande, wenn und soweit die Geldmenge durch das QE-Programm tatsächlich steigt, und das ist der Wechselkurseffekt. Die anderen Effekte treten unabhängig davon auf, und weil das so ist, regt man sich bei der EZB auch wenig darüber auf, dass ein Teil der Käufe bezüglich der Geldmenge verpufft.

Abbildung 4.6 zeigt, wie sich die Zentralbankgeldmenge im Euroraum vor und nach dem Beginn des QE-Programms entwickelt hat. Die obere, blaue Kurve gibt die Euro-Geldmenge, also die Geldbasis, an. Die untere, grüne Kurve, die sich ab März 2014 von der oberen Kurve trennt und nach unten abdriftet, zeigt die Geldschöpfung durch herkömmliche Instrumente, also vor allem die Kreditvergabe der Zentralbanken an die privaten Geschäftsbanken. Die vertikale Differenz zwischen den Kurven gibt das Volumen der im Zuge des QE-Programms aufgekauften Wertpapiere an. Man sieht, dass bis zum August 2016 im Zuge des QE-Programms bereits 1.162 Milliarden Euro zusätzlich in die Märkte gepumpt worden sind, dass sich aber nur gut die Hälfte dieses Geldes (57%) wirklich in einer Ausweitung der Geldmenge gegen den Trend niederschlug. Die andere knappe Hälfte (43%) führte zur Verdrängung von Geld, das auf andere Weise geschaffen worden war oder dem Trend folgend geschaffen worden wäre.

Abbildung 4.6: Der Einfluss des QE-Programms auf die Zentralbankgeldmenge im Euroraum (bis August 2016)

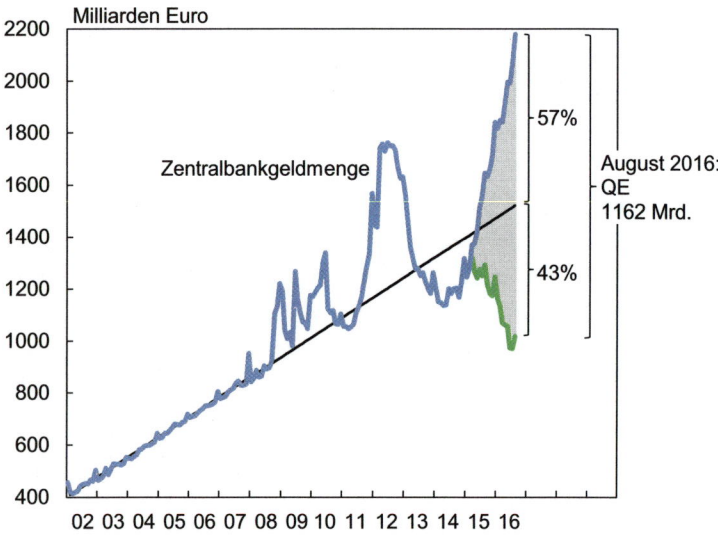

Quelle: Europäische Zentralbank, Media, Press releases, Weekly financial statements; dieselbe, Statistical Data Warehouse, ECB/Eurosystem policy and exchange rates, Eurosystem balance sheet, Eurosystem weekly consolidated statement.

Bei den verdrängten Krediten handelt es sich, wie erwähnt, vornehmlich um Refinanzierungskredite, also Kredite, wie sie die Banken gegen Hinterlegung von Pfändern von den jeweiligen nationalen Notenbanken erhalten können. Die Banken reagierten auf das QE-Programm, indem sie die Pfänder oder andere Wertpapiere aus ihrem Besitz an die jeweilige nationale Notenbank verkauften, um mit dem Verkaufserlös bestehende Refinanzierungskredite zurückzuzahlen.

Das bestätigt und klärt nochmals eindringlich, in welchem Sinne das QE-Programm die Geschäftsrisiken der Banken auf die EZB verlagert. Als die Bundesbank noch als Modell für die EZB Pate stand – also in der Zeit vor der Finanzkrise – war der Verleih des selbstgemachten Geldes praktisch sicher für die EZB. Sie verlieh ihr frisch gedrucktes Geld stets nur für ein paar Tage und nur gegen erstklassige Pfänder in Form von Wertpapieren mit höchster Bonität. Die Steuerzahler konnten damals davon ausgehen, dass ihnen die jährlich an die Finanzministerien ausgeschütteten Zinsen sicher waren. Die Erwartung, dass das alles so bleiben werde, weil man die EZB nach dem Modell der Bundesbank konstruieren wollte, war einer der Gründe dafür, dass Helmut Kohl bei den Verhandlungen zum Maastrichter Vertrag darauf verzichtete, für die Bundesbank ein ihrer Haftung entsprechendes Stimmrecht zu verlangen. Da es um völlig risikolose Geldgeschäfte gehe, so dachte er, könne sich die Bundesrepublik mit dem gleichen Stimmrecht begnügen wie Luxemburg.

Dann kam die Krise, und alles wurde anders. Die EZB verlieh das Geld auch langfristig und gegen immer schlechtere Pfänder. Damit übernahm sie erhebliche Risiken, wie sie aus der Zeit der Bundesbank nicht bekannt waren. Immerhin gab es aber doch noch eine doppelte Sicherung, denn erst einmal hafteten die Geschäftsbanken für die Rückzahlungen, und nur als Ersatz hatte man auch noch den Zugriff auf die Pfänder. Auch das ist nun leider nicht mehr so.

Mit dem QE-Programm tragen die Banken kein Risiko mehr, denn die EZB wird nun selbst Eigentümer der Pfänder. Damit entfällt die erste, für den Schutz der Steuerzahler entscheidende Sicherungsstufe. Statt der Aktionäre der Banken sind sie es, die heimlichen Aktionäre der Notenbanken, die die möglichen Ausfälle tragen müssen.

Dies ist das eigentlich Revolutionäre am QE-Programm. Es handelt sich nicht um eine neue Methode zur Ausweitung der Geldmenge, sondern um einen fundamentalen Paradigmenwechsel weg von einer bloßen Schaffung eines gemeinsamen Geldes hin zu einem US-amerikanischen System der Haftungsübernahme durch die Zentralbank, die selbst Eigentümer der Anleihen wird. Wie erwähnt liegt der Unterschied freilich darin, dass es in Europa einen Anleihenmarkt mit privaten Papieren ähnlich wie in den USA gar nicht gibt. Das hat die EZB nun, wie ebenfalls schon erwähnt, sogar veranlasst, private Unternehmensanleihen direkt von den Unternehmen zu kaufen, ohne dass diese Anleihen jemals über den Markt gehandelt wurden und ohne dass irgendein verlässliches, objektives Kriterium für deren Bonität vorhanden wäre außer der Einschätzung der EZB selbst.[56] Aber diese privaten Anleihen spielten bislang noch keine quantitativ bedeutsame Rolle, und es wird auch noch länger dauern, bis sie es tun.

So ist ein Hybridsystem entstanden, dessen Kernelement darin besteht, dass die Zentralbanken nun die Staaten Europas, d.h. vor allem die Krisenstaaten – mit der Druckerpresse finanzieren. Hochproblematisch ist dabei, dass für diese Revolution des europäischen Geldsystems die Parlamente nicht befragt wurden. Vielmehr wurde diese Revolution von nicht dazu legitimierten EZB-Technokraten mit eigenen, im Zweifel auch nationalen Zielen im Hinterkopf realisiert, die die Unabhängigkeit, die der Maastrichter Vertrag der EZB gewährt, für den Ausbau demokratisch nicht kontrollierter Machtstrukturen missbrauchten.

# Eine Zeitbombe: Die große Umschuldungsaktion zu Lasten der Bundesbank – Und mögliche Konkurse von Notenbanken

Besonders problematisch ist die Risikoübernahme durch die EZB, wenn sie zu einer Umverteilung der Haftung zwischen den Euroländern führt, denn dafür fehlt die vertragliche Basis, zumindest in der Interpretation, die der deutsche Kanzler dem Bundestag bei der Einführung des Euro gegeben hatte. Das war im vorigen Kapitel schon ausgeführt worden.

Die Bundesbank hat dieses Problem sehr wohl gesehen und versucht, den Haftungsverbund zwischen den Ländern zumindest teilweise aufzulösen. So hat sie mit der Rückendeckung des Finanzministeriums im Vorfeld der QE-Entscheidung erreicht, dass 80 % der zu erwerbenden Staatspapiere von einer Vergemeinschaftung der Risiken und Erträge zwischen den Staaten ausgeschlossen sein sollen. *Erstens* kaufen alle Notenbanken nur die Staatspapiere des eigenen Landes, und nicht die der anderen Länder. *Zweitens* werden alle Staatspapiere nur in strikter Proportion zur Landesgröße (Kapitalschlüssel) erworben,[57] Und *drittens* sollen die Erträge und Verluste aus den Staatspapieren bei den jeweiligen nationalen Notenbanken liegen bleiben, eine Spezialität, die man als *Juste-Retour*-Regel bezeichnet.[58]

Die Idee ist, dass, wenn beispielsweise der italienische Staat in Konkurs geht, die Deutsche Bundesbank deswegen keine kleineren Zinsrückflüsse aus den vom Eurosystem erworbenen Staatspapieren hat und umgekehrt der italienische Staat nicht auf Zinsrückflüsse aus Deutschland und anderen Ländern rechnen kann, wie es bei einer Gemeinschaftshaftung der Fall ist. Diese Regelung ist ohne Zweifel ein erheblicher Verhandlungserfolg der Bundesbank, um Europas Marsch in die Haftungsunion ein klein wenig abzubremsen.

Doch leider findet diese *Juste-Retour*-Regel ungeachtet der rechtlichen Vereinbarung insofern eine Grenze, als das QE-Programm derzeit in erheblichem Maße zum Aufbau der Target-Salden beiträgt, und damit verbindet sich stets ein Verlustrisiko. Darauf hat bereits Frank Westermann von der Universität Osnabrück in verschiedenen Publikationen hingewiesen, und auch die niederländische Zentralbank hat dazu einen kritischen Bericht geschrieben, der den Präsidenten der EZB zu einer schroffen, aber nicht überzeugenden Zurückweisung veranlasste.[59] Gemäß Abbildung 4.1 stiegen die deutschen Target-Salden während des QE-Programms um etwa 9 Milliarden Euro pro Monat, und die entsprechenden negativen Salden der GIPSIZ-Länder nahmen sogar um 13 Milliarden Euro pro Monat zu.

Die Notenbanken des Eurosystems kaufen zwar die Staatspapiere in Proportion zur Landesgröße. Das für sich genommen spricht nicht dafür, dass Target-Salden entstehen können. Jedoch befinden sich nun einmal viele Papiere der defizitären Krisenländer im Ausland, weil sich diese Länder dort durch den Verkauf dieser Papiere finanziert haben. Der Leser sei in diesem Zusammenhang nochmals auf Abbildung 3.4 in Kapitel 3 verwiesen, die die Nettoauslandspositionen der Euroländer darstellt. Danach hatten die sechs Krisenländer Ende 2015 eine Nettoauslandsschuld in Höhe von 2.355 Milliarden Euro. Die im Ausland liegenden Staatsschuldtitel dürften einen erheblichen Teil davon erklären.

Ein Teil der Papiere liegt in den Portfolios der deutschen Banken und Versicherungen, die die deutschen Ersparnisse, die auf dem Wege der Leistungsbilanzüberschüsse ins Ausland exportiert wurden, auch dort angelegt haben. Sie liegen aber auch in anderen Überschussländern sowie vor allem auch in den Portfolios internationaler Investoren aus aller Welt. Die internationalen Investoren haben sie gekauft, als die Kurswerte niedrig waren, und machen nun den großen Reibach, indem sie sie weiterverkaufen. Aus den Portfolios wandern die Papiere jetzt an die Zentralbanken der jeweiligen Ursprungsländer zurück, und das führt zu gegenläufigen Überweisungen, die die Target-Salden entstehen lassen.

So kauft zum Beispiel die spanische Notenbank die spanischen Staatspapiere aus den Portfolios der Banken und Versicherungen in Deutschland zurück. Dazu gibt sie der Bundesbank den Auftrag, den Zahlungsvorgang zu kreditieren. Die Bundesbank muss also Geld schaffen und es auf die Konten der Verkäufer überweisen, damit sie die Wertpapiere nach Spanien liefern. Da die Bundesbank dafür keine Forderungen gegen die deutschen Banken erhält, sondern eine Forderung gegen das Eurosystem, das selbst eine Forderung gegen die spanische Notenbank aufbaut, schafft sie Außengeld.

Ähnlich wie in Spanien ist es bei den Notenbanken Italiens und der anderen südeuropäischen Länder. Sie alle saugen die Staatspapiere aus dem In- und Ausland zurück, wobei der Auslandsanteil zu Target-Salden führt.

Auch für die Geschäftsbanken der Euroländer springt dabei etwas ab. Weil sie wissen, dass sie die Papiere sogleich zu guten Kursen an die Notenbanken weiterverkaufen können, erwerben auch sie Staatspapiere, wo sie sie bekommen. So versuchen sie insbesondere, solche Papiere ihren eigenen Vermögenskunden abzukaufen. Auf diese Weise gelangen mehr und mehr Papiere über die verschlungenen Kanäle des internationalen Kapitalmarktes an die Notenbanken der Emissionsländer und damit an die jeweiligen Staaten zurück, die deren Eigentümer sind.

Der Rückfluss der südeuropäischen Wertpapiere impliziert Überweisungen aus den südeuropäischen Ländern in die nördlichen Länder und führt damit zum Aufbau von Target-Schulden im Süden und Target-Forderungen im Norden.

Demgegenüber führen QE-Käufe der Zentralbanken der weniger im Ausland verschuldeten Länder des Nordens für sich genommen zu viel geringeren Target-Verbindlichkeiten, weil viele der erworbenen Papiere aus Portfolios im jeweiligen Herkunftsland stammen, und wenn sie aus ausländischen Portfolios gekauft werden, dann kommt es häufig zu einer kompensierenden Geldanlage der Ausländer im Inland, so dass durch diese Transaktionen für sich genommen keine großen Target-Salden entstehen.

Der dominante Effekt auf die Target-Salden kommt tatsächlich durch den Rückfluss der Staatspapiere nach Südeuropa zustande, weil sich dort die Länder befinden, die in der Vergangheit ihre Leistungsbilanzdefizite durch den Verkauf von Wertpapieren an Ausländer finanziert haben.

Im Zuge des QE-Geschäftes kommt es auch zu Dreiecksgeschäften mit Nicht-Euroländern, die, wie oben schon erläutert, ebenfalls zu Target-Salden zwischen den Euroländern führen. So verkauft beispielsweise ein amerikanischer Pensionsfonds ein spanisches Wertpapier an die spanische Notenbank und legt die so erlösten Mittel anschließend in deutschen Wertpapieren an. In diesem Fall entsteht eine spanische Target-Schuld und eine deutsche Target-Forderung, weil die deutsche Bundesbank dieses Geschäft kreditiert und dem ausländischen Investor auf diese Weise hilft, seine Schäfchen ins Trockene zu bringen. Ähnlich ist es, wenn eine internationale Investment-Gesellschaft wie beispielsweise Goldman Sachs, die in Deutschland ein Konto hat, spanische Wertpapiere, die sie irgendwo auf der Welt hält, an die spanische Notenbank verkauft und den Verkaufserlös nicht etwa für den Erwerb anderer spanischer Papiere, sondern für den Kauf deutscher Aktien verwendet. Auch in diesem Fall kreditiert die Bundesbank das Geschäft, indem sie das Konto von Goldman Sachs mit Überweisungsgeld füllt, das anschließend an den Aktienverkäufer fließt. Dem Vernehmen nach erklären solche Transaktionen mit ausländischen Eigentümern der Staatspapiere der südlichen Länder einen erheblichen, wenn nicht den größten Teil des Zuwachses der Target-Salden während des QE-Programms.

Vorläufer dieser Prozesse sind schon seit dem Sommer 2014, lange vor dem offiziellen Programmbeginn, zugange, weil die Banken schon damals wussten oder zumindest erwarteten, dass die EZB das QE-Programm auflegen würde und sich vorsorglich mit den Staatspapieren eindeckten. So bauten sich schon im Herbst 2014 erhebliche Target-Schulden in Italien auf, weil sich die italienischen Banken in dieser Hinsicht als die besseren Prognostiker erwiesen (oder tatsächlich bereits bessere Informationen hatten). Der Prozess gewann dann aber an Fahrt, als die Zentralbanken im Frühjahr 2015 tatsächlich begannen, im großen Stil Staatspapiere zu kaufen.

Da die Notenbanken der als solvent betrachteten Länder die Überweisungen in ihr jeweiliges Hoheitsgebiet kreditieren müssen, kommt es dort zu einer drastischen Vermehrung der Geldmenge. Das war nicht zwingend zu erwarten, denn das auf diese Weise geschaffene Außengeld hätte im Prinzip das bislang dort schon emittierte Binnengeld ersetzen können, indem es die Banken verwendeten, um ihre bereits bestehenden Refinanzierungskredite zurückzufahren, wie es schon in den Vorjahren der Fall gewesen war. Doch waren einerseits die Möglichkeiten schon großenteils ausgreizt, weil es kaum noch Refinanzierungskredite gab (vgl. Abbildung 4.2), und andererseits zogen es viele Banken angesichts eines Zinssatzes von Null für die Ausleihungen von der Notenbank vor, das Geld lieber zu behalten. Tatsächlich landeten nach einer Information, die die die Bundesbank dem Autor gab, bislang etwa drei Viertel der Zusatzgeldmenge, die durch das QE entstand (vgl. Abbildung 4.6), als Überschussliquidität in Deutschland und anderen als solvent angesehenen Ländern wie insbesondere Frankreich und den Niederlanden. Auch in Finnland und Luxemburg wurde angesichts der geringen Größe dieser Länder erstaunlich viel Liquidität angeschwemmt.

Für die Staaten Südeuropas ist das Ganze ein gutes Geschäft. Sie tauschen verbriefte und verzinsliche Schuldtitel, die sich in der Hand privater ausländischer Gläubiger befinden, gegen bloße Buchschulden ihrer eigenen Notenbank gegenüber dem Eurosystem ein, die niemals fällig gestellt werden können, derzeit einen Zins von Null tragen und sich mangels Haftungskapital und Nachschusspflicht in Luft auflösen, sollten die jeweiligen Notenbanken in Konkurs gehen. Und aus genau dem gleichen Grunde ist das Geschäft für die genannten Überschussländer, also Deutschland, Frankreich, die Niederlande, Finnland und Luxemburg, alles andere als vorteilhaft. Schließlich sind sie es ja, die auf der Gegenseite der Target-Buchschulden stehen, für die es keine Zinsen gibt und die abzuschreiben sind, wenn Notenbanken aus Südeuropa in den Konkurs gehen.

Wie erläutert ist ein solcher Konkurs beim Austritt eines überschuldeten Landes aus dem Euro möglich, wenn nicht wahrscheinlich, weil die Notenbank dann in Euro definierte Target-Schulden gegenüber dem Eurosystem hat, während ihre Forderungen gegen die Geschäftsbanken ihres Hoheitsgebiets in die abwertende neue Heimatwährung umgewandelt würden.

Es kommt für die Überschussländer als Nachteil hinzu, dass sie ihre Target-Forderungen nicht auf ähnlich rigorose Weise eintreiben können, wie es mit den Forderungen auf der Basis von Staatsschuldtiteln der Fall wäre. Eine privatrechtliche Schuld eines Staates gegenüber einem ausländischen Gläubiger kann dazu führen, dass der Gläubiger das Vermögen dieses Staates im Ausland pfändet. Das Beispiel Argentiniens, das nach seinem Staatskonkurs stets auf der Hut sein musste, dass seine staatlichen Schiffe nicht beschlagnahmt wurden, wenn sie im Ausland vor Anker gingen, zeigt, welche Möglichkeiten es hier gibt. Aus einem privatrechtlichen Schuldverhältnis gegenüber Ausländern kommt ein Staat nur schwer wieder heraus. Viel leichter geht das bei der Target-Buchschuld. Diese Schuld ist nur eine Verbindlichkeit der nationalen Notenbank gegenüber dem Eurosystem, für die der Nationalstaat nicht einstehen muss. Und eine solche Verbindlichkeit lässt sich mit politischen Mitteln kleinreden, streichen oder durch Zinssenkungen unwirksam machen.

Man mag sich fragen, warum beispielsweise deutsche Anleger die südeuropäischen Staatsschuldtitel überhaupt verkaufen, wenn das angeblich ein solch schlechtes Geschäft ist. Beweist nicht der Umstand, dass sie die Papier freiwillig hergeben, dass auch sie keine Nachteile haben? Die Antwort ist einfach: Es ist für die Verkäufer aus individueller Sicht in der Tat ein faires Geschäft, doch nicht für die deutschen Staatsbürger in ihrer Gesamtheit. Zwar freuen sich die deutschen Verkäufer der als toxisch empfundenen Staatsschuldtitel, dass sie ihr Risiko haben abwälzen können und nun Euros für diese Titel erhalten. Doch sind diese Euros ja nur durch die Target-Forderungen der Bundesbank gegenüber anderen Notenbanken gedeckt. Sollte das Eurosystem platzen, lösen sich diese Forderungen vermutlich in Luft auf. Dann säßen die Deutschen auf einem großen Haufen Geld, aber das hätte keine Deckung mehr. Die Bundesbank müsste dann Schuldscheine ausgeben, um zur Vermeidung einer Inflation die überschüssige Liquidität wieder einzusammeln. Damit erhielten die deutschen Vermögensbesitzer dann wieder Anlagetitel, und fast scheint es, nun sei die Welt wieder in Ordnung. Doch wären diese Titel ja Forderungen gegen die Bundesbank, die ihnen als Staatsbürger und Steuerzahler selbst gehört. So gesehen wären das Forderungen gegen sich selbst.

Im Übrigen profitieren ja vor allem auch ausländische Anleger aus Drittstaaten von den durch das QE-Programm ausgelösten Geschäften. Wenn sie ihre spanischen Staatspapiere gegen deutsche Wertpapiere (ähnlich auch deutsche Immobilien oder mittelständische Firmen wie kürzlich Kuka) eintauschen, muss die Bundesbank das Geschäft kreditieren, indem

sie Überweisungsgeld bereitstellt. Dann haben die deutschen Vermögensbesitzer Bargeld und die ausländischen Anleger die deutschen Wertpapiere (oder die Immobilien und Firmen), während der spanische Staat seine Brief-Schuld bei den privaten Anlegern gegen eine Target-Buchschuld
seiner Notenbank gegenüber dem Eurosystem eingetauscht hat. Bei einer
Pleite der spanischen Notenbank sind die spanischen Staatsschulden weg,
die ausländischen Anleger haben nach wie vor die deutschen Vermögensobjekte, und die deutschen Vermögensbesitzer hocken auf Euro-Geld, das
seine Deckung zumindest teilweise verloren hat. Im Endeffekt erhalten
die deutschen Vermögensbesitzer für die echten Vermögensobjekte, die sie
hergaben, wiederum nur die besagten Schuldscheine der Bundesbank, die
ihren Inhabern Forderungen gegen sich selbst geben.

Manch einer mag dies alles für unbegründete Horrorszenarien halten. Er mag denken, das Problem sei ohnehin nicht existent, weil ein
Konkurs einer Notenbank gar nicht möglich sei, da sich Notenbanken
stets das Geld drucken können, das sie brauchen, um ihre Verpflichtungen zu erfüllen. Weit gefehlt. Die Möglichkeit einer Selbstrettung mit
der Druckerpresse hat nur ein Notenbanksystem als Ganzes, und zwar
in Bezug auf seine Schuldverhältnisse zu privaten oder staatlichen Sektoren. Sie besteht nicht für die Schuldverhältnisse zwischen den Notenbanken selbst. Diese internen Schuldverhältnisse im Notenbanksystem können nicht durch neues Geld ausgeglichen werden, weil Überweisungen
stets wieder neue Schuldverhältnisse begründen würden. Die Tilgung von
Schuldverhältnissen zwischen den Notenbanken des Eurosystems ist stets
nur möglich, indem Güter, Wertpapiere oder Kreditforderungen zwischen privaten oder staatlichen Instanzen der verschiedenen Länder an
ihre Stelle treten.

In Europa sind tatsächlich schon eine Reihe von Notenbanken kon-
kursgefährdet, weil sie schon vor der QE-Politik aufgrund von Verbindlichkeiten bezüglich des Eurosystems Zinsverpflichtungen gegenüber dem
Gesamtsystem hatten, die größer waren als ihre Ansprüche aufgrund des
nationalen Anteils an den Geldschöpfungsgewinnen des Eurosystems und
der Zinserträge auf ihr Eigenkapital. Geht man davon aus, dass die Kredite der nationalen Notenbanken der Krisenländer, ähnlich wie es 2015 im
Falle Griechenlands geschah, auf ELA-Kredite umgestellt werden, dann
ist der Rest des Eurosystems zwar ein wenig besser geschützt, als wenn der

Konkurs der Notenbank auf der Basis der in Gemeinschaftshaftung begebenen Refinanzierungskredite erfolgen würde. Doch können die nationalen Notenbanken dann für ihre Target-Schulden und etwaige Schulden aus einer überproportionalen Banknotenausgabe möglicherweise nicht mehr haften. Der Wert der Forderungen gegen die Banken sowie der Wert der von ihnen eingereichten Pfänder fällt mit der Abwertung, und wenn dann noch noch Bankpleiten dazu kommen, kann die Überschuldung sehr schnell zum Fiasko werden. Das wurde ja oben im Abschnitt *Risiken für die Überschussländer – insbesondere für Deutschland* schon ausführlich erklärt.

Tatsächlich hatte zum Beispiel die *Banca d'Italia* zum Ende des Jahres 2014 Target-Schulden in Höhe von 208,94 Milliarden Euro, die nach Abzug von Forderungen aus einer unterproportionalen Banknotenausgabe in Höhe von 22,37 Milliarden Euro Gesamt-Verbindlichkeiten gegenüber dem Eurosystem in Höhe von 186,57 Milliarden Euro implizierten. Sie verfügte aber nur über ein Eigenkapital in Höhe von 112,39 Milliarden Euro, wäre also bei Verlust ihrer Forderungen gegenüber dem italienischen Bankensystem sowie der eingereichten Pfänder insofern in Höhe von 74,18 Milliarden Euro überschuldet gewesen.[60] Das Risiko dieser Überschuldung trugen die restlichen Notenbanken des Eurosystems und damit die hinter ihnen stehenden Staaten bzw. Steuerzahler. Nach einer ähnlichen Rechnung wäre Spaniens Notenbank zu dem Zeitpunkt potenziell mit 103,20 Milliarden Euro, Portugals mit 7,75 Milliarden Euro und Griechenlands mit 50,64 Milliarden Euro überschuldet gewesen. Inzwischen sind diese Posten wegen der steigenden Target-Salden mit Sicherheit dramatisch angewachsen, nur lassen sie sich nicht mehr berechnen, weil die Forderungen und Verbindlichkeiten aus einer überproportionalen Banknotenausgabe nicht mehr publiziert werden.

Die Bundesbank kennt aber vermutlich die Zahlen. Nach dem Urteil des Bundesverfassungsgerichtes zum OMT-Urteil müsste sie der Bundesregierung Auskunft darüber geben, wenn sie darum gebeten wird. Man kann nur hoffen, dass die Regierung bald einmal nachfragt oder sich bald einmal eine im Bundestag vertretene Partei findet, deren Abgeordnete diese Auskunft von der Bundesregierung einfordern. Schließlich hat das Bundesverfassungsgericht die Bundesregierung und den Bundestag verpflichtet, die budgetrechtlichen Risiken der EZB-Politik zu kontrollieren, um sicherzustellen, dass sie nicht auf den Bundeshaushalt durchschlagen können. Die Bundesbank hat dabei eine Beratungs- und Auskunftspflicht gegenüber der Bundesregierung, und die wiederum hat eine Auskunftspflicht gegenüber dem Parlament.[61]

## Plan B: Vorbereitung für den Euro Med

Angesichts der nicht mehr bestreitbaren Risiken fragt man sich, ob die Bundesbank die Ausweitung der Target-Salden aufgrund des QE-Programms überhaupt dulden darf. Darf sie wirklich Zahlungsaufträge aus Italien, Spanien und anderen Krisenländern den Notenbanken dieser Länder kreditieren, obwohl diese Notenbanken gar nicht sicherstellen können, dass sie bei einem Kollaps ihrer Bankensysteme und einem Austritt aus der Währungsunion zahlungsfähig gegenüber den im Eurosystem verbleibenden Notenbanken wären? Und darf sie auch den Investoren aus dem Nicht-Euro-Raum Käufe von deutschen Immobilien, Wertpapieren oder mittelständischen Firmen kreditieren, wenn diese Investoren die Anlagemittel durch den Verkauf ihrer südeuropäischen Staatspapiere an die südeuropäischen Notenbanken gewonnen haben und also nur ein Tauschgeschäft vornahmen, bei dem sie die Steuerzahler der noch gesunden Länder der Eurozone mit dem Anlagerisiko belastet haben?

Die Bedenken, die aus diesen Fragen sprechen, werden insofern verstärkt, als man das QE-Programm der EZB auch als Exit-Strategie interpretieren kann, mithilfe derer sich nun einige überschuldete Staaten ihrer im Ausland befindlichen Schuldpapiere auf elegante Weise entledigen können, bevor sie aus dem Euro austreten. Sie wechseln nun zunächst sich gegen ihre Notenbank und ihre ausländischen Gläubiger gegen die Bundesbank ein, und wenn sie austreten, lassen sie ihre Notenbank in Konkurs gehen und die Bundesbank im Regen stehen.

Ein unmögliches Szenarium? Leider nicht. Immerhin kann nach dem derzeitigen Stand der Meinungsumfragen Beppe Grillo mit seiner Partei *Cinque Stelle*, die sich ja dem Austritt Italiens aus der Europäischen Währungsunion verschrieben hat, und anderen euroskeptischen Parteien auf eine Zustimmung von 57 % der Wählerschaft verlassen. Und Italien steht mit einer Quote der Befürworter eines EU-Austritts von 48 % an der Spitze der Riege der europaskeptischen Euro-Länder. Das war in Kapitel 1 anhand der Abbildungen 1.7 und 1.8 bereits erläutert worden. Außerdem erinnere man sich an den ebenfalls im ersten Kapitel zitierten Bericht des ehemaligen EZB-Direktoriums-Mitglieds Lorenzo Bini Smaghi, wonach der damalige Ministerpräsident Silvio Berlusconi bereits im Herbst 2011 mit dem Euro-Austritt liebäugelte. Das alles und der Umstand, dass der IWF bei den italienischen Banken notleidende Kredite im Umfang von 80 % des Eigenkapitals aller italienischen Banken sieht, bedeutet nicht, dass der Austritt Italiens unmittelbar bevorsteht. Schon gar nicht bedeutet er, dass der italienische Austritt aus deutscher Sicht wünschbar ist.

Er bedeutet umgekehrt aber auch nicht, dass ein solcher Austritt eine völlig abwegige und unwahrscheinliche Möglichkeit darstellt, mit der man sich gar nicht befassen muss. Das Risiko ist mittlerweile so groß geworden, dass eine verantwortliche Politik auch für diesen Fall Vorkehrungen treffen muss. Auf jeden Fall kann man davon ausgehen, dass in den Ländern Südeuropas der Plan B, also der Austritt als Eventualfall, vorbereitet wird, auch um für den vielleicht immer noch präferierten Fall des Verbleibs eine bessere Drohposition aufzubauen. Die Spieltheorie hat uns ja gelehrt, dass ein Verhandlungsergebnis für einen Vertragspartner stets umso besser ausfällt, je glaubwürdiger er eine für den anderen Verhandlungspartner schädliche Drohkulisse für den Fall aufbauen kann, dass es nicht zu einer Einigung kommt.

*Wenn man den Teufel nennt, kommt er gerennt,* lautet ein altes deutsches Sprichwort. Während der letzten Korrekturrunde dieses Manuskripts, am 9. September 2016, flimmerten die Bilder eines Gipfeltreffens der mediterranen Euro-Länder über die Bildschirme. Auf großen Lettern sah man über dem Konferenzraum das Motto *EU Med* geschrieben, was so viel heißt wie »mediterrane EU«. Das Treffen hat eine starke Symbolkraft, und ganz sicher sind die öffentlichen Wirkungen, die von ihm ausgehen, geplant und gewollt. Zum *Euro Med,* also zum »mediterranen Euro«, ist es gedanklich da nicht mehr allzu weit.[62]

Alexis Tsipras hatte die Vertreter der mediterranen Euro-Staaten zu einem großen Gipfel in Athen zusammengerufen, um mit ihnen die Zukunft des Euro zu beraten und eine Phalanx der Gegner der politischen Schuldenschranken aufzubauen. Es kamen die offiziellen Vertreter aller mediterranen EU-Länder. So kamen zum Beispiel neben anderen Ministerpräsidenten auch Matteo Renzi und François Hollande. Obwohl man betonte, das Treffen diene der Einheit des Euroraums, muss sich der Verdacht aufdrängen, als werde hier intensiv an der Drohkulisse in Form eines gemeinsamen Austritts mehrerer Südländer gearbeitet.

Abbildung 4.7: Logo des EU-Med-Gipfels sowie Matteo Renzi und Alexis Tsipras auf diesem Gipfel im September 2016 in Athen

Quellen: oben – imago/Pacific Press Agency, unten – REUTERS/Alkis Konstantinidis.

Dass Griechenland den Plan B weiterhin in der Schublade hat, muss man angesichts der bereits von der Regierung Tsipras unter der Leitung des Ökonomen James Galbraith getroffenen Vorbereitungen für einen Austritt und der Äußerungen des ehemaligen Staatschefs Papandreou unterstellen, dass er 2011 eigentlich schon austreten wollte. Darüber wurde ja oben schon berichtet. Und auch Matteo Renzis Fachleute im italienischen Finanzministerium und bei der *Banca d'Italia* werden sich zweifellos intensiv mit dem Fall B auseinandergesetzt haben, um einen glaubwürdigen Drohpunkt bei den Verhandlungen über eine Lockerung der Schuldenbremsen und über die Einführung von Eurobonds zu entwickeln. Im Übrigen muss Renzi bei der nächsten Wahl in der Lage sein, Beppe Grillo, der austreten will, den Wind aus den Segeln zu nehmen, wenn es drauf ankommt.

Bei Spanien und Frankreich hingegen wird man eher Zurückhaltung vermuten können. So nahm der spanische Regierungschef Mariano Rajoy, dem Bundesfinanzminister Schäuble gerade noch dabei geholfen hatte, eine EU-Strafe wegen überhöhter Defizite zu vermeiden, Tsipras' Einladung denn auch nicht an, sondern sandte Fernando Eguidazu, seinen Staatssekretär für Angelegenheiten der Europäischen Union. Immerhin war aber auch Spanien formell auf dem EU-Med-Gipfel vertreten. Angesichts der unsicheren politischen Lage in Spanien, die sich in absehbarer Zeit kaum entspannen dürfte, und angesichts der riesigen spanischen Auslandsschulden ist es mehr als ungewiss, ob es bei der spanischen Zurückhaltung bleiben wird.

Wie aber sähe es denn aus, wenn sich eine Gruppe südeuropäischer Euroländer gemeinsam auf einen Austritt aus dem Euro zubewegen würde? Kein Zweifel, diese Gruppe würde ihren Austritt nicht einfach so beschließen. Vielmehr würde sie die bekannten Forderungen zur weiteren Lockerung der Schuldenschranken und zur Schaffung einer Euro-Fiskalunion und gemeinsam besicherten Schulden mit noch mehr Nachdruck als bisher erheben. Das würde die Spannungen in den Verhandlungen mit den Geberländern mit Deutschland an der Spitze erhöhen, und in der Folge würden den Südländern entweder die Forderungen erfüllt, oder sie zögen zum Schluss die Reißleine und würden Deutschland für den Austritt verantwortlich machen. Wie auch immer das Szenarium aussieht: Eine deutliche Erhöhung der Wahrscheinlichkeit für einen Austritt einzelner Länder oder einer Gruppe von Ländern ist heute zu konstatieren.

Deswegen kann die Bundesbank den Austritt einzelner Länder aus dem Euro nicht mehr als unmögliches Ereignis ansehen, und deswegen darf sie dem Austausch der italienischen und spanischen Auslandsschulden gegen bloße Buchforderungen, die sie gegen das Eurosystem erhält, auch nicht mehr tatenlos zusehen. Sie sollte nun zumindest den Bundestag und die deutsche Regierung warnen, dass wachsende Target-Verluste drohen, die das deutsche Staatsbudget dauerhaft belasten, wenn das QE-Programm fortgesetzt wird.

Kluges, vorausschauendes Denken und Handeln seitens der politisch Verantwortlichen ist auch deshalb geboten, weil ein solcher Schuldentausch den quasi natürlichen Konflikt zwischen Gläubigern und Schuldnern, der stets zu eskalieren neigt, wenn der Konkurs naht, von der privatrechtlichen Ebene auf die öffentlich-rechtliche Ebene hebt. Indem die italienischen Staatsschulden innerhalb und außerhalb des Euroraums gegen Buchforderungen der Bundesbank gegen das Eurosystem und damit auch gegen die italienische Notenbank getauscht werden, wird aus dem potenziellen Streit zwischen dem italienischen Staat und seinen privaten Gläubigern in aller Welt nun ein Streit zwischen dem italienischen und dem deutschen Staat.

Wie hässlich so etwas ausgehen kann, hat die Rettung der griechischen Gläubiger durch die Staatengemeinschaft bereits gezeigt. Ohne die Rettungsarchitektur hätte sich die griechische Regierung mit den privaten Gläubigern aus Frankreich, Deutschland und anderen Ländern der Welt auseinandersetzen müssen, doch Deutschland als Staat wäre gar nicht involviert gewesen. So aber, mit den Rettungsmaßnahmen, trat der deutsche Staat an die Stelle der privaten Gläubiger. Die Konsequenz war ein Gewitter an Verbalinjurien, Beschimpfungen und Schuldzuweisungen zwischen Griechenland und Deutschland bis hin zu hässlichen Erinnerungen an die Nazi-Zeit. Der Autor hat zu seinen Lebzeiten noch nicht so viel Streit zwischen den Völkern Westeuropas gesehen, wie während der Eurokrise und speziell bei seiner Eskalation in Griechenland. Wer glaubt, das ließe sich nicht wiederholen oder noch steigern, der möge nun gegenüber den Umschuldungsaktionen der EZB die Augen verschließen, noch mehr öffentlichen Kredit bewilligen und sich aufs Beten verlegen.

Shakespeare hat einmal gesagt, wenn die Nacht am schwärzesten ist, sei der Morgen schon wieder nah. Wenn sich das doch nur auf die europäische Krise übertragen ließe! Der Schwarze Juni mit dem Brexit wegen der unbeherrschbaren Migration und dem OMT-Urteil des Bundesverfassungsgerichts vor dem Hintergrund einer ausufernden und jedes vernünftige Maß überschreitenden Finanzakrobatik der EZB, die zweifelhafte ökonomische

Erfolge, doch klare Verteilungswirkungen zu Lasten von Deutschland hat, lassen im Moment leider den Schluss nicht zu, dass bald alles von allein wieder besser wird und dass man die Dinge nur auszusitzen brauche. Wenn die Politik das schon nicht versteht oder verstehen will, dann doch vielleicht der Leser dieses Buches.

# Anmerkungen

1. In den südlichen Ländern wurden sogenannte Repo-Kredite vergeben. Dabei erwarb die Zentralbank ähnliche Wertpapiere wie jene, die in Deutschland als Pfänder eingereicht wurden, zu einem diskontierten Preis und verlangte von den Banken das Versprechen, sie nach einer vereinbarten Frist zu einem etwas höheren Preis zurückzukaufen. Ökonomisch ist dies dasselbe wie ein mit einem Pfand besicherter Refinanzierungskredit, denn der Unterschied zwischen An- und Verkaufspreis ist der Zins, und bei einem Konkurs der Bank sitzt die Notenbank auf dem Wertpapier, wie sie es auch im Falle der Vergabe eines Refinanzierungskredits tut. Wird indes kein fester Rückkaufstermin und -preis vereinbart wie bei den hier angesprochenen Offenmarktgeschäften der amerikanischen Notenbank, ergibt sich für die Zentralbank ein größeres Risiko, weil die Bank nun nicht mehr für die Rückzahlung haftet.

2. Zur Entdeckung, statistischen Erfassung und Interpretation der Target-Kredite vgl. man H.-W. Sinn, »Neue Abgründe«, *Wirtschaftswoche,* Nr. 8, 21. Februar 2011, S. 35; derselbe »Die riskante Kreditersatzpolitik der EZB«, *Frankfurter Allgemeine Zeitung,* Nr. 103, 4. Mai 2011, S. 10; H.-W. Sinn und T. Wollmershäuser, »Target Loans, Current Account Balances and Capital Flows: The ECB's Rescue Facility«, *International Tax and Public Finance* 19, 2012, Appendix, S. 504 ff. (bzw. das vorausgehende *CESifo Working Paper* Nr. 300 vom Juni 2011 und *NBER Working Paper* Nr. 17626 vom November 2011); H.-W. Sinn, *Die Target-Falle – Gefahren für unser Geld und unsere Kinder,* Hanser, München 2012; derselbe, »Die Target-Kredite der Deutschen Bundesbank«, *ifo Schnelldienst* 65, Sonderausgabe März, 2012, 34 S.; derselbe, *Der Euro. Vom Friedensprojekt zum Zankapfel,* Hanser, München 2015. Im letztgenannten Buch findet man auch eine Zusammenfassung der anfangs durchaus kontroversen Diskussion des Themas. Die EZB selbst hat erstmals im Herbst des Jahres 2011, einige Monate nach der Veröffentlichung des Working Papers von Sinn und Wollmershäuser, zu der Thematik Stellung genommen. Vgl. Europäische Zentralbank, »Target2-Salden der nationalen Zentralbanken im Euro-Währungsgebiet«, *Monatsbericht,* Oktober 2011, S. 36-41, insbesondere S. 37. Im Bericht erklärte die EZB in Fußnote 5, dass sie zu dieser Zeit noch über keine Originalstatistik verfügte und die vorgelegten Daten unter Verwendung von IWF-Daten aus den Bilanzen der Einzelnotenbanken herausrechnete. Dabei wendete die EZB exakt die Methode an, die zuvor Sinn und Wollmershäuser in ihrem Working Paper vorgestellt hatten.

3. Ausführlich: *Trans-European Automated Real-time Gross Settlement Express Transfer System.*

4. ANFA steht für *Agreement on Net Financial Assets,* zu Deutsch: *Abkommen über die Netto-Finanzanlagen.*

5. D. Hoffmann, *Die EZB in der Krise. Eine Analyse der wesentlichen Sondermaßnahmen von 2007 bis 2012,* Pro Business, Berlin 2015. Vgl. auch derselbe, »ANFA-Abkommen: Geheimhaltung nach 13 Jahren beendet«, *Betriebswirtschaftliche Blätter – Fachzeitschrift für Unternehmensführung in der Sparkassen-Finanzgruppe,* 7. Juli 2016, <http://www.sparkassenzeitung. de/geheimhaltung-nach-13-jahren-been- det/150/26/75610/?token=DFC9E339ABFE0E-85499F6E048B006AB3>.

6. Vgl. H.-W. Sinn, *Der Euro,* a.a.O., Kap. 5, besonders S. 221 f., sowie C. Fuest und H.-W. Sinn, »Die Risiken der Notkredite«, *oekonomenstimme.org,* 13. November 2015 und dieselben, »Non tacemus«, *oekonomenstimme.org,* 18. Januar 2016.

7. H.-W. Sinn, *Der Euro,* a.a.O., Kap. 5, S. 219.

8. Ebenda, Kap. 5, bes. Tabelle 5.1.

9. Ch. Weber, *The Collateral Policy of Central Banks – An Analysis Focusing on the Eurosystem*, Inaugural-Dissertation, Ludwig-Maximilians-Universität München, 2016, noch unveröffentlicht, Abbildung 4.15.

10. Siehe H.-W. Sinn, *Der Euro*, a.a.O., Kap. 5, S. 221.

11. Es geht hier nicht um die Frage des physischen Produktionsprozesses der Banknoten, die aus den aufgedruckten Buchstaben erkenntlich ist. Die ist in diesem Zusammenhang völlig irrelevant. Die Notenbanken des Eurosystems haben eine Abmachung darüber, welches Land für welche Banknoten zuständig ist, und sie teilen sich diese Banknoten nach einem Schlüssel zu. Der Buchstabe auf den Noten steht noch nicht einmal für den Ort des Drucks, sondern nur für das Land, das den Druck in Auftrag gibt und kontrolliert.

12. EU, »Protokoll (Nr. 4): Über die Satzung des Europäischen Systems der Zentralbanken und der Europäischen Zentralbank«, a.a.O., 26. Oktober 2012, Artikel 33.2.

13. Vgl. H.-W. Sinn, »Die EZB betreibt Konkursverschleppung«, *Süddeutsche Zeitung*, 10. Februar 2015, S. 18; C. Fuest und H.-W. Sinn, »Die Risiken der Notkredite«, a.a.O., und dieselben, »Non tacemus«, a.a.O. Man vergleiche dazu auch H.-W. Sinn, Der Euro, a.a.O., S. 377 ff, insbes. Box 8.1, S. 383.

14. Der EZB-Rat beschloss in seiner Sitzung am 10. März 2016, den Hauptrefinanzierungszinssatz auf 0,0 % zu senken. Die Änderung trat zum 16. März 2016 in Kraft. Siehe Europäische Zentralbank, »Monetary Policy Decisions«, *Pressemitteilung*, 10. März 2016, <https://www.ecb.europa.eu/press/pr/date/2016/html/pr160310.en.html>; sowie M. Draghi und V. Constâncio, *Introductory statement to the press conference (with Q&A)*, Europäische Zentralbank, Frankfurt am Main, 10. März 2016, <https://www.ecb.europa.eu/press/pressconf/2016/html/is160310.en.html>.

15. Es handelt sich hier um die »Intra-Eurosystem-Verbindlichkeiten aus der Begebung von Banknoten« in den Bilanzen der Notenbanken. Zur grundsätzlichen Problematik der Bargeldverbindlichkeiten vergleiche man J. Whittaker, »Eurosystem Debts, Greece, and the Role of Banknotes«, *Lancaster University Working Paper*, 14. November 2011, <http://eprints.lancs.ac.uk/51935/1/eurosystemNov2011.pdf>, ferner H.-W. Sinn, *Der Euro*, a.a.O., Kap. 6, Fußnoten 13 und 14 sowie insbesondere S. 226 f. Zur Situation zur Zeit der D-Mark vergleiche man F. Seitz, »Der DM-Umlauf im Ausland«, *Diskussionspapier 1/95*, Volkswirtschaftliche Forschungsgruppe der Deutschen Bundesbank, Mai 1995, <http://www.oth-aw.de/fileadmin/user_upload/Professoren/Seitz/dkp199501.pdf>. Eine Analyse der deutschen Verluste durch die Vergemeinschaftung des Geldschöpfungsvermögens, das durch die Ausgabe des D-Mark-Bargeldes an Ausländer entstand, vgl. H.-W. Sinn und H. Feist, »Eurowinners and Eurolosers: The Distribution of Seignorage Wealth in EMU«, *European Journal of Political Economy* 13, 1997, S. 665-689. Der an die EZB gerichteten Bitte des ifo Instituts, die Bilanzzahlen zu den Bargeldverbindlichkeiten mitzuteilen, wurde nicht stattgegeben.

16. Siehe H.-W. Sinn und H. Feist, »Eurowinners and Eurolosers: The Distribution of Seignorage Wealth in EMU«, a.a.O.

17. H.-W. Sinn, Der *Euro*, a.a.O., S. 377-385, besonders Tabelle 8.2. Der Leser beachte, dass es einen Nummerierungsfehler in der Liste der Fußnoten der Tabelle gibt. Fußnote 3 entfällt (Doppelung), und stattdessen sind die nachfolgenden Fußnoten um eins herabzusetzen.

18. *Der Haftungspiegel – die Rettungsmaßnahmen für die Euroländer und die deutsche Haftungssumme,* ifo Institut, München, <http://www.cesifo-group.de/ifoHome/policy/Haftungspiegel.html>.

19. Die einzelnen Komponenten errechnen sich so: Griechenland bekam von Deutschland bilaterale Kredite in Höhe von 15,2 Milliarden Euro; (vgl. European Commission, »The Second Economic Adjustment Programme for Greece – March 2012«, *Occasional Papers* 94, 2012, <http://ec.europa.eu/economy_finance/publications/occasional_paper/2012/pdf/ocp94_en.pdf>; die noch nicht zurückgezahlten Hilfen des IWF betrugen 34,7 Milliarden Euro, hier liegt der Anteil Deutschlands bei 5,6 % (vgl. IMF, IMF Members' Quotas and Voting Power, and IMF Board of Governors, <http://www.imf.org/external/np/sec/memdir/members.aspx#total>), also bei 1,9 Milliarden Euro; die Hilfszahlungen des EFSM betrugen 46,8 Milliarden Euro, sie wurden aus dem EU-Haushalt gezahlt, zu dem Deutschland 2011 (in diesem Jahr fand der Großteil der Zahlungen statt) 19,3 % beitrug (vgl. European Commission, »EU Budget 2011«, *Financial Report,* <http://ec.europa.eu/budget/library/biblio/publications/2011/fin_report/fin_report_11_en.pdf>), somit 9,0 Milliarden Euro; die EFSF hat insgesamt 174,6 Milliarden Euro an Hilfsgeldern gezahlt, der Anteil Deutschlands ist festgelegt auf 29,1 % (vgl. European Financial Stability Facility, Investor Relations, <http://www.efsf.europa.eu/investor_relations/index.htm>), das sind 50,9 Milliarden Euro; schließlich ist Deutschland mit 27,0 % beteiligt am ESM (vgl. European Stability Mechanism, *2014 Annual Report,* <http://www.esm.europa.eu/pdf/204204_ESM_RA_2014_web.pdf>), somit an deren Auszahlungen von 70,9 Milliarden Euro mit 19,1 Milliarden Euro.

20. Europäische Zentralbank, »ECB Announces New Series of Targeted Longer-term Refinancing Operations (TLTRO II)«, *Pressemitteilung, Geldpolitische Beschlüsse,* 10. März 2016, <http://www.ecb.europa.eu/press/pr/date/2016/html/pr160310_1.en.html>.

21. Eine detaillierte Beschreibung der Rechengänge hinter diesem Diagramm findet sich auf der Homepage des ifo Instituts. Siehe *Der Haftungspiegel – die Rettungsmaßnahmen für die Euroländer und die deutsche Haftungssumme,* ifo Institut, a.a.O.

22. Das galt strikt bis Ende 2014. Nachdem Litauen zum 1. Januar 2015 dem Euro beigetreten war, wurde ein Rotationsprinzip eingeführt. Während Deutschland nach wie vor eine Stimme hat wie beispielsweise Malta, wenn es abstimmen darf, hat es insofern einen leichten Vorteil, als es in vier von fünf Monaten oder 80 % der Monate stimmberechtigt ist, während Malta nur in 11 von 14 Monaten oder 78,6 % der Monate mitstimmen darf.

23. Vgl. S. Djankov, *Inside the Euro Crisis: An Eyewitness Account,* Peterson Institute for International Economics, Washington, DC, Juni 2014, insbesondere S. 3, 17, 105.

24. Vgl. J. K. Galbraith, *The Political Economy of Exit,* 2016, im Erscheinen.

25. Vgl. H. Lambert, »Yanis Varoufakis Full Transcript: Our Battle to Save Greece«, Interview von Harry Lambert mit Yanis Varoufakis, *New Statesman,* 13. Juli 2015, <http://www.newstatesman.com/world-affairs/2015/07/yanis-varoufakis-full-transcript-our-battle-save-greece>, sowie »Telephone Conversation between Yanis Varoufakis, Norman Lamont and David Marsh«, *omfif.org,* 16. Juli 2015, <http://www.omfif.org/media/1122791/omfif-telephone-conversation-between-yanis-varoufakis-norman-lamont-and-david-marsh-16-july-2015.pdf>.

26. Vgl. »Schäuble: 15 Minister waren für den Grexit«, *Frankfurter Allgemeine Zeitung,* Nr. 244, 21. Oktober 2015, S. 17.

27. Der Verfasser verdankt diese Information Yanis Varoufakis.

28. Dies wurde von Jürgen Stark anlässlich einer öffentlichen Vorlesung der Hanns-Seidel-Stiftung am 22. Februar 2013 in München erklärt. Weber machte seine Opposition bereits am 11. Mai 2010 öffentlich; A. Weber, »Kaufprogramm birgt erhebliche Risiken«, Interview mit J. Schaaf, *Börsen-Zeitung,* 11. Mai 2010, <http://www.bundesbank.de/Redaktion/DE/Downloads/Presse/Publikationen/interview_mit_bundesbankpraesident_axel_weber.pdf?blob=publicationFile>; vgl. ebenfalls C. Teevs, »Brandbrief: Ex-Währungshüter Stark attackiert EZB-Kurs«, *Der Spiegel,* Nr. 3, 14. Januar 2012, S. 60, <http://www.spiegel.de/wirtschaft/soziales/brandbrief-ex-waehrungshueter-stark-attackiert-ezb-kurs-a-809199.html>.

29. Für die Hintergründe der Entscheidungen und die Handicaps der deutschen Delegation vgl. H.-W. Sinn, *Gefangen im Euro,* Redline, München 2014, bes. S. 58-60. Zur Höhe des französischen Exposures vgl. derselbe, *Der Euro,* a.a.O., Abb. 3.7 und 5.1, sowie die zugehörige Diskussion.

30. Vgl. H. Berger und A. Ritschl, »Die Rekonstruktion der Arbeitsteilung in Europa. Eine neue Sicht des Marshall-Plans in Deutschland 1947–1951«, *Vierteljahreshefte für Zeitgeschichte* 43, 1995, S. 473-519, Tabelle S. 479. Deutschland wurde bei dem Schuldenabkommen 1953 in London ein Schuldenschnitt in Höhe von 30 Milliarden D-Mark (inklusive der Kredite durch den Marshall Plan) gewährt, was in etwa 22 % des BIP Westdeutschlands von 1952 entsprach.; vgl. C. Buchheim, »Das Londoner Schuldenabkommen«, in L. Herbst, Hrsg., *Westdeutschland 1945-1955. Unterwerfung, Kontrolle, Integration,* Oldenbourg, München 1986, S. 219-229. Das *European Recovery Program,* das gemeinhin als Marshall-Plan bezeichnet wird, hatte seinerzeit, über fünfzehn Jahre verteilt, Hilfen im Umfang von 1,678 Milliarden Dollar für Westdeutschland bedeutet. In Einheiten der neu geschaffenen deutschen Währung waren das 7,0 Milliarden D-Mark oder etwa 5,2 % des BIP des Jahres 1952. Umgerechnet in Euro betrug die Hilfe 3,6 Milliarden Euro, während das BIP im Jahr 1952 69,75 Milliarden Euro betrug. Vgl. Statistisches Bundesamt, *Volkswirtschaftliche Gesamtrechnungen,* Bruttoinlandsprodukt, Bruttonationaleinkommen, Volkseinkommen – Lange Reihen ab 1925.

31. Vgl. H.-W. Sinn, *Der Euro,* a.a.O., S. 483 f.

32. Vgl. Eurostat, Datenbank Wirtschaft und Finanzen, Sektor Staat, Finanzstatistik des Sektors Staat, Jährliche Finanzstatistiken des Staates, Staatseinnahmen, -ausgaben und Hauptaggregate; dasselbe, Datenbank Wirtschaft und Finanzen, Volkswirtschaftliche Gesamtrechnungen, Jährliche Volkswirtschaftliche Gesamtrechnungen, Hauptaggregate des BIP.

33. Siehe Eurostat, Datenbank Bevölkerung und Soziale Bedingungen, Sozialschutz, Ausgaben des Sozialschutzes, Renten; dieselbe, Datenbank Bevölkerung und Soziale Bedingungen, Sozialschutz, Rentenempfänger.

34. Vgl. Eurostat, Datenbank Bevölkerung und Soziale Bedingungen, Sozialschutz, Ausgaben des Sozialschutzes, Renten sowie dieselbe, Datenbank Wirtschaft und Finanzen, Sektor Staat, Finanzstatistik des Sektors Staat, Jährliche Finanzstatistiken des Staates, Staatseinnahmen, -ausgaben und Hauptaggregate.

35. Vgl. H. Kafsack, »Niemand hat Interesse, den vergangenen Sommer zu wiederholen«, *Frankfurter Allgemeine Zeitung, FAZ.NET,* 9. Mai 2016, <http://www.faz.net/aktuell/wirtschaft/eurokrise/griechenland/eurogruppen-treffen-verhandlungen-mit-griechenland-kommen-vo-ran-14224039.html>; Griechenland gab im Jahr 2012 (aktuellere Daten liegen nicht vor) 33,8 Milliarden Euro für Renten aus, vgl. Eurostat, Datenbank Bevölkerung und Soziale Bedingungen, Sozialschutz, Ausgaben des Sozialschutzes, Renten.

36. Vgl. Europäische Zentralbank, »EZB kündigt erweitertes Programm zum Ankauf von Vermögenswerten an«, *Pressemitteilung*, 22. Januar 2015, <http://www.ecb.europa.eu/press/pr/date/2015/html/pr150122_1.de.html>; Deutsche Bundesbank, *Programm zum Ankauf von Vermögenswerten* (APP), <https://www.bundesbank.de/Redaktion/DE/Glossareintraege/P/programm_zum_ankauf_von_vermoegenswerten.html>.

37. Vgl. Deutsche Bundesbank, Aufgaben, Geldpolitik, Outright-Geschäfte, Aktive Programme, Asset Purchase Programme (APP), <https://www.bundesbank.de/Redaktion/DE/Dossier/Aufgaben/outright_geschaefte.html?notFirst=true&docId=335224>; sowie Europäische Zentralbank, »ECB Adds Corporate Sector Purchase Programme (CSPP) to the Asset Purchase Programme (APP) and Announces Changes to APP«, *Pressemitteilung*, 10. März 2016, <http://www.ecb.europa.eu/press/pr/date/2016/html/pr160310_2.en.html>.

38. Vgl. Europäische Kommission, Mitteilung der Kommission an das Europäische Parlament, den Rat, den Europäischen Wirtschafts- und Sozialausschuss und den Ausschuss der Regionen, Aktionsplan zur Schaffung einer Kapitalmarktunion, 30. September 2015, <http://eur-lex.europa.eu/legal-content/DE/TXT/?uri=CELEX%3A52015DC0468>.

39. Vgl. H.-W. Sinn, *Kasino-Kapitalismus. Wie es zur Finanzkrise kam, und was jetzt zu tun ist,* Econ Verlag, Berlin 2009, Kapitel 6. Vgl. auch derselbe, *Casino Capitalism. How the Financial Crisis Came about and What Needs to Be Done Now,* Oxford University Press, Oxford 2010.

40. Der Ankauf ist auf eine Liste hierfür zugelassener europäischer Institutionen sowie Entwicklungsbanken reglementiert. Vgl. die aktuelle Übersicht bei Europäische Zentralbank, *Implementation Aspects of the Public Sector Purchase Programme (PSPP),* letztes Update am 6. September 2016, <https://www.ecb.europa.eu/mopo/implement/omt/html/pspp.en.html>.

41. Zur Übersicht zu den erworbenen Wertpapierbestände der einzelnen Komponenten des QE-Programms, vgl. Europäische Zentralbank, Monetary Policy, Instruments, *Asset Purchase Programmes,* <https://www.ecb.europa.eu/mopo/implement/omt/html/index.en.html>. Die anderen zum QE gehörenden Programme umschließen vor allem Pfandbriefe *(Covered Bund Purchasing Programme, CBPP)* und ABS-Papiere im Rahmen des *ABS Purchasing Programme (ABSPP).*

42. Vgl. Europäische Zentralbank, »EZB kündigt erweitertes Programm zum Ankauf von Vermögenswerten an«, a.a.O.

43. Vgl. Europäische Zentralbank, »ECB Adds Corporate Sector Purchase Programme (CSPP) to the Asset Purchase Programme (APP) and Announces Changes to APP«, a.a.O. Vgl. auch C. Whittal, »Firms Build Bonds To Sell to the ECB«, *The Wall Street Journal,* Nr. 142, 22. August 2016, S. A1-A2; sowie derselbe, »Seller's Paradise: Companies Build Bonds for European Central Bank to Buy«, *WSJ online,* 21. August 2016, <http://www.wsj.com/articles/sellers-paradise-companies-build-bonds-for-central-bank-to-buy-1471815100>; P. Plickert, »Anleihenkaufprogramm: EZB kauft auch in nicht-öffentlichen Verfahren«, *Frankfurter Allgemeine Zeitung, FAZ.NET,* 23. August 2016, <http://www.faz.net/aktuell/finanzen/anleihen-zinsen/ezb-kauft-im-anleihenkaufprogramm-bei-privatplatzierungen-14401024.html>; sowie H. Zschäpitz, »Anleihekaufprogramm der EZB löst Schulden-Bonanza aus«, *Welt online,* 31. August 2016, <https://beta.welt.de/finanzen/article157914828/Anleihekaufprogramm-der-EZB-loest-Schulden-Bonanza-aus.html?wtrid=crossdevice.welt.desktop.vwo.google-referrer.home-spliturl&betaredirect=true>.

44. Vgl. »EZB-Käufe von Unternehmensanleihen: Der Markt positioniert sich – bei jeder Marktverzerrung gibt's immer auch Verlierer«, *Finanzmarktwelt*, 16. März 2016, <http://finanzmarktwelt.de/ezb-kaeufe-von-unternehmensanleihen-der-markt-positioniert-sich-bei-jeder-marktverzerrung-gibts-immer-auch-verlierer-29594/>.

45. Vgl. M. Draghi, *Introductory Statement to the Press Conference (with Q&A)*, Europäische Zentralbank, Frankfurt am Main, 22. Januar 2015, <http://www.ecb.europa.eu/press/pressconf/2015/html/is150122.en.html>, hier sagte der EZB-Präsident Mario Draghi: »As I just said, it would be a big mistake if countries were to consider that the presence of this programme might be an incentive to fiscal expansion. They would undermine the confidence, so it's not directed to monetary financing at all.«

46. Ebenda.

47. Ebenda.

48. Vgl. H.-W. Sinn, *Der Euro,* a.a.O., S. 366-369.

49. Vgl. Europäische Kommission, Prioritäten, Beschäftigung, Wachstum und Investitionen, Investitionsoffensive, <http://ec.europa.eu/priorities/jobs-growth-and-investment/investment-plan_de#why>. Vgl. auch H.-W. Sinn, »Juncker's Shadow Bank«, *EU Observer*, 2. Dezember 2014, <https://euobserver.com/opinion/126739>.

50. Die Europäische Investitionsbank stellt 5 Milliarden Euro Eigenkapital für den Fonds zur Verfügung, das sie durch eine Umbewertung von Aktiva in ihren Büchern aufscheinen lässt, und die EU-Kommission garantiert weitere 16 Milliarden Euro.

51. Vgl. Europäische Zentralbank, »Technical Annex ECB Announces Operational Modalities of the Expanded Asset Purchase Programme«, *Pressemitteilung*, 22. Januar 2015, <http://www.ecb.europa.eu/press/pr/date/2015/html/pr150122_1.en.html>.

52. »DBRS Confirms Portugal Investment Grade«, *Fast FT, Financial Times, ft.com*, 29. April 2016, <http://www.ft.com/fastft/2016/04/29/dbrs-confirms-portugal-investment-grade/>.

53. Vgl. Central Bank of Ireland, *Central Bank Statement*, 7. Februar 2013, <http://www.centralbank.ie/press-area/press-releases/Pages/CentralBankStatement.aspx>. Der ehemalige Chefökonom der EZB Jürgen Stark klassifizierte dies als verbotene Staatsfinanzierung. Vgl. J. Stark, »Irlands verbotener ›Deal‹ mit der Notenbank«, *Welt online*, 14. März 2013, <http://www.welt.de/finanzen/article113645427/Irlands-verbotener-Deal-mit-der-Notenbank.html>.

54. Vgl. H.-W. Sinn, *Der Staat im Bankwesen. Zur Rolle der Landesbanken in Deutschland*, C. H. Beck Verlag, München 1997; englisch: derselbe, *The German State Banks. Global Players in the International Financial Markets*, Edward Elgar, Aldershot 1999.

55. Siehe International Monetary Fund, »Cleaning-up Bank Balance Sheets: Economic, Legal, and Supervisory Measures for Italy«, *IMF Working Paper* WP/16/135, S. 3, <http://www.imf.org/external/pubs/ft/wp/2016/wp16135.pdf>.

56. Vgl. C. Whittal, »Firms Build Bonds To Sell to the ECB«, a.a.O., oder P. Plickert, »Anleihenkaufprogramm: EZB kauft auch in nicht-öffentlichen Verfahren«, a.a.O.

57. Allerdings darf die Summe aller von der EZB in allen Programmen erworbenen Staatspapiere nicht über 33 % der Staatsschuld liegen. Ferner kauft die EZB pro Staatsschuldentranche nicht mehr als 25 %. Vgl. M. Draghi, *Introductory Statement to the Press Conference (with Q&A)*, Europäische Zentralbank, 22. Januar 2015, a.a.O.

58. Vgl. Europäische Zentralbank, »EZB kündigt erweitertes Programm zum Ankauf von Vermögenswerten an«, *Pressemitteilung,* 22. Januar 2015, a.a.O. sowie M. Draghi, *Introductory Statement to the Press Conference (with Q&A),* Europäische Zentralbank, Frankfurt am Main, 22. Januar 2015, a.a.O.

59. F. Westermann, »Why the ECB Rules on ›Risk Limitation‹ Do Not Obviate Shared Liability«, Kommentar, *Official Monetary and Financial Institutions Forum,* 5. Februar 2015, <http://www.omfif.org/analysis/commentary/2015/february/why-the-ecb-rules-on-risk-limitation-do-not-obviate-shared-liability/>. Derselbe, »Target-2 Imbalances Rise Again«, Kommentar, *International Financing Review,* 7. April 2016, <http://www.ifre.com/target-2-imbalances-rise-again/21242227.fullarticle>. Mittlerweile führen die aufgrund des QE-Programms wachsenden Target-Salden auch bei den Notenbanken zu Irritationen. So gab es im Juni einen kritischen Artikel dazu von der niederländischen Notenbank. Siehe De Nederlandsche Bank, »Target2 Imbalances Reflect QE and Persistent Fragmentation within the Euro Area«, *DN Bulletin,* 16. Juni 2016, <https://www.dnb.nl/en/news/news-and-archive/dnbulletin-2016/dnb342673.jsp>. Auf die Frage eines niederländischen Journalisten im September 2016 nach der Meinung des EZB-Präsidenten Mario Draghi zu den Analysen der Niederländischen Zentralbank, wonach das QE-Programm zu einem erneuten Anstieg des Ungleichgewichts der Target-Salden und somit zur anhaltenden Fragmentierung des Eurosystems in Nord und Süd beitrage, antwortete er, dass er diese Auffassung nicht teile und ihm diese Entwicklungen keine Sorgen bereiten würden. Siehe M. Draghi und V. Constâncio, *Introductory statement to the press conference (with Q&A),* Europäische Zentralbank, Frankfurt am Main, 8. September 2016, <https://www.ecb.europa.eu/press/pressconf/2016/html/is160908.en.html>.

60. Zu den Rechnungen vgl. H.-W. Sinn, *Der Euro,* a.a.O., S. 379 ff., C. Fuest und H.-W. Sinn, »Die Risiken der Notkredite«, a.a.O., und dieselben, »Non tacemus«, a.a.O.

61. »Bundesregierung und Deutscher Bundestag sind aufgrund der ihnen obliegenden Integrationsverantwortung allerdings verpflichtet, eine etwaige Durchführung des OMT-Programms dauerhaft zu beobachten. Diese Beobachtungspflicht ist nicht nur darauf gerichtet, ob die oben formulierten Maßgaben eingehalten werden, sondern auch darauf, ob insbesondere aus dem Volumen und der Risikostruktur der erworbenen Anleihen, die sich auch nach ihrem Erwerb ändern kann, ein konkretes Risiko für den Bundeshaushalt erwächst. Gegebenenfalls ist die Bundesregierung gehalten, sich Informationen, über die sie nicht selbst verfügt, zu beschaffen. Ein insoweit geeignetes Mittel kann etwa die gegenüber der Bundesregierung bestehende Beratungs- und Auskunftspflicht der Deutschen Bundesbank (§ 13 Abs. 1 BBankG) sein.« Vgl. Bundesverfassungsgericht, *BVerfG, 2 BvR 2728/13,* 21. Juni 2016, Randziffer 220, <http://www.bverfg.de/e/rs20160621_2bvr272813.html>.

62. EU Med Summit in Athen mit Frankreich, Italien, Griechenland, Spanien, Portugal, Malta und Zypern. Vgl. A. Tsipras, »Euro-Med Summit will Unite Europe, not Divide it«, Interview von S. Michalopoulos, *EurActiv.com,* 9. September 2016, <https://www.euractiv.com/section/future-eu/interview/tsipras-euro-med-summit-will-unite-europe-not-divide-it/>. Ferner B. Wesel, »Europas Süden verbrüdert sich«, *Deutsche Welle online,* 9. September 2016, <http://www.dw.com/de/europas-s%C3%BCden-verbr%C3%BCdert-sich/a-19541162>.

# Euro-Desaster, Flüchtlingswelle, Brexit – Und ein 15-Punkte-Plan zur Neugründung Europas

*Eskalierende Krisen ohne Ende* ● *Warum das europäische Modell in seiner heutigen Form nicht funktioniert* ● *Sinnlose Hilfen – Und warum Deutschland jetzt die Änderung der EU-Verträge verlangen muss* ● *Grundlegend für die Neukonstruktion Europas: das Pareto-Prinzip* ● *I. Ein Reformprogramm für die Gesundung des Euro* ● *II. Ein Reformprogramm für die Steuerung der Migration von innen und von außen* ● *III. Ein Schritt zurück, zwei Schritte nach vorn: Was Europa außerdem braucht* ● *Zum Abschluss: Der 15-Punkte-Plan zur Neugründung Europas auf einen Blick*

# Eskalierende Krisen ohne Ende

Nach der Honeymoon-Periode, die der Euro-Einführung folgte, geriet Europa im Sommer des Jahres 2007 in eine nicht enden wollende Phase von Turbulenzen. Sie rütteln seine politischen Strukturen bis heute durch und ließen in vielen Ländern radikale politische Parteien erstarken. Seit der Flüchtlingswelle 2015 und vor allem seit dem Schwarzen Juni 2016 – mit dem Brexit-Votum und dem Urteil des Bundesverfassungsgerichts zum OMT-Programm der EZB – befindet sich die EU nun endgültig inmitten der schwersten Krise ihrer Geschichte.

Diese Krise begann mit einer Erschütterung des europäischen Interbankenmarktes im August 2007, dem nach der Lehman-Pleite im Jahr 2008 der temporäre Zusammenbruch dieses Marktes und eine globale Wirtschaftskrise folgten. Während sich die Weltwirtschaft bald wieder erholte, erleben die Staaten Südeuropas seither eine Dauerkrise mit einer schier endlosen Abfolge weiterer Eruptionen.

Chronologie und Dynamik dieser Entwicklung sind in der Rückschau atemberaubend. Das wird im Folgenden deutlich.

Als ihre Wirtschaft in den Jahren 2008 und 2009 zusammenbrach, weil der Auslandskredit nicht mehr floss, halfen sich die Krisenländer damit, das Geld, das sie sich nicht mehr leihen konnten, selbst zu drucken. Dadurch entstanden die riesigen Target-Schulden beim Eurosystem, über die Kapitel 4 berichtete. Das Geld half aber nur temporär, und in der EZB wuchs die Nervosität, als sie merkte, dass viele Länder nicht nur in einer Liquiditätskrise steckten, sondern eigentlich bereits insolvent waren.

Als Erstes zeigte sich die bevorstehende Insolvenz im Frühjahr 2010 in Griechenland. Doch die Staatengemeinschaft verschleppte den Konkurs und rettete den griechischen Staat nebst seinen Gläubigern, allen voran das dort am stärksten exponierte französische Bankensystem, mit öffentlichen Krediten. Für Irland und Portugal mussten damals ebenfalls Rettungsaktionen auf den Weg gebracht werden, ohne die es vermutlich Staatspleiten gegeben hätte. Von der Rettung der irischen Banken profitierten insbesondere deutsche Gläubiger.

Gleichzeitig mit den fiskalischen Rettungsprogrammen der Staatengemeinschaft legte die EZB im Mai 2010 das *Securities Markets Programme*

(SMP) auf, nach dem alle Notenbanken in Proportion zur Größe ihrer Länder die Staatspapiere der sechs Krisenländer Griechenland, Italien, Portugal, Spanien, Irland und Zypern (GIPSIZ) kaufen mussten. Bis zum Februar 2012 wurden dafür 223 Milliarden Euro ausgegeben. Das war nach der Explosion der Target-Salden der zweite große Sündenfall der EZB. Von nun an betrieb sie – in deutlicher Überdehnung ihres eigentlich rein geldpolitischen Mandats – eine offenkundige fiskalische Rettungspolitik für in Bedrängnis gekommene Gliedstaaten, für die es nicht einmal bei der US-amerikanischen Notenbank *Federal Reserve Bank* Parallelen gibt, die sonst oft als Beispiel für kreative Rettungsaktionen herangezogen wird. Bundesbankpräsident Axel Weber und EZB-Chefvolkswirt Jürgen Stark traten deswegen unter Protest von ihren Ämtern zurück. Auch Bundespräsident Horst Köhler legte unmittelbar nach den Entscheidungen mit einer nicht nachvollziehbaren Begründung, die sich auf einen ganz anderen Sachverhalt bezog, sein Amt nieder. Tatsächlich widersprachen die Entscheidungen des Bundestages allem, was Köhler zusammen mit Stark in seiner Funktion als Staatssekretär des Bundesfinanzministeriums seinerzeit in den Maastrichter Vertrag hineingeschrieben hatte.

Auch Deutschland geriet nun in den Fokus. Hier kamen die staatlichen Landesbanken, die Hypo Real Estate und die Commerzbank in Schwierigkeiten und mussten mit fast 300 Milliarden staatlicher Bürgschaften und Kredite gerettet werden.

Im Sommer 2011 verlagerte sich die Krise nach Italien und Spanien. Beide Länder hatten unter einer gewaltigen Kapitalflucht zu leiden. Die auch dadurch induzierten Erschütterungen des Eurosystems waren so groß, dass es zu zerbrechen drohte. Der damalige italienische Ministerpräsident Silvio Berlusconi sondierte gar die Möglichkeit eines Austritts Italiens aus der Eurozone. Und auch der griechische Staatschef Giorgos Papandreou erwog, sein Land nach einem Referendum austreten zu lassen.

Ein Jahr später, zum Sommer 2012 hin, kulminierte die Eurokrise, und viele beschworen das Ende des Euro, wenn nicht die Staatengemeinschaft die Risiken der Inhaber der europäischen Staatspapiere übernehmen würden. Das tat sie dann auch. Zum einen geschah das durch das bereits erläuterte allumfassende Rettungsversprechen OMT, das *whatever it takes,* mit dem der EZB-Präsident Mario Draghi die Anleger rettete und den verschuldeten Krisenländern die Aufnahme neuer Kredite erleichterte. Zum anderen durch die Einrichtung des permanenten Rettungsschirms ESM. Beide Aktionen standen – und stehen – in eklatantem Widerspruch zur No-Bailout-Klausel des Maastrichter Vertrags, nach der kein Staat für die Schulden eines anderen einzustehen hat. Auf diese Weise ging die EU den Weg in die staatliche Lenkung des europäischen Kapitalmarktes und in die Haftungsgemeinschaft. Mehr noch: Durch die Hintertür wurden so quasi auch Eurobonds eingeführt, gegen die sich die Bundeskanzlerin Angela Merkel zumindest der Rhetorik nach bis heute vehement sträubt. Faktisch allerdings hatte sie mit der Zustimmung zu beiden Rettungsaktionen die Eurobonds bereits akzeptiert.

Zwar schien es nach diesen Rettungen zunächst wieder voranzugehen. Die Staaten Südeuropas konnten nun wieder zu niedrigen Zinsen Schulden aufnehmen, was ihre Lage erst einmal entspannte und die binnenwirtschaftliche Nachfrage kurzfristig erhöhte. Doch war der damit verbundene Nachfrageschub nur ein Strohfeuer, denn tatsächlich litten die Volkswirtschaften der Krisenländer unter einem Verlust ihrer Wettbewerbsfähigkeit, dem man mit Schulden grundsätzlich nicht beikommen kann.

Eines der Länder der Eurozone war schon so angeschlagen, dass selbst das Strohfeuer keine Rettung mehr bot. Bereits im Frühjahr 2012 war Griechenland trotz des zurechtgebastelten Rettungsschirms von 2010 in Konkurs gegangen und hatte seine Gläubiger gezwungen, Schuldenschnitte von 105 Milliarden Euro zu akzeptieren. Im Herbst 2012 musste die Staatengemeinschaft mit einem versteckten Schuldenschnitt von 43 Milliarden Euro ebenfalls bluten. Danach half ein zweites Rettungspaket dem Land abermals auf die Beine. So schien es jedenfalls für eine kurze Zeit.

Doch schon im Herbst 2014 brach die Eurokrise in Griechenland wieder auf und verstärkte sich zum Winter hin. Das erste Halbjahr 2015 geriet zu einem wilden Gezänk in und um Griechenland, wie es Westeuropa in der Nachkriegszeit noch nie gesehen hatte. Auch Deutschland wurde dabei in die Händel hineingezogen und musste sich mit griechischen Reparationsforderungen herumschlagen, die es nur durch die Bereitschaft, ein drittes Rettungspaket zu akzeptieren, zeitweilig vom Tisch bekam.

Parallel zur Griechenland-Krise bereitete dann die EZB im Januar 2015 ihren bis dato größten Coup vor, indem sie ankündigte, auf dem offenen Kapitalmarkt mit frisch gedrucktem Geld Wertpapiere im Umfang von 1,2 Billionen Euro zu kaufen. Eine Ankündigung, die sie dann, als das Programm nicht wirkte, bereits im Frühjahr 2016 auf 1,7 Billionen Euro ausdehnte. Wie gegen Ende von Kapitel 4 erläutert, läuft dieses Programm auf eine groß angelegte Umschuldungsaktion für die Länder Südeuropas hinaus, bei der deren verbriefte Staatsschulden bei Anlegern aus aller Welt in bloße Target-Buchschulden bei den Zentralbanken Nordeuropas, allen voran bei der Bundesbank, umgetauscht werden. Da sich diese Buchschulden bei einem Austritt der Südländer aus dem Euro wahrscheinlich in Luft auflösen werden, ermöglicht diese Politik den Südländern die Vorbereitung des Plan B und verbessert ihren Drohpunkt bei den anstehenden Verhandlungen über eine europäische Transferunion mit Gemeinschaftsschulden, einem gemeinsamen Budget und verschiedenen Ansätzen für einen europäischen Finanzausgleich, die einen Rechtsanspruch auf Hilfen etablieren.

Kaum war der Streit mit Griechenland durch ein drittes teures Rettungspaket beigelegt, wurden die Europäer durch eine nie gekannte Flüchtlingswelle erschreckt, die sich vor allem über Griechenland und den Balkan nach Zentraleuropa ergoss. Allein nach Deutschland strömten infolge der bekannten Quasi-Einladung der Bundeskanzlerin im Jahr 2015 nach offizieller Zählung etwa eine Million Menschen. Unter Berücksichtigung der vielen Flüchtlinge, die die Grenzen überrannten, ohne je registriert zu werden, waren es wahrscheinlich sogar deutlich mehr. Das Ergebnis einer von den EU-Partnern als eigenmächtig empfundenen »Einladungspolitik« der deutschen Regierung waren heftige politische Irritationen in Europa.

Und dann kam der Schwarze Juni 2016, der diesem Buch den Titel gab, zunächst mit der Entscheidung des deutschen Verfassungsgerichts am 21. Juni und zwei Tage später mit dem britischen Referendum.

Das Bundesverfassungsgericht hatte schon 2014 erklärt, dass die EZB seiner Meinung nach mit dem OMT-Beschluss die Grenzen ihres Mandats überschreitet, aber den EuGH vor einem formellen Urteil zunächst um seine Meinung gebeten. Als der Europäische Gerichtshof die Bedenken des deutschen Gerichts ohne viel Federlesens beiseitewischte, gab das deutsche Gericht klein bei, akzeptierte das Urteil – obwohl es der eigenen Auffassung inhaltlich diametral zuwiderlief – und beschränkte sich auf die Feststellung, dass das EuGH-Urteil nicht willkürlich sei. Seither ist jeder juristische Widerstand gegen die EZB zwecklos. Die EZB darf nun auch weiterhin Vermögensrisiken im Umfang von Hunderten von Milliarden Euro von den Eigentümern der Staatspapiere konkursreifer Länder auf die Steuerzahler der Eurostaaten übertragen. Ihre Position als demokratisch nicht kontrollierte Zentralplanungsbehörde zur Lenkung des Kapitalmarktes in Europa wird damit weiter gefestigt.

Auch was das Brexit-Votum betrifft, sind die Folgen erheblich, ja eigentlich dramatisch. Die Dimension wird deutlich, wenn man sich erneut klarmacht, dass sich das Ausscheiden der Briten ökonomisch betrachtet mit einem gleichzeitigen Austritt der 20 kleinsten der 28 EU-Länder vergleichen lässt (vgl. Abbildung 1.4 in Kapitel 1). Außerdem – und das ist besonders wichtig – verlieren nun die freihandelsorientierten Länder mit der Brexit-Entscheidung ihre Sperrminorität im Ministerrat der EU. Diese Sperrminorität hatte bislang dafür gesorgt, dass diese Länder – vor allem Deutschland, die Niederlande, Finnland und Österreich im Verbund mit dem Vereinigten Königreich – ihre Interessen gegenüber den tendenziell protektionistischen Krisenländern Südeuropas und vor allem auch Frankreich wahren konnten. Das Gleichgewicht zwischen den divergierenden Interessen dieses mediterranen Blocks und der nördlichen Länder, auf das mehrere deutsche Regierungen von 1960 bis 1973 gegen den Widerstand Frankreichs beharrlich hingearbeitet hatten und das mit der Aufnahme Großbritanniens in die EU im Jahr 1973 endlich erreicht werden konnte, wird mit dem Brexit nun zerstört. Als Konsequenz ist das exportorientierte Wohlstandsmodell Deutschlands, das auf freien Handel von Gütern, Dienstleistungen und Kapital angewiesen ist, bedroht. Der mediterrane Block wird nun bald alles daransetzen, seine eher protektionistischen wirtschafts- und handelspolitischen Vorstellungen durchzusetzen. Einen Vorgeschmack auf das neue Muskelspiel der mediterranen Länder bekam man auf dem EU-Med-Gipfel im September 2016 in Athen.

Im Kern stellt die britische Entscheidung nichts anderes als ein Misstrauensvotum der Bevölkerung gegenüber dem Kurs der Europäischen Union dar. Vor allem ist sie eine Reaktion auf die ausufernden EU-Binnenwanderungen der letzten Jahre – insbesondere aus ost- und südosteuropäischen Ländern wie Polen oder Rumänien – sowie auf die neue Flüchtlingswelle aus dem Nahen Osten und Nordafrika. Die Briten, die nach dem Zweiten Weltkrieg bereits eine massive Einwanderungswelle aus ihren Kolonien erlebt hatten, die zu bis heute sichtbaren Ghettoisierungen und viel sozialem Sprengstoff geführt hat, reagierten auf die neuen Massenmigrationen besonders sensibel.

Innerhalb zweier Junitage im Jahr 2016 war damit in Europa nichts mehr wie zuvor. Kein Zweifel: Der Schwarze Juni 2016 markiert den Beginn einer europäischen Zeitenwende.

Inzwischen eskalieren auch andere Krisen. Seit dem Sommer 2016 spitzt sich die für Kenner immer schon bedrohliche italienische Bankenkrise deutlich zu. 80 % des Eigenkapitals der italienischen Banken drohen durch den Verlust notleidender Kredite vernichtet zu werden. Das älteste Bankhaus der Welt, Monte Paschi di Siena, und die UniCredit, eine der umsatzstärksten Banken Europas, gerieten in allergrößte Schwierigkeiten. Und der italienische Staat, der sich unter dem Schutz der Staatengemeinschaft heute günstig verschulden kann, sprang als Bankenretter ein, obwohl das nach der neuen Bankenrichtlinie eigentlich verboten ist. Niemand in Europa zieht ihn dafür zur Rechenschaft. Der permanente Bruch von Regeln, die sich die EU selbst gegeben hat, geht also ungebremst weiter.

In Griechenland fehlt abermals das Geld, und man will schneller an die Mittel des dritten Rettungspakets heran. Zur Vorbereitung der neuen Verhandlungsrunde mit Deutschland hat der griechische Außenminister Nikos Xydakis am 20. August 2016 die griechischen Reparationsforderungen, die Deutschland mit seiner Zustimmung zum dritten Rettungspaket für erledigt ansah, erneut auf den Tisch gelegt.[1]

Aber damit nicht genug. Trotz der von Politik und EZB geschnürten billionenschweren Rettungspakete ist die Realwirtschaft Südeuropas immer noch meilenweit von der Überwindung seiner Krisen entfernt. In Portugal lag die Arbeitslosenquote im Sommer 2016 bei 11 %, in Italien bei 12 %, in Spanien bei 20 % und in Griechenland bei 23 %. Die Quoten der Jugendarbeitslosigkeit erreichten in Spanien und Griechenland Werte von 46 % und 47 %. In Italien sind 37 % der unter 25-jährigen Erwerbspersonen, die nicht zur Schule gehen, ohne Arbeit. In Portugal liegt der Wert bei 27 %. Zum Vergleich: In Deutschland zählt man nur 7 %.[2]

Nicht nur italienische Banken, sondern Banken in ganz Europa leiden unter der Krise, weil viele ihrer Kunden angesichts der desolaten wirtschaftlichen Verhältnisse die empfangenen Kredite nicht zurückzahlen können. Zahlreiche Kredithäuser sind eigentlich bankrott und werden lediglich mit Buchhaltungstricks und Staatshilfen über Wasser gehalten.

Die Industrieproduktion ist in Südeuropa mit der Lehman-Krise im Jahr 2008 wie in den meisten Ländern der Erde dramatisch eingebrochen.

Doch im Gegensatz zum Rest der Welt hat sie sich in den südeuropäischen Ländern noch nicht wieder erholt. Portugal hing nach der im Sommer 2016 vorhandenen Datenlage zuletzt um 12 % hinter seinem Vorkrisenniveau (drittes Quartal 2007) zurück, Italien um 22 %, und Spanien und Griechenland um je 25 %. Manche der europäischen Daten erinnern gar an die Weltwirtschaftskrise Ende der 1920er-Jahre, die in Deutschland und anderen Ländern eine politische Radikalisierung zur Folge hatte, deren Konsequenzen bekanntermaßen verheerend waren.

Selbst ein Land wie Finnland droht nun unter die Räder zu kommen. Dort kommen verschiedene Probleme zusammen. Sie könnten mit einer Währungsabwertung deutlich abgemildert werden – die dem Land aber im Euroverbund nicht möglich ist. Auch die finnische Industrieproduktion rutschte mittlerweile um besorgniserregende 20 % unter das Vorkrisenniveau. Finnland hatte ähnliche Probleme Anfang der 1990er-Jahre durch eine massive Abwertung der Markka in den Griff bekommen. Daran erinnern sich derzeit viele.

Ein besonderes Problem stellt Frankreich dar, denn für Frankreichs Banken und Industrie liegen in Südeuropa wichtige Absatzmärkte. So gesehen ist die Krise Südeuropas zugleich eine Krise Frankreichs. Frankreichs Gesamt-Arbeitslosenquote weist im Sommer 2016 einen Wert von 10 % aus, die Jugendarbeitslosenquote liegt bei 23 %. Und die französische Industrieproduktion unterschreitet das Vorkrisenniveau noch immer um 13 %, ohne dass eine Rückkehr zum alten Produktionsniveau absehbar wäre.

Angesichts der in zahlreichen EU-Ländern desolaten wirtschaftlichen Verhältnisse ist es nicht verwunderlich, dass das allgemeine Vertrauen der Bevölkerung in die Funktionsfähigkeit der EU unter den vielen eskalierenden und nicht enden wollenden Krisen massiv gelitten hat. Erstaunlich viele EU-Bürger plädieren mittlerweile dafür, dass ihr Land lieber früher als später aus der EU austritt, offenkundig ohne zu wissen, welchen Schaden sie sich damit zufügen würden. Und noch viel mehr wollen nun wie die Briten ein Referendum zu dieser Frage, nicht zuletzt eine deutliche Mehrheit der Franzosen und Italiener (vgl. dazu bereits Abbildung 1.7 in Kapitel 1).

Auch deswegen liegen die Nerven in vielen europäischen Hauptstädten blank. Die Leidensbereitschaft der Bevölkerung verwandelt sich allerorten mehr und mehr in öffentlich und politisch bekundeten Unmut, der radikalen Parteien Zulauf beschert. In Griechenland und Portugal sind solche

Parteien bereits an der Macht. In Spanien, Frankreich und Italien werden sie zunehmend stärker. Auch die wachsenden Zustimmungswerte für die FPÖ in Österreich oder für die AfD in Deutschland weisen, bei allen Unterschieden von Land zu Land, in eine ähnliche Richtung.

Die Regierungen, vor allem jene in Südeuropa, versuchen die Bevölkerung bei Laune zu halten, indem sie auf Risiko der Steuerzahler anderer Länder immer mehr Schulden machen, um so eigentlich dringend nötige, aber kurzfristig eben auch schmerzhafte Reformschritte am besten auf den Sankt-Nimmerleins-Tag zu verschieben und so ihre Chancen für eine Wiederwahl zu verbessern. Mit den über die zusätzlichen Schulden erzeugten Strohfeuern, von denen oben im Zusammenhang mit Griechenland schon die Rede war, verletzten sie fortwährend die europäischen Schuldenbegrenzungspakte, ohne dass die EU-Kommission – die ja eigentlich die Hüterin der Verträge ist – einschreitet. Auch an dieser Stelle also wird erkennbar: Der Regelbruch geht allerorten munter weiter.

Die Strohfeuer haben bislang dazu beigetragen, dass die schlimmsten politischen Konsequenzen verhindert werden konnten. Der Umstand, dass alle Euro-Krisenländer weiterhin Kredit bekommen – sei es aus der Druckerpresse oder über die Rettungsfonds –, bedeutet letztlich einen großen Unterschied zur Weltwirtschaftskrise Ende der 1920er-Jahre. Gewiss, man beklagt sich in Südeuropa über die besonders von Deutschland eingeforderte Austerität, also den Sparzwang der letzten Jahre. Gerne würde man sich noch mehr verschulden, um der heimischen Wirtschaft abermals künstliche Staatsnachfrage zuführen zu können. Und man wettert gegen Länder wie die Niederlande, Finnland, Österreich oder Deutschland, die darauf beharren, dass das Gegengeschäft zur Haftungsübernahme im Zusammenhang mit den Rettungspaketen und der damit einhergehenden Zinssenkung in der Einhaltung von Schuldenschranken durch die Krisenländer besteht.

Aber diejenigen, die Deutschland sein Festhalten an einer Austeritätspolitik vorwerfen, verschweigen, dass der Sparzwang allein von den Märkten ausgeht, die sich ohne die EU-Haftungsgarantien einer Fortsetzung der Schuldenfinanzierung schon lange verweigert hätten und es im Falle Griechenlands noch immer tun. Die Staatengemeinschaft hat vor allem auf dem Wege über die EZB zu Lasten der Steuerzahler der noch gesunden Euro-Länder eine in der Weltgeschichte bislang nicht bekannte gigantische zwischenstaatliche Rettungsarchitektur mit Hilfskrediten, Bürgschaften und Haftungsversprechen errichtet. Damit hat sie die von den Märkten ausgehende Austerität in riesigem Umfang gemindert und gemildert und nicht etwa erzeugt. Auch in diesem Punkt zeigt sich ein wichtiger Unterschied zur Weltwirtschaftskrise der 1920er-Jahre. Damals nämlich wurde keinem der in Schwierigkeiten geratenen Ländern geholfen, Deutschland, dem ehemaligen Kriegsgegner, schon gar nicht.

Die entscheidende Frage ist: Wie nachhaltig wirksam ist letztlich die europäische Rettungsstrategie? Wie lange sind die für die Rettung hochverschuldeter Staaten nötigen öffentlichen Kredite noch finanzierbar? Wie weit lässt sich die Gemeinschaftshaftung – auch für die viele Hunderte von Milliarden schwere EZB-Programme – noch ausdehnen? Wie groß sind die dadurch bei anderen Ländern entstehenden Kosten und Risiken? Und vor allem: Wie lange kann Deutschland, das bei Weitem den größten Teil der Euro-Rettungsarchitektur schultert und außerdem noch den Löwenanteil der Flüchtlinge aufnimmt, diesen Weg noch mitgehen, ohne selbst zu einem Krisenfall zu werden?

Die Antworten auf diese Fragen hängen maßgeblich davon ab, ob es sich bei den skizzierten Krisen um temporäre Ereignisse, also quasi nur um überschaubare Betriebsunfälle handelt, oder aber um strukturelle Dauerprobleme, die bedeuten, dass die Retter letztlich ein Fass ohne Boden füllen sollen. Anfangs dachten viele Experten und Politiker lediglich an temporäre Ereignisse:

- an eine nur kurzfristig wirkende Finanzkrise,
- an eine zeitlich begrenzte Eurokrise,
- an eine baldige Erholung Griechenlands, die eine Wiederholung des ersten Rettungspakets aus dem Jahr 2010 unnötig machen würde,
- an eine temporär begrenzte Migration aufgrund der Sondersituation eines Krieges,
- an einen nur kurzen Anpassungsschock nach der Osterweiterung der EU

und dergleichen mehr. Doch die Persistenz der in diesem Abschnitt beschriebenen eskalierenden Krisen lässt berechtigte Zweifel an dieser Position aufkommen. Mehr noch: Diese Position ist unhaltbar.

# Warum das europäische Modell in seiner heutigen Form nicht funktioniert

In der Tat sind die Krisen großenteils keine Zufallsereignisse, sondern das Ergebnis fehlerhafter Weichenstellungen der europäischen Politik und deshalb von Dauer. Gewiss, der Anstoß für die Finanzkrise kam aus Amerika. Und die meisten Flüchtlinge setzten sich ursprünglich wegen der Kriege im Nahen Osten in Bewegung. Doch haben die äußeren Anstöße Schwachstellen im europäischen System aufgedeckt, ohne die die aktuell an vielen Orten ausufernden Krisen in dieser Form nicht hätten eskalieren können. Nun wird deutlich: Die heute verfolgten Modelle von EU und Eurosystem sind teilweise fragile, falsch konstruierte Traumschlösser, die den Gesetzen der Statik in Teilbereichen nicht genügen und deshalb einsturzgefährdet sind.

So ist die prekäre Situation in Südeuropa dadurch entstanden, dass der Euro den Investoren die Vorstellung vermittelte, mit seiner Einführung sei eine Haftungsgemeinschaft entstanden, die es einzelnen Ländern und Bankensystemen unmöglich macht, in Konkurs zu gehen. Im Krisenfall würden sie von der Gemeinschaft schon gerettet werden. Man konnte sich nicht vorstellen, dass Euroländer, die quasi die Druckerpresse im Keller stehen hatten und so in der Lage waren, sich eine Währung zu drucken, die in anderen Euroländern als gesetzliches Zahlungsmittel anerkannt war, jemals ernsthafte Liquiditäts- oder Solvenzprobleme haben könnten (vgl. ausführlich Kapitel 4).

Wie die Rettungsgeschichte zeigt, waren solche Erwartungen nicht falsch. Mehr noch: Sie werden zum Teil bis heute gegen die Regeln des Maastrichter Vertrags auch aktiv von den Organen der EU verstärkt – von EU-Parlament und EU-Kommission, von EZB und Europäischem Gerichtshof. Einem vermeintlich integrationsfreundlichen Grundansatz folgend tun diese Organe, wie es scheint, bis auf Weiteres alles dafür, die Anleger durch entsprechende Richtlinien, Verordnungen, Mandatsüberdehnungen und Urteile in die Finanzierung der Staaten und Banken Südeuropas hineinzulocken.[3]

Die durch die EU-Organe seit den 1990er-Jahren herbeigeführten Zinssenkungen für Länder, die sich eigentlich keine weiteren Schulden leisten konnten, haben dazu geführt, dass sich die Staaten und Bürger der GIP-SIZ-Länder bis über beide Ohren verschuldeten, und das hat in diesen Ländern eine inflationäre Wirtschaftsblase erzeugt, durch die die Wettbewerbsfähigkeit zerstört wurde. Man wurde zu teuer und kam auf den angestammten Märkten deshalb nicht mehr zum Zuge.

Mit Auslandskrediten wurden im Bausektor – vor allem in Spanien – und beim Staat – vor allem in Griechenland – starke Lohnsteigerungen finanziert, die weit über den Produktivitätszuwachs der betroffenen Länder hinausgingen und deren Produzentenpreise relativ zum Rest der Eurozone erhöhten, ohne dass heute noch korrigierende Währungsabwertungen möglich sind. Damit erodierte auch die Basis, auf der allein eine gesunde Finanzwirtschaft möglich ist. Dass die italienischen Banken heute am Rande der Pleite stehen, liegt nicht an inkompetenten Bankmanagern, sondern am Verlust der Wettbewerbsfähigkeit der italienischen Firmen.

Italien hat das Preisniveau der von ihm erstellten Güter relativ zu Deutschland vom Jahr 1995, als auf dem Gipfel von Madrid die endgültigen Weichen für die Euro-Einführung gestellt wurden, bis zum Jahr 2008, dem Jahr der Lehman-Krise, um 46 % erhöht. In dieser Zahl ist eine anfängliche Aufwertung der Lira um 11 % enthalten, die die gleiche Wirkung wie eine Preiserhöhung hat. Jeder Italien-Tourist spürt diesen Effekt schmerzvoll am eigenen Leib. Wer mit dem Auto in das Land kommt, tut gut daran, sich vor der Grenze in einem deutschen oder österreichischen Supermarkt noch mit Lebensmitteln einzudecken, weil die Preisunterschiede gerade bei Nahrungsmitteln im Vergleich zur Heimat exorbitant sind. Gegenüber den anderen Euroländern in ihrer Gesamtheit, die zum Teil ebenfalls stark inflationierten, ist Italien zwar nicht gar so teuer geworden. Doch sind die Preise seiner selbst erzeugten Güter immer noch um 27 % schneller gestiegen als im Rest der Eurozone einschließlich Deutschlands. In Spanien war es ähnlich, denn dort haben die Preise relativ zum Rest des Eurogebietes um 20 % angezogen. Griechenland wurde relativ um 16 % und Portugal um 17 % teurer.[4]

Solange die Finanzinvestoren bereit waren, immer mehr Schuldscheine zu kaufen, sodass die heutigen Krisenstaaten sich mit dem Verkaufserlös finanzieren konnten, schien der Verlust der Wettbewerbsfähigkeit, der aufgrund der Verschuldung selbst zustande gekommen war, erst einmal kein Problem zu sein. Doch ging die Bereitschaft zum Kauf der Staatspapiere ab dem Sommer 2007 zurück und erlosch mit der Lehman-Krise. Nun weigerten sich die Finanzinvestoren, weiterhin Kredit zu geben, weil ihnen dämmerte, dass sie das Geld angesichts der ungeahnten (oder verdrängten) Dimension der Krise möglicherweise doch niemals zurückerhalten würden. Nur in dem Maße, wie den Märkten über die Euro-Rettungsarchitektur von EU und EZB Gewissheit verschafft werden konnte, dass stattdessen andere Länder, allen voran Deutschland, zurückzahlen würden, kehrte wieder Ruhe ein.

Doch schon jetzt ist eines klar: Immer dann, wenn sich die Angst ausbreitet, die Lasten könnten so groß sein, dass die Hilfe der anderen nicht ausreicht oder dass sie ganz in Frage gestellt wird – etwa weil Deutschland nicht mehr retten kann oder will –, wird es erneut zu einem akuten Ausbruch der Krise kommen. Angesichts des weiter wachsenden Schuldenbergs und der schnell wachsenden Geldmenge und Target-Salden muss man mit einer immer größeren Erschütterung rechnen, je länger man die Wahrheit verdrängt und die Bereinigung der Verhältnisse vor sich herschiebt.

Was die Flüchtlingsproblematik betrifft, liegen die Dinge in gewisser Weise ähnlich, denn kurzfristig bequeme Lösungen, wie die pauschalisierte Anerkennung von Flüchtlingen und die rasche Integration der Flüchtlinge in das deutsche Sozialsystem, rufen langfristig umso mehr Probleme hervor.

Dass das ganze System der freien Migration innerhalb der EU und die Willkommenskultur für Migranten aus Nicht-EU-Ländern mit den europäischen Sozialstaaten nicht zusammenpasst, ist offenkundig. Die westlichen EU-Staaten haben großzügige Sozialsysteme aufgebaut, wie sie die Welt sonst nicht kennt. Und Europa hat sich Inklusionsregeln gegeben, nach denen EU-Migranten – zum Beispiel aus Polen, Rumänien oder Bulgarien – und Migranten von außen – zum Beispiel aus Syrien oder Eritrea – sehr rasch in diese Systeme integriert werden können oder sollen. Dass diese Systeme deshalb als Wohlfahrtsmagneten wirken, die Migranten aus Europa und aller Welt anziehen und die Flüchtlingsströme in die am besten entwickelten Sozialstaaten lenken, ist von der Wissenschaft schon lange als Gefahr benannt worden. Doch in Brüssel und Straßburg hat man jahrzehntelang beharrlich die Augen und Ohren vor dieser Gefahr verschlossen, um die Angleichung der Lebensverhältnisse in der EU quasi mit der Brechstange zu erzwingen. Entweder würden sich – so schien die heimliche Devise zu sein – die Menschen den Wohlstand holen, indem sie ihren Wohnsitz verlegen, oder er müsste ihnen gebracht werden, um genau das zu verhindern.

Das Brexit-Votum im Schwarzen Juni sollte nun allen zu denken geben. Lange hat man die Warnungen zur Migrantenthematik nicht hören wollen – bis den Briten zunächst die Binnenwanderung innerhalb der EU zu viel wurde. Und als dann auch noch die Flüchtlinge von außen kamen, waren sie am Ende der Tropfen, der für die Briten das Fass zum Überlaufen brachte.

In gewisser Weise scheint diese Reaktion fast verständlich. Der völlig unkontrollierte Strom der Flüchtlinge, die Durchleitungspraxis der Grenzländer, die Unmöglichkeit, eine proportionale Verteilung der Flüchtlinge auf die EU-Länder zu erreichen, das rechtliche Wirrwarr, die fehlenden Kompetenzen der Grenzschutzagentur Frontex, die fehlende europaweite Registrierung – diese und viele weitere Defekte haben gezeigt, dass Europa noch weit von rechtlichen Strukturen entfernt ist, die es ermöglichen, dass seine Sozialstaaten dem Migrationsdruck standhalten können, ohne selbst zu erodieren.

Vereinfacht könnte man sagen: Europa hat zwar eine gemeinsame Währung, Freizügigkeit der Bürger und vielerlei sonstige Annehmlichkeiten einer Union produziert. Doch fehlt es ihm an essenziellen rechtlichen und institutionellen Einrichtungen zur Gewährleistung der inneren und äußeren Sicherheit. Europa ist bei der Vergemeinschaftung des Geldes deutlich zu weit vorangeschritten, beim Aufbau einer gemeinsamen Architektur für die Sicherung von Frieden und Wohlstand hinkt es hingegen weit hinterher.

# Sinnlose Hilfen – Und warum Deutschland jetzt die Änderung der EU-Verträge verlangen muss

Angesichts der strukturellen EU-Probleme vor allem im Zusammenhang mit dem Eurosystem und der EZB stellt sich nicht nur die Frage, ob das Stopfen von immer neuen Schuldenlöchern den Rettern nicht derart viel Kraft raubt, dass sie demnächst selbst in Schwierigkeiten kommen, sondern auch, ob die gewählten Politikmaßnahmen überhaupt helfen.

Die bisherigen Ausführungen in diesem Buch haben es bereits erkennen lassen: Sie helfen nicht. Die Rettungsarchitektur von EU und EZB hat zwar Zeit gekauft und die Krisenfolgen zunächst einmal halbwegs erträglich gemacht. Doch hat sie bislang keinen Beitrag zur strukturellen Verbesserung der Situation geleistet, ganz im Gegenteil. Sie ist mitverantwortlich dafür, dass Südeuropa nicht wieder auf die Beine kommt, sondern quasi reformlos erstarrt, von einigen kleineren Maßnahmen zur Verbesserung der Optik einmal abgesehen.

Bei näherer Betrachtung ist das auch nicht verwunderlich. Radikale Reformen, die vielen zunächst einmal wehtun und so auch die Wiederwahl der die Reformen erwägenden Politiker gefährden würden, sind politisch meist nur durchsetzbar, wenn sich für die davon nachteilig betroffenen gesellschaftlichen Gruppen keine Alternativen mehr erkennen lassen. Die Institutionen der EU haben indes dafür gesorgt, dass die Alternative des billigen Geldes stets erhalten blieb. Die europäischen Krisenstaaten – inklusive das ökonomisch immer schwächer werdende Frankreich – richten sich daher lieber auf die Option der Verschuldung zu Nullzinsen und endlos fließende Rettungsgelder ein, anstatt Reformen durchzuführen. Insofern erkaufen die Euro-Rettungspakete nicht Zeit für Reformen, wie die Politiker es versprochen hatten, sondern sie kaufen Zeit für politisches Nichtstun.

Sicher, ein wenig ist durchaus geschehen: eine Arbeitsmarktreform in Spanien etwa oder die Änderung des Kündigungsschutzes in Italien oder leichte Rentenkürzungen in Griechenland. Doch massiv und einschneidend war keine der Reformen. Die Länder Südeuropas und auch Frankreichs hätten eigentlich ihren Gürtel enger schnallen und ihre Löhne und Preise wieder senken müssen, um auf diese Weise mindestens zum alten Preisniveau zurückkehren und wieder mehr Güter ins Ausland verkaufen zu können. Ökonomen sprechen hier von einer sogenannten realen Abwertung, weil die Preissenkung in einer Währungsunion in vielerlei Hinsicht auf dasselbe hinausläuft wie eine offene Währungsabwertung in einem Währungssystem mit variablen Wechselkursen. Das alles aber geschah zunächst nicht. Stattdessen zogen es die meisten nicht mehr wettbewerbsfähigen Länder vor, sich das Geld zu drucken, das sie sich nicht mehr leihen konnten, und die Parlamente spannten zur Entlastung der Druckerpressen die fiskalischen Rettungsschirme auf.

Als dann das Rettungsgeld floss, gab es kaum mehr Anreize, echte Reformanstrengungen zu unternehmen. Der griechische Staat etwa, der seine Notenbanken in den ersten Krisenjahren so viel Geld drucken ließ, dass Griechenland damit per Saldo alle Auslandsrechnungen bezahlen konnte (vgl. Abbildung 4.4 in Kapitel 4), erhöhte trotz der Krise seine Löhne noch im Jahr 2009 um 19 %.[5] Erst seit dem Staatskonkurs des Jahres 2012 bewegte sich Griechenlands Preisniveau allmählich in die richtige Richtung. So senkte sich bis Ende 2015 das Preisniveau der Produkte in Griechenland relativ zum Rest der Eurozone immerhin um 10 %. Und auch in Spanien tat sich ein wenig. Sein relatives Preisniveau sank in der Krise um 6 %.

Abbildung 5.1 verdeutlicht diese Entwicklung in diesen und weiteren Ländern. Das Diagramm zeigt die Entwicklung der Produzentenpreise der Krisenländer mit Ausnahme Zyperns relativ zum jeweiligen Rest der Eurozone. Alle Preise sind so normiert, dass sie zum Zeitpunkt der Lehman-Krise den Wert 100 erreichen. Das Diagramm ist insofern nicht im Sinne eines Vergleichs der Preishöhen selbst interpretierbar, sondern nur für den Vergleich der zeitlichen Entwicklung der relativen Preise, auf welchem Niveau sie sich zum Zeitpunkt der Lehman-Krise auch immer befanden. Das Diagramm beginnt im Jahr 1995, weil damals, nach den Entscheidungen auf dem EU-Gipfel in Madrid, die Zinskonvergenz einsetzte, die durch den Euro hervorgerufen wurde und die die inflationäre Kreditblase in Südeuropa hervorrief. Die faktischen Daten enden mit dem Abschluss des Jahres 2015, weil das der bei Abfassung dieser Zeilen aktuelle Datenstand ist. Danach sind am rechten Rand noch verschiedene Zielwerte für die Preise angegeben, die sich aufgrund einer modellgestützten Analyse ergeben.

Erläuterung: Die Abbildung zeigt die Originalwerte der realen effektiven Wechselkurse, wie sie von der Europäischen Kommission veröffentlicht werden. Per definitionem messen diese Werte das Verhältnis des Preisniveaus der im Inland produzierten Güter (BIP-Deflator) relativ zum handelsgewichteten Durchschnitt der Preisniveaus der Handelspartner dieses Landes, oder aber auch, wenn der Preisindex nicht verfügbar war, das Verhältnis zu einem Maß für das durchschnittliche Kostenniveau einer produzierten Gütereinheit, das von der Kommission als Schätzgröße für das Preisniveau genommen wird. Der letzte Datenpunkt in der Grafik stammt vom vierten Vierteljahr 2015. Das ist der Datenstand per Anfang August 2016.

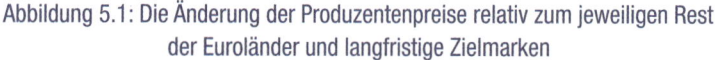

Abbildung 5.1: Die Änderung der Produzentenpreise relativ zum jeweiligen Rest der Euroländer und langfristige Zielmarken

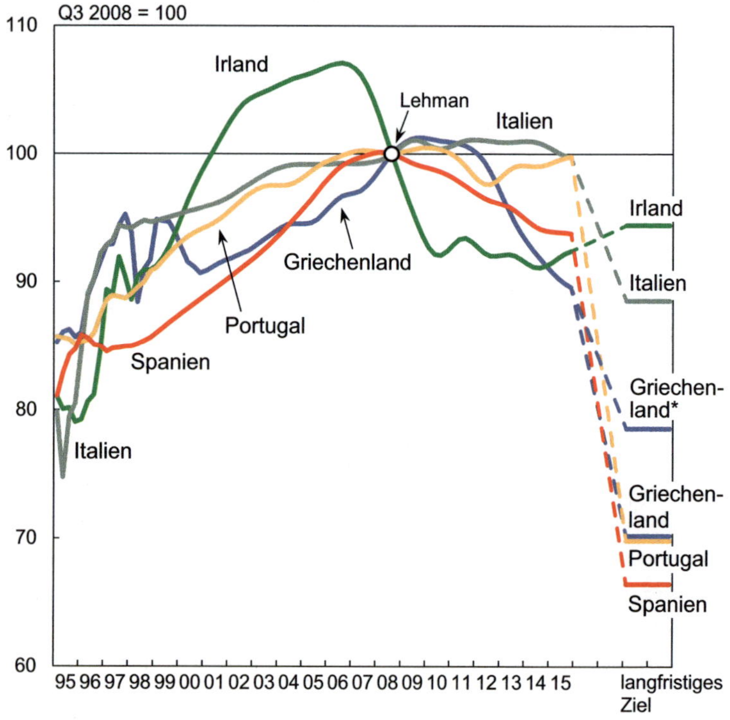

*Revidierte Berechnung nach dem griechischen Schuldenschnitt.

Quellen: Aktualisierung einer Grafik von H.-W. Sinn, »Austerity, Growth and Inflation. Remarks on the Eurozone's Unresolved Competitiveness Problem«, *The World Economy* 37, 2014, S. 1-13, unter Verwendung von Daten der folgenden Quellen: European Commission, Economic and Financial Affairs, Economic Databases and Indicators, Price and Cost Competitiveness, Quarterly Real Effective Exchange Rates vs. (rest of) EA19, Price Deflator GDP, Market Prices; H. Pill, K. Daly, D. Schumacher, A. Benito, L. Holboell Nielsen, N. Valla, A. Demongeot und A. Paul, »Achieving Fiscal and External Balance (Part 1): The Price Adjustment Required for External Sustainability«, *European Economics Analyst,* Issue Nr. 12/01, Goldman Sachs Global Economics, 15. März 2012; H. Pill, K. Daly, D. Schumacher, A. Benito, L. Holboell Nielsen, N. Valla, A. Demongeot und S. Graves, »External Rebalancing: Progress, but a Sizeable Challenge Remains«, *European Economics Analyst,* Issue Nr. 13/03, Goldman Sachs Global Economics, 17. Januar 2013.

Leider reichen die relativen Preissenkungen Griechenlands und Spaniens bei Weitem nicht. Zum einen führten nämlich die Abwertungen in Griechenland und Spanien beide Länder noch nicht wieder auf jenes Preisniveau zurück, das sie auswiesen, als sie der Eurozone beitraten. Zum anderen genügt es nicht, wenn die Abwertungen nur bis zu eben diesem Preisniveau zurückführen, weil die Länder in der Blase der ersten Jahre nach Einführung des Euro eine gewaltige Auslandsschuld aufbauten, die künftig nur durch erhebliche Außenhandelsüberschüsse bedient werden kann. Ihre aktuelle Situation verlangt daher eine noch stärkere reale Abwertung als nur die Rückkehr zum alten Preisniveau. Spanien und Griechenland müssten wahrscheinlich noch einmal um etwa 20 % billiger werden, um, verglichen mit dem Zeitpunkt der Lehman-Krise von 2008, Abwertungseffekte von 30 % bis 34 % relativ zum jeweiligen Rest der Eurozone zu erreichen.

Das wird in dem Diagramm durch die Position der gestrichelten Geraden auf der rechten Seite und die horizontalen Kurvenstücke gezeigt, zu denen sie hinführen. Die erforderlichen Abwertungsprozentsätze sind das Ergebnis einschlägiger modellgestützter Rechnungen, die darauf abzielen, den Ländern wieder so große Leistungsbilanzüberschüsse zu verschaffen, dass sie ihre Nettoauslandsschuld bei normalen Zinsen nach zwanzig Jahren auf weniger als 25 % des Bruttoinlandsprodukts reduzieren können.[6] Ohne Zweifel stellt das ein ambitioniertes Unterfangen dar, denn zuletzt (Ende 2015) lag die spanische Nettoauslandsschuld noch bei 90 % des Bruttoinlandsprodukts (BIP) und die griechische bei 133 %.[7] Und wie schon erwähnt, ist die spanische Nettoauslandsschuld mit 975 Milliarden Euro fast so groß wie die Nettoauslandsschuld aller anderen Krisenländer inklusive Italiens zusammen.

Der Weg zu einer niedrigeren Quote der Nettoauslandsschuld ist im Übrigen auch deshalb so schwierig, weil eine Senkung der Preise diese Quote zunächst erhöht, indem sie das nominale BIP senkt. Erst dadurch nämlich, dass durch die Abwertung allmählich wieder Exportüberschüsse entstehen, kann ein Land seine Schulden nach und nach mit eigener Kraft abtragen. Ersatzweise kann man natürlich auch die Zinsen auf Null setzen oder negativ machen, wie es die EZB derzeit probiert, doch das ist im Grunde nichts als ein versteckter Schuldenschnitt zu Lasten der Sparer anderer Länder, keinesfalls eine Lösung der Problematik durch eine Verbesserung der eigenen Wettbewerbsfähigkeit.

Während sich Spanien und Griechenland in der Krise immerhin mit ihren Preisen in die richtige Richtung entwickelten, ist in Italien und Portugal, wie die Abbildung belegt, bislang so gut wie nichts passiert. Von einer realen Abwertung ist in diesen Ländern nichts zu erkennen. Die beiden entsprechenden Linien in der Abbildung haben sich seit dem Lehman-Zeitpunkt per Saldo nicht nach unten bewegt. Und das ist auch nicht überraschend, denn es wurde in beiden Ländern zwar viel geredet, aber wenig gehandelt. Es geschah nichts, was in der Eurostat-Statistik der relativen Produzentenpreise der Euroländer sichtbar wurde. Zu Beginn der Krise, also in den Jahren bis 2012, sah man zwar eine leichte reale Abwertung in Portugal durch eine Preiszurückhaltung im Umfang von 2 %. Doch die neue Verschuldung, die die EU-Kommission Portugal anschließend durchgehen ließ, hat genug binnenwirtschaftliche Belebung gebracht, um selbst diesen minimalen Effekt durch eine überdurchschnittliche Inflation der Produzentenpreise wieder vollkommen zu eliminieren. Portugal muss im Endeffekt ähnlich stark abwerten wie Griechenland, hat aber einen noch weiteren Weg vor sich, weil es noch gar kein Stück davon geschafft hat. Portugal wies zuletzt eine Nettoauslandsschuld von 109 % des BIP auf.[8]

Etwas günstiger ist die Situation in Italien, weil Italien bislang nur Nettoauslandsschulden im Umfang von 24 % des BIP anhäufte. Italien genügt von daher wohl eine Abwertung von 11 %. Aber auch das ist nicht wirklich wenig, vor allem, weil man noch nicht einmal damit begonnen hat, Reformen anzupacken.

Angesichts der niedrigen Zinsen, die die Rettungsarchitektur – vor allem die von der EZB unter dem Namen OMT angebotene Kreditausfallversicherung – ermöglicht hatte, verlegten die Regierungen der meisten Krisenländer ihre politische Kraft bevorzugt auf das Antichambrieren bei der EU-Kommission mit dem Ziel, abermals hohe Budgetdefizite realisieren zu dürfen, anstatt mit den heimischen Gewerkschaften und Rentnern über eine Mäßigung der Ansprüche zu verhandeln.

Die große Ausnahme ist Irland. Irland stellt das einzige unter den Krisenländern dar, das inzwischen die Kurve gekriegt hat und sogar stürmische Wachstumsraten bei der Industrieproduktion zeigt. Kein anderes Land ist inzwischen derart rasant gewachsen wie Irland, und auch die irische Arbeitslosigkeit ist stark zurückgegangen. Die EU-Kommission rühmt sich damit, dass diese positive Entwicklung auch auf die Rettungsgelder für Irland und die damit verbundenen Reformauflagen zurückzuführen ist.[9] Genau das aber kann nicht stimmen, denn die ersten Rettungsgelder flossen erst im Januar 2011. Und wie Abbildung 5.1 eindeutig zeigt, hatte Irland schon vor dem Rettungspaket eine erhebliche reale Abwertung hinter sich gebracht. Die Abwertung betrug vom Maximum des relativen Preisniveaus Ende 2006 aus gerechnet bis zum Ende des Jahres 2010 etwa 13 %. Das ist bei Weitem der höchste Wert aller GIPSIZ-Länder. Und mehr noch: Als die Rettungsgelder schließlich flossen, hörte die reale Abwertung abrupt auf, weil Irland dann wieder billiges Geld erhielt und die Tarifpartner nicht mehr einsahen, dass sie nun weiterhin Lohnzurückhaltung üben sollten. Auch das zeigt die Abbildung sehr deutlich; Irland wertete im Jahr 2011, als das erste Rettungsgeld floss, sogar noch etwas auf.

Insgesamt aber hat Irland stark abgewertet, weil es bereits zwei Jahre vor der Lehman-Krise und damit vor den anderen Krisenländern in Schwierigkeiten geriet. Damals gab es noch keine Rettungsarchitektur. Es war nicht einmal möglich, dass sich die Iren der eigenen Druckerpresse bedienten, weil die EZB damals eine andere Pfänderpolitik verfolgte und noch nicht zu der sogenannten Vollzuteilungspolitik übergegangen war, die nach der Lehman-Krise eingeführt wurde und die eine grenzenlose lokale Geldschöpfung erlaubte. Also waren die Iren gezwungen, die Löhne in Staatssektor und Privatwirtschaft zu senken. Das bedeutete zwar eine sehr schnelle und schmerzliche reale Abwertung, ersparte dem Land aber das jahrelange Siechtum der südeuropäischen Länder. Paradoxerweise konnte Irland also von Glück sagen, dass ihm beim Ausbruch der Krise nicht geholfen wurde und es mutterseelenallein dastand. Der Politik, den gesellschaftlichen Gruppen und den Tarifpartnern blieb von daher gar keine andere Möglichkeit, als sich selbst zu helfen.

Die südeuropäischen Länder gingen demgegenüber einen anderen Weg, weil sie erst zur Zeit der Lehman-Pleite, also zwei Jahre später, gemeinsam in die Krise kamen. Anstatt die irische Ochsentour zu wiederholen, schafften sie es mit ihrem Stimmgewicht – mit Unterstützung des ebenfalls kriselnden Frankreichs –, eine Änderung der Regeln der Geldversorgung im EZB-Rat durchzusetzen, die es ihnen ermöglichte, sich einen eigenen Rettungsschirm quasi zu drucken. Das wurde in Kapitel 4 ausführlich beschrieben. Eben wegen des selbst gedruckten Rettungsschirms aber machten sie erst einmal weiter wie bisher und verpassten die Chance, dem irischen Beispiel zu folgen und ihre Wettbewerbsfähigkeit wieder zu verbessern. Und als die EZB die Politik schließlich drängte, auch fiskalische Rettungsschirme aufzuspannen, nahm man halt den Kredit von diesen Rettungsschirmen und schränkte sich noch immer nicht hinreichend ein.

All dies ist ja so frustrierend an der Rettungspolitik. Wenn man durch das Geben von Geld die Wettbewerbsfähigkeit der Krisenländer verbessern und so helfen könnte, den Frieden in Europa zu erhalten, dann ließe sich die Rettungspolitik als sinnvolle Krisenpolitik begreifen. Genau das aber ist nicht der Fall. Im Gegenteil ist diese Politik gerade im Hinblick auf die Förderung eines friedlichen Miteinanderlebens kontraproduktiv. Sie lässt die Selbstheilungskräfte der Schuldner erlahmen, erzeugt ein dauerhaftes Siechtum und treibt befreundete Länder in ein Gläubiger-Schuldner-Verhältnis, das geradezu zwangsläufig auf Konflikte hinsteuert. So wie man Freunden kein Geld leiht, weil sie dann Freunde gewesen sind, sollten sich auch Staaten untereinander kein Geld leihen.

Das hätte auch die Bundesregierung wissen können. Hätte sie nämlich diesen Grundsatz beherzigt, hart verhandelt und sich unter Berufung auf den Maastrichter Vertrag geweigert, an die Stelle der privaten Gläubiger Griechenlands zu treten, dann hätte sie zwar kurzfristig Ärger bekommen, doch der wäre bald ausgestanden gewesen. Nun aber sind dauerhafte Probleme entstanden; nicht nur ökonomische, sondern auch gefährliche politische. Die vielen Hakenkreuzfahnen, die in Griechenland seit dem Höhepunkt der Krise immer wieder gehisst werden, und die immer wieder erneuerten Reparationsforderungen zeugen davon.

Auch die britische Premierministerin Margret Thatcher zog im Jahr 1984 mit ihrem berühmt gewordenen Slogan *I want my money back!* und ihrer damit verbundenen harten Verhandlungsposition gegenüber Europa keinen Hass auf sich oder ihr Land Großbritannien, sondern sie wurde respektiert und hatte Erfolg. Wenn man sich hingegen erst einmal auf einen Vertragsbruch einlässt und Rettungsschirmen zustimmt, die beinahe einen Rechtsanspruch auf künftige Hilfen begründen, dann hat man quasi Eigentumsrechte abgetreten, die zurückzuholen einem auf Dauer deutlich mehr Ärger einbringt, als wenn man gleich von Anfang an eine klare Haltung eingenommen hätte.

Mit Blick auf die Flüchtlingspolitik zeigt sich ein ganz ähnliches Problem. Auch sie war nur auf eine kurzfristige Optimierung ausgerichtet, ohne dass die langfristigen Konsequenzen der politischen Entscheidungen bedacht worden wären. Es war ja durchaus verständlich, dass die Kanzlerin in der unmittelbaren Not Hilfe versprach und in Ungarn gestrandete Flüchtlinge übernahm. Doch anstatt unter Berufung auf das Dublin-III-Abkommen die Einmaligkeit dieses Geschehens zu betonen, pries sie ostentativ die deutsche Willkommenskultur und setzte damit eine Lawine in Bewegung, die dann nur noch durch die Zäune auf der Balkan-Route gestoppt werden konnte.

Ähnliches gilt für die italienische Willkommenspolitik auf der Insel Lampedusa. Wie schon gezeigt wurde (vgl. Abbildung 2.4 in Kapitel 2), starben sehr viele Menschen auf gefährlichen Seereisen nach Italien, weil sie die Reise angesichts der italienischen Politik, die Flüchtlinge von der Marine auf italienisches Gebiet bringen zu lassen, glaubten wagen zu sollen. Spanien hingegen, dessen Marine die Flüchtlinge stattdessen schon seit Langem nach Afrika zurückbringt, hatte 2015 vor seinen Küsten nur ein Zehntel der in Italien gezählten Toten zu beklagen, weil es die Geschäftsmodelle der Schlepper zerstört hatte.

Als dramatisch ist die Magnetwirkung des sozialstaatlichen Gastlandprinzips für die Wanderungen einzuschätzen. Zu diesem Prinzip gibt es keine Alternative bei den politischen Flüchtlingen, die in ihrer Heimat verfolgt werden. Anders aber sieht es im Hinblick auf die Sogwirkung aus, die die umfassenden wohlfahrtsstaatlichen Leistungen auf höchstem internationalem Niveau für Wirtschaftsmigranten ausüben. Dem deutschen Sozialstaat entstehen durch diese Sogwirkung sehr hohe Kosten, und er läuft Gefahr, in die Knie gedrückt zu werden, wenn auch künftig beliebig viele Menschen kommen dürfen, um sich von ihm bezuschussen zu lassen.

All diese Effekte zeugen, wie schon früher in einem anderen Kontext ausgeführt, von dem fundamentalen Unterschied zwischen einer eher kurzfristig orientierten Gesinnungsethik und einer langfristig orientierten Verantwortungsethik. *Quisquis agis, prudenter agas et respice finem,* ist ein altes lateinisches Sprichwort, dass sich auch die Politik zu Herzen nehmen sollte: *Was immer du tust, handle klug und bedenke das Ende.*

Keine Frage, so kann es nicht weitergehen. Südeuropa kommt auf dem bisher gegangenen Rettungsweg nicht aus seinem Schlamassel heraus. Und während auch Frankreich ökonomisch immer schwächer wird, muss Deutschland immer mehr Geld schicken und immer mehr Haftung übernehmen, um die Konsequenzen der Wirtschaftsmisere in den Krisenländern abzufedern.

Schon jetzt ist erkennbar: Die Fehlallokation wertvollen Sparkapitals durch die zentralplanerischen Eingriffe der EZB, die sich zunehmend jeder Kontrolle entzieht und für deren billionenschwere Rettungsmaßnahmen vor allem der deutsche Steuerzahler haftet, lässt das europäische Wachstum erlahmen.

Gleichzeitig kommen nach wie vor viele neue Flüchtlinge in Deutschland an, wenn auch längst nicht mehr so viele wie im Herbst 2015. Die Zahlen hatten sich bei der Abfassung dieser Zeilen, also zum Sommer 2016, auf etwa 16.000 pro Monat stabilisiert. Das sind immer noch sehr viele Menschen. Es sind in zwei Monaten um die Hälfte mehr als die 20.000, die Großbritannien bis 2020, also in viereinhalb Jahren, aufnehmen wollte.[10]

Hinzu kommt der problematische Flüchtlingsdeal der EU mit der Türkei. Durch ihn sollen nun nicht nur die Beitrittsverhandlungen mit der Türkei beschleunigt werden, was perspektivisch über 80 Millionen Türken die freie Wohnsitzwahl in Deutschland in Aussicht stellt. Vielmehr sollen nach Vorstellung der türkischen Regierung bereits im Jahr 2016 alle Türken visumsfrei in die EU einreisen dürfen. Ob die vom türkischen Staatspräsidenten Recep Tayyip Erdogan selbst so bezeichneten, im Westen teilweise heftig kritisierten »Säuberungsaktionen« im Gefolge des Militärputsches vom Juli 2016 an dieser Perspektive etwas ändern werden, wird sich zeigen.

Von einer Lösung seiner wohlstands- und friedensgefährdenden Probleme ist Europa in jedem Fall also weit entfernt. Es braucht daher einen grundlegend neuen Ansatz, der sich nicht innerhalb der bestehenden EU-Verträge realisieren lässt. Europa sollte nun neue, reformierte EU-Verträge aushandeln.

Vor allem Deutschland sollte die EU-Partner sofort um Vertragsverhandlungen bitten, die in engem Zusammenhang mit den Austrittverhandlungen Großbritanniens zu einer Neuordnung der Verhältnisse zwischen den Ländern Europas führen. Deutschland kann nicht so lange warten, bis die Lasten, die derzeit allenfalls in den Büchern stehen, in Form einer Realeinkommenskürzung bei der Bevölkerung angekommen sind und sie sodann in den Protest treiben, denn dann wird es zu spät sein zu reagieren. Das Geld ist dann weg und Großbritannien draußen. Anstatt zurückzuzahlen, werden die Schuldner ihre Schulden bestreiten. Und die Altersvorsorge, die die Deutschen mit ihren Exportüberschüssen glaubten aufgebaut zu haben, wird sich dann allmählich in Luft auflösen. Konflikte zwischen den Völkern Europas wären damit vorprogrammiert – und sie sähen ähnlich aus wie der hässliche Streit, der auf die Vergemeinschaftung der Schulden der US-Staaten in den ersten Jahrzehnten der US-Geschichte folgte (vgl. ausführlich Kapitel 3, Abschnitt *Europa wiederholt die Fehler aus den Anfangsjahren der USA*).

Eine kluge Politik lässt es nicht zu solchen gefährlichen Konflikten kommen, sondern handelt rechtzeitig – und das heißt: Sie handelt jetzt. Jetzt muss Deutschland eine Änderung der EU-Verträge verlangen. Und dabei muss es notfalls auch mit einer Änderungskündigung der EU-Verträge drohen. Ziel eines solches Vorgehens ist es letztlich, einen Prozess in Gang zu setzen, an dessen Ende die Europäische Union funktionsfähige und krisenfeste politische Strukturen entwickelt. Sie müssen es allen Teilen des Kontinents ermöglichen, sich aus eigener Kraft zu entwickeln und dauerhaft zu prosperieren. Nur so kann nicht nur der europäische Wohlstand – auch der Wohlstand Deutschlands –, sondern ebenfalls der europäische Frieden bewahrt werden. Die Zeit, Reformen sofort anzupacken, drängt vor allem aus vier Gründen.

*Erstens* bieten die Brexit-Verhandlungen mit Großbritannien eine historisch einmalige Chance voranzukommen. Mit zwei großen Ländern werden es sich EU-Herrscher in Brüssel kaum gleichzeitig verderben wollen. Der seit dem Brexit-Votum im Schwarzen Juni drohende Verlust der Sperrminorität des ehemaligen D-Mark-Blocks und Großbritanniens im Ministerrat, über den in Kapitel 1 schon ausführlich berichtet wurde, ist ein objektiver und unabweisbarer Grund, nun sofort auf eine Änderung der EU-Verträge zu drängen. Wie erwähnt verringert sich mit dem Brexit der Anteil der freihandelsorientierten Länder mit Deutschland an der Spitze von 35 % auf 25 % der EU-Bevölkerung, doch werden nach wie vor 35 % für die Sperrminorität gebraucht (vgl. Abbildung 1.9 in Kapitel 1). Deutschland ist wegen seines exportorientierten Wohlstandsmodells besonders auf den freien Handel von Gütern und Dienstleistungen und freie Kapitalströme angewiesen. Die Weiterverfolgung dieses Modells muss jetzt, zusammen mit den Verhandlungen zum Brexit, abgesichert werden.

*Zweitens* hat das OMT-Urteil des Bundesverfassungsgerichts gezeigt, dass man die Kompetenzusurpation der EZB mit rechtlichen Mitteln nicht mehr wird stoppen können. Die Kapitulation des höchsten deutschen Gerichts vor der Rechtsauffassung des EuGH, der alles richtig findet, was die EZB macht, und ihre Machtfülle weiter vergrößert hat, darf nicht das letzte Wort sein. Vielmehr sollte Deutschland nun endlich auf die Einhaltung des Maastrichter Vertrages pochen und die Durchsetzung seiner Regeln einfordern, wie sie nach fester Überzeugung des deutschen Bundeskanzlers Helmut Kohl und des Bundestages seinerzeit ausgehandelt wurden, und nicht so, wie sie EZB, EU-Kommission und EuGH inzwischen interpretieren. Die permanente Dehnung des Rechts, die eine ganze Riege deutscher Verfassungsrichter – von Paul Kirchhof über Hans-Jürgen Papier bis zu Udo di Fabio – und nicht zuletzt das Bundesverfassungsgericht selbst in seinem Vorlagenbeschluss zum EuGH immer wieder heftig kritisiert haben, muss ein Ende finden. Nach dem Urteil des Verfassungsgerichts im Schwarzen Juni geht das nur noch mit starkem politischen Willen – und mit starkem politischen Druck – auf europäischer Ebene.

*Drittens* zeigt der durch die Flüchtlingswelle aufgebaute heftige Migrationsdruck des Jahres 2015, dem Europa nur mühsam standgehalten hat, dass die Regeln, nach denen man von außen einwandern kann und sich innerhalb der EU frei bewegen darf, dringend geändert werden müssen. Die EU-Bürger wollen keine Durchhalteparolen mehr, sondern sie wollen ökonomisch und sozial wirksame Schutzmaßnahmen. Nur dann können auch die überall in Europa erstarkenden radikalen Parteien, die vom Frust über die eskalierenden europäischen Krisen profitieren, wirksam gebremst und Gefahren für die Demokratie abgewendet werden.

*Viertens* müssen nun unbedingt solche nachhaltigen Maßnahmen zur Überwindung der Wirtschaftskrise in Südeuropa ergriffen werden, die nicht auf staatliche Ersatzdrogen in Form kreditfinanzierter Ausgabenprogramme setzen, sondern auf die schnellstmögliche Wiederherstellung der Wettbewerbsfähigkeit der Krisenländer. Je länger damit gewartet wird, desto größer sind die Schulden, die Haftungsverpflichtungen und die politischen Gefahren in Form einer Eskalation von Spannungen zwischen den Ländern.

# Grundlegend für die Neukonstruktion Europas: das Pareto-Prinzip

Kein Zweifel: Die EU braucht Reformen nötiger denn je. Aber welche Reformen genau und auf welche Ziele hin sollten sie angelegt sein?

Es geht bei den Zielen der Reformen nicht um die Verkleinerung der EU oder die Abschaffung des Euro. Und es geht auch nicht um den Rückzug Deutschlands in die Isolation. Vielmehr geht es darum, die Konstruktionsfehler des aktuellen europäischen Modells zu überwinden und eine wirklich funktionsfähige Union zu schaffen. Zur europäischen Integration selbst gibt es schon mit Blick auf den Aspekt der Friedenserhaltung keine Alternative.

Vor allem darf nicht übersehen werden, dass die EU – trotz aller Probleme und Defekte und trotz der Kompetenzanmaßung europäischer Institutionen wie der EZB – per Saldo wirtschaftlich bis dato noch segensreich für Europa wirkt. Das gilt insbesondere mit Blick auf die Sicherung des freien Handels von Gütern und Dienstleistungen sowie des freien Kapitalverkehrs. Man sollte sich also davor hüten, das Kind mit dem Bade auszuschütten – und vor dem Hintergrund überall eskalierender Krisen in Panik zu verfallen und abschottende ökonomische Gitterstäbe hochzufahren.

Dass indes die Gewöhnung von immer mehr Migranten an den Sozialstaat des Gastlandes zu Wohlstand und Frieden in Europa beiträgt, wird man wohl nicht behaupten können. Deswegen ist es das Gebot der Stunde, die Zugangskanäle für den deutschen Sozialstaat zu verschließen, statt sie zu öffnen. Das Brexit-Votum und die vor allem in Westeuropa wachsende Besorgnis, dass sozialstaatliche Errungenschaften wegen der schieren Menge der an die Tür Klopfenden in Gefahr geraten könnten, sprechen hier eine deutliche Sprache.

Ebenfalls ambivalent – mehr noch: eindeutig negativ – muss das Urteil zur gemeinsamen Währung und zur Kompetenzausweitung der EZB ausfallen. Das sollte vor allem in Kapitel 3 und 4 mehr als deutlich geworden sein.

Vor allem bei diesen beiden letzten Punkten – also einer Neugrundierung des Eurosystems einerseits sowie einer Neuausrichtung der Flüchtlings- und Migrationspolitik andererseits – müssen die Reformen Europas ansetzen. Angesichts der Probleme, die in diesem Buch beschrieben wurden, sollten sie einschneidend sein.

Dabei bietet sich als grundlegender Leitgedanke aller anstehenden Reformen das Pareto-Prinzip an. Dieses Prinzip, das seinen Namen dem italienischen Ökonomen, Soziologen und Ingenieur Vilfredo Pareto verdankt, gilt als einer der Eckpfeiler der Volkswirtschaftslehre, an dem sich idealerweise jegliche wirtschafts- und sozialpolitische Maßnahme auszurichten hat. Angewandt auf die Beziehungen zwischen Ländern besagt es, dass eine europäische Politikmaßnahme dann sinnvoll ist, wenn sie mindestens ein Land besserstellt, ohne dass ein anderes Land Schaden erleidet.

Das Pareto-Prinzip deckt sich im Ergebnis mit dem Grundprinzip des freien Tauschs, nach dem Marktwirtschaften funktionieren. Niemand muss gegen seinen Willen verkaufen – bzw. tauschen –, was er hat. Wenn er aber etwas tauscht, dann für eine Gegenleistung, die nach seiner eigenen Einschätzung ausreichend ist. In einer funktionierenden Marktwirtschaft wird deshalb durch den Tausch mindestens eine der Parteien bessergestellt, meistens sogar beide. Dagegen kann nur jemand etwas haben, der neidisch ist. In einer Tauschwirtschaft herrscht Frieden, denn die Menschen verwenden ihre Kraft für produktive Tätigkeiten, statt sich für Verteilungskämpfe oder gar für Ressourcenraub zu verausgaben, beides Tätigkeiten, die den gesellschaftlichen Kuchen verkleinern und die die Konfliktgefahr vergrößern.

Das Pareto-Prinzip ist auch für Verständnis und Gestaltung föderaler Ordnungen wie jener der EU nützlich, die viele Länder mit unterschiedlichsten Präferenzen zusammenbinden. Wie beim eben beschriebenen Tausch zwischen den einzelnen Marktakteuren sichert dieses Prinzip auch bei zwischenstaatlichen Arrangements Stabilität und Effizienz. Folgt man dem Pareto-Prinzip, darf die EU nur Maßnahmen ergreifen, die langfristig betrachtet keinem Staat schaden und mindestens einem, am besten natürlich vielen oder gar allen, nützen. Konzentriert sich Europa auf solche Maßnahmen, dann kann es am sichersten echte Vorteile für die Menschen realisieren, und es minimiert das Konfliktpotenzial.

Um nun sicherzustellen, dass sich die später ausführlich vorgestellten EU-Reformen tatsächlich am Pareto-Prinzip orientieren, sind bei Abstimmungen über sie in jedem Fall starke Minderheitsrechte vorzusehen. Entscheidungen mit einfacher Mehrheit sind demgegenüber auszuschließen, weil sie die Mehrheit der Stimmberechtigten in die Lage versetzen, eine Minderheit auszubeuten. Würde man sich bei Abstimmungen auf einfache Mehrheiten beschränken, wäre nicht mehr sichergestellt, dass die Entscheidungen der EU effizienzverbessernd in dem Sinne sind, dass der für alle verfügbare Kuchen größer wird. Vielmehr bestünde dann die Gefahr, dass Entscheidungen zustande kommen, infolge derer der in einer Gesellschaft erwirtschaftete Kuchen kleiner statt größer wird, weil die Mehrheit zwar hinzugewinnt, doch weniger, als die Minderheit verliert. Solche Entscheidungen würden zur Stagnation Europas führen.

Das Pareto-Prinzip schließt im Grundsatz bloße Umverteilungsaktivitäten zwischen den Ländern Europas aus, denn dabei wird ja stets eine Partei schlechtergestellt. Vielmehr stellt es sicher, dass sich die EU stets nur in eine Richtung bewegt, die eine Vergrößerung des Kuchens bewirkt. Es stellt sicher, dass Europa wieder wächst und sich nicht in einen endlosen Verteilungsstreit verstrickt.

Allerdings kann man selbst Umverteilungsaktivitäten nach dem Pareto-Prinzip als allseitige Verbesserungen begreifen, wenn man sie als Versicherungsleistungen interpretiert und im Vorhinein, vor dem Eintritt des Schadensfalls, bewertet. Jede Versicherung ist schließlich eine Umverteilung von den Glückspilzen, denen nichts passiert ist, zu den Pechvögeln. Da jedoch niemand vor dem Eintreten eines Schadensfalles wissen kann, ob er zu den Glückspilzen oder zu den Pechvögeln gehört, sind die Menschen freiwillig bereit, solche Umverteilungsverträge abzuschließen, und wenn sie es freiwillig tun, dann müssen Versicherungsverträge Pareto-verbessernd sein.

Viele EU-Politiker bemühen in diesen Tagen die Versicherungsidee, wenn es um den Ausgleich von Lasten in der Eurokrise geht. Das ist im Grundsatz legitim. Sie übersehen aber, dass eine Versicherung auf Gegenseitigkeit einen bindenden Versicherungsvertrag voraussetzt, der sicherstellt, dass die Umverteilung im Schadensfall tatsächlich unter Bedingungen stattfindet, die allen von vornherein die Chance bietet, davon zu profitieren. Einen solchen Versicherungsvertrag schlossen zum Beispiel im 19. Jahrhundert jene Regionen, die sich damals zu Nationalstaaten zusammenfanden, zum Beispiel in Italien oder Deutschland.

Im Prinzip kann jede Staatsgründung als Abschluss eines Versicherungsvertrags auf Gegenseitigkeit verstanden werden. In Europa wurde ein solcher Staat bislang aber nicht gegründet, und da es ihn nicht gibt, kann man auch nicht so tun, als gäbe es ihn, und schon mal mit der Umverteilung anfangen. Das würde ganz sicherlich nicht funktionieren, weil die Umverteilung so hohe Zentrifugalkräfte auslösen würde, dass das Europäische Gebäude durch die Erschütterungen zum Einsturz kommen könnte. Das ist das alte und stets wieder zu Recht betonte Thema, dass es nicht möglich ist, eine Fiskalunion ohne eine politische Union einzurichten.

Deswegen war es sinnvoll, die Regeln der EU so zu stricken, wie in Kapitel 3 beschrieben, dass Umverteilungsmaßnahmen im Eurosystem weitgehend ausgeschlossen wurden. Man denke nur an die No-Bailout-Regel nach Artikel 125 des Vertrages über die Arbeitsweise der europäischen Union. Dass diese Regel im Krisenfall gleichwohl gebrochen wurde, steht auf einem anderen Blatt.

Essenziell für einen funktionierenden Staat, bei dem von einer Versicherungsinstitution zu sprechen wäre, ist in jedem Fall ein gemeinsames Rechtssystem mit einem Gewaltmonopol der zentralen Exekutive und einer gemeinsamen Armee. Einen solchen Staat sollten die Europäer langfristig anstreben. Nur dann können auch am Pareto-Prinzip orientierte Umverteilungsprozesse auf Basis eines Versicherungsschutzes auf Gegenseitigkeit stattfinden.

Allerdings ist derzeit keine Bereitschaft in Sicht, ein so verfasstes »EU-Staatsgebilde« auf den Weg zu bringen. Insofern müssen umverteilende Maßnahmen auf absehbare Zeit ausgeschlossen bleiben. Sie würden nichts als Streit zwischen den Ländern hervorrufen, weil die Transferempfänger die ihnen zukommenden Leistungen alsbald als Rechtsanspruch ansehen und sich darüber beklagen würden, dass sie nicht umfangreicher ausfallen. Die Beschuldigungen, die die griechische Regierung im Jahr 2015 gegen Deutschland erhob und die auf den Straßen Athens zu hässlichen Demonstrationen gegen Deutschland führten, obwohl Deutschland die Hauptlast der Griechenland-Rettungsschirme trug, zeigen, welche Art von Konflikten man befürchten muss. Deutschland wurde von Griechenland beschuldigt, eine Austeritätspolitik zu betreiben. Dabei minderte und milderte Deutschland mit seinen Hilfen die von den Märkten gegenüber Griechenland verhängte Austerität in einem Ausmaß, wie es vorher in der gesamten Geschichte noch nie ein Staat mit einem anderen getan hat.

In der deutschen Politik ist bisweilen das Argument zu hören, man müsse, wenn denn schon die große Lösung in Form einer echten politischen Union nicht möglich sei, eben in kleinen Schritten vorangehen und fortan die Integration in einer Koalition der Willigen mit einer Teilgruppe von EU-Ländern vorantreiben. Das spräche dann zum Beispiel für den gemeinsamen Finanzminister, die gemeinsame Versicherung der Bankkonten, die gemeinsame Arbeitslosenversicherung und sogar für gemeinsam aufgenommene Schulden. Dann, so die Vorstellung, käme man bei der europäischen Einigung wenigstens ein Stück weit voran.

Ein solches Argument überzeugt aber nicht. Es verkennt, dass Deutschland, wenn es diesen Schritt mitginge und noch mehr Geld für weitere schuldenfinanzierte Rettungsaktionen auf den Tisch legte, eine EU-Staatsgründung inklusive einer damit verbundenen echten Versicherung auf Gegenseitigkeit wohl niemals bekommen würde, weil es seinen Verhandlungschip bereits hergegeben hätte. Nach Lage der Dinge würde sich Frankreich in einem solchen Fall kaum noch dazu bereitfinden, das Kommando über seine Streitkräfte an eine übergeordnete europäische Staatseinheit mit einem Gewaltmonopol nach innen und außen abzutreten. Warum sollte es auch? Die gemeinsame Kasse, die es mit seinen Vorschlägen zu Gunsten der mediterranen Länder fordert, hätte es ja schon.

Wenn nun aber die baldige Gründung einer echten politischen Union fürs Erste nicht möglich oder auch nur wahrscheinlich ist, lohnt es, sich mit Nachdruck jenen Bereichen zuzuwenden, die auch ohne das Zustandekommen eines solchen Staates reformiert werden können und müssen. Die Vertragsänderungen, die Deutschland mit Blick auf nötige Reformen anstreben sollte, betreffen im Wesentlichen drei Bereiche: Erstens den Euro, zweitens die Migration und drittens das Subsidiaritätsprinzip.

Diese drei Bereiche bilden das Gliederungsmuster für insgesamt 15 Reformvorschläge, mit denen dieses Buch endet.

# I. Ein Reformprogramm für die Gesundung des Euro

Am drängendsten ist die Reformierung des Eurosystems, weil viele Länder im Euro nicht wettbewerbsfähig sind und unter heutigen Bedingungen mit der gemeinsamen Währung nicht zurechtkommen. Grundsätzlich scheinen zunächst drei Reformoptionen denkbar, die alle darauf abzielen, die Not der Krisenländer zu lindern, die aber, wie sich zeigen wird, sehr problematisch sind und nicht wirklich überzeugen.

*Die erste grundsätzliche Reformoption* besteht darin, die fehlende Wettbewerbsfähigkeit der Länder Südeuropas hinzunehmen und Europa zu einer Transferunion zu entwickeln, um auf diese Weise die Konsequenzen für die unter der Krise leidenden Länder dauerhaft erträglich zu machen. Nachdem die EZB die bisherigen Staatsschulden der Krisenländer mit ihrem OMT-Beschluss bereits weitgehend einer Gemeinschaftshaftung unterworfen hat und die fiskalischen Rettungskredite durch Laufzeitverlängerungen und Zinssenkungen ohnehin schon dabei sind, zu Geschenken zu mutieren, liegt dieser Gedanke zunächst nahe.

Eine Transferunion würde allerdings für die noch gesunden Länder der Eurozone, allen voran Deutschland, sehr teuer werden, weil 40 % der Bevölkerung der Eurozone in den Krisenländern leben. Das ist ein deutlich anderes Verhältnis, als es etwa zu Zeiten der deutschen Wiedervereinigung bestand, als 80 % der Bevölkerung – jene, die im Westen lebte – 20 % der Bevölkerung unterstützte, also jene, die im Osten lebte.

Außerdem fehlt für eine solche Lösung der gemeinsame Staat, verstanden als Versicherungsverein auf Gegenseitigkeit, der, wie vorhin erläutert, für einen solchen Schritt zur Transferunion unerlässlich wäre.

Obwohl Südeuropa mit Nachdruck eine Transferunion verlangt, hätte sie verheerende Konsequenzen. Sie würde die Wachstumskräfte Europas dauerhaft erlahmen lassen, weil die Empfängerländer stets zu hohe Löhne behalten würden, als dass sie damit wettbewerbsfähige Industrien aufbauen könnten. Nach und nach kämen sie auf diese Weise allesamt in eine Situation wie der italienische *Mezzogiorno,* der sich seit mehr als einem halben Jahrhundert auf die Dauerfinanzierung aus dem Norden eingestellt hat.

*Die zweite grundsätzliche Reformoption* besteht in einer realen Abwertung durch eine starke Deflation in den Krisenländern Südeuropas. Doch sie ist sehr gefährlich, denn sie würde sie die betroffenen Länder in eine lang andauernde schwere Rezession treiben, weil viele Preise und Löhne nicht rechtzeitig mitsinken können. Zwar hat das Beispiel Irland gezeigt, dass eine gewisse reale Abwertung (dort 13 %) möglich ist, wenn ein Land flexible Arbeitsmärkte hat. Doch würde eine Abwertung irischen Ausmaßes für einige Länder Südeuropas bei Weitem noch nicht ausreichen, um die Voraussetzung für eine Wiedererlangung der Wettbewerbsfähigkeit zu schaffen.

Insbesondere würde man damit rechnen müssen, dass die Schuldverhältnisse und die langfristigen Mietkontrakte nicht auch einigermaßen zügig nach unten angepasst werden, sodass die Mieter und Schuldner massenweise in die Insolvenz getrieben würden. Auf diese Weise entstünde die Gefahr einer weiteren Vergrößerung der Massenarbeitslosigkeit in Südeuropa mit sozialen Unruhen, drohender Verelendung und destabilisierten politischen Systemen.

*Eine dritte grundsätzliche Reformoption* ist die Inflationierung Nordeuropas, allen voran Deutschlands. Sie folgt einer einfachen Logik: Wenn die Länder Südeuropas die Inflation selbst nicht mitmachen und ihre Preise konstant halten, werden sie auf diese Weise allmählich wettbewerbsfähiger, und zwar innerhalb der Eurozone und auch nach außen hin, denn je höher das durchschnittliche Preisniveau der Eurozone liegt, desto kleiner wird der Außenwert des Euro sein.

Was sich zunächst plausibel anhört, führt in Wirklichkeit aber zu sehr ungerechten Verteilungswirkungen zu Lasten der sparenden Bevölkerung. Das Problem bei dieser Reformlösung ist nämlich, dass sie die Sparer enteignen würde, jene Sparer also, die durch die Nullzinspolitik der EZB ohnehin schon erhebliche Verluste erleiden.

Das veranschaulicht folgende Rechnung: Soll Reformoption 3 funktionieren, müsste Deutschland etwa zehn Jahre lang mit 5,2 % jährlich inflationieren, bis Südeuropa seine Wettbewerbsfähigkeit wiedererlangt hätte – vorausgesetzt, wie gesagt, Südeuropa hielte seine Preise selbst konstant. Die durchschnittliche Inflationsrate der Eurozone läge dann bei 3,0 %, wäre also deutlich höher, als es selbst nach der bisher kommunizierten Meinung der EZB noch mit ihrem Mandat der Preisstabilität kompatibel wäre. Alternativ könnte man versuchen, die durchschnittliche Inflationsrate bei knapp 2 %, sagen wir 1,9 %, zu halten. Dann müsste Deutschland rechnerisch 14 Jahre lang mit 3,0 % inflationieren, bis alle Länder Südeuropas bei gleichzeitigem jeglichem Verzicht auf eigene Inflation wieder wettbewerbsfähig wären.[11] Ganz abgesehen davon, dass man sich kaum vorstellen kann, dass sich die Länder Südeuropas derart lange auf einem solchen Inflationsniveau halten ließen, würde diese Reformlösung vermutlich zu massiven Protesten in Deutschland führen. Die mit ihr verbundene Ungerechtigkeit würde die Sparer, von denen viele ihre Groschen dreimal umdrehen, bevor sie sie ausgeben, nämlich zu Recht auf die Palme bringen. Immerhin läge das deutsche Preisniveau bei dieser Strategie am Ende um 66 % höher, während sich zugleich der Realwert der Ersparnisse um 40 % verringert hätte.

Doch ist die EZB wild entschlossen, diesen Weg zu gehen. Sie erwägt dazu in internen Diskussionen bereits, die angestrebte Inflationsrate über 2 % hinaus zu erhöhen. War es bislang schon ein gewagtes Stück mittelalterlicher Scholastik, das vom Maastrichter Vertrag vorgegebene Ziel der Preisstabilität in ein Inflationsziel von jährlich knapp unter 2 % umzudeuten, so bereitet man jetzt eine weitere semantische Pirouette vor, die wirklich atemberaubend ist. Man argumentiert nun allen Ernstes, eine Inflationsrate von knapp unter 2 % sei nicht Jahr für Jahr, sondern im langfristigen Durchschnitt zu erreichen. Wenn also für eine bestimmte Zahl von Jahren die Inflationsrate deutlich unter 2 % gelegen habe, müsse sie anschließend genauso lange deutlich über 2 % liegen.[12]

Keine der drei beschriebenen Reformoptionen – Transferunion, Deflation im Süden, Nachinflationierung des Nordens – kann überzeugen. Die zweite ist für die Stabilität der betroffenen Länder zu gefährlich, als dass man sie mit der nötigen Entschlossenheit realisieren könnte, und die erste und dritte widersprechen dem Pareto-Prinzip, weil sie zu Lasten anderer Länder gehen. Die dritte widerspricht im Übrigen auch dem Maastrichter Vertrag, denn die Vorstellung, dass sämtliche Länder der Eurozone mit ihren Preisen stets versuchen sollten, die am stärksten inflationierenden Länder der Eurozone einzuholen, damit deren Wettbewerbsfähigkeit wiederhergestellt wird, würde das der EZB vorrangig gegebene Ziel der Preisstabilität auf eklatante Weise verletzen. Was also tun?

Zum Glück gibt es noch eine vierte grundsätzliche Reformoption, den Austritt aus der Währungsunion nebst Abwertung – wie ihn zum Beispiel auch Bundesfinanzminister Wolfgang Schäuble 2015 bereits für Griechenland ins Spiel gebracht hatte.[13] Mit dieser vierten Option erschöpfen sich dann aber auch die Möglichkeiten. Die von den Politikern immer wieder beschworenen »Reformen« zur Produktivitätsverbesserung, unter denen man sich selten etwas Konkretes vorstellen konnte, mit denen aber vermutlich Reformen zur Verbesserung des Rechts- und Verwaltungssystems gemeint waren, gehören zur zweiten grundsätzlichen Reformoption. Wenn sie wirken, erhöhen sie die Produktivität der Wirtschaft, doch das führt nur dann zu einer Verbesserung der Wettbewerbsfähigkeit, wenn die Löhne der Produktivitätsverbesserung nicht folgen und die Preise folglich fallen. Für die Frage der Wettbewerbsfähigkeit kommt es immer darauf an, dass ein Land seine Produkte auf den Weltmärkten, gemessen an deren Qualität, preisgünstig anbieten kann.

Die vierte grundsätzliche Reformoption leitet über zum ersten konkreten Reformvorschlag in einer Reihe weiterer solcher Vorschläge, die sich aus der Problemanalyse dieses Buches ergeben.

## Reformvorschlag 1: Die atmende Währungsunion

*Die Eurozone wird zu einer atmenden Währungsunion umgewandelt, die geregelte Ein- und Austritte erlaubt. Länder, die ihre Wettbewerbsfähigkeit verloren haben, können den Euro verlassen, um sie durch eine Abwertung wiederzuerlangen. Beim Austritt erhalten sie Übergangshil-*

*fen für den Kauf sensibler Importprodukte, die sie sich nicht mehr leisten können. Zu einem späteren Zeitpunkt können sie, wenn sich ein stabiler Wechselkurs ihrer neuen Währung herausgebildet hat, zu den üblichen Bedingungen, wie sie auch für neu eintretende Länder gelten, wieder in den Euroverbund zurückkehren.*

Um den Vorschlag zu realisieren, müsste das aus der Eurozone (temporär) austretende Land sämtliche Preise, Löhne, Kreditkontrakte und Mieten über Nacht oder das Wochenende auf seine neue Währung umstellen. Alle Zahlenwerte blieben in einem solchen Szenarium erhalten, und in allen Kontrakten träte lediglich das neue Währungszeichen an die Stelle des Eurozeichens. So würden auch alle Lohnkontrakte, alle Mietkontrakte und alle Kreditkontrakte mit den einheimischen Banken unter Erhalt der in diesen Kontrakten genannten Zahlenwerte auf die neue Währungseinheit umgestellt. Auch auf den Preisschildern wird zunächst nur das Währungszeichen geändert. Die neue Währung müsste sofort als Buchgeld handelbar sein und würde dann massiv abwerten.

Sie bräuchte anfangs noch gar nicht physisch zu existieren, weil zunächst auf der Basis von Buchgeld gerechnet würde. Die vorhandenen Euro-Banknoten, die zumeist ohnehin nur den Wert von etwa 10 % bis 20 % des BIP ausmachen, könnten den Bürgern im Austausch für eine Verbindlichkeit des Staates gegenüber dem restlichen Eurosystem belassen bzw. geschenkt werden. Sie würden, wenn die neue Währung nach einiger Zeit gedruckt ist, weiterhin als Parallelwährung neben der eigenen Währung in Umlauf bleiben, wären aber kein gesetzliches Zahlungsmittel mehr. Die Situation wäre dann ähnlich wie heute in Osteuropa und der Türkei, wo der Euro als eine inoffizielle Parallelwährung fungiert. Weitere dabei relevante technische Probleme im Zusammenhang mit einer neuen Währung infolge des Austritts eines Landes aus der Eurozone können hier aus Platzgründen nicht diskutiert werden. Sie sind aber allesamt lösbar.[14]

Durch die Abwertung würden die Importe sofort teurer. Die einheimische Bevölkerung hätte mithin ebenfalls sofort den Anreiz, sich wieder heimischen Produkten zuzuwenden. In der Folge würde sich die heimische Wirtschaft wieder stark beleben. Außerdem würden die Exporte beflügelt, auch wenn diese Exporte in manchen der betroffenen Länder nur im Tourismus bestehen. Schließlich würden einheimische und ausländische Investoren mit ihrem Fluchtkapital zurückkommen und die billig gewordenen Immobilien kaufen und durch deren Renovierung die Bauwirtschaft ankurbeln. Wichtig ist, dass dem austretenden Land die Option für eine Rückkehr in die Eurozone belassen wird. Zu einem späteren Zeitpunkt, sagen wir nach zehn Jahren, wenn das Land unter dem neuen Wechselkursregime neue und stabile Wirtschaftsstrukturen gebildet hat, kann es über den normalen Weg, auf dem neue EU-Mitglieder dem Euro beitreten können, wieder in den Euro-Verbund zurückkehren. Der temporäre Austritt aus der Eurozone wäre dann etwas Ähnliches wie der Krankenhausaufenthalt für einen Arbeitnehmer. Der Arbeitnehmer lässt die Arbeit für seine Firma ruhen, lässt sich behandeln, geht dann in die Rekonvaleszenz und kann später, wenn die Heilung gelungen ist, wieder an seine Arbeitsstelle zurückkehren.

Ein Problem, das diese Lösung mit der realen Abwertung durch Deflation teilt, liegt in der Erhöhung der ausländischen Schulden relativ zum Nominalwert der eigenen Wirtschaftsleistung. Andererseits besteht ein wesentlicher Vorteil gegenüber der realen Abwertung darin, dass die Schuldverhältnisse zwischen Inländern nicht gestört werden, weil sämtliche Forderungen und Schulden sofort auf die neue Währung umgestellt werden. Auch Mieter kommen nicht in Schwierigkeiten, weil die Mieten genauso wie alle anderen Preise und Löhne ebenfalls sofort in der neuen Währung ausgedrückt werden. Ein weiterer Vorteil ist schließlich, dass die offene Abwertung innerhalb von Minuten, maximal Stunden passieren würde, während die reale Abwertung auch über viele Jahre hinweg nur geringe Ausmaße annehmen kann – falls sie denn überhaupt je in signifikantem Ausmaß stattfindet und in dieser Zeit nicht zu einer politisch und sozial kaum hinnehmbaren Massenarbeitslosigkeit führt.

In der Tat würde der Austritt die betroffenen Länder sehr schnell wieder aufrichten. So hat eine empirische Untersuchung des ifo Instituts anhand von 71 Währungskrisen gezeigt, dass sich die Leistungsbilanz eines abwertenden Landes schon nach ein bis zwei Jahren erholt und dass dann auch die Wirtschaft wieder zu wachsen anfängt.[15] Offene Abwertungen sind, wenn man nicht die Ochsentour der realen Abwertung durch Deflation gehen möchte, das einzige Mittel zur Wiederbelebung eines übateuerten Landes, das nicht zu Lasten anderer Länder geht.

Was sind diese ein, zwei Jahre gegen die nun schon fast ein Jahrzehnt während Wirtschaftskrise in den südeuropäischen Ländern, die möglicherweise ein weiteres Jahrzehnt oder noch viel länger anhält, wenn man so weitermacht wie bisher? Dass der Kurs, den EU und EZB eingeschlagen haben, nämlich durch Rettungsschirme und Haftungsübernahmen alle Länder in der Eurozone zu halten, gescheitert ist, sollten nach so vielen Jahren der Krise auch diejenigen anerkennen, die anfangs optimistischer waren und immer wieder von Neuem die baldige Rückkehr zu einem schuldenfreien Wachstum im Einklang mit den Stabilitätsregeln der EU prognostizierten.

Dieser Kurs ist für die Geberländer nicht nur extrem teuer, sondern auch zerstörerisch für die Nehmerländer. Er lässt die ökonomischen Selbstheilungskräfte erlahmen, konkret verhindert er die reale Abwertung durch Preis- und Lohnzurückhaltung à la Irland, ohne die eine Verbesserung der Wettbewerbsfähigkeit nicht zustande kommen kann. Er hindert deshalb große Teile der jungen Generation daran, den Weg in eine normale Berufswelt und ein selbstbestimmtes Leben zu finden.

Der Verzicht auf die Reformoption Transferunion führt potenziell auch zu Staatskonkursen. Staatskonkurse sind aber nicht das Ende der Welt. In der Nachkriegszeit hat es immerhin bald 200 davon gegeben.[16] Die Gläubiger ärgern sich – auch darüber, dass sie die Risiken falsch eingeschätzt haben –, stecken die Verluste weg und gehen schnell zur Tagesordnung über. Die betroffenen Schuldenländer wiederum werden durch den Konkurs wenigstens von einem Teil ihrer Schuldenlast befreit. Über den griechischen Konkurs vom Frühjahr 2012 und den formal von der EFSF im Juli 2015 festgestellten, dann aber doch wieder abgewendeten Konkurs wurde schon berichtet.

Der Maastrichter Vertrag sieht den Konkurs eines Landes implizit vor, denn ausdrücklich wird dort (im Artikel 125 AEUV) die Rettung der Gläubiger eines überschuldeten Landes durch die Steuerzahler anderer Länder ausgeschlossen. Das Problem mit dieser vertraglichen Vorgabe war nur, dass offenbar kaum einer außer Deutschland sie wollte, sodass weiterführende EU-Richtlinien, die das Prozedere des Konkurses im Detail festgelegt hätten, nicht zustande kamen. Dieses Versäumnis hat wesentlich zu jenem übertriebenen Optimismus der Investoren beigetragen, der die inflationäre Kreditblase in Südeuropa und die gigantischen Schuldenberge dort erst haben entstehen lassen.

Es käme nun darauf an, den Maastrichter Vertrag in diesem Punkt zu stärken, indem explizit eine Konkursordnung für Staaten vorgesehen wird.

## Reformvorschlag 2: Konkursordnung für Staaten

*Neben der Austrittsmöglichkeit vereinbart die EU-Staatengemeinschaft (in Erfüllung der bereits vorhandenen Vorgaben der EU-Verträge) Regeln für den geordneten Konkurs eines Staates. Im Falle von Liquiditätsproblemen, die einen vorübergehenden Charakter zu haben scheinen und das Land zwingen, Hilfsmittel des europäischen Rettungsschirms ESM zu beantragen, müssen die Inhaber der fällig werdenden Staatspapiere zunächst eine Laufzeitverlängerung akzeptieren. Wenn sich danach trotzdem keine Entspannung der Liquiditätsproblematik zeigt, ist die Insolvenz zu erklären. Dann werden die Staatspapiere einem Schuldenschnitt unterworfen, und das Land tritt zumindest temporär aus dem Euro aus, um durch die Verbesserung seiner Wettbewerbsfähigkeit wieder kreditwürdig zu werden.*

Dieser Vorschlag lehnt sich an einen Vorschlag an, den Autoren vom Sachverständigenrat zur Begutachtung der gesamtwirtschaftlichen Entwicklung in einem Diskussionspapier gemacht haben.[17] Hinter dem Vorschlag steht das Problem, dass man in der Praxis nur schwer zwischen einer bloßen Liquiditätskrise, in der lediglich vorübergehend Geld fehlt, und einer wirklichen Überschuldung unterscheiden kann. Auch bei einer drohenden Insolvenz wird von den Gläubigern stets behauptet, dass es sich bloß um temporäre Liquiditätsprobleme handelt, um Rettungskredite von der EZB oder der Staatengemeinschaft zu erschleichen, mit deren Hilfe sie sich dann aus dem Staube machen können. Man denke nur an die vielen auch von der Politik im Jahr 2010 gegebenen Versprechen, dass es sich bei der griechischen Krise nur um ein vorübergehendes Phänomen handeln würde, das schon in Kürze eine Beendigung der Rettungsaktionen ermöglichen werde.

Um die Kosten solcher Fehleinschätzungen für die Staatengemeinschaft zu reduzieren, schlagen die Autoren vor, die Vergabe von Mitteln des Rettungsschirms ESM, die die Krisenländer nach herrschender Rechtslage beantragen können, an die Bedingung zu knüpfen, dass in dieser Zeit keine fällig werdenden Staatspapiere getilgt werden, sondern dass die Inhaber zunächst eine Laufzeitverlängerung akzeptieren müssen. Wenn es nämlich wirklich nur um Liquiditätsprobleme geht, dann reicht die Laufzeitverlängerung vollkommen aus, um die Rückzahlung zu sichern. Wenn aber die Zahlungsschwierigkeiten des Landes ernsthafter sind, ist der Konkurs zu erklären, und die Inhaber der Staatspapiere müssen statt der Steuerzahler anderer Länder den Schuldenschnitt akzeptieren.

Mit seinem Konkurs müsste das insolvente Land auch den temporären Austritt aus dem Eurosystem erklären. Es wäre ja nicht sinnvoll, ein Land zu entschulden, ohne dass es anschließend in die Lage versetzt wird, seine Wettbewerbsfähigkeit wiederzuerlangen und nachhaltige Außenhandelsüberschüsse zu erwirtschaften, die nötig sind, um später neue Schulden zu bedienen. Sonst stünde nach wenigen Jahren mit einer gewissen Automatik ein erneuter Konkurs an.

Wenn der Austritt aus der Eurozone nebst Staatskonkurs statt der Dauerfinanzierung durch die Staatengemeinschaft jener Weg ist, auf den sich alle Länder im Falle einer nachhaltigen Krise einstellen müssen, dann werden die Kapitalmärkte restriktiver mit der Kreditvergabe sein und die Zinsen für Staatspapiere können sich gemäß der Konkurswahrscheinlichkeit eines Landes wieder risikoadäquat ausspreizen. Das verringert die Kreditaufnahme der Schuldenländer stärker, als es je ein Schuldenpakt zu leisten in der Lage wäre. (Die vorhandenen Schuldenpakte, die ohnehin niemand respektiert, kann man dann auch getrost wieder abschaffen.) Und es zwingt die Schuldenländer zu jenen Reformen, die zum Erhalt der Wettbewerbsfähigkeit im Euro führen würden, oder veranlasst sie, rechtzeitig auszutreten und abzuwerten, was immer sie für besser halten. Jedenfalls führen die Reformvorschläge 1 und 2 im Verbund zu einer verantwortlichen Verwendung des Sparkapitals zurück, ohne die der Kapitalmarkt, ja das marktwirtschaftliche System als Ganzes, nicht funktionieren kann. Der vom Autor dieser Zeilen oft kritisierte Kasino-Kapitalismus, der zustande kommt, weil die Investoren die Gewinne ihrer Anlagen einstecken und die Verluste von Steuerzahlern tragen lassen können, wird auf diese Weise wirksam bekämpft.[18]

Als Ergänzung dieses Vorschlags sollte die Vergemeinschaftung von Risiken durch den Kauf von Staatspapieren durch die EZB unterbleiben. Deshalb:

## Reformvorschlag 3: Geldpolitik der Europäischen Zentralbank mit minimalem Risiko

*Die EZB darf im Rahmen ihres Mandats nur noch erstrangige Wertpapiere mit einem AAA-Rating am offenen Markt kaufen. Staaten, die nicht über ein AAA-Rating verfügen, sind gehalten, hinreichend mit Pfändern besicherte Staatspapiere auszugeben, sodass dieses Rating erreicht wird. Refinanzierungskredite müssen ebenfalls mit Wertpapieren besichert werden, die ein AAA-Rating haben.*

Jeder Staat der Eurozone verfügt über umfangreichen Immobilienbesitz und hält zudem wertvolle Beteiligungen an privatwirtschaftlich tätigen oder privatisierbaren Unternehmen. Zum Beispiel verfügte der griechische Staat im Jahr 2010 über ein betriebliches Staatsvermögen, dessen Wert auf 85 % des griechischen BIP geschätzt wird, und zusätzlich über Immobilien mit einem Schätzwert von 87-130 % des griechischen BIP.[19] Solche Eigentumstitel kann selbst ein verschuldeter Staat, der sich auf dem Kapitalmarkt Geld leihen will, seinen Gläubigern zum Zwecke der Beleihung anbieten und wird dann trotz seiner Verschuldung durch sehr niedrige Zinsen belohnt werden.

Die EZB wiederum soll nur Staatspapiere erwerben dürfen, die erstklassig besichert sind, was durch die Bestnote AAA seitens der Rating-Agenturen nachzuweisen ist. Diese Regelung stellt sicher, dass die EZB wirklich nur Geldpolitik betreiben kann – wie es ihr Mandat ist – und nicht auch eine versteckte Sozialisierung der Haftung für ausgegebene Staatspapiere betreibt, wie es derzeit der Fall ist und in Kapitel 3 eingehend beschrieben wurde.

Die Beschränkung des Erwerbs von AAA-Papieren muss im Übrigen auch für Unternehmensanleihen gelten. Diese Anleihen dürften fortan nicht mehr direkt von den Unternehmen, sondern nur noch in hinreichendem Abstand zur Erstemission auf dem freien Markt erworben werden. Falls es in einem Land nicht genug von diesen Anleihen gäbe, müsste die EZB wieder zur traditionellen Refinanzierungspolitik zurückkehren, bei der die Banken selbst für die Rückzahlung der Kredite geradezustehen und außerdem noch sehr gute, mit AAA bewertete Pfänder beizubringen hätten.

Im Kern führen die Reformvorschläge 2 und 3 zu deutlich mehr Selbsthaftung der Anleger und der Schuldenstaaten mit Blick auf ihre wechselseitigen Schuldkontrakte. Zum einen werden die Anleger mehr Zinsen für unbesicherte Papiere verlangen, was den Schulden-Appetit der Staaten merklich verringert. Zum anderen werden sich die Staaten genau überlegen, ob sie wirklich wertvolles Staatsvermögen für neue Kredite verpfänden oder sich doch lieber mit dem Einkommen begnügen sollen, das sie durch Steuern eintreiben können.

Man beachte, dass Reformvorschlag 3 im Hinblick auf die Staatsfinanzierung bei Weitem nicht so strikt formuliert ist wie die Regeln der US-amerikanischen Notenbank *Federal Reserve Bank,* die gar keine Staatspapiere der Einzelstaaten kaufen darf. Vorschlag 3 stellt mithin eine Konzession an den Status quo dar, der sich in Europa ergeben hat, weil die EZB mit der Rückendeckung des EuGH den Artikel 123 des Vertrages über die Arbeitsweise der Europäischen Union (AEUV) viel großzügiger ausgelegt hat, als der Bundestag ihn bei seiner Beschlussfassung interpretierte. Falls Reformvorschlag 3 allerdings nicht vertraglich vereinbart werden kann, sollte Deutschland auf der ursprünglichen Interpretation des Vertragstextes bestehen, die besagt, dass die EZB überhaupt keine Staatspapiere von Einzelstaaten kaufen darf. Mit dem Hinweis auf die USA hätte es dann ein weiteres starkes Argument auf seiner Seite. Die Kernidee hinter den bisher formulierten drei Reformvorschlägen besteht darin, dass im Eurosystem wieder mehr Eigenverantwortung der Schuldner und Investoren für ihr Tun hergestellt wird, um die ungerechte Belastung der Steuerzahler zu vermeiden und den Kasino-Kapitalismus, den das Verhalten der EZB erzeugt, zurückzudrängen.

Doch das allein genügt nicht. Auch der in Kapitel 4 beschriebene – von der EZB geduldete – Missbrauch des Eurosystems durch die nationalen Notenbanken muss eingedämmt werden. Die sich in stark gestiegenen Target-Salden ausdrückenden großzügigen Überziehungskredite im Eurosystem, die sich die nationalen Notenbanken besorgen, um ihren jeweiligen Staaten und nationalen Volkswirtschaften Finanzmittel zu günstigeren Konditionen zur Verfügung zu stellen, als es der Markt getan hätte, müssen endlich ein Ende haben. Ein Währungssystem, bei dem man sich das Geld, das man zum Leben braucht, einfach druckt, wenn man es sich auf den Märkten zu niedrigen Zinsen nicht mehr leihen kann, kann auf Dauer nicht überleben.

## Reformvorschlag 4:
## Tilgung der Target-Verbindlichkeiten

*Nationale Notenbanken dürfen nur noch im Verhältnis zur Landesgröße Geld durch die Kreditvergabe an die lokale Volkswirtschaft schöpfen. Weichen sie von dieser Regel ab und lassen sie durch Nettoüberweisungen an andere Länder Target-Verbindlichkeiten entstehen bzw. drucken sie physisch überproportional viele Banknoten, müssen sie diese Verbindlichkeiten jährlich durch die Hergabe von Gold oder erstklassig besicherten Staatspapieren tilgen. Der jeweilige Nationalstaat hat eine Nachschusspflicht für etwaige Verluste seiner Notenbank.*

Dieser Reformvorschlag führt die Eurozone wieder zu ihren Anfängen zurück, denn es war bei der Schaffung der Eurozone nie vorgesehen, dass größere Verbindlichkeiten zwischen den Notenbanken des Eurosystems entstehen. Die Target-Salden sollten immer nur zum Spitzenausgleich für die Zufälligkeiten der täglichen Zahlungsströme zwischen den Ländern dienen, nicht jedoch zur Dauerfinanzierung ganzer Volkswirtschaften.

Dass der EZB-Rat ein halbes Jahr tatenlos zusah, als sich die völlig überschuldete griechische Notenbank immer mehr Geld aus dem gemeinsamen Kassenautomaten holte, während die Staatengemeinschaft vergeblich mit Griechenland über Sparauflagen verhandelte, lief auf eine groteske Konkursverschleppung hinaus, die sich nicht wiederholen darf. Und dass es in Deutschland in den Jahren 2012 und 2013 netto gerechnet nur noch Überweisungsgeld gab, das in anderen Teilen des Eurosystems durch Kreditvergabe an die dortigen Banken bzw. durch den Erwerb von Wertpapieren durch die Zentralbank entstanden ist, war nicht weniger grotesk (vgl. ausführlich Kapitel 4, dort auch Abbildung 4.2).

Bei der Abfassung dieser Zeilen, im Juli 2016, haben die Target-Verbindlichkeiten der Krisenländer wieder eine Höhe bei 731 Milliarden Euro erreicht. Und sie wachsen weiterhin mit atemberaubender Geschwindigkeit. Das liegt derzeit vor allem daran, dass die überschuldeten Länder sich Monat für Monat immer mehr gegenüber privaten Investoren aus Europa und Übersee entschulden, indem sie ihre Notenbanken die ausstehenden Schuldpapiere mit Geld zurückkaufen lassen, das ihnen die Notenbanken der nördlichen Länder, allen voran die Bundesbank, kreditieren müssen, ein Vorgang, der spiegelbildlich zum Anstieg der deutschen Target-Forderungen gegenüber den Krisenländern führt. Das dürfen weder die Bundesbank noch die Bundesrepublik Deutschland noch die anderen Überschussländer wie Frankreich, die Niederlande, Finnland und Luxemburg weiterhin tolerieren.

Im Endeffekt erwerben die noch gesunden Länder der Eurozone gegen die Hergabe verzinslicher, marktfähiger Wertpapiere, Immobilien und mittelständische Firmen bloße Target-Buchforderungen gegen die bereits total überschuldeten Notenbanken der Krisenländer: Forderungen, die derzeit einen Zins von null tragen und nie fällig gestellt werden können. Da die dahinterstehenden Staaten keine Nachschusspflicht gegenüber ihren Notenbanken haben und ihre Notenbanken jederzeit fallen lassen und durch neue Notenbanken mit neuen Währungen ersetzen können, ist dies ein für die Steuerzahler der noch gesunden Länder extrem riskantes Geschäft, das die Budgethoheit der Parlamente massiv beeinträchtigt. Dagegen muss, wie bereits in Kapitel 4 erläutert, der Bundestag schon wegen der neuen Vorgaben des Bundesverfassungsgerichts vorgehen. Die Bundesbank selbst hat in dieser Angelegenheit eine Beratungs- und Auskunftspflicht gegenüber der Bundesregierung[20] – und sie sollte dieser Pflicht unbedingt und mit Nachdruck genügen.

Die kaum beschränkte Selbstbedienung mit der elektronischen Druckerpresse scheint zu einem selbstverständlichen Recht zu mutieren, das man nun sogar für groß angelegte Entschuldungsaktionen nutzt. Dass es so weit kommen konnte, liegt auch an der Gleichgültigkeit der Politiker gegenüber diesem Thema. Bis heute schweigen sie dazu weitgehend. Offenbar soll keine weitere Baustelle entstehen, deren zweifellos mühevolle Bearbeitung das Wahlvolk nur irritieren würde. Dabei ist Handeln dringender denn je geboten, denn schließlich geht es um echtes Vermögen, das zwischen den Volkswirtschaften verliehen, wenn nicht endgültig umverteilt wird. Deutschland kann dabei sehr viel Vermögen verlieren, wenn es nicht aufpasst. Zumindest macht es sich durch die Umstellung seines Vermögens von verbrieften, marktfähigen Forderungstiteln auf bloße Buchforderungen der Bundesbank gegenüber Notenbanken, die bereits überschuldet sind und bei einer großen Eurokrise wahrscheinlich in Konkurs gingen, in hohem Maße erpressbar, was die Gewährung weiterer Hilfsgelder betrifft.

Die Gold-Tilgung der Target-Forderungen mag dabei manchem als eine zu hohe und unrealistische Anforderung zur Beendigung des Geschehens erscheinen. Man möge aber bedenken, dass Gold nach wie vor das allgemein anerkannte Zahlungsmittel zwischen den Ländern der Welt ist, das unabhängig von sich immer wieder ändernden rechtlichen Regelungen überall seinen Wert behält. Gegen den Vorschlag, die Target-Forderungen sollten mit Gold getilgt werden, ist nicht vorzubringen, dass die betroffenen Länder das Gold gar nicht haben, denn das können sie sich ja durch Verkauf oder die Beleihung anderer Vermögensobjekte auf dem Markt besorgen. Auch eine Privatperson, die ihre Schulden tilgt, muss sich dieses Geld anderswo zu Marktkonditionen leihen, andere Vermögensobjekte verkaufen oder es sich durch eine am Markt verkaufte Leistung erarbeiten. Das dafür nötige Bargeld hat man in den seltensten Fällen bereits in der Tasche. Ein Blick auf die Geschichte der USA zeigt, welch wichtige Rolle Gold beim Ausgleich von Forderungen gegenüber Staaten haben kann. Bevor die heute existierende US-amerikanische Notenbankordnung *Federal Reserve System* geschaffen wurde, gab es natürlich auch Überweisungen von einer Ecke der USA in die andere. Jede dieser Überweisungen bedeutete, dass die Auftrag gebende Bank eine andere um eine Auszahlung von Geld in ihrem Auftrag und insofern um die Kreditierung der Auszahlung bat. Wenn es in einer überschaubaren Zeit kein Gegengeschäft in die andere Richtung gab, musste die Auftrag gebende Bank Gold zur anderen Bank schicken, um die so entstandenen Salden im Zahlungsverkehr zu tilgen (also das, was im Eurosystem Target-Salden genannt wird). Die Überfälle auf die Goldtransporte sind bis zum heutigen Tage Gegenstand von Wild-West-Filmen. 1913/14 entschlossen sich die USA, das *Federal Reserve System* einzurichten, dessen Rolle im Wesentlichen darin bestand, einen gemeinsamen Goldschatz zu verwalten und bei Nettoüberweisungen zwischen den inzwischen gegründeten zwölf Distrikt-Notenbanken dazu bloß Eigentumsrechte an diesem Goldbestand umzubuchen. Das vermied die Gefahren durch die Überfälle. Die Tilgung der Zahlungssalden durch Gold wurde bis 1975 praktiziert, dann aber durch die jährliche Übertragung von marktfähigen Wertpapieren zwischen den Distrikt-Notenbanken ersetzt.[21]

Das US-amerikanische Beispiel macht vor, wie es gehen kann. In Europa hingegen schuf man mit Einführung des Euro ein System, bei dem die Salden im Zahlungsverkehr niemals getilgt werden müssen und als Buchschulden, wenn auch verzinst, beliebig lange weitergewälzt werden können. Dieses System lädt in extremem Maße zum Missbrauch durch nationale Notenbanken ein und zwar in dem Sinne, dass sie ungeachtet der entstehenden Target-Salden im Übermaß lokales Geld schaffen und zu günstigeren Bedingungen an die lokale Wirtschaft und den Staat verleihen, als es mit einem funktionierenden Kapitalmarkt möglich wäre. Genau dieser Missbrauch hat, wie die Höhe der Target-Salden zeigt, auch stattgefunden. Und er findet weiter statt.

Wenn aber die Target-Salden mit Gold oder erstklassigen, nämlich pfandgesicherten Staatspapieren binnen Kurzem getilgt werden müssten, könnten die Notenbanken der Überschussländer dem Geschehen gelassen zusehen. Dann nämlich gäbe es kein Risiko für sie beziehungsweise ihre Eigentümer, die jeweiligen Staaten. Auch das aktuelle Wertpapierkaufprogramm unter dem Namen *Quantitative Easing* (vgl. ausführlich Kapitel 4), das die EZB in riesigem Umfang betreibt, wäre dann kein Nachteil für die Notenbanken der Überschussländer mehr. Die alten Staatspapiere oder andere Wertpapiere würden dann zwar in Ausland wandern. Doch zum Ausgleich kämen keine Buchforderungen gegenüber konkursreifen Notenbanken herein, wie dies heute der Fall ist, sondern werthaltige pfandbesicherte Staatspapiere, wenn nicht gar Gold.

Im Übrigen ist auch nicht zu befürchten, dass die Verpflichtung, die Target-Salden zu tilgen, den Zahlungsverkehr grundsätzlich einschränkt. Individuelle Überweisungen sind vollkommen frei und können jederzeit durchgeführt werden. Allerdings würde die Tilgungspflicht dazu führen, dass die nationalen Notenbanken mit ihrer lokalen Kreditvergabe fortan zurückhaltend sind, sodass eine Knappheit von lokalen Kreditmitteln bei steigenden Zinsen durch private Kapitalimporte aus dem Ausland, die zu Marktkonditionen geliefert werden, ausgeglichen würde. Und wenn das private Kapital zu hohe Zinsen verlangen würde, dann würde es sich eben so mancher Kreditnehmer überlegen, ob er den Kredit tatsächlich beziehen und für den Kauf von Gütern oder Vermögensobjekten im Ausland verausgaben sollte. Das würde die Auslandsüberweisungen für solche Käufe wie von selbst reduzieren. Es wäre wie bei Privatleuten, die überschuldet sind und dann irgendwann keine Kredite mehr bekommen, um das alles zu kaufen, was sie gerne hätten. Es käme zu einer Begrenzung der Wünsche, die ein wesentliches Steuerungselement einer jeden funktionierenden marktwirtschaftlichen Ordnung darstellt und die die tatsächliche Ressourcenknappheit wirksam in individuellen Budgetbeschränkungen abbildet.

Wenn die Kapitalmärkte am Ende sehr extrem reagieren und es zu einer Kapitalflucht in dem Sinne käme, dass auch kein Ersatzkapital mehr für auslaufende Altkredite eines Landes zur Verfügung gestellt würde, dann wäre davon auszugehen, dass die Überschuldung der Bürger, der Banken und des Staates ein solches Ausmaß erreicht hat, dass der Konkurs vor der Tür steht. In diesem Fall müsste das Land Kapitalverkehrskontrollen verhängen, die Laufzeit der fällig werdenden Staatspapiere verlängern und – wenn das alles nichts helfen sollte – schließlich den Konkurs erklären, einen Schuldenschnitt verlangen und aus der Eurozone austreten.

Ein letzter, aber sehr zentraler Ansatz zur Reform des Eurosystems betrifft die Stimmrechte im EZB-Rat. Deutschland hat derzeit kaum mehr Stimmrecht als Malta oder Griechenland, haftet aber für 26 % der Risiken der Eurozone, bzw., wenn die Notenbanken der GIPSIZ-Länder gemeinsam ausfallen sollten, gar für 41 %. Daraus folgt

## Reformvorschlag 5: EZB-Stimmrechte nach der Haftung und Größe der Mitgliedsländer

*Die Stimmrechte im EZB-Rat werden nach der Größe der Haftung der Länder vergeben, die selbst wiederum gemäß der Landesgröße (Mittelwert von Bevölkerungs- und BIP-Anteil) verteilt ist. Entscheidungen des EZB-Rates, die fiskalischen, also potenziell umverteilenden Charakter haben, sind mit einer Mehrheit von 85 % der Stimmen zu treffen.*

Dass jedes Land, ob groß oder klein, genau eine Stimme haben solle, war eine Regelung, die die deutsche Bundesregierung damals in einem, wie sich nachher zeigen sollte, naiven Vertrauen in die Rolle der Europäischen Zentralbank akzeptiert hat. Die Vorstellung war, dass hier nur eine neutrale, unabhängige und für alle Länder gleichermaßen wünschenswerte Politik der Preisstabilisierung betrieben würde. Dass die EZB sich stattdessen zu einer gigantischen Behörde zur Rettung von Staaten und Banken in Europa entwickeln würde, hätte man sich nicht im Traum vorstellen können. Aber so ist es gekommen. Diese unerträgliche Situation muss umgehend bereinigt werden, indem die anteiligen Stimmrechte am Haftungsanteil der jeweiligen Länder ausgerichtet werden.

Der deutsche Haftungsanteil von 26 % entspricht dem sogenannten *capital key*, wörtlich »Kapitalschlüssel«, also dem Anteil Deutschlands am eingezahlten Stammkapital der EZB.[22] Dieser Anteil wurde als Mittelwert zwischen dem deutschen Bevölkerungsanteil und dem deutschen BIP-Anteil im Euroraum festgelegt. Er ist zugleich auch der deutsche Anteil an den Geldschöpfungsgewinnen und -verlusten des Eurosystems. Malta hat einen Haftungsanteil von 0,1 %, Griechenland einen von 2,9 %, und doch verfügt jedes dieser beiden Länder im Prinzip über das gleiche Stimmrecht wie Deutschland. Es entsendet seinen Notenbankpräsidenten in den EZB-Rat, der dort gleichberechtigt wie alle anderen abstimmen darf. Allerdings greift seit dem Beitritt Litauens zum Eurosystem eine Rotationsregel, die Deutschland geringfügig seltener zum Aussetzen bei den Beschlüssen zwingt als die kleineren Länder. Außerdem hat sich als stille, ungeschriebene Regel eingebürgert, dass Deutschland als großes Land einen Vertreter in das sechsköpfige Direktorium der EZB entsenden darf, das im EZB-Rat ebenfalls stimmberechtigt ist. Berücksichtigt man Letzteres, so hat Deutschland im EZB-Rat heute einen Stimmanteil von 8,6 %, was aber immer noch nur erst einem Drittel seines Haftungsanteils entspricht.

Bei privaten Kapitalgesellschaften wie auch internationalen Organisationen wie zum Beispiel dem Internationalen Währungsfonds ist das Auseinanderfallen von Stimmrecht und Haftung absolut unüblich. Immer gilt die alte Volksweisheit: »Wer zahlt, schafft an.« Stimmrechtsanteil und Haftungsanteil fallen dort stets zusammen. Dieser Normalzustand sollte auch bei der EZB hergestellt werden.

Auch müssen die Entscheidungsregeln geändert werden. Der Rat entscheidet derzeit meistens mit einfacher Mehrheit, doch bei besonderen Fragen wie dem Stopp der bereits erwähnten ELA-Notfallkredite wird dort eine qualifizierte Mehrheit von zwei Dritteln der Stimmen benötigt. Wohlgemerkt: Nicht etwa eine Mehrheit von zwei Dritteln für die Erlaubnis der Selbstbedienung mit der Druckerpresse, sondern für das Verbot derselben! Darüber war oben schon berichtet worden. In den entscheidenden Krisenjahren, während derer z.B. das OMT-Programm beschlossen wurde und die großen ELA-Kredite flossen, hatten die sechs GIPSIZ-Krisenländer eine Stimme mehr als ein Drittel und hätten somit von den anderen Ländern nicht an der Selbstrettung mit der Druckerpresse gehindert werden können. Die Entscheidungsregeln im EZB-Rat müssen daher dringend geändert werden. Es kann nicht sein, dass sich nicht einmal die Mehrheit, geschweige denn eine erhebliche Minderheit unter den Euroländern vor der Mithaftung für fragwürdige Euro-Geschäfte schützen kann.

Ein Beispiel für bessere Entscheidungsregeln bietet der fiskalische Rettungsschirm ESM. Dort wurde ein starker Minderheitenschutz vorgesehen, denn es müssen die Entscheidungen über Hilfsprogramme mit mindestens 85 % der Stimmen beschlossen werden. Das wäre auch ein sinnvolles Quorum für EZB-Entscheidungen mit potenziell umverteilendem Charakter.

## II. Ein Reformprogramm für die Steuerung der Migration von innen und von außen

Das zweite große Themenfeld, das dringend eine grundlegende Änderung des Rechtsrahmens der EU benötigt, bezieht sich auf die Migration. Im Prinzip entstehen durch den Freihandel bei Gütern und Dienstleistungen, durch den freien Kapitalverkehr und durch die Freizügigkeit von Menschen bei der Arbeitsplatzwahl große Effizienzgewinne für die beteiligten Volkswirtschaften insgesamt.

Der Freihandel ermöglicht es den Ländern, sich auf das zu spezialisieren, was sie besonders gut können. Das führt zu erheblichen Realeinkommensgewinnen für die beteiligten Volkswirtschaften, ähnlich wie es ja auch der »Freihandel« zwischen den Bürgern eines Staates tut. Die meisten Leser dieser Zeilen werden nur einen Beruf ausüben, dort ihr Geld verdienen und sich für dieses Geld andere Leistungen und Güter kaufen, anstatt sie selbst zu erbringen oder herzustellen. Wo kämen wir auch hin, wenn wir unsere Rinder selbst halten, unsere Autos selbst herstellen oder auch nur unsere Schuhe selbst fabrizieren müssten? Ähnliches gilt für die Volkswirtschaft als Ganzes. Deutschland exportiert hochwertige Maschinen, Chemiewaren, Autos und industrielle Zwischenprodukte, die auf der ganzen Welt begehrt sind. Dafür kaufen wir im Ausland hochwertige elektronische Produkte, Software, Südfrüchte, Energie, Rohstoffe und nicht zuletzt touristische Dienstleistungen ein. Die Vorteile von Spezialisierung und Arbeitsteilung sind also auf individueller und gesamtwirtschaftlicher Ebene so offenkundig, dass man sie nicht leugnen kann.

Nicht anders verhält es sich mit dem freien Kapitalverkehr. Das Kapital wandert in jene Gebiete der Welt und jene Verwendungen, in denen besonders hohe Renditen zu erwirtschaften sind. Dadurch trägt es zugleich maximal zum gemeinsamen Sozialprodukt der beteiligten Länder bei. Die Vorteile zeigen sich unter anderem darin, dass es den Sparern gelingt, eine ansprechende Verzinsung zu erwirtschaften und für ihr Alter vorzusorgen. Auf die Dauer kann eine Volkswirtschaft ihren Wohlstand erheblich vergrößern, wenn sie in der Lage ist, das Kapital jeweils weltweit in die besten Verwendungen zu investieren. Dass heute kaum noch Kapitalrenditen erwirtschaftet werden, widerspricht dieser Erkenntnis nicht, sondern bekräftigt sie. Die niedrigen Kapitalrenditen resultieren ja zum einen großenteils daraus, dass die Sparer als Steuerzahler Gratis-Garantien für andere Länder des Euroraums abgeben müssen, womit sie deren Zinsen senken und sich selbst der Risikoprämien berauben, die sie sonst hätten verdienen können. Und die Kapitalrenditen sind zum anderen so niedrig, weil die EZB und die Rettungsschirme durch ihre Programme Ersparnisse absorbieren und aus politischen Gründen zwangsweise in Verwendungen investieren, die keine auskömmlichen Erträge mehr bieten.

Im Prinzip hat auch die freie Migration ähnlich segensreiche Wirkungen wie der freie Verkehr von Kapital, Gütern und Dienstleistungen. In Kapitel 2 wurde das bereits erläutert. Die dahinterstehende ökonomische Logik ist folgende: Wenn Menschen wegen unterschiedlicher Löhne vom einen zum anderen Land wandern, führt die freie Wanderungsentscheidung stets zu einer Erhöhung der Wohlfahrt im Sinne des gemeinsamen Sozialprodukts der beteiligten Länder abzüglich der subjektiven und objektiven Wanderungskosten. So weit die ökonomische Theorie. Allerdings wandern sie ja in der Praxis nicht nur wegen der Lohndifferenzen, sondern auch wegen möglicher Umverteilungsgeschenke des Zielstaates, in den sie nach Lage der Dinge sehr schnell inkludiert werden, ob sie nun von außerhalb oder von innerhalb der EU kommen.

In gut ausgebauten Sozialstaaten wie Deutschland bestehen diese Umverteilungsgeschenke in der Differenz zwischen dem Wert der öffentlichen Daseinsvorsorge und den staatlichen Abgaben, die dafür erhoben werden.

Zur öffentlichen Daseinsvorsorge gehören sozialstaatliche Leistungen sowie die Nutzung der freien Infrastruktur, des Rechtssystems, der Schulen, der öffentlichen Verwaltung und vieler Dinge mehr. Und zu den Abgaben gehören die Einkommensteuer, die Mehrwertsteuer und auch die spezifischen Steuern und Gebühren, mit denen sich der Staat sonst noch finanziert. Wer unterdurchschnittlich verdient, muss auch nur unterdurchschnittliche Abgaben entrichten, nimmt die staatlichen Leistungen aber nicht weniger in Anspruch als andere, erhält also insofern ein Umverteilungsgeschenk. Dieses Geschenk übt zusätzlich zu den Lohndifferenzen starke Wanderungsanreize aus und verzerrt die private Entscheidung zwischen einem Verbleib im Heimatland und dem Aufbruch in die Fremde. Konkret: Da das Umverteilungsgeschenk umso größer ist, je niedriger das Markteinkommen ist, das man verdienen kann, zieht es insbesondere gering Qualifizierte in die besser ausgebauten Sozialstaaten der EU. Umgekehrt ist es bei den hoch Qualifizierten. Sie verdienen überdurchschnittliche Einkommen und zahlen insofern mehr an den Staat, als sie zurückbekommen. Sie werden durch den Sozialstaat abgeschreckt und gehen lieber in Länder, die ihnen nicht so viele Steuern abverlangen.

Die Umverteilungsgeschenke eines gut ausgebauten Sozialstaates machen den grundlegenden Unterschied aus zwischen einem freien Kapitalverkehr und einem freien Güter- und Dienstleistungshandel auf der einen Seite und der Freizügigkeit von Menschen auf der anderen. Sie erklären, warum speziell Deutschland das hauptsächliche Zielland der Armutsmigration aus anderen Teilen der EU und aus den Krisengebieten im arabischen Raum und Afrika wurde.

Es ist offenkundig, dass es an dieser Stelle dringenden Reformbedarf gibt, einen Bedarf, der jenseits solcher theoretischer Erwägungen vom überwiegenden Teil der Bevölkerung in den EU-Ländern ebenfalls erkannt wird. Wie bereits in Kapitel 1 gezeigt (Abbildung 1.3), stand ja genau dieses Thema im Mittelpunkt der britischen Austrittsentscheidung. Vertreter des sogenannten Establishments, die selbst gerne von den billigen zugewanderten Arbeitskräften profitieren, neigen dazu, normale Bürger, die die Sachlage anders sehen, weil sie sich selbst eher zu den Konkurrenten der Migranten rechnen, in die rechte Ecke zu schieben. Das sollten sie nicht tun. Die ökonomische Magnetwirkung eines gut ausgebauten Sozialstaates ist eine starke und verzerrende Kraft in der Migrationsdynamik, die man nicht leugnen kann.

Diese ökonomisch erweiterte Sicht bedeutet freilich nicht, dass man die vielfältig verbreitete Angst vor Überfremdung teilen muss. Kulturelle Vielfalt war historisch die Stärke der aus vielen Einzelvölkern und ethnischen Gruppen zusammengewachsenen deutschen Gesellschaft. Die kulturellen Einflüsse der Hugenotten, der Juden, der Polen, der Italiener, der Türken, der Menschen aus Südosteuropa sowie vieler anderer Gruppen haben das Leben in Deutschland bereichert. Und ob man Kopftücher wirklich als Zeichen der Unterdrückung sehen muss oder nicht doch auch als bereichernde ethnische Besonderheit von Menschen, die dabei sind, sich in die deutsche Gesellschaft zu integrieren, kann man zumindest diskutieren.

Es ist auch keine Frage, dass die Immigration von hoch qualifizierten Wissenschaftlern und Fachkräften Deutschland nur gutgetan hat. Was wären die Universitäten, die Max-Planck-, Leibniz-, Helmholtz- und Fraunhofer-Institute, wenn sie nicht laufend von einem regen internationalen Austausch profitieren würden? Man muss also aufpassen, dass die zu ergreifenden Maßnahmen zur Steuerung der Migration mit Bedacht gewählt werden.

Das in Kapitel 2 ausführlich erläuterte fundamentale Trilemma, dass die Funktionsfähigkeit des Sozialstaates, die Freizügigkeit bei der Wahl des Wohnsitzes und die Eingliederung in den Sozialstaat des Gastlandes nicht gleichzeitig gewährleistet werden können, lässt sich für Migranten aus EU-Ländern am besten durch den Wechsel vom Inklusions- zum Heimatlandprinzip auflösen.

## Reformvorschlag 6: Heimatland- statt Gastlandprinzip für bedürftige EU-Bürger

*EU-Bürger und Bürger aus Ländern, die mit der EU assoziiert sind, erwerben das Anrecht auf soziale Leistungen eines Landes durch Geburt oder durch die Zahlung von Steuern und Sozialbeiträgen. Abgesehen von Leistungen für Arbeitslose können EU-Bürger diese Leistungen in einem Land ihrer Wahl konsumieren, können dort aber keine Ansprüche erheben. Ansprüche auf steuerfinanzierte Sozialleistungen können sie im Gastland nur in dem Maße geltend machen, wie sie sie zuvor selbst durch Steuern finanziert haben.*

Gegenüber dem in Kapitel 2 beschriebenen Status quo schränkt dieser Reformvorschlag die Möglichkeiten des Sozialtourismus erheblich ein. Mit seiner Umsetzung erwirbt man nicht mehr automatisch nach fünf Jahren Anwesenheit im Gastland den Anspruch auf die steuerfinanzierten Sozialleistungen des Landes. Und erst recht nicht erwirbt man solche Ansprüche bereits vorher, etwa wenn man im Gastland noch nicht gearbeitet hat und dort lediglich Arbeit sucht. Andererseits ist man bei sozialer Bedürftigkeit berechtigt, die entsprechenden Leistungen von seinem Heimatland zu erhalten, und genießt als EU-Bürger die volle Freizügigkeit bei der Wahl des Landes, in dem man diese Leistungen konsumieren möchte. Mit anderen Worten: Dieser Reformvorschlag fordert die Abkehr vom heute dominierenden Gastlandprinzip und die Hinwendung zum Heimatlandprinzip für die steuerfinanzierten Sozialleistungen – sofern man sich diese Sozialleistungen freilich nicht bereits selbst durch hinreichend hohe und lange Steuerzahlungen erarbeitet hat.

Konkret: Wenn ein Deutscher, der nicht arbeitsfähig ist und von der Sozialhilfe lebt, nach Spanien zieht, weil er dort billiger leben kann, dann behält er das Recht auf seine deutsche Sozialhilfe, doch kann er in Spanien eine solche Hilfe nicht beantragen. Das durch die deutsche Staatsbürgerschaft erworbene Recht auf Sozialhilfe ist also über die Grenzen hinweg transportierbar. Umgekehrt gilt dann freilich auch für einen Immigranten aus Rumänien, dass er, ohne zuvor hinreichend viele Steuern gezahlt zu haben, in Deutschland keine Unterstützung erwarten kann.

Wie heute schon können sich Migranten ein international transportierbares Recht auf soziale Leistungen auch weiterhin durch Beiträge erarbeiten. So können sie ihre Renten nach wie vor in einem beliebigen Land konsumieren. Bei den beitragsfinanzierten Leistungen ergeben sich ebenfalls keine Änderungen im Vergleich zum Status quo.

Das Arbeitslosengeld inklusive des steuerfinanzierten Arbeitslosengeldes II ist hingegen nicht transportierbar, weil die Arbeitsbereitschaft vor Ort gegeben und überprüfbar sein muss. Das Arbeitslosengeld kann ebenfalls nur dann und in dem Maße in Anspruch genommen werden, wie dafür zuvor bereits Steuern und Beiträge bezahlt wurden. Andere steuerfinanzierte Sozialleistungen wie z.B. die Sozialhilfe können ebenfalls nur in dem Maße in Anspruch genommen werden, wie man dafür vorher Steuern gezahlt hat. Sie sind aber in andere Länder transportierbar. Das bedeutet, dass für jeden Migranten ein Steuerkonto zu führen ist, in dem die erhaltenen steuerfinanzierten Leistungen mit den gezahlten Steuern verrechnet werden – ohne dass dort ein Fehlbetrag entstehen darf.

Migranten werden trotz dieser Regel häufig Nettoempfänger staatlicher Leistungen sein, weil sich diese Leistungen nicht in den bloßen Sozialleistungen erschöpfen. Man kann ja die anderen Leistungen, also z.B. die Beanspruchung der physischen Infrastruktur oder des Rechtssystems, nicht justiziabel auf Heller und Pfennig zurechnen. Das Steuerkonto wird sie daher nicht ausweisen können – es bleibt aber dennoch ein einfaches und praktikables Instrument, um Kosten und Nutzen von Migrationsbewegungen beobachten und steuern zu können.

Natürlich dürfen diese Regeln nur für Personen aus EU-Ländern sowie der EU assoziierten Ländern gelten, deren Sozialsystem die Mindestvoraussetzungen der EU erfüllen. Sie gelten nicht für Flüchtlinge, die zu Hause verfolgt oder von Krieg bedroht werden. Und auch anerkannte Asylbewerber, die in Deutschland bleiben dürfen, sind selbstverständlich vom Heimatlandprinzip auszunehmen.

## Reformvorschlag 7: Inklusion der Asylanten, aber Asylanträge außerhalb der EU-Grenzen

*Anerkannte Asylbewerber werden wie einheimische Staatsbürger in das Sozialsystem der Gastländer integriert, solange der Asylgrund besteht. Die Asylanträge sind allerdings außerhalb der EU-Grenzen zu stellen und nach einem für alle EU-Länder einheitlichem Verfahren zu entscheiden. Zu diesem Zweck richtet die EU im Einvernehmen mit ihren Nachbarn Antragsbehörden auf deren Territorium ein. Sofern ein solches Einvernehmen nicht erzielbar ist, richtet die EU auf ihrem Territorium extraterritoriale Zonen ein, wie es beim sogenannten Flughafen-Verfahren der Fall ist, und führt die Asylverfahren dort durch. Nur anerkannten Asylbewerbern wird die Weiterreise aus diesen Zonen gestattet.*

Schon nach dem bestehenden deutschen Recht, das die Bundesregierung derzeit eklatant verletzt, sind Bürgerkriegsflüchtlinge und politische Verfolgte, die Asyl beantragen wollen, nicht berechtigt, auf dem Landwege nach Deutschland einzureisen, um hier einen Schutzantrag zu stellen, außer sie können begründete Tatsachen vorweisen, die belegen, dass sie in dem EU-Land, über das sie einreisen, politisch verfolgt sind. Sie sind vielmehr an der Grenze zurückzuweisen. Wenn sie es aber geschafft haben, die Grenze illegal zu überqueren, können sie in Deutschland Schutzanträge stellen. Wenn sie nicht anerkannt werden, sei es nach der Genfer Flüchtlingskonvention als Bürgerkriegsflüchtlinge, sei es nach dem Grundgesetz als Asylberechtigte, können sie meistens gleichwohl nicht mehr abgeschoben werden. Das liegt vor allem daran, dass sie ihre Papiere wegwerfen und ihre Identität verleugnen, sodass das Heimatland oder auch das letzte sichere Transitland die Rücknahme mangels amtlicher Dokumente verweigern kann. Auch gelingt es den Betroffenen häufig, mithilfe von Rechtsanwälten eine Vielzahl von aufschiebenden Gründen vorzubringen, die die Behörden lahmzulegen drohen. Dass das Bundesamt für Migration und Flüchtlinge sich angesichts dieser Schwierigkeiten entschlossen hat, etwa die Hälfte der illegal eingereisten Personen als Bürgerkriegsflüchtlinge anzuerkennen (Abbildung 2.5), ist zwar im Hinblick auf die Nöte der Beamten nachvollziehbar, doch weder aus ökonomischer noch aus rechtlicher Sicht akzeptabel.

Der hier unterbreitete Reformvorschlag bekräftigt im Grunde nur das in Deutschland bestehende Recht, versucht es aber praktikabel zu machen und davor zu schützen, vollends zur Farce zu werden. Er entlehnt die Einreiseverweigerung für Personen, die erst noch Asylanträge stellen wollen, auch dem spanischen Beispiel, über das bereits berichtet wurde. Der spanische Ansatz hat aus verantwortungsethischer Sicht den großen Vorteil, dass die Flüchtlinge gar nicht erst zu gefährlichen Seereisen über das Mittelmeer animiert werden. Der Reformvorschlag geht aber insofern über den spanischen Ansatz hinaus, als er ein geordnetes Verfahren für die Antragstellung im EU-Ausland in dort zu schaffenden Antragsbehörden vorsieht, etwa in Libyen, weil von dort aktuell besonders viele Menschen die gefährliche Seereise nach Lampedusa antreten. Da Libyen derzeit ein gespaltenes Land mit unterschiedlichen Machtzentren ist, wird das nicht einfach, sollte aber doch mit ökonomischen Gegenleistungen erreichbar sein.

Kann ein solches Verfahren in einem EU-Nachbarstaat nicht realisiert werden, weil er die Einrichtung von Kontrollstellen verweigert, dann kommt eine Lösung wie in Australien in Betracht. Australien sammelt die

Asylantragsteller auf einer seiner vorgelagerten Inseln, versorgt sie dort und überprüft die Anträge, bevor eine Weiterreise auf das Festland erlaubt oder eine Abschiebung verfügt wird. Diese Möglichkeit ist für die Migranten relevant, die über die Türkei einreisen, sollte die Türkei das Abkommen mit der EU nicht einhalten oder es verwenden, Druck für eine Beschleunigung der Verhandlungen zum EU-Beitritt aufzubauen. Griechenland hat spärlich bewohnte Inseln genug, die die EU für eine Lösung nach australischem Muster einsetzen kann.

Das australische Modell erinnert an das in Deutschland praktizierte Flughafen-Verfahren. Danach haben anreisende Asylbewerber nicht automatisch das Recht der Einreise, sondern sie werden bereits am Flughafen einem Asylverfahren unterworfen. Werden sie abgelehnt, schiebt man sie sofort wieder in ihre Heimatländer ab.

Über die Verteilung der anerkannten Flüchtlinge muss man sich gesondert Gedanken machen. Da das von Deutschland präferierte Quotenmodell von vielen EU-Ländern abgelehnt wird, kann man als zweitbeste Lösung auch daran denken, dass die Asylanträge in den exterritorialen Antragsbehörden von den Vertretungen der jeweiligen EU-Staaten bearbeitet werden.

Die Voraussetzung für die skizzierte Lösung ist freilich, dass die EU als solche und auch die Schengenländer ihre Außengrenzen wirksam schützen. Die deutsche Bundeskanzlerin bezweifelt zwar, dass das möglich sei. Doch der bereits in Kapitel 2 erwähnte mazedonische Zaun zeigt, dass sie irrt. Deswegen

## Reformvorschlag 8: Grenzsicherung als EU-Aufgabe

*Die EU-Länder sichern ihre Grenzen gemeinschaftlich, sodass sie eine praktisch lückenlose Kontrolle über die Immigration haben. Auch die Schengenländer sichern ihre Außengrenzen. Kommt die EU bzw. kommen die Schengen-Außenländer ihren Aufgaben nur unzureichend nach, müssen die Nationalstaaten ersatzweise ihre eigenen Grenzen sichern.*

Man kann nicht genug betonen, wie wichtig die Grenzsicherung für ein Gemeinwesen ist. Ohne eine funktionierende Grenzsicherung kann man die Immigration von Kriminellen nicht wirksam begrenzen, und nur wirksame Grenzkontrollen schützen gemeinschaftlich verfügbare Infrastruktur und die Sozialstaaten vor Überlastung und ökonomischer Ausbeutung. Wie bereits in Kapitel 2 dargelegt, folgt die Notwendigkeit wirksamer Grenzkontrollen zwingend aus der Existenz der von einem Staat seinen Bürgern zur Verfügung gestellten und mit Steuergeldern produzierten sogenannten Klubgüter wie Straßen, Schulen u.a.m. Es gibt kein internationales Recht auf die freie Wohnsitzwahl, es sei denn, die betroffenen Staaten hätten dies explizit für ihre Bürger vereinbart, um den wechselseitigen Tausch der Klubgüter zu ermöglichen.

Dass der bulgarische Ministerpräsident Bojko Borissow darüber klagt, er werde beim Versuch, die bulgarisch-türkische Grenze zu kontrollieren, von der EU alleingelassen, illustriert, wie groß der Nachholbedarf in Europa in dieser Hinsicht ist.[23] Exemplarisch zeigt das außerdem der Flüchtlingsdeal zwischen EU und Türkei. Wenn die EU ihre Grenzen nicht sichert, macht sie sich durch die Türkei erpressbar und muss womöglich eine schnelle Integration der Türkei in die EU akzeptieren, weil diese damit droht, andernfalls wieder große Flüchtlingsströme in Gang zu setzen.

Grenzsicherung und Grenzkontrollen bedeuten keinen Verlust der Freizügigkeit für EU-Bürger. Sie bedeuten nur, dass sich die EU-Bürger ausweisen müssen, um ihre Berechtigung für den Grenzübertritt nachzuweisen. Eine Beschränkung stellen diese Grenzen nur für Nicht-EU-Bürger dar, sofern sie nicht das Recht der Einreise haben.

Da innerhalb der EU Freizügigkeit herrscht, ist die Grenzsicherung zuallererst die Aufgabe der EU und betrifft die EU-Außengrenzen. Die EU kann unmöglich die heutigen Verhältnisse vor den griechischen und italienischen Küsten weiterhin akzeptieren. An zweiter Stelle ist die Grenzsicherung die Aufgabe der Schengenländer, die untereinander nicht nur Freizügigkeit gewähren, sondern auch auf Grenzkontrollen verzichten. Die Außengrenzen des Schengenraums müssen, selbst wenn sie EU-Binnengrenzen sind, zwingend physisch so geschützt werden, dass man die Menschen, die sie überschreiten wollen, lückenlos kontrollieren kann. Solange diese Voraussetzungen allerdings nicht erfüllt sind, braucht ein Land wie die Bundesrepublik Deutschland eigene Grenzkontrollen.

Eine weitere Baustelle beim Thema Migration von außen ist die wirtschaftliche Stärkung der EU-Nachbarstaaten, aus denen die Migranten kommen, etwa aus dem Maghreb. Natürlich ist es nicht möglich, die Situation in den wirtschaftlich schwachen Nachbarstaaten der EU durch Geldgeschenke so zu verbessern, dass es keine ökonomischen Anreize mehr für die Migration in die Europäische Union gibt. Das wäre auch nicht adäquat, weil es die Eigentumsrechte der EU-Bürger an der staatlichen Infrastruktur und am Sozialstaat in Frage stellen würde. Es wäre nämlich so, als würde ein Hausbesitzer einer Person, die gerne mietfrei bei ihm einziehen möchte, so viel Geld geben müssen, dass sie sich eigentlich gleich eine gleichwertige Wohnung mieten könnte.

Doch Finanzhilfen zum Wiederaufbau der von den schier endlosen Kriegen zerstörten Infrastruktur sind sicherlich angebracht. Erst mit einer funktionsfähigen Infrastruktur haben die ehemaligen Kriegsländer überhaupt die Chance, wieder Fuß zu fassen.

Im Übrigen muss man die Anreize, in der Heimat zu bleiben, ja auch nicht vorrangig durch Geldgeschenke zu steigern versuchen, sondern kann auf die Förderung von Freihandel und freien Kapitalverkehr in den Wirtschaftsbeziehungen mit den EU-Anrainerstaaten setzen. Davon profitieren beide Seiten. Eine solche Politik kostet die EU nichts, ganz im Gegenteil: Die EU-Bürger profitieren insofern, als sie nun billigere Importware kaufen können. Und die EU-Anrainerstaaten profitieren, indem bei ihnen neue Arbeitsplätze entstehen und es zu Lohnsteigerungen für die breiten Massen kommt. Das reduziert den Migrationsdruck mehr, als es Geldgeschenke je vermögen würden. So gesehen ergibt sich also eine *Win-Win-Situation,* um es einmal auf Denglisch zu sagen.

## Reformvorschlag 9: Hilfen für schwächer entwickelte EU-Nachbarstaaten

*Die EU integriert sämtliche schwächer entwickelte Anrainerstaaten in ein Abkommen über Freihandel und freien Kapitalverkehr mit dem Ziel, diesen Ländern eine gute Chance für einen raschen wirtschaftlichen Aufschwung zu geben und den Migrationsdruck zu senken. Außerdem organisiert sie ein spezielles Entwicklungshilfeprogramm für sie, das darauf setzt, die staatliche Infrastruktur so zu verbessern, dass sich die private Wirtschaft entfalten kann.*

Unter dem Namen »Mittelmeerunion« regte der ehemalige französische Staatspräsident Nicolas Sarkozy im Rahmen des Präsidentschaftswahlkampfes 2007 bereits an, die Beziehungen zu den Mittelmeeranrainerstaaten zu vertiefen und einen weitreichenden koordinativen und institutionellen Rahmen dieser Partnerschaft zu etablieren. Er sah den 1995 einsetzenden Barcelona-Prozess[24] der EU als gescheitert an und versuchte stattdessen, etwas Ähnliches wie ein Freihandelsabkommen für sämtliche EU-Anrainerstaaten anzustoßen.[25] Viel mehr als zweijährige Gipfeltreffen zur Diskussion von Fragen aus dem Bereich der Umwelt- und Energiepolitik, der Verkehrsnetze oder gemeinsamer Bildungs- und Forschungsprojekte kam dabei allerdings nicht heraus.[26] Die Chance auf ein umfassendes Freihandelsabkommen mit sämtlichen Anrainerstaaten wurde so erneut verpasst. Hätte man damals Sarkozy geholfen, diesen Plan umzusetzen, statt im Jahr 2011 Bomber nach Tripolis zu schicken, hätte die Geschichte einen deutlich anderen Verlauf genommen. Heute ist es dringend geboten, diesen Faden wieder aufzunehmen und eine Mittelmeerunion mit Freihandelsabkommen zu schaffen, um den südlichen Anrainerstaaten bessere Chancen für einen wirtschaftlichen Aufschwung zu geben.

Auch mit Russland und anderen ökonomisch schwächeren Ländern der ehemaligen Sowjetunion sollte man versuchen, die Handelsbeziehungen wieder zu intensivieren, um dort eine ökonomische Stabilisierung zu unterstützen und so zugleich den womöglich auch bald aus dieser Region kommenden Migrationsdruck gleichsam präventiv abzuschwächen. Der russische Staatspräsident Wladimir Putin hatte bereits 2001 bei seiner Rede vor dem Bundestag die Bedeutung einer engen Handels- und Wirtschaftsbeziehung betont[27] und 2010 sogar eine Freihandelszone vom Atlantik bis nach Wladiwostok vorgeschlagen.[28] Die deutsche Politik hatte auf diesen Vorschlag seinerzeit nicht reagiert. Spätestens jetzt, nach den Erfahrungen der letzten Jahre mit vielen militärischen Konflikten und unkontrollierten Migrationsprozessen, sollte sie seinen Vorschlag aufgreifen.

Wichtig ist sodann die rasche Integration der Migranten von außen oder von innerhalb der EU in den Arbeitsmarkt der jeweiligen EU-Länder, denn je mehr die Migranten arbeiten und ein Einkommen erzielen, desto geringer sind ihre Ansprüche an den Sozialstaat und desto mehr Steuern zahlen sie. Die fiskalische Belastung für die einheimische Bevölkerung wird also geringer. Außerdem bedeutet die Integration in den Arbeitsmarkt auch die Integration in die Gesellschaft, denn nirgends kann man so schnell

Deutsch lernen wie unter Kollegen, und natürlich lernt man dann auch die Verhaltensregeln der deutschen Gesellschaft. Eine erfolgreiche Integration in den Arbeitsmarkt ist die Grundvoraussetzung dafür, dass sich keine Parallelgesellschaften und keine Ghettos bilden, und sie sind das beste Mittel, die Migranten davor zu schützen, in die Illegalität abzurutschen.

Damit die Integration über den Arbeitsmarkt aber gelingen kann, ist es geboten, den Mindestlohn, den Deutschland unlängst eingeführt hat, für Berufsanfänger auszusetzen, weil er, wie in Kapitel 2 gezeigt, für die Migranten eine viel zu hohe Bindungswirkung hat, und durch ein System der »Aktivierenden Sozialpolitik« zu ersetzen:

## Reformvorschlag 10: Aussetzung des Mindestlohns, aber »Aktivierende Sozialpolitik«

*Der Mindestlohn wird für Berufsanfänger für fünf Jahre ausgesetzt, und zwar unabhängig davon, ob es sich um Einwanderer oder Einheimische handelt. An die Stelle des Mindestlohns tritt eine »Aktivierende Sozialpolitik« mit Lohnzuschüssen.*

Es ist wichtig, dass die Aussetzung des Mindestlohns für alle Personen gilt, die noch über wenig Erfahrung auf dem Arbeitsmarkt verfügen, also auch für die Einheimischen. Sonst würden die Migranten die Einheimischen unterbieten und sie in die Arbeitslosigkeit drängen. Das darf nicht passieren. Es wäre nicht nur ökonomisch falsch. Er wäre auch politisch gefährlich, denn es würde die Ängste der einheimischen Bevölkerung, die am unteren Ende der Lohnskalen unterwegs ist, vor den Migranten schüren.

Das Konzept der »Aktivierenden Sozialpolitik« setzt auf Lohnzuschüsse statt auf Mindestlöhne, um so die Lohnansprüche der Betroffenen sowie die Löhne selbst zu senken. Nur bei niedrigeren Löhnen werden nämlich von findigen Unternehmern neue Geschäftsmodelle entwickelt, für die es auch einfach Qualifizierte braucht. Lohnzuschüsse verhindern dabei, dass die sinkenden Löhne auch zu sinkenden Einkommen führen, und stellen sicher, dass in der Summe dessen, was ein Betroffener selbst verdient und was der Staat hinzugibt, ein adäquates Gesamteinkommen entsteht.

Wer sich auf einen anderen Standpunkt stellt und fordert, dass jeder von seiner Hände Arbeit leben können müsse, wird diesen Vorschlag ablehnen. Aber diese Forderung lässt sich in einer globalisierten Marktwirtschaft und ihrem hohen internationalen Kostendruck nun einmal nicht realisieren. Unternehmen kann man nicht zwingen, Stellen zu schaffen. Was nutzt ein Mindestlohn, der theoretisch eigentlich hoch genug wäre, um davon leben zu können, wenn man ihn mangels Stellen gar nicht bekommt? Besser ist es, ein System zu schaffen, bei dem jeder, der arbeiten will, arbeiten kann und dann genug zum Leben hat. Ein solches System lässt sich realisieren, aber es verlangt die Aussetzung des Mindestlohns bei gleichzeitiger Gewährung von persönlichen Lohnzuschüssen.[29] Nur dieser Vorschlag wird die Integration der Migranten ermöglichen.

Auf dem aktuell vorgesehenen Wege, bei dem der Mindestlohn nicht für alle Berufsanfänger ausgesetzt wird, kann die Integration demgegenüber nicht gelingen. Schon im August 2016 verzeichnete Deutschland – obwohl erst ein kleiner Teil der Anerkennungsverfahren abgeschlossen war und noch eine halbe Million Anträge unbearbeitet waren[30] – 153.000 Flüchtlinge, die eine Arbeitserlaubnis hatten, doch arbeitslos waren und Hartz-IV (124.000) oder Leistungen der aktiven Arbeitsförderung (29.000) bekamen.[31] Nur 7,5 % der Syrer, die sich im Juni 2016 in Deutschland aufhielten, waren überhaupt beschäftigt.[32] Wohin soll das führen, wenn nun mehr und mehr Migranten eine Arbeitserlaubnis bekommen, aber nur, um dann als Arbeitslose von der Gesellschaft unterhalten zu werden? So wird der Sozialstaat überfordert und die Integration der Migranten scheitern.

## Reformvorschlag 11: Punktesystem für hoch qualifizierte Migranten

*Die EU-Länder erlauben die Einreise von hoch Qualifizierten nach einem Punktesystem, das sich am kanadischen Muster orientiert, doch auch jeweils auf den nationalen Bedarf an Arbeitskräften ausgerichtet ist. Abgelehnte Asylbewerber erhalten auf der Basis eines solchen Punktesystems eine zweite Chance auf ein dauerhaftes Bleiberecht im Gastland.*

Zu einer erfolgreichen Migrationspolitik gehört es auch, dass gezielt Personen angeworben werden, die die Chance haben, überdurchschnittliche Einkommen zu verdienen und so auch überdurchschnittliche Steuern und Abgaben zahlen. Eine solche Konstellation ist die Grundvoraussetzung dafür, dass Migranten für die einheimischen Bürger in ihrer Gesamtheit keine Last bedeuten.

Ihr Zustandekommen kann am ehesten gefördert werden, wenn bei der Anwerbung mit einem Punktesystem gearbeitet wird, etwa nach kanadischem Muster.[33] Danach ist die Chance, einwandern zu dürfen, umso größer, je jünger man ist, je besser man ausgebildet ist und je mehr Geld man mitbringt, denn das sind die entscheidenden Bedingungen dafür, dass man dem Staat nicht zur Last fallen wird.

Vorbilder, wie ein solches Punktesystem im Einzelnen ausgestaltet werden kann, gibt es im Übrigen nicht nur in Kanada. Sie gibt es ebenfalls in anderen Ländern, etwa in Neuseeland, den USA, Australien oder auch in Österreich.

Die Einwanderung nach den Regeln eines wie auch immer konkret aussehenden Punktesystems sollte im Übrigen auch abgelehnten Asylbewerbern offenstehen. Sie erhalten so eine zweite Chance. Es ist ja auch nicht sonderlich sinnvoll, Menschen auszuweisen, die sich womöglich bereits jahrelang in Deutschland aufgehalten haben, weil ihr Asylverfahren so lang dauerte. Es sind dies Menschen, die sich angestrengt haben, die deutsche Sprache zu lernen und sie mittlerweile gut können, die möglicherweise schon arbeiten durften, die sich vielleicht erfolgreich qualifiziert haben, die Freunde in Deutschland gewonnen haben und deren Kinder durch das hiesige Schulsystem gegangen sind. Bei ihnen sind ja die Integrationskosten großenteils bereits angefallen. Das Punktesystem würde ihnen und Deutschland die Chance geben, den Aufenthalt ordnungsgemäß zu verlängern; beide Seiten, Staat und Migrant, zögen daraus Vorteile.

Die Migrationsfrage wird auch im Mittelpunkt der Scheidungsgespräche mit Großbritannien stehen, denn immerhin gab sie beim Referendum für den Austritt den Ausschlag. Keine britische Regierung kann es sich in dieser Frage erlauben, den Wünschen der EU auf Beibehaltung der Arbeitnehmer-Freizügigkeit nachzugeben.

Einige Politiker in Brüssel und den europäischen Hauptstädten fordern, man müsse Großbritannien dann eben abstrafen. Es gebe kein Rosinenpicken. Wer Freihandel wolle, müsse auch die Arbeitnehmer-Freizügigkeit gewähren. Das aber ist in nun wirklich jeder Hinsicht Unsinn.

Es ist schon deshalb Unsinn, weil die Briten ein großes Volk in Europa sind und ein wichtiger, wertzuschätzender Teil der europäischen Kultur bleiben. Auch wenn Großbritannien nicht mehr in der EU ist, gilt es alles zu unternehmen, damit Großbritannien und die kontinentaleuropäischen Länder auch weiterhin friedlich und wirtschaftlich eng verbunden bleiben.

Das Rosinenpicker-Argument ist aber auch deshalb falsch, weil Freihandel allen Beteiligten hilft und sich die EU ins eigene Fleisch schneiden würde, wenn sie ihn beschränken würde, bloß weil keine Arbeitnehmerfreizügigkeit mehr besteht.

Der Denkfehler der EU-Politiker besteht darin, dass sie die verzerrende Wirkung des Sozialstaatsmagneten übersehen. Eine völlige Liberalisierung des Stroms von Gütern, Kapital und Menschen bzw. Arbeitskräften wäre dann effizient, wenn die mit ihnen verbundenen Marktprozesse nicht durch lenkende staatliche Einflüsse verzerrt würden. Diese Bedingung ist beim freien Handel von Gütern und Dienstleistungen und auch beim freien Kapitalverkehr durchaus gegeben. Und gerade weil sie in der EU seit vielen Jahren recht weitgehend erfüllt ist, ist die EU über das Ganze betrachtet auch eine so beeindruckende wirtschaftliche Erfolgsgeschichte – jedenfalls noch.

Nicht gegeben ist die Bedingung allerdings mit Blick auf die freie Migration der Menschen. Menschen werden nun einmal nicht nur durch die Löhne auf dem Arbeitsmarkt eines möglichen Ziellandes, sondern auch durch die Leistungen von dessen Sozialstaat zur Wanderung angeregt. Es ist die Summe der Einkommen aus den verschiedenen Quellen, die zählt. Genau diese Magnetwirkung des Sozialstaates ist, wie bereits beschrieben, schädlich für die beteiligten Volkswirtschaften zusammengenommen, weil sie zu viel Migration angeregt. Der Leser, der es genau wissen will, sei abermals auf den Anhang von Kapitel 2 verwiesen.

Deswegen sollte den Briten gestattet werden, die Migration zu beschränken, obwohl ihnen der Freihandel nebst freiem Kapitalverkehr gewährt wird. Freihandel und freier Kapitalverkehr auch für die wirtschaftlich starken europäischen Länder, zu denen gerade Großbritannien ja gehört, ist geboten, weil damit allen geholfen wird.

Eine solche Politik wirkt auch jenen Kräften vor allem in Frankreich und Südeuropa entgegen, die nun wieder verstärkt von einer *Forteresse Europe* träumen, also von einer europäischen Festung, die dazu tendiert, sich durch protektionistische Handelspolitik vom globalen Wettbewerb abzuschirmen. Für Deutschlands Wirtschaft und den Lebensstandard seiner Bevölkerung aber ist alles, was auf die Begrenzung von Freihandel hinausläuft, extrem schädlich. Ohne den Freihandel ist das exportorientierte Wohlstandsmodell Deutschland nicht mehr lebensfähig.

Die EU sollte den Status eines assoziierten Mitglieds schaffen, der den Wünschen Großbritanniens entspricht und jederzeit auch anderen EU-Mitgliedern offensteht. Die Option, die EU verlassen und in eine Position wie Großbritannien wechseln zu können, wäre ein wichtiger Garant zum Schutz gegenüber protektionistischen und bloß umverteilenden EU-Maßnahmen, die das Pareto-Prinzip verletzen. Sie würde die EU auf einem stabilen wirtschaftpolitischen Kurs halten und vor den Träumereien so mancher nicht mehr wettbewerbsfähiger Länder in der Eurozone schützen. Gerade auch Deutschland, das die Hauptlast der Umverteilungsmaßnahmen tragen müsste und durch einen protektionistischen Kurs im Mark getroffen würde, sollte sich mit all seiner Macht dafür einsetzen, dass die Austrittsoption attraktiv gestaltet wird. Deutschland sollte sich also nicht den Bestrebungen anschließen, die man in Brüssel, Frankreich und Südeuropa in dieser Hinsicht verfolgt, sondern exakt den gegenteiligen Kurs verfolgen. Deshalb

# Reformvorschlag 12: Freihandel und freier Kapitalverkehr ohne Arbeitnehmer-Freizügigkeit: Regeln für assoziierte EU-Mitglieder

*Die EU bietet jenen Nachbarländern, die wirtschaftlich stark sind, aber nicht zur EU gehören wollen, den Status eines assoziierten Mitglieds an. Dieser Status ist einerseits durch einen Freihandel mit Gütern und Dienstleistungen sowie einen freien Kapitalverkehr gekennzeichnet. Andererseits gestattet er eine Begrenzung des freien Personenverkehrs. EU-Ländern steht es frei, jederzeit in den Status eines assoziierten Mitglieds zu wechseln.*

Da der Status eines solcherart assoziierten Mitglieds genau dem entspricht, was Großbritannien wünscht, ist zu erwarten, dass die Trennungsvereinbarungen schon in wenigen Jahren im beiderseitigen Einvernehmen abgeschlossen werden können. Der Status könnte in Zukunft auch noch für andere Länder attraktiv sein, wie zum Beispiel für die wirtschaftlich bereits sehr starke Türkei. Das leidige Thema der möglichen Massenzuwanderung aus der Türkei nach Deutschland hätte man dann, quasi nebenbei, auf elegante Weise umschifft.

## III. Ein Schritt zurück, zwei Schritte nach vorn: Was Europa außerdem braucht

Wenn Helmut Kohl sagt, nach dem Brexit müsse Europa nun einen Schritt zurück und zwei Schritte nach vorn tun, hat er Recht. Die oben skizzierten Vorschläge zur Reform von Eurosystem und Migrationssteuerung sind nicht nur dringend und unerlässlich für die nachhaltige Sicherung ihrer Funktionsfähigkeit. Sie sind auch ein sinnvoller und korrigierender Schritt zurück im Vergleich zu einem allzu ambitionierten Versuch, das Primat der Politik gegenüber den Gesetzen der Ökonomie in Stellung zu bringen. Brexit, Migrationswelle und Euro-Desaster zeigen: Dieser Versuch ist gescheitert.

Wie aber könnten nun jene zwei Schritte nach vorn aussehen, von denen Helmut Kohl so bildhaft sprach?

Wichtig wäre es vor allem, wenn Europa bei Projekten, die grenzüberschreitenden Charakter haben, weiter voranschreiten würde. Gewiss, nicht wenige regulatorische Eingriffe der EU, von denen in Kapitel 1 nur einige besonders absurde Beispiele genannt wurden, sind entbehrlich (vgl. Tabelle 1). Sie widersprechen dem Gedanken der Subsidiarität, der fest im EU-Vertrag verankert ist.[34] Danach dürfen übergeordnete Gebietskörperschaften nur tätig werden, wenn der Sachverhalt nachweislich nicht von niedrigeren Gebietskörperschaften geregelt werden kann und wenn er überhaupt geregelt werden muss.

Großer gemeinsamer Handlungsbedarf besteht im Bereich der europaweiten Netze. Folgende nur exemplarische Auflistung macht das deutlich:

Beim Verkehrsnetz sind erhebliche Verbundvorteile erzielt worden, doch noch immer verlaufen erstaunlich viele Autobahnen parallel zu den Grenzen, anstatt sie zu kreuzen, was häufig der nächste Weg wäre.

Noch immer gibt es Auslandstarife beim Telefonieren und Internet-Surfen, die einem die mobilen Dienste im Ausland verleiden.

Bei den Internet-Diensten scheint sich Europa besonders verwundbar gemacht zu haben, weil viele sicherheitsrelevante Daten auf Servern außerhalb des Territoriums der EU gespeichert sind.

Geradezu anachronistisch mutet es an, wenn man sich vergegenwärtigt, dass die EU alles und jedes regelt, aber nicht in der Lage ist, einen einheitlichen Stromstecker in Europa durchzusetzen, was den Reisenden manchmal zur Verzweiflung treibt. Hier besteht nach der Maßgabe des Subsidiaritätsprinzips erheblicher Handlungsbedarf.

Noch immer liegen die Strompreise weit auseinander, weil die Länder unterschiedliche Abgaben erheben und unterschiedliche Versorgungsphilosophien verfolgen. So hat Deutschland wegen des Ersatzes der Atomkraft durch die teuren grünen Energieträger doppelt so hohe Strompreise wie Frankreich. Deutschland nimmt das zwar hin, weil es seinen Weg aus grundsätzlichen, wenn nicht ideologischen Erwägungen gehen will. Doch kann es nicht verhindern, dass bei einer Havarie in Belgien, Frankreich oder Tschechien der Fall-out vom Wind auch, wenn nicht gar vorrangig, auf sein Territorium getragen wird. Die am meisten durch die französischen Atomkraftwerke am Oberrhein gefährdeten Gebiete liegen angesichts der vorherrschenden Westwinde in Deutschland und nicht etwa in Frankreich. Ein Stromverbund ist auch erforderlich, um die Schwankungen bei der Versorgung mit grünem Strom zwischen den Ländern ein wenig auszugleichen.

Die nationalen Gasnetze müssen ebenfalls besser verbunden werden und insbesondere auch so ausgelegt werden, dass das Gas in beide Richtungen strömen kann, denn dann kann die Unterbrechung einer Pipeline von außen rasch durch einen Richtungswechsel aus anderen Quellen kompensiert werden. Insgesamt wird die Gasversorgung dann sicherer.

Anachronistisch mutet es an, dass es den Europäern durch technische Eingriffe verwehrt wird, die staatlichen Fernsehsender anderer EU-Staaten zu sehen. Für private Fernsehsender und bei staatlichen Sendern, die speziell für ein internationales Publikum geschaffen wurden, wie z.B. die Deutsche Welle oder BBC World, gilt das nicht. Wer aber die staatlichen Sender anderer Länder sehen will, die per Satellit ja im Prinzip in die meisten Länder der EU ausgestrahlt werden, braucht besondere Decoder, die er nur in den jeweiligen Ländern selbst bekommt, wenn er sich dort als Staatsbürger oder zumindest als Bürger mit Aufenthaltsgenehmigung ausgibt. Man muss also tricksen, um die eigentlich selbstverständlichen Informationsrechte als EU-Bürger wahrnehmen zu können. Es wäre für das Zusammenwachsen der Völker Europas von ganz besonders großer Bedeutung, wenn jeder EU-Bürger das Recht hätte, alle staatlichen Sender sämtlicher EU-Länder zu sehen. Man würde nicht nur die Sprachen besser lernen können, sondern vor allem auch die kulturellen Befindlichkeiten der Menschen in den anderen EU-Ländern besser verstehen lernen. Es würde zudem nichts kosten, weil die Sendungen ja ohnehin produziert werden. Verhindert wird eine solche Lösung derzeit vor allem durch die Lobbys der Privatsender und durch die politischen Ängste mancher Regierungen. Aber das sind sachfremde, wenn nicht europafeindliche Erwägungen, die überwunden werden sollten.

Aus diesen Überlegungen folgt

## Reformvorschlag 13: Europaweite Netze

*Die europaweiten Netze im Bereich des Internet, der Telefonie, der Straßen und Schienen sowie des Strom- und Gasverbunds werden weiter ausgebaut. Die staatlichen Fernsehsender aller EU-Länder werden für alle EU-Bürger frei verfügbar. Alle Netzwerknormen mit internationaler Bedeutung sind zu harmonisieren.*

Um hier das richtige Maß an Normierung, Internationalisierung und Zugänglichkeit der Netze zu kontrollieren und die Bürger Europas vor den egoistischen Interessen der Lobbys zu schützen, die allzu viel Macht auf die gesetzgeberischen Organe der EU ausüben, ist die Einrichtung eines speziellen europäischen Gerichtshofs sinnvoll.

# Reformvorschlag 14: Ein europäischer Subsidiaritätsgerichtshof

*Der Subsidiaritätsgerichtshof hat die Aufgabe, EU-Projekte, EU-Verordnungen und EU-Richtlinien daraufhin zu überprüfen, ob sie dem Subsidiaritätsprinzip des EU-Vertrages entsprechen, nach dem nur solche Aktivitäten auf europäischer Ebene angesiedelt werden, die nachweislich nicht auf untergeordneten Gebietskörperschaften stattfinden können.*

Dieser Reformvorschlag geht im Wesentlichen auf den ehemaligen Bundespräsidenten Roman Herzog zurück, der ihn in seinem bahnbrechenden Europabuch vorgestellt hat, das als sein Vermächtnis für nachfolgende Generationen zu gelten hat.[35] Herzog weist zu Recht darauf hin, dass es nicht ausreicht, das Subsidiaritätsprinzip in den EU-Verträgen zu verankern, es bedarf auch einer Kontrollinstanz, die dessen Einhaltung überwacht. Deshalb ist sein Vorschlag voll und ganz zu unterstützen.

Der Subsidiaritätsgerichtshof sollte prinzipiell nicht nur von Staaten, sondern auch von Einzelpersonen angerufen werden können, denn den Missbrauch erkennt man vor Ort am deutlichsten. Natürlich müsste ein solcher Gerichtshof dann eine große Behörde werden, die in der Lage wäre, viele Einzelfälle zu prüfen. Doch bereits seine Existenz würde die Regulierungswut der anderen EU-Behörden in Schach halten.

Es gibt nun schließlich noch einen letzten, 15. Reformvorschlag, dem ebenfalls eine sehr große Bedeutung zukommt und der den größten Schritt nach vorn darstellen würde. Die grundsätzliche Zielsetzung aller europäischen Integrationsbemühungen seit den 1950er-Jahren bestand darin, eine Friedensunion zu schaffen. Diese Zielsetzung, ja Vision, erwuchs aus den Erfahrungen des Zweiten Weltkriegs und den mit ihm verbundenen traumatischen Erfahrungen in großen Teilen Europas. Den wichtigsten Schritt in Richtung einer Friedensunion allerdings, einen Schritt, der zum Beispiel in der Schweiz und in den USA am Anfang ihrer Staatsgründung stand, ausgerechnet diesen Schritt hat Europa bis heute ausgespart: die Schaffung einer Verteidigungsunion und einer gemeinsamen Armee.

## Reformvorschlag 15: Gemeinsame Armee, gemeinsame Sicherheitspolitik

*Die EU-Länder legen ihre Armeen zusammen, stellen sie unter ein einheitliches EU-Kommando und vereinheitlichen die mit der Verteidigung verbundene Beschaffungspolitik. Sie koordinieren ihre Polizei- und Sicherheitsdienste und normieren und verbessern die Kommunikationswege zwischen ihnen. Sie betreiben eine gemeinsame Außenpolitik in Sicherheitsfragen, die allerdings so begrenzt werden muss, dass sie nicht zum Zwecke des Wirtschaftsprotektionismus missbraucht werden darf.*

Aktuell stellt sich die für die Verteidigungs- und Sicherheitspolitik relevante Situation wie folgt dar: Zur EU gehören (bis zum faktisch vollzogenen Brexit) 28 Länder, von denen fast alle über separate Armeen mit eigenen Oberkommandos verfügen. Diese Länder koordinieren ihre Verteidigungspolitik, doch wird nur eine halbjährlich rotierende multinationale EU-Kampftruppe (EUBG) in Bataillonsstärke bereitgehalten. Die einzelnen EU-Länder sind darüber hinaus lose in eine Vielzahl von militärischen Kooperationsbündnissen eingebunden, die teilweise EU-Staaten, teilweise auch Nicht-EU-Staaten umfassen. So beteiligen sich 22 der 28 Mitgliedsländer der EU an der NATO, zu der unter der Führung der USA aber auch noch andere Länder gehören, so die Türkei, Island, Kanada und Norwegen.[36]

Die Ausstattung der einzelnen Armeen fällt sehr unterschiedlich aus. Zwei EU-Länder etwa, nämlich Großbritannien und Frankreich, verfügen über Atomwaffen, über deren Einsatz sie allein entscheiden. Andere, vor allem kleine Länder, unterhalten Armeen, die den Namen eigentlich kaum verdienen. Die Beschaffungssysteme sind zudem so vielfältig, dass wegen der kleinen Produktionsserien unnötig hohe Kosten entstehen und man im Falle des Falles mit gewaltigen Koordinationsproblemen wird rechnen müssen, die nicht nur teuer, sondern auch lebensgefährlich sind.

Aus dieser aktuellen Situation ergeben sich zahlreiche Fragen: Was geschieht zum Beispiel, wenn es wirklich zu einer brenzligen Situation kommt, in der der Kontinent von Atomwaffen bedroht wird? Werden dann die US-Raketen auch für den Schutz der EU oder nur der USA eingesetzt? Wird Europa dann zum potenziellen Schlachtfeld? Und schützen

– nach einem Brexit, mit dem den Europäern die Atommacht Großbritannien verloren geht – die französischen Atom-U-Boote dann auch Deutschland, Österreich oder Italien oder nur Frankreich allein? Darf es sein, dass nach dem Austritt der Briten nur ein EU-Land – nämlich Frankreich – darüber entscheiden soll, wessen Schutz die Atomraketen in den U-Booten dienen sollen?

Das sind unangenehme Fragen, die man eigentlich nicht stellen möchte. Doch eine verantwortungsbewusste Politik darf ihnen nicht ausweichen. Ja, angesichts immer neuer Kriege, Unruhen und Terroranschläge muss sie sich ihnen sogar umgehend widmen.

Nach dem Zweiten Weltkrieg war für viele Europäer klar, dass eine europäische Sicherheitspartnerschaft im Kern auf eine Abschaffung der nationalen Armeen hinauslaufen musste. Sie würde, so meinte man, weitere europäische Integrationsschritte nach sich ziehen. Doch kam man mit der Umsetzung dieser Idee nicht wirklich weiter, weil die nationalen Egoismen überwogen. So scheiterte die 1950 von Frankreich initiierte Europäische Verteidigungsgemeinschaft (EVG) im Jahr 1954 an Frankreich selbst. Das französische Parlament lehnte es ab, seine Armee einem europäischen Oberkommando zu unterstellen.

Seither hat man Europa auf anderen Gebieten weiter zu entwickeln und die europäische Integration voranzutreiben versucht. Die Schaffung der EWG als Freihandelszone erwies sich dabei als sinnvoller und segensreicher Schritt zur weiteren Integration des Kontinents.

Problematisch wurde diese Integration erst mit dem Maastrichter Vertrag und dem sich später anschließenden Vertrag von Lissabon. Mit beiden EU-Verträgen konzentrierte sich sehr viel Macht bei der EU und der EZB, ohne dass man dafür die nötigen Kontrollrechte vorsah. Seither taumeln EU, EZB und Euro von einer eskalierenden Krise in die nächste, was in diesem Buch mehr als deutlich geworden sein sollte, ebenso wie die Fehler, die zu den Krisen führten.

Die Konstruktionsdefizite der EU-Verträge müssen nun endlich korrigiert werden. Die bereits skizzierten Reformvorschläge weisen den Weg. Dazu muss nun aber auch die Gründung einer europäischen Verteidigungsunion treten. Dafür sollte Frankreich, das von den Euro-Rettungsmilliarden bislang stark profitierte, endlich auch bereit sein, die Atomstreitmacht, zumindest aber die konventionellen Armeen, unter ein gemeinsames europäisches Oberkommando zu stellen, das in der NATO gleichberechtigt neben dem der USA stünde.

Die Zusammenlegung der Armeen ist objektiv sinnvoll, weil sie militärische Konflikte zwischen den EU-Ländern ausschließt und einen besseren Schutz nach außen bietet. Darüber hinaus verbessert sie die militärische und ökonomische Effizienz der Streitmächte, weil sie die Einheitlichkeit und Kompatibilität der Ausrüstungen sicherstellt.

Eine notwendige Implikation der Sicherheitspartnerschaft ist, dass die EU-Länder im Hinblick auf die dafür relevanten Themenbereiche eine gemeinsame Außenpolitik verfolgen sollten und deshalb einen echten Außenminister benötigen. Der Außenbeauftragte der EU-Staaten erfüllt diese Aufgaben nicht, weil er nicht für eine mit entsprechenden Kompetenzen ausgestattete EU-Kommission spricht.

Dabei ist freilich Sorge zu tragen, dass unter dem Deckmantel der Sicherheitspolitik kein Protektionismus betrieben wird. Handelsbarrieren dürfen nicht zum Arsenal der militärischen Sicherheitspolitik gehören, weil die Missbrauchsgefahr für wirtschaftliche Zwecke zu groß ist. Die seitens der USA von deutschen Firmen verlangten Handelsbeschränkungen gegenüber dem Iran oder auch gegenüber Russland, die allzu häufig auch im Verdacht standen, amerikanischen Wirtschaftsinteressen zu dienen, sollten ein warnendes Beispiel sein. Auch in diesem Punkt könnte übrigens der vorgeschlagene Subsidiaritätsgerichtshof Schutz bieten.

Ebenso gehört es zur Sicherheitspartnerschaft, dass die EU die Zusammenarbeit ihrer Sicherheitsdienste inklusive der Polizei verbessert und die Berichtssysteme vereinheitlich und internationalisiert, sodass die Kriminalität über die Ländergrenzen hinweg wirksam bekämpft werden kann.

Kein Zweifel: Angesichts der allerorten wachsenden Bedrohungen könnte der gemeinsame Schutz der EU-Staaten eines der wichtigsten positiven Integrationsprojekte der nächsten Jahre werden.

Die europäische Integration ist – so ist zu hoffen – noch nicht an ihrem Ende angekommen. Aber sie ist gefährdet. Werden die am Ende dieses Buches vorgestellten Reformvorschläge zügig angegangen, könnte sie indes ihre beste Zeit noch vor sich haben.

Die Vorschläge sind am skizzierten Pareto-Prinzip ausgerichtet. Sie sind ökonomisch und politisch sinnvoll. Und sie sind insofern sozial, als sie auf die weitere Verbesserung von Lebensverhältnissen und Lebensperspektiven der Bürger in Europa abzielen, die vor dem Hintergrund vieler eskalierender Krisen gelitten haben.

Angesichts großer Herausforderungen wie Euro-Desaster, Flüchtlingswelle und Brexit, angesichts auch der mit diesen Herausforderungen verbundenen Gefühle von Ohnmacht, Unbehagen, Angst und Wut ist eine Verbesserung der Lebensperspektiven in vielen Ländern Europas dringend erforderlich.

Nur dann nämlich, wenn diese Verbesserung wieder nachhaltig gelingt, ist auch die Neugründung Europas gelungen, der sich der Autor dieses Buches als überzeugter Europäer verschrieben hat.

# Zum Abschluss: Der 15-Punkte-Plan zur Neugründung Europas auf einen Blick

## I. Ein Reformprogramm für die Gesundung des Euro

### 1. Die atmende Währungsunion

*Die Eurozone wird zu einer atmenden Währungsunion umgewandelt, die geregelte Ein- und Austritte erlaubt. Länder, die ihre Wettbewerbsfähigkeit verloren haben, können den Euro verlassen, um sie durch eine Abwertung wiederzuerlangen. Beim Austritt erhalten sie Übergangshilfen für den Kauf sensibler Importprodukte, die sie sich nicht mehr leisten können. Zu einem späteren Zeitpunkt können sie, wenn sich ein stabiler Wechselkurs ihrer neuen Währung herausgebildet hat, zu den üblichen Bedingungen, wie sie auch für neu eintretende Länder gelten, wieder in den Euroverbund zurückkehren.*

### 2. Konkursordnung für Staaten

*Neben der Austrittsmöglichkeit vereinbart die EU-Staatengemeinschaft (in Erfüllung der bereits vorhandenen Vorgaben der EU-Verträge) Regeln für den geordneten Konkurs eines Staates. Im Falle von Liquiditätsproblemen, die einen vorübergehenden Charakter zu haben scheinen und das Land zwingen, Hilfsmittel des europäischen Rettungsschirms ESM zu beantragen, müssen die Inhaber der fällig werdenden Staatspapiere zunächst eine Laufzeitverlängerung akzeptieren. Wenn sich danach trotzdem keine Entspannung der Liquiditätsproblematik zeigt, ist die Insolvenz zu erklären. Dann werden die Staatspapiere einem Schuldenschnitt unterworfen, und das Land tritt zumindest temporär aus dem Euro aus, um durch die Verbesserung seiner Wettbewerbsfähigkeit wieder kreditwürdig zu werden.*

### 3. Geldpolitik der Europäischen Zentralbank mit minimalem Risiko

*Die EZB darf im Rahmen ihres Mandats nur noch erstrangige Wertpapiere mit einem AAA-Rating am offenen Markt kaufen. Staaten, die nicht über ein AAA-Rating verfügen, sind gehalten, hinreichend mit Pfändern besicherte Staatspapiere auszugeben, sodass dieses Rating erreicht wird. Refinanzierungskredite müssen ebenfalls mit Wertpapieren besichert werden, die ein AAA-Rating haben.*

### 4. Tilgung der Target-Verbindlichkeiten

*Nationale Notenbanken dürfen nur noch im Verhältnis zur Landesgröße Geld durch die Kreditvergabe an die lokale Volkswirtschaft schöpfen. Weichen sie von dieser Regel ab und lassen sie durch Nettoüberweisungen an andere Länder Target-Verbindlichkeiten entstehen bzw. drucken sie physisch überproportional viele Banknoten, müssen sie diese Verbindlichkeiten jährlich durch die Hergabe von Gold oder erstklassig besicherten Staatspapieren tilgen. Der jeweilige Nationalstaat hat eine Nachschusspflicht für etwaige Verluste seiner Notenbank.*

### 5. EZB-Stimmrechte nach der Haftung und Größe der Mitgliedsländer

*Die Stimmrechte im EZB-Rat werden nach der Größe der Haftung der Länder vergeben, die selbst wiederum gemäß der Landesgröße (Mittelwert von Bevölkerungs- und BIP-Anteil) verteilt ist. Entscheidungen des EZB-Rates, die fiskalischen, also potenziell umverteilenden Charakter haben, sind mit einer Mehrheit von 85 % der Stimmen zu treffen.*

## II. Ein Reformprogramm für die Steuerung der Migration von innen und von außen

### 6. Heimatland- statt Gastlandprinzip für bedürftige EU-Bürger

*EU-Bürger und Bürger aus Ländern, die mit der EU assoziiert sind, erwerben das Anrecht auf soziale Leistungen eines Landes durch Geburt oder durch die*

*Zahlung von Steuern und Sozialbeiträgen. Abgesehen von Leistungen für Arbeitslose können EU-Bürger diese Leistungen in einem Land ihrer Wahl konsumieren, können dort aber keine Ansprüche erheben. Ansprüche auf steuerfinanzierte Sozialleistungen können sie im Gastland nur in dem Maße geltend machen, wie sie sie zuvor selbst durch Steuern finanziert haben.*

### 7. Inklusion der Asylanten, aber Asylanträge außerhalb der EU-Grenzen

*Anerkannte Asylbewerber werden wie einheimische Staatsbürger in das Sozialsystem der Gastländer integriert, solange der Asylgrund besteht. Die Asylanträge sind allerdings außerhalb der EU-Grenzen zu stellen und nach einem für alle EU-Länder einheitlichen Verfahren zu entscheiden. Zu diesem Zweck richtet die EU im Einvernehmen mit ihren Nachbarn Antragsbehörden auf deren Territorium ein. Sofern ein solches Einvernehmen nicht erzielbar ist, richtet die EU auf ihrem Territorium extraterritoriale Zonen ein, wie es beim sogenannten Flughafen-Verfahren der Fall ist, und führt die Asylverfahren dort durch. Nur anerkannten Asylbewerbern wird die Weiterreise aus diesen Zonen gestattet.*

### 8. Grenzsicherung als EU-Aufgabe

*Die EU-Länder sichern ihre Grenzen gemeinschaftlich, sodass sie eine praktisch lückenlose Kontrolle über die Immigration haben. Auch die Schengenländer sichern ihre Außengrenzen. Kommt die EU bzw. kommen die Schengen-Außenländer ihren Aufgaben nur unzureichend nach, müssen die Nationalstaaten ersatzweise ihre eigenen Grenzen sichern.*

### 9. Hilfen für schwächer entwickelte EU-Nachbarstaaten

*Die EU integriert sämtliche schwächer entwickelte Anrainerstaaten in ein Abkommen über Freihandel und freien Kapitalverkehr mit dem Ziel, diesen Ländern eine gute Chance für einen raschen wirtschaftlichen Aufschwung zu geben und den Migrationsdruck zu senken. Außerdem organisiert sie ein spezielles Entwicklungshilfeprogramm für diese Länder, das darauf setzt, die staatliche Infrastruktur so zu verbessern, dass sich die private Wirtschaft entfalten kann.*

### 10. Aussetzung des Mindestlohns, aber »Aktivierende Sozialpolitik«

*Der Mindestlohn wird für Berufsanfänger für fünf Jahre ausgesetzt, und zwar unabhängig davon, ob es sich um Einwanderer oder Einheimische handelt. An die Stelle des Mindestlohns tritt eine »Aktivierende Sozialpolitik« mit Lohnzuschüssen.*

## 11. Punktesystem für hoch qualifizierte Migranten

*Die EU-Länder erlauben die Einreise von hoch Qualifizierten nach einem Punktesystem, das sich am kanadischen Muster orientiert, doch auch jeweils auf den nationalen Bedarf an Arbeitskräften ausgerichtet ist. Abgelehnte Asylbewerber erhalten auf der Basis eines solchen Punktesystems eine zweite Chance auf ein dauerhaftes Bleiberecht im Gastland.*

## 12. Freihandel und freier Kapitalverkehr ohne Arbeitnehmer-Freizügigkeit: Regeln für assoziierte EU-Mitglieder

*Die EU bietet jenen Nachbarländern, die wirtschaftlich stark sind, aber nicht zur EU gehören wollen, den Status eines assoziierten Mitglieds an. Dieser Status ist einerseits durch einen Freihandel mit Gütern und Dienstleistungen sowie einen freien Kapitalverkehr gekennzeichnet. Andererseits gestattet er eine Begrenzung des freien Personenverkehrs. EU-Ländern steht es frei, jederzeit in den Status eines assoziierten Mitglieds zu wechseln.*

# III. Ein Schritt zurück, zwei Schritte nach vorn: Was Europa außerdem braucht

## 13. Europaweite Netze

*Die europaweiten Netze im Bereich des Internet, der Telefonie, der Straßen und Schienen sowie des Strom- und Gasverbunds werden weiter ausgebaut. Die staatlichen Fernsehsender aller EU-Länder werden für alle EU-Bürger frei verfügbar. Alle Netzwerknormen mit internationaler Bedeutung sind zu harmonisieren.*

## 14. Ein europäischer Subsidiaritätsgerichtshof

*Der Subsidiaritätsgerichtshof hat die Aufgabe, EU-Projekte, EU-Verordnungen und EU-Richtlinien daraufhin zu überprüfen, ob sie dem Subsidiaritätsprinzip des EU-Vertrages entsprechen, nach dem nur solche Aktivitäten auf europäischer Ebene angesiedelt werden, die nachweislich nicht auf untergeordneten Gebietskörperschaften stattfinden können.*

## 15. Gemeinsame Armee, gemeinsame Sicherheitspolitik

*Die EU-Länder legen ihre Armeen zusammen, stellen sie unter ein einheitliches EU-Kommando und vereinheitlichen die mit der Verteidigung verbundene Beschaffungspolitik. Sie koordinieren ihre Polizei- und Sicherheitsdienste und normieren und verbessern die Kommunikationswege zwischen ihnen. Sie betreiben eine gemeinsame Außenpolitik in Sicherheitsfragen, die allerdings so begrenzt werden muss, dass sie nicht zum Zwecke des Wirtschaftsprotektionismus missbraucht werden darf.*

# Anmerkungen

1. So äußerte er im Interview mit der griechischen Zeitung *Agora,* dass sie alles Erforderliche zum Erhalt der Reparationsforderungen von Deutschland tun werden. Damit bekräftigte der Außenminister die Äußerungen von Ministerpräsident Alexis Tsipras, der bereits in der Vorwoche bei einem Besuch des griechischen Ortes Kommeno die Diskussion um die Reparationsforderungen wiederbelebte. Vgl. »Griechische Reparationsforderungen: ›Wir werden bis zum Schluss kämpfen‹«, *Spiegel online,* 16. August 2016, <http://www.spiegel.de/wirtschaft/griechenland-fordert-von-deutschland-reparationen-fuer-zweiten-weltkrieg-a-1107953.html>, »Athens Presses German Reparations Bid«, *dailyhellas.com,* 20. August 2016, <http://dailyhellas.com/2016/08/20/athens-presses-german-reparations-bid/>, K. Kolasa-Sikiaridi, »Athens isn't Dropping German Reparations Issue, Alt Foreign Minister Says«, *greekreporter.com,* 21. August 2016, <http://greece.greekreporter.com/2016/08/21/athens-isnt-dropping-german-reparations-issue-alt-foreign-minister-says/>. G. Höhler, »Schuldenerleichterungen: Tsipras erhöht Druck auf Bundeskanzlerin«, *Badische Zeitung,* 24. August 2016, <http://www.badische-zeitung.de/ausland-1/tsipras-erhoeht-druck-auf-bundeskanzlerin--126468593.html>. Das Interview von A. Tasouli und A. Giokas mit Nikos Xydakis wurde im Original veröffentlicht in *Agora,* 20. August 2016, und ist in griechischer und französischer Fassung beim griechischen Außenministerium verfügbar, siehe *Interview accordée par le ministre délégué aux Affaires étrangères,* <http://www.mfa.gr/fr/actualite/discours/interview-accordee-par-le-ministre-delegue-aux-affaires-etrangeres-nikos-xydakis-au-journal-agora-propos-recueillis-par-alexia-tasouli-et-antonis-giokas.html>.

2. Vgl. Eurostat, »Arbeitslosenquote im Euroraum bei 10,1%«, *Pressemitteilung 150/2016,* 29. Juli 2016.

3. Vgl. H.-W. Sinn, *Der Euro. Vom Friedensprojekt zum Zankapfel,* Hanser, München 2015, bes. S. 96-104, Abschnitt *Marktversagen oder Staatsversagen.*

4. Vgl. Europäische Kommission, Economic and Financial Affairs, Economic Databases and Indicators, Price and Cost competitiveness, Annual Real Effective Exchange Rates vs rest of EA19, <http://ec.europa.eu/economy_finance/db_indicators/competitiveness/data_section_en.htm>. Vgl. auch H.-W. Sinn, *Der Euro,* a.a.O., S. 156, Abbildung 4.8. Man beachte, dass sich diese Abbildung auf die Zeit von 1995 bis 2007, nicht bis 2008 bezieht.

5. Vgl. H.-W. Sinn, *Der Euro,* a.a.O., S. 171, Abbildung 4.10.

6. Vgl. H.-W. Sinn, *Der Euro,* a.a.O., S. 161-169, bes. Tabelle 4.1 und Abbildung 4.9.

7. Vgl. Eurostat, Datenbank, Wirtschaft und Finanzen, Zahlungsbilanz – Internationale Transaktionen (BPM6); dasselbe, Datenbank, Wirtschaft und Finanzen, Volkswirtschaftliche Gesamtrechnungen, Jährliche Volkswirtschaftliche Gesamtrechnungen, Hauptaggregate des BIP. Zu den Absolutwerten der Nettoauslandsschuld der Euro-Länder vgl. Abbildung 3.4 in Kapitel 3.

8. Vgl. Eurostat, Datenbank, Wirtschaft und Finanzen, Zahlungsbilanz – Internationale Transaktionen (BPM6); dasselbe, Datenbank, Wirtschaft und Finanzen, Volkswirtschaftliche Gesamtrechnungen, Jährliche Volkswirtschaftliche Gesamtrechnungen, Hauptaggregate des BIP.

9. Vgl. European Commission, *Ireland's Recovering Economy – An EU Perspective,* EC booklet, Representation in Ireland, Dublin 2016. Vgl. ferner die Rede zur Lage der Union von Kommissionspräsident José Manuel Barroso vor dem Europäischen Parlament im September 2013,

in der er betont: »Wir haben seit Beginn der Krise viel geschafft und geleistet … die Fakten … zeigen, dass unsere Anstrengungen erste Früchte tragen und zu überzeugen beginnen … Die am stärksten von der Krise betroffenen Länder, die die weitreichendsten volkswirtschaftlichen Reformen vollziehen müssen, verzeichnen jetzt erste positive Ergebnisse … Irland kann seit dem Sommer 2012 wieder Kapital auf den Kapitalmärkten aufnehmen. Für die irische Wirtschaft wird 2013 zum dritten Mal in Folge ein Wachstum erwartet, und die Unternehmen der verarbeitenden Industrie stellen wieder Personal ein.« Siehe J. M. Barroso, *Rede zur Lage der Union,* Plenartagung des Europäischen Parlaments, Straßburg, 11. September 2013, <http://europa.eu/rapid/press-release_SPEECH-13-684_de.htm>. Vgl. auch verschiedene Aussagen von Vertretern der Troika zur erfolgreichen Erholung Irlands unter dem Rettungspaket in E. Quinn und P. Hannon, »Ireland Plans ›Clean Exit‹ from Bailout Program«, *Wall Street Journal online*, 14. November 2013, <http://www.wsj.com/articles/SB10001424052702303789604579197482283542154>, H. McDonald, »Ireland Becomes First Country to Exit Eurozone Bailout Programme«, *The Guardian online*, 13. Dezember 2013, <https://www.theguardian.com/business/2013/dec/13/ireland-first-country-exit-eurozone-bailout>.

10. Von Januar bis Juli 2016 wurden 238.000 Flüchtlinge registriert, während die Zahl der Neuankömmlinge sich im Sommer bei 16.000 pro Monat einpendelte. Siehe Bundesministerium des Innern, »Monat Juli 2016: 74.454 Asylanträge, 16.160 EASY-Registrierungen«, *Pressemitteilung,* 8. August 2016. Der Leiter des Bundesamtes für Migration und Flüchtlinge Frank-Jürgen Weise prognostiziert, dass im Jahr 2016 insgesamt bis zu 300.000 Flüchtlinge nach Deutschland gekommen sein werden. Siehe »Weise rechnet mit 300.000 Flüchtlingen«, *Tagesschau.de*, 28. August 2016, <https://www.tagesschau.de/inland/weise-erwartet-bis-zu-300000-fluechtlinge-101.html> und »BAMF-Chef Weise rechnet mit weniger als 300.000 Flüchtlingen in diesem Jahr«, *Bild am Sonntag*, 28. August 2016, <http://vorab.bams.de/bamf-chef-weise-rechnet-mit-weniger-als-300-000-fluechtlingen-in-diesem-jahr/>. Großbritannien hatte am 7. September 2015 erklärt, dass es bis zum Jahr 2020 insgesamt 20.000 Flüchtlinge aufzunehmen bereit sei. Vgl. »Flüchtlinge: Cameron will 20.000 Syrer nach Großbritannien holen«, *Spiegel Online*, 7. September 2015, <http://www.spiegel.de/politik/ausland/grossbritannien-david-cameron-will-20-000-syrer-einreisen-lassen-a-1051837.html>.

11. Vgl. H.-W. Sinn, *Der Euro,* a.a.O., S. 404.

12. Vgl. A. Speciale, »ECB's Liikanen Sees Basic Math Signaling Inflation Over Goal«, Bloomberg, 19. Mai 2016, <http://www.bloomberg.com/news/articles/2016-05-19/ecb-policy-maker-sees-simple-math-warranting-inflation-overshoot>.

13. Vgl. »Schäuble: 15 Minister waren für den Grexit«, *Frankfurter Allgemeine Zeitung*, Nr. 244, 21. Oktober 2015, S. 17. Vgl. ferner H.-W. Sinn, *Der Euro,* a.a.O., S. 480-488 und die dort angegebene Literatur.

14. Eine Diskussion findet man bei H.-W. Sinn, *Der Euro,* a.a.O., S. 488-492, Abschnitt *Das Prozedere des Austritts.*

15. B. Born, T. Buchen, K. Carstensen, C. Grimme, M. Kleemann, K. Wohlrabe und T. Wollmershäuser, »Austritt Griechenlands aus der Europäischen Währungsunion: historische Erfahrungen, makroökonomische Konsequenzen und organisatorische Umsetzung«, *ifo Schnelldienst* 65, Nr. 10, 25. Mai 2012, S. 9-37, <http://www.cesifo-group.de/DocDL/ifosd_2012_10_3.pdf>; vgl. ferner I. Hanisch, K. Wohlrabe und T. Wollmershäuser, »Wie schnell erholt sich eine Volkswirtschaft nach einer Währungs- und Staatsschuldenkrise?«, *ifo Schnelldienst* 68, Nr. 13, 16. Juli 2015, S. 56-57; <http://www.cesifo-group.de/DocDL/

ifosd_2015_13_8.pdf>; C. Reinhart, »This Time is Different Chartbook: Country Histories on Debt, Default, and Financial Crises«, *NBER Working Paper* Nr. 15815, 2010; und dieselbe und K. S. Rogoff, *Dieses Mal ist alles anders: Acht Jahrhunderte Finanzkrisen*, FinanzBuch Verlag, München 2010.

16. Eine Übersicht und weiterführende Literatur findet man bei H.-W. Sinn, *Der Euro*, a.a.O., S. 475-480.

17. I. Andritzky, D. I. Christofzik, L. P. Feld und U. Scheuering, »A Mechanism to Regulate Sovereign Debt Restructuring in the Euro Area«, *German Council of Economic Experts Working Paper* 04/2016, Juli 2016, <http://www.sachverstaendigenrat-wirtschaft.de/fileadmin/dateiablage/download/publikationen/arbeitspapier_04_2016.pdf>.

18. Vgl. H.-W. Sinn, *Der Kasino-Kapitalismus. Wie es zur Finanzkrise kam, und was jetzt zu tun ist*, Econ, Berlin 2009, bes. Kapitel 4: »*Wie Wall Street zum Spielkasino wurde*«.

19. Vgl Internationaler Währungsfonds, »Greece: Second Review Under the Stand-By Arrangement«, *IMF Country Report* Nr. 10/372, Dezember 2010, <http://www.imf.org/external/pubs/ft/scr/2010/cr10372.pdf>, S. 52.

20. Vgl. Bundesverfassungsgericht, *BVerfG, 2 BvR 2728/13*, 21. Juni 2016, Randziffer 220, <http://www.bverfg.de/e/rs20160621_2bvr272813.html>.

21. Eine detaillierte Beschreibung der Funktionsweise des US-amerikanischen Zahlungssystems findet man bei H.-W. Sinn, *Der Euro*, a.a.O., S. 329 ff.

22. Das eingezahlte Eigenkapital der EZB beträgt nur knapp 11 Milliarden Euro und hat einen eher symbolischen Charakter. Vgl. H.-W. Sinn, *Der Euro*, a.a.O., S. 42.

23. Vgl. B. Borissow, »Wir verhindern Zäune mitten in Europa, lasst uns nicht im Stich«, Interview von Michael Martens mit Bojko Borissow, *Frankfurter Allgemeine Zeitung*, Nr. 199, 26. August 2016, S. 2, und online als »Bulgarien warnt vor neuer Flüchtlingswelle«, *FAZ.NET*, 25. August 2016, <http://www.faz.net/aktuell/politik/fluechtlingskrise/f-a-z-exklusiv-bulgarien-warnt-vor-neuer-fluechtlingswelle-14405869.html>.

24. Mit der Erklärung von Barcelona wurde bereits 1995 eine Euro-mediterrane Partnerschaft (EUROMED) zwischen der Europäischen Union und zwölf Mitgliedsstaaten des südlichen Mittelmeerraums gegründet, die auch im fortlaufenden Barcelona-Prozess eine Einführung einer weitgehenden Freihandelszone im Mittelmeerraum vorsah. Vgl. »Erklärung von Barcelona und Partnerschaft Europa-Mittelmeer«, *Abschlusserklärung (EN) der Ministerkonferenz Europa-Mittelmeer vom 27./28. November 1995 in Barcelona und dazugehöriges Arbeitsprogramm*, Barcelona 1995, <http://eur-lex.europa.eu/legal-content/DE/TXT/?uri=URISERV%3Ar15001>.

25. N. Sarkozy, *Les discours des présidentiables*, Toulon, 7. Februar 2007, <http://sites.univ-provence.fr/veronis/Discours2007/transcript.php?n=Sarkozy&p=2007-02-07>; sowie M. Wiegel, »Im Süden sieht Sarkozy die Zukunft Europas«, *Frankfurter Allgemeine Zeitung, FAZ. NET,* 8. Februar 2007, <http://www.faz.net/aktuell/politik/ausland/wahlkampf-in-frankreich-im-sueden-sieht-sarkozy-die-zukunft-europas-1410988.html>.

26. Vgl. A. Möller, »Mittelmeerunion«, *Europalexikon,* Bundeszentrale für politische Bildung 2013, <http://www.bpb.de/nachschlagen/lexika/177140/mittelmeerunion>, 2013.

27. W. Putin, *Wortprotokoll der Rede Wladimir Putins im Deutschen Bundestag*, Deutscher Bundestag, 25. September 2001, <https://www.bundestag.de/kulturundgeschichte/geschichte/gastredner/putin/putin_wort/244966>.

28. In seinem Gastbeitrag in der *Süddeutschen Zeitung* sagt Putin: »Was schlagen wir also vor? Erstens: die Gestaltung einer harmonischen Wirtschaftsgemeinschaft von Lissabon bis Wladiwostok. In Zukunft kämen eventuell auch eine Freihandelszone, gar noch fortgeschrittenere wirtschaftliche Integrationsformen in Frage.« Vgl. W. Putin, »Von Lissabon bis Wladiwostok«, *Süddeutsche Zeitung*, 25. November 2010, <http://www.sueddeutsche.de/wirtschaft/putin-plaedoyer-fuer-wirtschaftsgemeinschaft-von-lissabon-bis-wladiwostok-1.1027908>.

29. Vgl. H.-W. Sinn, *Ist Deutschland noch zu retten?* Econ Verlag, München 2003, bes. S. 225 ff., Abschnitt *Aktivierende Sozialhilfe: eine scharfe Waffe gegen Arbeitslosigkeit*, sowie S. 532 ff., Abschnitt *Weniger Geld für das Nichtstun, mehr Geld für Jobs*.

30. Die Zahl anhängender und noch nicht entschiedener Asylanträge lag nach Angaben der Bundesagentur für Arbeit Ende Juli 2016 bei 526.000. Siehe Bundesagentur für Arbeit, *Arbeitsmarkt in Kürze: Fluchtmigration*, CF 3 – Statistik/Arbeitsmarktberichterstattung, Nürnberg, August 2016.

31. Bundesagentur für Arbeit, *Migrations-Monitor Arbeitsmarkt: Personen im Kontext von Fluchtmigration*, Arbeitsmarkt in Zahlen, Statistik der Bundesagentur für Arbeit, Nürnberg, August 2016, bes. Tabelle 1; sowie dieselbe, *Arbeitsmarkt in Kürze: Fluchtmigration*, a.a.O.

32. Diese Beschäftigungsquote der Syrer umfasst dabei neben der sozialversicherungspflichtigen Beschäftigung auch ausschließlich geringfügig Beschäftigte. Insgesamt waren über 100.000 Syrer im August 2016 als arbeitslos gemeldet. Vgl. Bundesagentur für Arbeit, *Arbeitsmarkt in Kürze: Fluchtmigration*, a.a.O.; dieselbe, *Migrations-Monitor Arbeitsmarkt: Personen im Kontext von Fluchtmigration*, a.a.O., bes. Tabelle 1.

33. Vgl. W. Ochel, »Selektive Einwanderungspolitik: Punktesystem versus Auktionsmodell«, *ifo Schnelldienst* 54, Nr. 8, 2001, S. 32-38.

34. In Artikel 5 Abs. 1 des EU-Vertrages heißt es: »Für die Ausübung der Zuständigkeiten der Union gelten die Grundsätze der Subsidiarität und der Verhältnismäßigkeit.« In Abs. 3 heißt es weiter: »Nach dem Subsidiaritätsprinzip wird die Union in den Bereichen, die nicht in ihre ausschließliche Zuständigkeit fallen, nur tätig, sofern und soweit die Ziele der in Betracht gezogenen Maßnahmen von den Mitgliedstaaten weder auf zentraler noch auf regionaler oder lokaler Ebene ausreichend verwirklicht werden können, sondern vielmehr wegen ihres Umfangs oder ihrer Wirkungen auf Unionsebene besser zu verwirklichen sind.« Die Verankerung des Subsidiaritätsprinzips im EU-Vertrag soll somit die Erhaltung der Eigenständigkeit der EU-Staaten gewährleisten und eine wachsende Bürokratie verhindern. Vgl. Vertrag über die Europäische Union (Konsolidierte Fassung), »Titel 1 – Gemeinsame Bestimmungen, Artikel 5«, *Amtsblatt der Europäischen Union* C326, 26. Oktober 2012, <http://eur-lex.europa.eu/resource.html?uri=cellar:c382f65d-618a-4c72-9135-1e68087499fa.0004.02/DOC_2&format=PDF>.

35. Vgl. R. Herzog, *Europa neu erfinden – Vom Überstaat zur Bürgerdemokratie*, Siedler, München 2014; derselbe, *Subsidiarität oder Zentralität?*, Deutscher Arbeitgeberverband, Berlin 2014, <http://www.deutscherarbeitgeberverband.de/aktuelles/2014/dav_aktuelles_2014-06-17_roman-herzog.html>; derselbe, »Ein großes Europa? Ein starkes Europa!«, *Frankfurter Allgemeine Zeitung, FAZ.NET*, 9. Juli 2015, <http://www.faz.net/aktuell/politik/staat-und-recht/

roman-herzog-ueber-die-aufgaben-der-europaeischen-union-13692469.html?printPagedAr-
ticle=true#pageIndex_2>; R. Herzog und L. Gerken, »Europa entmachtet uns und unsere Vertreter«, *Welt online*, 17. Februar 2007, <http://www.welt.de/dossiers/eu-macht/article720463/
Europa-entmachtet-uns-und-unsere-Vertreter.html>.

36. Die Streitkräfte der EU-Staaten Finnland, Irland, Malta, Österreich, Schweden und Zypern
    sind nicht Mitglied der NATO.

# Anhang zu Kapitel 2

## Warum und in welchem Sinne das sozialstaatliche Inklusionsprinzip aus ökonomischer Sicht zu viel Migration anregt

Für Leser, die genauer verstehen wollen, warum das in Kapitel 2 diskutierte Gastlandprinzip bei der Gewährung staatlicher Leistungen zu gesamtwirtschaftlich gesehen ineffizienten Migrationsprozessen führt, folgen hier einige weiterführende Bemerkungen.

Betrachten wir als Beispiel einen rumänischen Arbeitnehmer, der erwägt, nach Deutschland zu kommen. Aus der Sicht Rumäniens und Deutschlands zusammengenommen ist seine Zuwanderung dann sinnvoll, wenn sie durch Lohnunterschiede getrieben wird. Genau diese Lohnunterschiede nämlich spiegeln in Marktwirtschaften die Unterschiede in der Grenzproduktivität der Arbeit wider. So lenken sie die Arbeitsmigranten zu den Orten, wo sie für beide Länder zusammengenommen am produktivsten wirken können, wobei auch die subjektiven und objektiven Migrationskosten Berücksichtigung finden.

Konkret: Wenn ein Migrant von Rumänien also nach Deutschland wandert, weil er dort einen höheren Lohn erwartet, so schrumpft das Sozialprodukt in Rumänien im Ausmaß des dort nicht mehr verdienten Lohns. In Deutschland steigt es um den hierzulande erzielten Lohn. Der Grund für beides besteht darin, dass gewinnmaximierende Unternehmen Löhne zahlen, die dem Grenzbeitrag der Arbeit zur Wertschöpfung entsprechen. Da der deutsche Lohn höher ist als der rumänische, weil der Arbeitnehmer in Deutschland produktiver arbeiten kann als in Rumänien, wächst das Sozialprodukt, das beide Länder zusammen erzeugen, mit der Wanderung des Rumänen nach Deutschland genau um diese Lohndifferenz.

Das Migrationsergebnis ist im beschriebenen Beispiel effizient, denn volkswirtschaftlich betrachtet sollte der Migrant wandern, sofern der Zuwachs am deutsch-rumänischen Sozialprodukt, den er dadurch erzeugt, seine subjektiven und objektiven Wanderungskosten übersteigt. Und genau dann wandert er tatsächlich, denn diese Bedingung ist gerade dann erfüllt, wenn der migrationsbedingte Lohnzuwachs die subjektiven und objektiven Wanderungskosten übersteigt. Exakt in diesem Gedankengang liegt die grundsätzliche ökonomische Begründung dafür, dass sich das Recht auf Freizügigkeit zwischen verschiedenen Ländern – wie es für Menschen in den EU-Staaten gilt – für alle Länder zusammen genommen vorteilhaft auswirkt.

Zu einer anderen Beurteilung gelangt man freilich, wenn man die Rolle des umverteilenden Staates mit berücksichtigt. Deutschland zahlt ja dem Migranten nicht nur einen im Vergleich zu Rumänien höheren Lohn. Es stellt vielmehr auch mit Steuern und Beiträgen finanzierte staatliche Infrastruktur (Straßen, Parks, Rechtssystem, Verwaltungsleistungen, Polizeischutz, Schulen etc.) sowie sozialstaatliche Leistungen zur Verfügung. In dem Maße, wie der Wert dieser Güter und Leistungen größer ist als der Wert der vom Migranten zu entrichtenden Steuern und Beiträge, wird dem Migranten quasi auch noch eine staatliche Zuwanderungsprämie gewährt. Wegen dieser Prämie kommen mehr Menschen, als es ohne die Leistungen des Staates der Fall wäre und als es im oben beschriebenen Sinne effizient ist.

Es ist zu erwarten, dass trotz der Zuwanderungsprämie die Zahl der Migranten irgendwann stoppt. Zum einen werden die Löhne für einfache Arbeit in Deutschland infolge der Lohnkonkurrenz durch die Migranten fallen, während sich die Qualität der öffentlichen Infrastruktur und anderer staatlichen Güter aufgrund der größeren Nutzung verringern wird. Zum anderen treten in Rumänien die gegenteiligen Vorteile auf. Da Arbeitskräfte knapper werden, steigt dort der Lohn, und wegen der geringeren Zahl an Menschen steigt die Nutzungsqualität der öffentlichen Güter.

Man denke nur an die geringere Verstopfung auf Bukarests Straßen. Beide Wirkungen dämpfen den Migrationsanreiz und stoppen ihn irgendwann. Doch wenn das der Fall ist, sind bereits zu viele Menschen gekommen.

Die Migration stoppt, weil der immer kleiner werdende Lohnunterschied *und* der Umverteilungsvorteil, der durch die Wanderung erzielt wird, die objektiven und subjektiven Wanderungskosten irgendwann nicht mehr übersteigt, sondern erreicht. Vorher zählte man aber bereits viele Migranten, die nur deshalb kamen, weil zum Lohnzuwachs noch der Umverteilungsgewinn hinzutrat. Sie kamen, obwohl die Wanderung keinen Zuwachs an Sozialprodukt erzeugte, der ausreichte, die Wanderungskosten zu decken – obwohl also Rumänien und Deutschland zusammengenommen Verluste erlitten.

Die Fehlanreize sind nicht auf EU-interne Migrationsprozesse beschränkt. Sie gelten in leicht abgewandelter Form auch für Kriegs- und Bürgerkriegsflüchtlinge. Ein syrischer Flüchtling etwa, der in einem türkischen UN-Lager Unterschlupf gefunden hat, steht vor der Frage, ob er in der Türkei bleiben oder in ein EU-Land weiterwandern soll. Diese nachgelagerte Entscheidung beruht auf rein ökonomischen Erwägungen und hat mit der Flucht vor Terror, Krieg und Tod nicht mehr allzu viel zu tun. Sie ist aus volkswirtschaftlicher Sicht ineffizient, da der deutsche Sozialstaat sehr viel mehr Mittel zur Verfügung stellt als die Türkei. Das gilt in ähnlicher Form für die Entscheidung zwischen Deutschland und jedem der Transitländer, das der Migrant auf seiner Reise nach Deutschland durchquert.

Problematische Verhaltenseffekte erschöpfen sich im Übrigen nicht in den Wanderungsentscheidungen der Menschen; man findet sie auch bei den Staaten selbst. Auch die Regierungen und Parlamente selbst werden nämlich auf das Geschehen reagieren, indem sie merken, dass die Aufnahme der Migranten immer teurer wird. Über kurz oder lang werden sie sich in einem Abschreckungswettbewerb mit anderen möglichen Zielländern der Migration wiederfinden. Sofern die Migranten nicht selbst das Wahlrecht erhalten und die politischen Machtverhältnisse ändern, wird ein jeder Staat im Endeffekt versuchen, weniger großzügig als die Nachbarstaaten zu sein, damit er nicht zum Ziel der Wohlfahrtsmigration wird. Die Konsequenz ist, dass der sozialstaatliche Umverteilungsschutz erodiert und unter das Niveau absackt, dass die einheimische Bevölkerung unter Abwägung aller Aspekte sonst gewünscht hätte.

Kurzum: Staaten, die als wohlfunktionierende Gemeinschaften organisiert sind, die den schwächeren Mitgliedern Versicherungsschutz gegen die Unbilden des Lebens anbieten, indem sie ihnen ihre Infrastruktur zu reduzierten Steuerbeträgen oder notfalls auch ohne Steuerzahlung anbieten und die ihnen zudem noch steuerfinanzierte Sozialleistungen zukommen lassen, können bei freier Einwanderung nicht funktionieren. Sie können genauso wenig funktionieren wie private Versicherungsgesellschaften, die für alle Risiken Einheitstarife festlegen müssen und gezwungen sind, auch Außenstehende nach Bekanntwerden eines Schadens rückwirkend zu versichern.[1]

---

1   Vgl. ausführlich unter anderen G. Borjas, »The Economics of Immigration«, *Journal of Economic Literature* 32, 1994, S. 1667-1717; derselbe, »The Economic Benefits from Immigration«, *Journal of Economic Perspectives* 9 (2), 1995, S. 3-22; derselbe, »Immigration and Welfare Magnets«, *Journal of Labor Economics* 17 (4), 1999, S. 607-637; sowie auch W. Oates, *Fiscal Federalism*, Harcourt Brace Jovanovich, New York 1972; C. Brown und W. Oates, »Assistance to the Poor in a Federal System«, *Journal of Public Economics* 32, 1987, S. 307-330; H.-W. Sinn, »EU Enlargement and the Future of the Welfare State«, Stevenson Citizenship Lectures, *Scottish Journal of Political Economy* 49, 2002, S. 104-115; derselbe, »Tax Harmonization and Tax Competition in Europe«, *European Economic Review* 34, 1990, Papers & Proceedings, S. 489-504.

# Autoren- und Personenregister

# Stichwort- und Institutionenregister

# Der Autor

Hans-Werner Sinn, geboren 1948, hat wie kein anderer deutscher Ökonom die wirtschafts- und sozialpolitischen Debatten des letzten Vierteljahrhunderts geprägt.

Mehr als drei Dekaden war er Ordinarius in der volkswirtschaftlichen Fakultät der Ludwig-Maximilians-Universität München. Nach zahlreichen abgelehnten Rufen aus dem In- und Ausland, u. a. auf ein Max-Planck-Institut, wurde er 1999 Präsident des ifo Instituts für Wirtschaftsforschung in München. Er gründete das CESifo-Forscher-Netzwerk, weltweit eines der größten seiner Art. Er war zudem Präsident des Weltverbandes der Finanzwissenschaftler (IIPF) und Vorsitzender des Vereins für Socialpolitik, des Verbandes der deutschsprachigen Ökonomen.

Sinn gilt als einer der einflussreichsten Ökonomen hierzulande und wirkt maßgeblich auch in die Schweiz, nach Österreich, in weitere europäische Länder sowie in die Vereinigten Staaten, Kanada und Japan hinein. Auch nach seinem altersbedingten Ausscheiden vom Amt des ifo-Präsidenten arbeitet er weiter wissenschaftlich, hält Vorträge und ist ein begehrter Interviewpartner in Politik und Medien.

Sinn erhielt zahlreiche Auszeichnungen, Ehrendoktorwürden und Preise aus dem In- und Ausland und ist Autor vieler Fachartikel und Bücher, von denen mehrere zu Bestsellern wurden.

Website: www.hanswernersinn.de
Bei Twitter: @HansWernerSinn

*Jens Schadendorf, Verlag Herder*